1951
1952
1953
1954
1955
1956
1957
1958
1959
1960
1961
1962
1963
1964
1965
1966
1967
1968
1969
1970
1971
1972
1973
1974
1975
197
1977
1978
1979
1980
1981
1982
1983
1984
1985
1986
1987
1988
1989
1990
1991
1992
1993
1994
1995
1996
1997
1998
1999
2000

Frauen und Männer des 20. Jahrhunderts

Frauen und Männer des 20. Jahrhunderts

eco

Redaktionsleitung
Flavio Ermini

Art Direktor
Giorgio Seppi

Bildredaktion
Simona Bartolena

Layout
Vando Pagliardini

Deutsche Erstausgabe

Ins Deutsche übertragen von:
Helga Schenk und Marianne Krause
Redaktionelle Bearbeitung: Gerhard Theato
Koordination der deutschen Ausgabe:
Maasburg GmbH, München
Umschlaggestaltung: Roberto Patelli, Köln
Gesamtherstellung: Artes Graficas, Toledo
Printed in Spain
ISBN 3 933468 49 3
D.L. TO: 1534-1999

INHALTSVERZEICHNIS

1900 1910

1951 1960

1961 1970

Für denjenigen, der dieses Buch schreibt, ist die Versuchung groß, das Unstete kontrollieren zu wollen, die Bilder in eine Form zu drängen, ihnen eine Identität zu geben, sie mit einem Merkmal zu versehen, die allem eine gewisse Beständigkeit verleiht.

Michel Foucault

Das 20. Jahrhundert ist auch das "kurze Jahrhundert" genannt worden. [...] Einige freuen sich über diese Kürze, denn so können sie die Zeit der totalitären Utopien und der Illusionen einer weltweiten Erpressung als endgültig abgeschlossen betrachten und mit offensichtlicher Zufriedenheit das Zeitalter der ewigen Gegenwart des Kapitalismus begrüßen, das Erleben einer Geschichte in existentieller Fülle, die das Ende der Geschichte ist. Andere hingegen beklagen sich, denn sie hatten darauf gehofft, daß das Jahrhundert sich mit einer Art weltweiter Übernahme der wirtschaftlichen, politischen und kulturellen Ideen jenes Sozialismus von 1917 beschließen würde, dem jahrzehntelang das Potential für eine Erneuerung von innen heraus bescheinigt wurde. Man kann weder in den Chor der einen noch in den der anderen einstimmen.

Costanzo Preve

Einleitung

Dieses Buch entstand, um dem Leser einen Eindruck vom 20. Jahrhundert und seiner Geschichte zu vermitteln, und zwar anhand einer Bildergalerie mit Portraits von hundert berühmten Persönlichkeiten, die – ähnlich wie viele Mythen, Helden und Ikonen von Heiligen – die Werte, Tugenden und Fähigkeiten verkörpern, die vom Großteil der Menschen am meisten geliebt, gefürchtet und verehrt werden.

Wie Helden dieses Jahrhunderts werden Ihnen auf den folgenden Seiten Frauen und Männer, Könige und Generäle, Diktatoren und Magnaten, Helden der Wissenschaft und des Films, Erfinder und Vorreiter, Künstler, Geister, Dinge, Kinder und Feste aus allen Teilen der Welt vorgeführt. Sie sind Sinnbilder all dessen, was in dieser Epoche zählte, im Guten und im Schlechten und vor allem im faszinierenden Wechselspiel zwischen der Geschichte und der Phantasie von Milliarden von Menschen.

Diese Persönlichkeiten möchten wir Ihnen in kurzen, knappen Zügen darstellen, wie dies bei Ikonen, großen Gemälden und Medaillons geschieht, mit Bildern und Beschreibungen.

Wir haben dieses Buch nicht ohne Leidenschaft zusammengestellt, denn unsere Mythen sind ein Erbe, an dem sowohl der Schriftsteller als auch der Leser, der Fotograf wie der Betrachter seinen Anteil hat. Wir sind erfüllt von den Mythen unseres Jahrhunderts, geprägt von den Kräften, denen diese Mythen unterworfen sind, die sie bewegen und deren Symbole sie sind.

Zurückblickend können wir sagen, daß unsere Arbeit in eine glückliche Zeit fiel. In Europa gibt es keine blutigen Auseinandersetzungen zwischen Großmächten mehr. Es gibt kaum noch Analphabeten, und die furchtbaren Diktaturen westlicher und östlicher Prägung sind zu Fall gekommen. Die ehemals kommunistischen Länder durchlaufen eine Krise, die den Charakter einer Neugeburt hat. Der Rückgang fester Arbeitsplätze, der in vielen Familien Angst auslöst, findet nicht vor dem Hintergrund einer Gesellschaft ohne soziale Fürsorge statt, wie dies noch um die Jahrhundertwende der Fall war. Nicht wenige Länder der dritten Welt – die so heißt, seit die erste sich um Washington und die zweite sich um Moskau formiert hat –, die ihre koloniale Vergangenheit hinter sich gelassen haben, haben mächtige Wirtschaftssysteme aufgebaut. Weltweit verbreitete Seuchen und Krankheiten wie Tuberkulose und Syphilis konnten vorerst niedergerungen werden. Die Ausbeutung unseres Lebensraums schreitet weiter fort, aber zumindest weiß inzwischen jeder, daß dem so ist. Viele suchen nach Abhilfe dagegen.

An diesem Punkt können wir anhalten und alles ein bißchen Revue passieren lassen, während wir ein paar der Mythen unseres Jahrhunderts betrachten, die in mehr als tausend Bildern lebendig werden.

Was ist ein Jahrhundert? Wie lange dauert es? Es ist ein Zeitraum von hundert Sonnenjahren, der mit einem denkwürdigen Tag beginnt. Eine naheliegende Antwort, seit man vereinbart hat, die Zeit der Geschichte außer in Tagen, Wochen, Monaten, Jahren und Stunden, die wiederum aus 60 Minuten bestehen, in Jahrhunderten anzugeben. Aber das Wort Jahrhundert hat ein noch viel breiteres Bedeutungsspektrum. Es ist auch gleichbedeutend mit Epoche. Das "Jahrhundert Leos X.", das eine Weile als die "Renaissance" galt, dauerte nur von 1513-21 und spielte sich zwischen Rom und Florenz ab. In den romanischen Sprachen mit ihrem lateinischen Ursprung bedeutet "saeculum" (Jahrhundert) auch Welt. Für Dante ist hingegen das "kommende Jahrhundert" jenes endlose, das nach dem Untergang der Welt folgt.

Welcher Welt? Es gibt eine Welt, die mit dem – fälschlich – angenommenen Tag der Geburt Jesu beginnt. Eine andere beginnt den Juden zufolge mit der Erschaffung der Erde – deren Datum sich noch weit weniger genau festmachen ließ. Dann gibt es noch die muslimische Welt, die im September des Jahres 622 der christlichen Zeitrechnung beginnt, als Mohammed Mekka verläßt, um in die Stadt zu gehen, die später Medina genannt werden wird. Juden, Muslims und alle anderen haben sich heute im Kontakt untereinander auf die christliche Zeitrechnung geeinigt.

Welche Welt hat im 20. Jahrhundert zusammengelebt? Erstmals in der Geschichte die ganze Erde und sogar ein bißchen mehr. Es gibt keine voneinander getrennten Welten mehr, wie einst die Reiche Dschingis Khans und anderer. Selbst die Ureinwohner Australiens, die wenigen, die überlebt haben, haben längst der Steinzeit den Rücken gekehrt und sind in Jeans geschlüpft. Auf dem Mond sind wir auch schon gewesen.

Es gibt heute nur noch eine Welt. Aus diesem Grunde hat es auch Sinn, den berühmten Persönlichkeiten dieses Jahrhunderts ein Buch zu widmen: Denn so können sie von einem Ende der Welt bis zum anderen zu den Idolen aller werden, zu Mythen, die wir getrost verherrlichen können.

Giorgio Taborelli

Das Bild einer sich wandelnden Welt

Von Aldo Grasso

Mythen, Medien und moderne Ikonen

Die moderne Ikone ist eine Form vorübergehender irdischer Unsterblichkeit. Im Leben gibt es Wege, die den Menschen von Anfang an mit dieser Schablone der Ewigkeit konfrontieren, die erst noch nicht genau umrissen, aber doch stets als Möglichkeit vorhanden sind: Es sind die Lebenswege der Künstler, der Theater- und Filmleute, all derer, denen es gelingt, ihre Besonderheit herauszustellen.

Die moderne Ikone ist ein Mythos der heutigen Zeit, die Aufnahme eines winzigen Stückchens Ewigkeit in unser Leben. Das Wort Ikone geht auf das griechische Wort *eikón* zurück, was Bild, ursprünglich Heiligenbild der Ostkirche, bedeutete. Durch die Semiotik und die Informatik hat das Wort Ikone heute seine Bedeutung erweitert, wodurch es einen weltlicheren und spektakuläreren Symbolgehalt bekommen hat und in die gesellschaftliche Zeichensprache über Mythen Eingang fand. Denn Aufgabe der Ikone ist es, an die Stelle der Charakterzüge einer Person zu treten, sie zu läutern und ihnen eine Klarheit zu verleihen, die aus der Aura des Extremen entsteht.

In Ikonen wird ein Katalog idealer und ausschließlicher Eigenschaften zusammengefaßt, der uns in die besten der semiotischen Welten einführt. Die Ikone ist ein Bild, aber gleichzeitig auch die Zeremonie der Weihe dieses Bildes. Der Tod und die Beisetzung Diana Spencers haben es uns ermöglicht, der Entstehung eines Mythos und der Weihe einer Ikone über das Fernsehen "live" beizuwohnen: Ein tragischer Anlaß wird durch Medien zur Ewigkeit.

Ikonen leben von unserer Substanz und wir von ihrer. Die Ikone ist nicht länger himmlischen Dingen vorbehalten, den Grenzbereichen des Lebens, sondern findet Eingang in das Alltagsleben, wo sie stets Gefahr läuft, sich beim ersten Windstoß aufzulösen oder in einer endlosen Folge von Wandlungen durch andere ersetzt zu werden.

Das Märchen von Prinzessin Diana

Lady Diana Spencer ist die erste Prinzessin, die nicht mehr der Märchenwelt entstammt, sondern der Medienwelt. Ihre Geschichte endete tragisch. Märchen sind bisweilen genauso tragisch und die Märchen, die von den Medien erzählt werden, sogar oft noch tragischer. Und dabei hat doch alles mit der Hochzeit des Jahrhunderts angefangen, der königlichen Hochzeit, die gefeiert wurde als ein großartiges Schauspiel vor einer Menschenmenge von vielen hundert Millionen Fernsehzuschauern. Nie zuvor war es geschehen, daß die Traditionen eines Königshauses, die Staatsräson und die Heiligkeit der Zeremonie zum Prototyp eines Fernsehereignisses wurden. Aber nun geschah es. Man schrieb Juli 1981. Doch seit jenem Zeitpunkt war das Leben der Prinzessin wie mit einem Fluch belegt: Zwist mit dem Ehemann, Heimlichkeiten, Tonbandaufzeichnungen von Telefongesprächen, die eindeutig-zweideutigen Telefongespräche mit einem Antiquitätenhändler, gestohlene Fotos, die ständige Verletzung ihrer Privatsphäre beginnen ihr nicht sehr glückliches Leben plötzlich zu

Alte Kopie der russischen Ikone der Mutter Gottes von Theodor. Aufgrund ihrer Verbindung zum heiligen Krieger Theodor von Stratilate und der Stadt Kostroma, sowie zum Fürsten Wasili, dem Bruder von Alexei Newski, und zur Machtübernahme der Zarendynastie der Romanow zählt diese Ikone zu den wunderbarsten des russischen Reichs.

Los Angeles, 17. Juli 1994. Dungas Elfmeter. Brasilien schlägt Italien und wird erneut Fußballweltmeister.

Monaco 1982. Fürst Rainier von Monaco gibt seiner Frau Grace Kelly, die bei einem Autounfall ums Leben kam, das letzte Geleit. Zwei seiner Kinder sind an seiner Seite: Kronprinz Albert und seine Schwester Caroline.

bestimmen. Die Medien sind ein Störfaktor, der sie verfolgt: Zunächst erträgt es der Ehemann nicht, daß sich die Medien soviel mit ihr beschäftigen, und vernachlässigt sie; dann straft sie sich selbst, um die Aufmerksamkeit auf sich zu ziehen. Als schöne, elegante, junge Frau in der Blüte ihrer Entfaltung, die dazu noch fast Königin geworden wäre, ist Lady Di ein Star der Regenbogenpresse, die sie so vereinnahmte, daß Diana zur Gefangenen wird. Die begehrteste Beute. Die gejagteste Beute. Die Gereiztheit, in der sie lebt, findet ihren tragischen Epilog in Paris: Die Fotosafari ist für immer zu Ende gegangen. In einem völlig zertrümmerten Auto zu sterben, um der hinterherjagenden Meute der Fotografen zu entgehen, ist der Gipfel der Unerbittlichkeit und der Grausamkeit der Medien. Zu sterben, um zum Mythos, zur Ikone zu werden. So wird also das größte Fernsehereignis aller Zeiten eine Beisetzung. Nicht die Eroberung des Weltraums. Kein gigantisches Fest. Kein herausragender sportlicher Wettkampf. Sondern eine Beisetzung: Die Trauer ist fürs Fernsehen bestens geeignet. Starke Gefühle, echte und gespielte. Bereits bei ihrer Hochzeit, die eigens für die Fernsehkameras in Szene gesetzt wurde, um die Royal Family wieder ins Rampenlicht zu bringen, konnte Lady Di Rekordzuschauerzahlen verzeichnen. Ihr letztes Geleit verwandelt sich zu einem Fernsehereignis par excellence: Die Fußballweltmeisterschaft von 1984 schauten sich nahezu zwei Milliarden Menschen an, die Olympischen Spiele von Atlanta 1996 wurden in 170 Länder übertragen; für die Beisetzungsfeier von Diana stellt die BBC 187 Direktleitungen und 45 Leitungen zur Berichterstattung her, 200 Fernsehkameras kommen zum Einsatz, und die Zuschauerzahlen übersteigen alles bisher Dagewesene. Die Geschichte des Fernsehens kennt andere berühmte Beisetzungen: die von John F. Kennedy 1963 und die seines Bruders Robert 1968, die von Paul VI. 1978 und die von Grace Kelly 1982 (einer der ersten öffentlichen Auftritte Dianas). Jede von ihnen hat einen unauslöschlichen Eindruck hinterlassen. Die wirkliche Trauerfeier für Kennedy war jener Zug, der einer Karawane von Pionieren gleich von Los Angeles quer durch Nordmerika nach Washington fuhr, um den unendlichen Horizont der neuen Grenze aufzuzeigen. Bei Paul VI. war es das Ziel der Kameraaufnahmen, das Oben der "Heiligen" auf den Balkonen und hinter den verschlossenen Fensterläden im Gegensatz zum Unten des Platzes aufzuzeigen – das Himmlische und das Irdische eingefangen in der Arena des Petersplatzes. Bei Grace Kelly konkurrierten die Aufnahmen mit Hollywood. Und bei Dianas Beisetzungsfeier wählt die BBC den Blickwinkel von Sportereignissen: Kameraeinstellungen von oben steil nach unten, vom Straßenrand. Nüchterner Stil, klare Schnitte, ganz wichtig die überblendeten Auflösungen, ganz langsame Zoomführung, keine Nahaufnahme der königlichen Familie. Großer Respekt für Lady Di, spärlicher Applaus (völlig außergewöhnlich). Applaus nur für Pavarotti, die Königin und die Königinmutter. Ovationen für den klaren Beitrag des Bruders. Dann singt Elton John *Candle in the Wind* und läßt alle vor Ergriffenheit erschaudern. Es handelt sich um eine außergewöhnliche Medienzeremonie, bei der die sterbliche Hülle kanonisiert wird, die erste Weihe des Mythos in Direktübertragung, der ein weltweites Publikum beiwohnt. (Es bleibt natürlich abzuwarten, ob der Mythos die Jahre überdauert oder ob er

1933. Hedy Lamarr (noch als Hedy Kiesler) mit nacktem Oberkörper in einer Szene des Films *Ekstase* von G. Machaty. Jahrelang galt dieser Film aus Hollywood als das absolute Symbol für Erotik, und vergeblich versuchte der Ehemann der Schauspielerin, alle Kopien davon zu kaufen.

Atlanta, 19. Juli 1996. Die Eröffnungszeremonie der Olympischen Spiele, feierlicher Ritus der hundertjährigen Tradition der modernen Olympischen Spiele.

1946. Rita Hayworth mit dem berühmt-berüchtigten langen schwarzen Handschuh in dem Film *Gilda* von C. Vidor. Das filmische Objekt wird zum Phantasieobjekt und erotischen Fetisch.

in derselben Geschwindigkeit wie das Aufsehen, das erregt wurde, wieder in Vergessenheit gerät). Ohne das Medienparadoxon zu vergessen, das sich da abgespielt hat, bleibt zu sagen: Lady Diana, Popstar und Diva des "New Age", wurde zum Opfer ihrer Berühmtheit, die sie zuletzt ausgelebt hat, als müßte sie der Schwäche der anderen – das Auge des gierigen Zuschauers ist wie das des Sensationsreporters – auch das äußerste Opfer bringen.

Der Fetisch: Gildas Handschuh

Auch wenn es uns das Auge der Fernsehkamera ermöglicht, die Ikone "aus nächster Nähe" zu bejubeln, bleibt doch Hollywood die große Mythenfabrik unserer Zeit, denn nur der Film ist in der Lage, die Umwandlung von Phantasie in "lebendige" Figuren zu vollziehen.
Der älteste und grausamste Traum ist der Wunsch, Phantasie in Wirklichkeit zu verwandeln. Der Film bietet heute die Möglichkeit, der Verwirklichung dieses Traums so nahe wie nie zu kommen. Im Film werden Phantasiebilder "wirklich", gleichzeitig aber zu etwas, das doch nicht vorhanden ist, weil es letztlich undefinierbar und unfaßbar ist, wie eben ein belichteter Filmstreifen oder die scheinbare Bewegung von Figuren auf einer weißen Leinwand.
Dieses Nichtvorhandene, das Überexistentielle des Körpers der Phantasieobjekte ist das Merkmal ihrer Vollkommenheit und ihrer Macht. Was ist Rita Hayworth' Handschuh in *Gilda*? Er ist gleichzeitig ein Objekt, ein die Phantasie anregender Fetisch par excellence und eine gemeinschaftliche Halluzination, die in der Dunkelheit der Kinosäle von einer großen Zahl von Personen erlebt wird, die sich nicht kennen, nicht kennenlernen wollen und die nur über dieses stumme Bild miteinander verbunden sind.
Um es mit den Worten Roberto Calassos zu sagen: "Und was ist die Summe all dessen? Zumindest eine Betonung des Mythos. Und ich meine das wörtlich: Man müßte sich dazu entschließen, Stars wirklich als Sterne zu begreifen, wie es Andromeda und die Plejaden und viele andere Figuren der klassischen Mythologie waren. Erst wenn man diesen astralen Ursprung anerkennt, kann man begreifen, was die Unterschiede – und die ebenfalls galaktischen Distanzen – zwischen dem Sunset Boulevard und dem Olymp sind."
Der Kinostar wird immer noch aus der Ästhetik heraus geboren, und zwar aus einem Rollenspiel, nicht aus einer Überzeugung heraus. Er befindet sich im Grenzbereich zwischen Bravour und Faszination, zwischen Bewußtsein und Illusion; deshalb kann auch ein Handschuh, ein Fetisch, vom Kultobjekt zur Ikone aufsteigen.
So beschreibt es Roland Barthes: "Das Gesicht der Garbo symbolisiert jenen kostbaren Augenblick, in dem es dem Film gelingt, aus der Essenz der Schönheit die Schönheit der Existenz einzufangen, in dem der Archetyp sich der Faszination der vergänglichen Gesichter annähert, in dem die Offensichtlichkeit der sinnlichen Essenz zur weiblichen Poesie wird."

Die unendliche Prozession der Filmstars

Der Himmel der Filmstars ist in einer weltumspannenden Ästhetik erstarrt, die alles aufnimmt, alles umfaßt, alles mit ihrem leuchtenden Glanz überzieht.

Greta Garbo, kaum wiederzuerkennen, auf einem Schnappschuß aus ihren späteren Jahren. Die "Göttliche" hat sich in eine etwas herbe, alte Dame verwandelt, die nur noch wenig Weiblichkeit ausstrahlt.

1954. Eine Tanzszene aus George Cukors Film *A star is born* mit derSchauspielerin, Sängerin und Tänzerin Judy Garland (1922-69), die schon als Jugendliche auf der Bühne stand. Der Film erzählt die bittere Geschichte des Aufstiegs und Falls eines Hollywood-Filmstars, die in vieler Hinsicht dem Leben Judy Garlands gleicht.

1973. Romy Schneider in dem Film *Ludwig II.* von L. Visconti, in der Rolle der Elisabeth von Österreich, der Frau Kaiser Franz Josefs und Tochter des Herzogs Maximilian von Bayern. Dieselbe romantische Rolle hatte sie bereits in einer äußerst erfolgreichen Serie österreichischer Filme verkörpert, daß Romy für des Publikums immer die liebreizende Sissi blieb.

Edgar Morin bringt diesen Umstand auf den Punkt: "Die zu Helden, zu Göttern hochstilisierten Stars sind mehr als nur Objekte der Bewunderung: Sie sind Kultobjekte. Um sie herum entsteht so etwas wie eine religiöse Aura. Diese religiöse Aura breitet sich in alle Richtungen aus, und kein Besucher der dunklen Kinosäle kann von sich behaupten, daß er dagegen absolut immun wäre. Aber von der Masse der Kinobesucher hebt sich das Lager der gläubigen Anhänger und Reliquienverehrer ab, das der Anhänger des Kults, der überschwenglichen Verehrer, der sogenannten Fans. Die überwiegend weibliche Anhängerschaft verleiht dem Star-System eine weibliche Komponente. In der heutigen Gesellschaft ist die Frau sowohl in ihrer aktiven als auch in ihrer passiven Rolle ein mystischeres Wesen als der Mann. Sie neigt vom Wesen her mehr zum Star als der Mann."

1962. Joan Crawford und Bette Davis in Robert Aldrichs *Was ist aus Baby Jane geworden?* Dieser Film wurde auch als eine Vorführung heiliger Monster bezeichnet, da er das Talent und die verschiedenen Stile der beiden großen Stars von Hollywood so klar zum Ausdruck bringt, dabei aber den körperlichen Verfall, die Vergänglichkeit der Mythen und die Zerstörung der Ikonen gnadenlos aufzeigt.

Sean Connery (geb. 1930) verkörperte zwischen 1961 und 1983 in sechs Filmen den Geheimagenten James Bond, mit dem das Publikum den schottischen Schauspieler so stark identifizierte, daß er eine Zeitlang Schwierigkeiten hatte, andere Rollen zu bekommen.

Die Sängerin und Schauspielerin Juliette Gréco, Idol der französischen Nachtlokale der Nachkriegszeit. Mit ihren langen, glatten braunen Haaren, schwarzer Hose und schwarzem Sweater sowie stark geschminktem Gesicht wurde sie zur Kultfigur der "existentialistischen" Jugend.

In dem Moment, in dem sich die Verwandlung des Lebens zum Schauspiel vollzieht, werden die Idole zum Firmament, stellen sie den Kosmos dar, der uns die umfassendste Konstellation von Sternen bietet, die je erforscht wurden So werden auf Karten die Bahnen der Sterne eingezeichnet, und so wird das einzige große mythologische System zu neuem Leben erweckt, das die heutige Zeit uns zu bieten hat. Die Ikone erfüllt die Rolle der Meditation über den Star. Sie löst eine Art Erkenntnis über die Wandlungsfähigkeit aus, die ausschließlich im Kopf zustande kommt, wo die Anteilnahme ein Pathos ist, das auf geheimnisvolle Weise Veränderungen in Gang setzt, aber das beteiligte Subjekt durch identische Stereotype ersetzt.

Es handelt sich um eine Anteilnahme, die von einer unerschöpflichen Kraft genährt wird, gleichzeitig jedoch die Anmut und die Schlauheit besitzt, sich als psychologischer Kunstgriff auszugeben: die Identifikation. Bei Adriano Aprà liest sich das so: "Der Star leuchtet von innen heraus, der Schauspieler muß rezitieren, damit Licht von ihm ausstrahlt, das nur so lange leuchtet, wie er seine Rolle spielt und nicht länger, während der Star auch dann noch in goldenem Glanz erstrahlt, wenn der Film schon längst zu Ende ist, da der Film ja nur einen Augenblick – wenn auch einen wesentlichen und unvergänglichen – der Zurschaustellung vor den Augen des Publikums darstellt. Wenn der Schauspieler seine Rolle spielt, ist die Person dahinter nicht mehr erkennbar. Die Kunst ist für ihn eine Form des Seins, das vorgibt, etwas anderes zu sein. Der Star hat es nicht nötig, irgendeine Rolle zu spielen, weil er immer er selbst ist. Die Grenze zwischen Sein und Scheinen löst sich auf, weil er immer etwas zu sein scheint und nie aufhört, eine Maske zu tragen. Das Rampenlicht, in dem der Star, sei es auf der Bühne oder im Leben, steht, beleuchtet einen Körper, der das Licht reflektiert und abstrahlt, und der Zuschauer läßt sich von diesem Licht bei der aufregenden und verherrlichenden Betrachtung des Stars erfüllen. Der Star hat es nicht nötig, sich in eine Vielzahl von Persönlichkeiten zu zerlegen, um zu existieren, denn das, was er verkörpert, ist die Fähigkeit, eine Vielzahl von Personen in einer zu vereinen: in sich selbst."

Nach dem Star kommt also wieder die Ikone, die das Sinnbild einer sich endlos und ziellos wandelnden Welt darstellt, welche sich selbst genug ist. Die Ikone ist ein Erkennungszeichen der Medien. Sie ist wie eine leuchtende Hülle, der nichts Bodenständiges mehr anhaftet und die uns einnimmt.

1901 1910

Königin Viktoria

Gustav Mahler

Enrico Caruso

Heihachiro Togo

Sigmund Freud

Paul Cézanne

Rudyard Kipling

Henry Ford

Guglielmo Marconi

Maria Curie

Im 19. Jahrhundert wird die Welt durch risikoreiche Forschungsreisen und Expeditionen erkundet, meist von Europäern geleitet, die, mit Berichten, Zeichnungen und Fotografien beladen, in ihre Heimat zurückkehren. Die Erdbevölkerung wird in der Folge in zwei Gruppen unterteilt: in die "zivilisierten" Menschen und die anderen, die ihnen unterworfen sind. Alles, was zur Veränderung der Welt beigetragen hat, ist das Werk, Eigentum und Vorrecht der zivilisierten Menschen. Sie fühlen sich den anderen überlegen: Tatsächlich besitzen sie geschriebene Gesetze, beherrschen die Weltwirtschaft durch Wissenschaft, Technik und die industrielle Produktion und schrecken nicht davor zurück, Kriege zu führen, um sich nach Belieben Gebiete anzueignen und Völker zu unterwerfen. Der Sieg ist ihnen oft sicher, denn sie verfügen über mehr Mittel jeder Art und haben bessere Waffen, die effektiver sind als die ihrer Gegner, und sind besser organisiert. Sie zeichnen sich

10. Oktober 1902. Wilbur Wright (1867-1912), der zusammen mit seinem Bruder Orville (1871-1948) das Flugzeug erfindet, das schwerer als Luft ist, bei einem Flug mit einem Doppeldecker am einsamen Strand von Kitty Hawk in North Carolina. Ein Jahr später führen beide an der gleichen Stelle den ersten gesteuerten Motorflug der Welt durch.

durch große Neugierde, Wagemut und spielerische Leidenschaft aus: Sie machen Experimente mit allen möglichen Erfindungen, klettern auf die höchsten Berge und fliegen mit Luftschiffen. Sie sind zwar Individualisten, gleichzeitig aber zu großer Disziplin fähig. Sie besitzen einen Glauben und Werte: Sie sind Christen, Patrioten, stolz auf sich und sehen es als ihre Mission an, anderen beizubringen, so zu denken wie sie selbst. Sie bemühen sich um gesellschaftlichen Aufstieg und sind überzeugt, daß sie es schaffen können. In ihrer mehr oder weniger modernen Gesellschaft ist die Sklaverei abgeschafft. Sie bauen Städte und riesige Häfen, in denen motorbetriebene Schiffe aus Metall anlegen und zu denen sicherlich eine von vielen Eisenbahnlinien führt. Die Worte, die sie schreiben, werden mit enorm langen Drähten über gewaltige Entfernungen übertragen. Aus all dem erwächst der weitverbreitete Fortschrittsglaube, der bis weit über die Mitte des 20. Jahrhunderts hinaus unerschütterlich bleibt.

1901 1910

DIE BELLE ÉPOQUE ERLEBT IHRE LETZTE BLÜTEZEIT. DIE GROSSINDUSTRIE FEIERT IHRE SIEGE UND SCHLIESST SICH MIT DER ARISTOKRATIE ZUSAMMEN. IN DEUTSCHLAND TRIUMPHIERT DER JUGENDSTIL, IN FRANKREICH DER ART NOUVEAU UND IN ENGLAND DER MODERN STYLE: EINE LINIE, EIN STIL, EIN GESCHMACK. DIE MONDÄNEN SEEBÄDER KOMMEN IN MODE, UND DER FILM BEGINNT, AUS KLEINEN ANFÄNGEN HERAUS, FUSS ZU FASSEN.

Giuseppe Verdi stirbt am 27. Januar 1901 in einem Hotel in Mailand. Er war der wohl populärste Komponist des 19. Jahrhunderts. In Italien wird Staatstrauer verhängt, und Opernliebhaber in aller Welt empfinden den Tod des Komponisten aus Busetto als unwiederbringlichen Verlust. Abenteurer aus aller Herren Länder brechen auf, die Welt zu erforschen. Auf geht es zum Pazifischen und zum Indischen Ozean, wo man den König von Tonga oder den von Swasiland, den Khan von Khiva oder die Königin von Hawaii kennenlernen kann.

1

2

1| Verdis Beerdigung 2| Theodor Roosevelt. 3| Robert Edwin Peary. 4| Rasputin. 5| *Die Lustige Witwe* in Hollywood.

3

Emmeline Pankhurst ruft 1903 die Suffragettenbewegung ins Leben, die für das Frauenwahlrecht kämpft. 129 Frauen sterben am 8. März 1908 bei einem Feuer in einer New Yorker Fabrik. So wird der 8. März zum Tag der Frau.

Theodore Roosevelt (1858-1919), Republikaner, US-Präsident von 1901 bis 1908, proklamiert 1904 für die USA die Rolle einer Lateinamerikapolizei, die bei mehreren Interventionen auch übernommen wird. Bereits 1903 hat Roosevelt in Kolumbien eine Revolution entfacht und für die Unabhängigkeit der neuen Republik Panama gesorgt, auf deren Territorium er sich gegen Pacht Rechte sichert, um den Panamakanal bauen zu können, den Kanal zwischen Atlantik und Pazifik, der 1914 eröffnet wird und von den USA bis 1999 besetzt bleibt.

Es wird sich noch zeigen: Dies ist das Jahrhundert der USA. Sie bringen unter anderem große Forscher hervor, etwa Robert Edwin Peary (1856-1920), der nachweist, daß Grönland eine Insel ist, und 1909 als erster den Nordpol erreicht.

Auch die andere kommende Großmacht grenzt an den Pazifik: das japanische Kaiserreich. In der Meijizeit (1868-1914) führt es blutige, aber kurze Kriege gegen China und Rußland, durch die ihm Korea und verschiedene chinesische Gebiete zufallen. Roosevelt erhält 1906 für seine Vermittlung im Konflikt zwischen Tokio und Petersburg den Friedensnobelpreis verliehen. Die Tradition wird hochgehalten, und in den Hauptstädten der Monarchien ist das höfische Leben in vollem Gange: Die russische Zarendynastie der Romanows besitzt

4

5

außer den zwei Höfen des Kaiserpaares noch acht weitere Residenzen, und auch Japan hat neun Höfe für die vielen Linien der Dynastie.

Zu dieser Zeit ermorden Anarchisten in Serbien und Portugal den jeweiligen König. Auch der Thron der Zaren wackelt: Der Schatten des Mönchs und "Wunderheilers" Grigori Jefimowitsch Rasputin (1865-1916) legt sich über den Hof: Zar Nikolaus II. (1868-1918) und Zarin Alexandra räumen ihm großen Einfluß ein, da er angeblich die Hämophilie des 1904 geborenen Zarewitsch Alexej heilen kann.

Die Mannschaft des Panzerkreuzers *Potemkin* meutert in Odessa und löst 1905 die erste Revolution aus, die den Zaren das Zugeständnis eines Parlaments kostet.

6

Im Jahre 1905 lebt das Königreich Norwegen wieder auf. Der König ist Däne und nennt sich Håkon VII. (1872-1957). Aber 1905 ist auch das Jahr der Operette *Die lustige Witwe* von Franz Lehár (1870-1948), in der die Mißwirtschaft eines kleinen Balkanstaates in Szene gesetzt wird.

7

Bereits im Jahre 1903 ist Papst Leo XIII. gestorben, der mit seinem Werk *Rerum novarum*, der ersten päpstlichen Sozialenzyklika, den sozialen Einrichtungen der Sozialisten eine katholische Lösung entgegenzusetzen versuchte. Auf Leo folgt Papst Pius X. (1835-1914). In seiner Enzyklika *Pascendi* verdammt er den Modernismus, Reformtendenzen in der katholischen Laienwelt, denen einige Bischöfe nahestehen. Zu jenem Zeitpunkt ist der Papst nicht mehr König, aber auf der Welt gibt es noch einige "heilige" Monarchien: Der Mikado soll in direkter Linie von einer Göttin abstammen, verschiedene islamische Prinzen erklären, sie seien direkte Nachkommen des Propheten Mohammed (und nennen sich als Hinweis darauf Scherifen), im Himalaja gibt es gleich mehrere Reinkarnationen Buddhas. Auch der Dharma Radya, der Prinz von Bhutan, ist ein Stellvertreter Buddhas, und der türkische Sultan gilt von alters her als Kalif oder Nachfolger Mohammeds. In der Zwischenzeit überquert Louis Blériot (1872-1936) am 25. Juli 1909 als erster Mensch den Ärmelkanal fliegend und beweist so, daß das Flugzeug ein ernstzunehmendes Transportmittel darstellt.

8

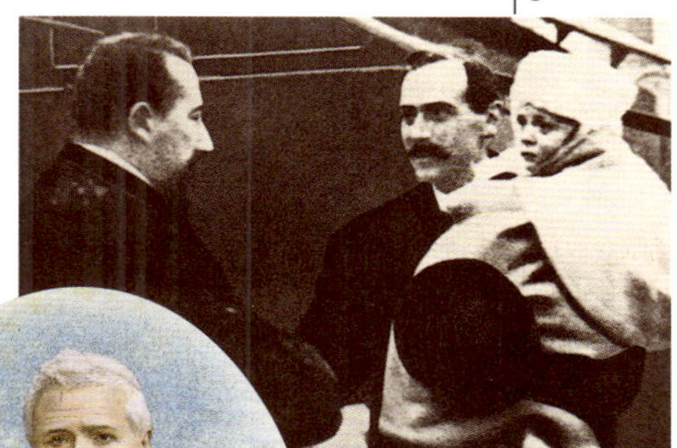

9

Im Reich der Künste ist eine Revolution im Gange, und die Welt erkennt, daß mit dem Kinofilm die zehnte Muse geboren ist. Im Jahre 1909 veröffentlicht Maria Montessori (1870-1952) ihr Werk *Selbsttätige Erziehung im frühen Kindesalter*. Während Freud sich mit der kindlichen Sexualität beschäftigt, schlägt Montessori vor, kindgerechte Kindergärten einzurichten und sich mit der Förderung der geistigen, motorischen und sensorischen Fähigkeiten des Kindes zu befassen.

10

6| Panzerkreuzer *Potemkin*. 7| Papst Pius X. 8| Hakon VII. von Norwegen. 9| Attentat auf Carlos I. und Thronfolger Luiz. 10| Maria Montessori.

Das Kind soll ohnedies zu der Entdeckung des 20. Jahrhunderts werden: ein Wesen, das sogar schon, solange es noch in den Windeln liegt, eine Person ist, die umfassende Rechte hat. Auch die Frau wird jenseits ihrer Rolle als Ehefrau, Mutter, Hausfrau und Krankenschwester zu einer Person.

KÖNIGIN VIKTORIA
stirbt in dem Zeitalter, das heute ihren Namen trägt.

Viktoria wird 1919 als Tochter des Herzogs Eduard von Kent und Viktoria von Sachsen-Saalfeld-Coburg geboren. Mit einem Jahr verliert sie ihren Vater und 1837 auch ihren Onkel Wilhelm IV., dessen Nachfolgerin sie letztlich wird, weil ihre Cousine jung stirbt. Durch deren Tod wird Leopold I. von Sachsen-Saalfeld-Coburg zum Witwer und ab 1831 König des neuentstandenen Königreichs von Belgien. Leopold und die Herzogin von Kent suchen der jungen Königin einen Ehemann. Und finden ihn. Es handelt sich um einen engen Verwandten, der drei Monate jünger ist als seine Frau, äußerst gutaussehend, intelligent, arm und fleißig: Albert von Sachsen-Coburg-Gotha. Viktoria und Albert heiraten 1840, aus ihrer Ehe gehen neun Kinder hervor. 1857 proklamiert ihn die Königin als ihren Prinzgemahl, doch schon seit der Hochzeit hat er (mit großem Eifer) für seine Frau mitentschieden. Albert stirbt 1861. Viktoria trägt daraufhin bis zu ihrem Tode Trauer. Sie zieht sich ins Schloß Windsor zurück und zeigt sich kaum mehr in der Öffentlichkeit. Im Jahre 1877 macht der von ihr hochgeschätzte Premierminister Disraeli sie zur Kaiserin von Indien. Sie stirbt 1901, verehrt von ihren Untertanen und Verwandten und geliebt von den Bedürftigen.

4

1

3

2

Großmutter Europas. Viktoria ist mit fast allen europäischen Fürstenhöfen verwandt. Sie ist Großmutter von Kaiser Wilhelm II. (Sohn ihrer ersten Tochter und Friedrichs III.) wie auch des Königs von Spanien, Alfons XIII., der Viktoria Eugenia von Battenberg heiratet, Tochter ihrer Letztgeborenen. Ihr Sohn, Eduard VII., ist Schwager Zar Alexanders III. (beide mit Töchtern König Christians IX. von Dänemark verheiratet) und auch des griechischen Königs Georg I.

Keine Verbindung mehr zu Hannover. Wilhelm IV. vom Hause Braunschweig-Lüneburg, Nachfolger in männlicher Linie von Georg I., ist König von Großbritannien und Irland und von Hannover. Nach seinem Tode geht das Reich auf dem Kontinent (da es keine weibliche Erbfolge gibt) auf einen anderen Onkel Viktorias über, Herzog Ernst August von Cumberland. England hat damit keinen Fuß mehr in Deutschland. Durch die männliche Erbfolge tragen die Söhne und Enkel Viktorias weiterhin den deutschen Namen des Hauses Sachsen-Coburg, bis sie im Ersten Weltkrieg zum englischen Namen Windsor übergehen.

Viktorias Einfluß auf die Geographie. Im Viktorianischen Zeitalter befindet sich das britische Empire auf dem Höhepunkt seiner Macht und der geographischen Forschungsreisen. David Livingstone (1813-73) verleiht 1855 den grandiosen Wasserfällen des Sambesi den Namen der Königin. Drei Jahre später entdeckt John Hanning Speke einen riesigen afrikanischen See (68.100 km²), den er zusammen mit dem daraus entspringenden Abschnitt des Nils ebenfalls nach der Königin benennt. Auch eine Wüste in Australien trägt Viktorias Namen sowie eine Vielzahl anderer Orte bis in die Antarktis.

Die Premierminister. Fähige Staatsmänner sind zur Regierungszeit Viktorias für die Politik verantwortlich. Zwei davon schätzt sie sehr: Lord Melbourne und Benjamin Disraeli (1804-81), den sie zum Earl of Beaconsfield macht. Zu den übrigen Premierministern hat sie kein so gutes Verhältnis, zu manchen sogar ein extrem schlechtes: Das gilt für den Demokraten Sir Robert Peel (1788-1859), Lord John Russell (1792-1878) und Lord Henry Palmerston (1784-1865), die gegen Viktorias Wunsch die Einheit Italiens befürworten, sowie William Ewart Gladstone (1809-98).

ANSTAND UND ACHTBARKEIT

Vielleicht ist Viktoria keine große Königin. Sinnlich, aber kaltherzig und heftiger Abneigungen fähig, gleichgültig gegenüber Kultur und Künsten, behindert sie häufig ihre Premierminister und die Einführung von Neuerungen. Sie ist autoritär und duldet keinen Verstoß gegen die Etikette. Als Witwe zieht sie sich zurück und nimmt eine Haltung stolzer Zurückhaltung an, die jedoch nichts von der graziösen Reserviertheit der Majestät hat. Sie hat ihren Gatten mit wahrer Leidenschaft geliebt und war nicht in der Lage, den rebellischen Erben, Eduard VII. (1841-1910), vor einer allzu harten Erziehung zu bewahren. Beim Tode ihres Mannes steht sie im Ruf, eine vorsichtige Politikerin zu sein, die bis zur Selbstaufopferung ihre Pflicht erfüllt und immer auf das Glück und Wohlergehen sogar der Bedürftigsten unter ihren Untertanen bedacht ist. Aus den bürgerlichen Werten Achtbarkeit und Anstand macht sie eine wahre Religion. Keinerlei Prunk, nur wenige Zeremonien und keine Feste, keine Indiskretionen, keine Erklärungen, nichts Überflüssiges, strenge Kontrolle der Moral der Prinzen und am Hofe, Bestrafung schlechter Sitten durch Ausschluß und drohendes Schweigen. Doch 64 Jahre lang ist Viktoria Königin der bedeutendsten Weltmacht und zwingt der Oberklasse ihr Verhaltensmodell auf: nicht die ausschweifenden und exzentrischen Sitten ihres Onkels Georg IV. (1762-1830), sondern Achtbarkeit um jeden Preis, Zurückhaltung und Leiden im stillen. Diese "Tugenden", die sich unter dem Begriff Anstand zusammenfassen lassen, bestimmen das Leben der besseren Gesellschaft bis nach dem Zweiten Weltkrieg.

6

8

10

901 1902 1903 1904 1905 1906 1907 1908 1909 1910 **1901** 1902 1903 1904 1905 1906 1907 190 1905 1906

5

7

9

"Disraeli hatte die Idee geboren, die Königin müsse den Titel Kaiserin von Indien annehmen. Viktoria regte ihren Premierminister dazu an, diese Idee in die Praxis umzusetzen."

Lytton Strachey. *Queen Victoria*, 1921.

1) Bertha Müller, *Königin Viktoria*, 1900.
2) John E. Millais, Portrait Benjamin Disraelis. Disraeli, Anführer der "neuen" Tories, war 1868 und von 1874-80 Premierminister.
3) Schloß Windsor, die Residenz der Königin in den späteren Jahren. Hartnäckigen Gerüchten zufolge soll sie dort im geheimen einen Commoner aus ihrer Gefolgschaft geheiratet haben.
4) Franz X. Winterhalter, *Bildnis der Königin Viktoria.*
5) E. H. Landseer, *Königin Viktoria und Prinz Albert.*
6) Ansicht des Parlamentsgebäudes von Westminster, das fast ganz aus der Viktorianischen Epoche stammt und zum Großteil nach 1945 wiederaufgebaut wurde.
7) Victoriafälle des afrikanischen Flusses Sambesi.
8) Insignien des Oberkommandeurs des Ordens des Indischen Reiches, die einst dem Maharadscha von Patiala gehörten. Juwelier Spink & Son, London.
9) Menschen am Ufer des Victoriasees.
10) Ein Empfang bei Hofe in den frühen Jahren der Regentschaft Viktorias.

1902

GUSTAV MAHLER

vollendet seine *Fünfte Sinfonie*

Gustav Mahler wird 1860 im heute polnischen Kalisch in eine Familie jüdischer Händler aus Böhmen hineingeboren. Sein Musikstudium absolviert er am Konservatorium in Wien, unter anderem bei Anton Bruckner (1824-96). Die wichtigsten Etappen seiner Karriere als Dirigent sind: das kleine Bad Hall (1880), Ljubljana (1882), Deutsches Theater Prag (1885-86), Leipzig (1886-88), wo er an die Stelle von Arthur Nikisch (1855-1922) tritt, Nationaltheater Budapest (1888-91), Staatsoper Hamburg (1891-97) und Wiener Hofoper (ab 1897), wo er bis 1907 bleibt und dem Theater zu dessen goldenem Zeitalter verhilft. Er heiratet Alma Schindler. Von 1898-1900 dirigiert er auch die Wiener Philharmoniker. 1907 wird er Gastdirigent an der New Yorker Metropolitan Opera und 1909 zusätzlich Leiter der just gegründeten Philharmonic Society. 1911 kehrt er nach Wien zurück und stirbt kurz darauf, noch ehe seine letzte Sinfonie, die neunte und vielleicht epochalste, uraufgeführt ist. Aus heutiger Sicht zählt Mahler zu den bedeutendsten Dirigenten aller Zeiten. Er selbst sieht das Dirigieren als das Vergnügen am musikalischen Werk an und ergänzt das Konzertrepertoire mit Vorliebe durch zeitgenössische Kompositionen, seien es nun seine eigenen oder die von Richard Strauss (1864-1949). Er ist eine Quelle der Inspiration für die neue Wiener Schule und ermutigt Arnold Schönberg (1874-1951) in seinem Schaffen. Durch ihn erlebt die Musik Mozarts eine wahre Renaissance, und zusammen mit Alfred Roller revolutioniert und modernisiert er die Operninszenierung.

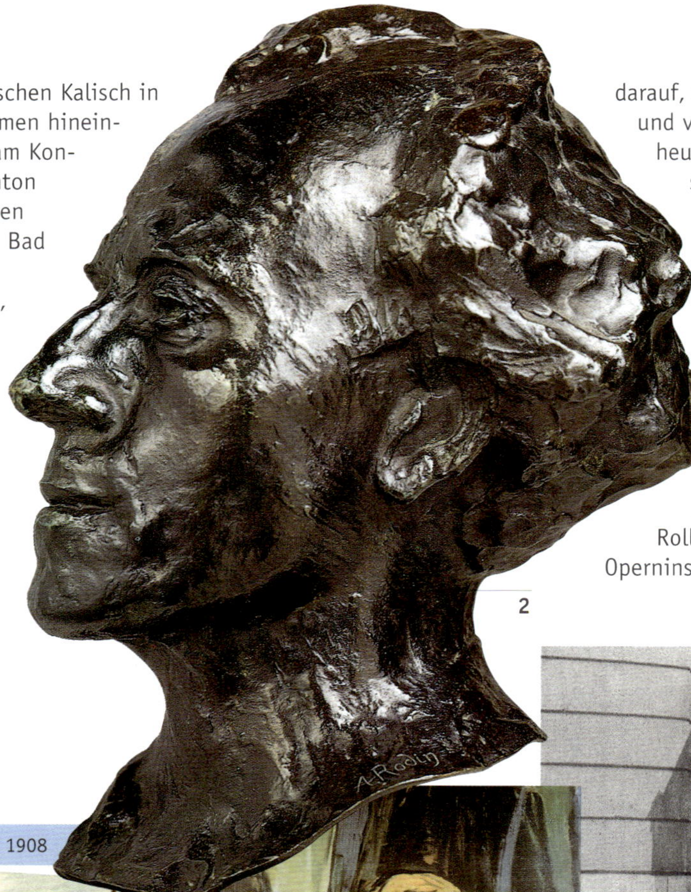

2

4

8 1909 1910 1901 1902 1903 1904 1905 1906 1907 1908 ... 1 190

1

3

Die Sinfonien. Neben den bekanntesten (der 3. und 8.) umfaßt Mahlers Werk folgende Sinfonien: die 1. Sinfonie in D-Dur (1884-88), die 2. Sinfonie in c-Moll (1888-94), für Sopran, Alt, Chor und Orchester, die 4. Sinfonie in G-Dur (1899-1900) für Sopransolo und Orchester, mit dem weltberühmten Lento, die wundervolle 5. Sinfonie in cis-Moll (1901-02), die 6. Sinfonie in a-Moll (1903-05), die strahlende 7. Sinfonie in e-Moll (1905), die 9. Sinfonie in D-Dur (1908-09) und die unvollendete 10. Sinfonie in Fis-Dur.

Sein Schicksal. Während er sich als Dirigent mit den unumgänglichen Meistern des späten 19. Jahrhunderts auseinandersetzen muß, wird der Komponist Mahler zu seinen Lebzeiten aufgrund der Aufführungsschwierigkeiten seiner Werke, des immer wieder betonten Mangels an Ausgewogenheit seiner Kompositionen, der Vermischung und Auflösung der klassischen Form und nicht zuletzt infolge des Aufkommens der Zwölftonmusik nahezu ausgegrenzt. Das verstärkte Interesse und der heutige Kult um Mahler beginnen erst lange nach seinem Tod, namentlich in der Zeit nach dem Zweiten Weltkrieg, als seine Musik endlich als das gesehen wird, was sie ist: die Musik, die die ungelöste Komplexität unserer modernen Zeit am besten interpretiert.

Entartete Kunst. Mahler war Jude, wie Schönberg, Freud, Wittgenstein, Einstein und Kafka. Den Juden öffnete sich mit der Französischen Revolution der Zugang zur europäischen Kultur, da seit diesem Zeitpunkt nicht nur die Reichen unter ihnen die Bürgerrechte genießen. Ihre Kunst wird in der Folgezeit nicht mehr als entartete Kunst angesehen, außer vielleicht von Antisemiten. Sie wird zu einem wertvollen und in vielen Fällen wesentlichen Bestandteil der europäischen Kultur. Doch Mahlers Persönlichkeit zeichnet sich durch etwas äußerst Schmerzliches und Leidendes aus. Es heißt, Thomas Mann (1875-1955) habe sich bei seiner Hauptfigur des Romans *Der Tod in Venedig* (1913), in dem sich die handelnden Personen, die Liebe und die Stadt in einer um sich greifenden Cholera-Epidemie quälend langsam auflösen, von der Persönlichkeit Mahlers inspirieren lassen.

EIN GROSSER GEIST

Mahlers Persönlicheit ist vielschichtig, bunt, komplex und originell. Als Komponist ist er einer der Künstler, die mit größter Ausdrucksstärke und großem Nuancenreichtum die letzte Krise der Postromantik, der Dekadenz und der Angst des Nihilismus, dessen feurigster Verfechter Friedrich Nietzsche (1844-1900) ist, in den achtziger Jahren des letzten Jahrhunderts zu interpretieren wissen. Ein weiteres von Nietzsche geprägtes Element, der Wille zur Macht, findet seinen ästhetischen Ausdruck in der Monumentalität von Werken wie der 8. Sinfonie in Es-Dur (1906), welche Mahler für zwei Orchester (davon eines für Blechblasinstrumente), zwei gemischte Chöre (davon ein Knabenchor) und acht Solisten komponiert, und die sich bereits in der 3. Sinfonie in d-moll (1893-96) abzeichnete, welche für Orchester, Frauen- und Knabenchor sowie Altsolo ausgelegt ist und etwa zwei Stunden dauert. Aber auch das außergewöhnliche Lied von der Erde *(1908) für Alt, Tenor und Orchester, das fast ein spannendes Oratorium aus Liedern darstellt, sowie die* Kindertotenlieder *(1901-04) drücken in Melodie und Timbre einen gereizten Expressionismus aus, der, wenn auch in beschränkterem Maße, dieselbe überwältigende Klangvielfalt aufweist. Die Krise der Musikwelt zwischen Bach und Bruckner kommt auch in der tänzerischen Ironie und dem überaus bissigen Sarkasmus vieler Passagen von Mahlers Werken zum Ausdruck sowie in der unkonventionellen Verwendung von einzelnen musikalischen Phrasen und Ausdrucksmitteln, die unter anderem der Volksmusik und der jüdisch-orientalischen Musiktradition entstammen. Doch diese fremden Elemente werden nicht in ihrer ursprünglichen Reinform übernommen, sondern in gewisser Weise konfrontiert mit dem Konflikt des fortgeschrittenen Expressionismus der westlichen Musikkultur. Als extreme Metapher erinnern die Werke Mahlers vielleicht sogar an das letzte Aufflackern der Kraft des besiegten Riesen Samson.*

5

6

1907 1908 1910 **1902** 1903 1904 1905 1906

7

8

1905 1906

9

1) Wien, Hofoper, auf einem Foto vom Anfang des Jahrhunderts.
2) Gustav Mahler, berühmte Büste des Bildhauers François-Auguste Rodin.
3) Arnold Schönberg, Portrait von Oskar Kokoschka, 1924. Schönberg eröffnet der Musik die Zwölftontechnik.
4) Mahler mit Richard Strauss 1906 in Graz bei der Uraufführung von Salome.
5) Kostümentwurf von Alfred Roller für Fasolt, eine Figur aus der Oper Rheingold von Richard Wagner, 1905. Roller setzt zusammen mit Mahler ein neues Konzept der Operninszenierung durch.
6) Das New Yorker Metropolitan Opera House zu Anfang dieses Jahrhunderts von innen. Der Mythos der "Met" beginnt mit dem Erscheinen der großen Dirigenten Gustav Mahler und Arturo Toscanini.
7) Alma und Gustav Mahler, fotografiert in Basel anläßlich der Aufführung der 2. Sinfonie in der Kathedrale.
8) Portrait Anton Bruckners.
9) Detail des Eingangs zum Ausstellungsgebäude der Wiener Sezession (1897-98) des Architekten Joseph M. Olbrich (1867-1908), das auch als Opernhaus diente.

"Wenn man ihn darauf aufmerksam machte, daß er ein bestimmtes Stück anders spielen ließ, als es traditionell üblich war, sagte er: "Ich mach das so! Was man im allgemeinen als Tradition ausgibt, ist meist nichts anderes als Schludrigkeit."

A. Mahler in *Gustav Mahler*

1903 ENRICO CARUSO

geht nach New York an die "Met"

Der berühmteste Tenor der ersten Hälfte des 20. Jahrhunderts stammt aus einer bettelarmen Familie in Neapel, wo er 1873 geboren wird. Als Junge singt er auf der Straße und in der Kirche. Man erkennt sein Talent und läßt ihn von den angesehenen örtlichen Gesangslehrern Lamberti und Concone sowie dem Dirigenten Lombardi unterrichten. Im Teatro Nuovo von Neapel tritt er mit der Oper *L'amico Francesco* des heute in Vergessenheit geratenen Komponisten Morelli erstmals öffentlich auf. Ein erster Erfolg als Turiddu in der *Cavalleria rusticana* läßt nicht lange auf sich warten (1895). Er feiert Triumphe in Mailand (*L'Arlesiana*) und wird an die besten Opernhäuser der Welt gerufen: nach Petersburg, an das Teatro Colón in Buenos Aires und an die New Yorker Metropolitan Opera, wo er zwischen 1903 und 1920 vorwiegend wirkt. Der lyrische Ausdruck des Nemorino (*Der Liebestrank*), des Don Octavio (*Don Giovanni*), des Lyonel (*Martha*) und des Faust (*Margarethe*), die sinnliche Leidenschaft des Mario (*Tosca*), des Canio (*Der Bajazzo*), des Dick (*Das Mädchen aus dem goldenen Westen*) und des Loris (*Feodora*), der edle Gesang von Verdis Helden wie Manrico (*Der Troubadour*), der Herzog von Mantua (*Rigoletto*) oder Radames (*Aida*) finden in ihm einen glänzenden Interpreten, sowohl was Stimmumfang als auch was Klangfarbe, Timbre und Intonation betrifft. 1921 stirbt er, noch jung, in Neapel. Sein Mythos lebt bis heute.

1

2

3

4

7 1908 1909 1910 1901 1902 **1903** 1904 1905 190 03 1904 1905 1906 1907 1908 1909 1910 1901 908

5

Toscanini. Arturo Toscanini (1867-1957), Cellist und Dirigent, ab 1898 musikalischer Leiter der Mailänder Scala und ab 1908 Leiter des Metropolitan Opera House in New York sowie dessen größter Dirigent. Heute gilt er als bedeutendster Dirigent italienischer Opern seines Jahrhunderts. Er revolutioniert die Aufführungstechnik, indem er Wiederholungen, Unterbrechungen und Verzierungen abschafft, die nicht in der Partitur stehen. Sänger fürchten ihn, weil er keine Virtuosität in Form von Lautstärke, Länge der gehaltenen Noten oder hohen Tönen zuläßt, die bis dahin den Ruhm der bekanntesten Tenöre und Soprane ausmachten.

Das Grammophon. Emil Berliner, ein in die USA ausgewanderter Deutscher, erfindet 1887 das Grammophon, und 1892 kommen die reproduzierbaren Schallplatten auf. Wenn man heute eine Vorstellung von Stimme und Kunst großer Opernsänger vom Anfang des 20. Jahrhunderts haben kann, so verdanken wir dies den Schallplatten und dem Grammophon mit Handkurbel.

Leben im großen Stil. Grand Hotels, prächtige Automobile, wertvolle Ringe, lange Reisen in der ersten Klasse der Transatlantikdampfer, Besuche von berühmten Restaurants, Spielkasinos, Thermalorten und Stränden: Das ist Carusos Lebensstil. Als der Tonfilm aufkommt, kann sich ein breites Publikum an seiner Stimme und der oft erheiternd anmutenden Mimik erfreuen. Diese Welt läßt Federico Fellini in einem seiner intensivsten Filme, *Fellinis Schiff der Träume*, aus dem Jahr 1983 auf meisterhafte Weise wiederaufleben.

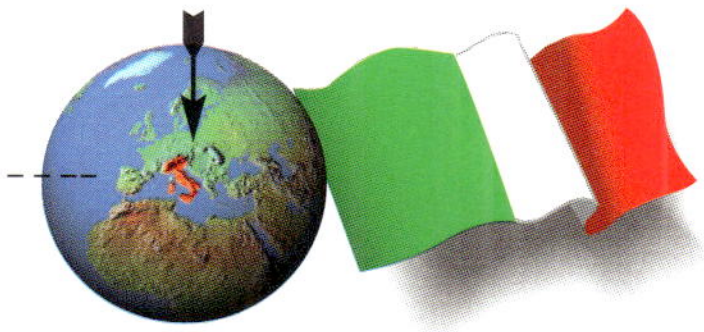

EIN STARTENOR

Caruso verdient 45 Lire pro Abend und hinterläßt bei seinem Tod ein Vermögen von 20 Millionen. Er ist ungebildet, aber ein Kunstfreund, der Bilder, Bronzen, Möbel und Medaillen sammelt. Würde er heute leben, ließe er sich kaum von der Welle des üblen Kitsches mitreißen, zu dem sich die "goldenen Kehlen", deren Stern im Untergehen begriffen ist, herablassen. Er schreibt ein kleines Gesangslehrbuch. Als Mann ist er launenhaft, als Sänger ein Profi. Sein Tenor ist außergewöhnlich, und er schafft es in einer Zeit, in der es an großen Tenören nicht mangelt, zu einem Mythos zu werden und es auch dann noch zu bleiben, als andere wunderbare Stimmen auftauchen. Bis heute hat sich daran nichts geändert. Seine bedeutendsten Rivalen sind der virtuose Angelo Masini (1844-1926), der Verdi-Tenor Francesco Tamagno (1850-1905) und der lyrische Tenor Fernando De Lucia (1860-1925). Weiter Giovanni Zenatello (1876-1949), der Begründer der Sommerfestspiele in der Arena von Verona, Bernardo De Muro (1881-1955), Aurelio Pertile (1885-1952), den Toscanini besonders schätzt, Giovanni Martelli (1885-1969), Tito Schipa (1888-1965), ein Sänger mit großer stilistischer Raffinesse, Beniamino Gigli (1890-1957), der als die schönste Tenorstimme des Jahrhunderts gilt und Giacomo Lauri Volpi (1893-1979) mit seiner glänzenden Technik und mächtigen Stimme. Mehr als andere Solostimmen trugen Tenöre dazu bei, die italienische Oper auf der ganzen Welt populär zu machen, weil sie dramatische und leidenschaftliche Liebesgeschichten erzählt, in denen die Tenöre meist die Rolle des feurigen Liebhabers spielen.

6

8

9

1901 1 ... 08 1909 ... 901 1902 **1903** 1904 1905 1906 1907 1908 1909 1910 19

7

"Im Zentrum des italienischen Gesangsstils steht nach wie vor der Belcanto. Wenn ein Caruso, Gigli, di Stefano, Pavarotti und wie sie alle hießen und heißen, ihre Spitzentöne hinstellten und hinstellen, wird etwas ganz anderes frei als etwa bei deutschen Sängern."

Wolfgang Sawallisch

1) Außenansicht des New Yorker Metropolitan Opera House in einem der ersten Jahre des 20. Jahrhunderts.
2) 13. November 1911. Enrico Caruso in der Heldenrolle des Radames in der Oper *Aida*, dirigiert von Arturo Toscanini.
3) 1911, New York, Metropolitan Opera: *Das Mädchen aus dem goldenen Westen* von Puccini mit Caruso in der Rolle des Dick Johnson.
4) Jugendstil-Grammophon der französischen Firma Pathé aus dem Jahr 1905. Von Caruso sind nur wenige Schallplatten erhalten geblieben, die uns jedoch eine klare Vorstellung von seiner Stimme geben.
5) 1913. Caruso steigt sehr würdevoll in seinen großen Lancia ein.
6) 1903. Caruso in der Rolle des Cavaradossi bei einer *Tosca*-Aufführung an der "Met".
7) 1902. Plakat von Adolf Hohenstein für die Erstaufführung des Stücks *Germania* an der Mailänder Scala, Libretto von L. Illica, Musik von Alberto Franchetti. Caruso erfand die Rolle des Studenten Federico.
8) Für seine Rolle des Canio in *Der Bajazzo* von Leoncavallo erntet Caruso an der Metropolitan Opera rauschenden Beifall.
9) Die Familie Caruso auf dem Schiff bei einer ihrer vielen Atlantiküberquerungen.

1904

HEIHACHIRO TOGO

blockiert die russischen Pazifikhäfen

Heihachiro Togo wird 1847 in der Provinz Kagoshima auf der Insel Kiushu geboren. Er gehört dem niedrigen japanischen Adel an und tritt mit 18 Jahren in die Marine ein. Kaiser Kaiser, der von 1867 bis 1912 regiert, hat 1868 das Schogunat abgeschafft, den Kaiserhof nach Edo (=Tokio) verlegt, die kaiserliche Regierung wieder eingesetzt und die alte Feudalordnung 1869 abgeschafft. Togo wird 1871 zum Studium nach Großbritannien geschickt, besucht dort das weltberühmte Royal Naval College, das sich seit 1873 im Marinehospiz von Greenwich befindet. Als er 1878 in die Heimat zurückkehrt, ist er ein Offizier von herausragender Befähigung. Im chinesisch-japanischen Krieg, bei dem es um die Vorherrschaft im Königreich Korea geht, kommandiert er den Kreuzer *Naniwa*. Zunächst ab 1895 Konteradmiral, wird er 1900 zum Vizeadmiral und schließlich 1904 zum Admiral erhoben. Im russisch-japanischen Krieg 1904–05 blockiert und versenkt er die russische Flotte in Port Arthur (dem späteren Lüshun) und in Wladiwostok. Als oberster Befehlshaber der Marine zerstört er am 27. und 28. Mai 1905 die geschwächte russische Ostsee-Flotte nach ihrer Fahrt durch den Suez-Kanal und um die halbe Welt in der Meerenge von Tsushima vor Korea. 1907 wird er zum Grafen erhoben, 1909 Mitglied des Obersten Kriegsrats und 1912 Flottenadmiral sowie Lehrer von Kaiser Hirohito. Er stirbt 1934.

2

3

08 1909 1910 1901 1902 1903 **1904** 1905 1906 1907

1901 1902 1903 **1904** 1905 1906 1907 1908

1

4

Ein Held. "Die Bedeutung des Wortes "togo" (im Italienischen mundartlich für ausgezeichnet) gewinnt durch den gleichnamigen Admiral, der im russisch-japanischen Krieg von 1904-05 an der Spitze der japanischen Flotte stand, noch einen neuen Aspekt hinzu", heißt es in einem Leserbrief des venezianischen *Gazzettino*. Nach Togos Taten fand sein Name Eingang in den venezianischen Dialekt, wo damit "eine Person beschrieben wird, die tüchtig und patent ist ... Das Wort wird also als Adjektiv gebraucht, das Wertschätzung und Bewunderung ausdrückt." In der damaligen Zeit waren die Zeitungen voll von Berichten über die Heldentaten des Japaners.

Gottkaisertum. Zuerst kommt Gott und gleich danach Fürst Ito Hirobumi, auf den die japanische Verfassung von 1889 und die rasche Modernisierung Japans (1868-93) zurückgehen. Der Kaiser unterstützt diese Entwicklung: "Wir werden auf der Suche nach Weisheit in alle Teile der Welt hinausgehen, um das Fundament unserer kaiserlichen Politik zu stärken." Fünftausend ausländische Experten werden eingestellt, viele davon in hohe Ämter. Aber an der gesellschaftlichen Struktur und den Werten ändert sich nichts. Oder, wie es Fürst Ito ausdrückt: "Der Kaiser ist der Himmel, der sich auf die Erde herabgesenkt hat, heilig und göttlich." Das ist nicht dahingesagt, sondern ein Glaubensprinzip.

Neue Entwicklungen. Der erste Vertrag nach dem Gleichheitsprinzip zwischen Japan und einer westlichen Macht ist das Schutzbündnis mit Großbritannien von 1902. Durch die Aufnahme Kaliforniens in die USA werden diese ebenfalls eine pazifische Macht. Die über Jahrhunderte zwischen China und Japan, später zwischen Japan und Rußland umstrittene Unabhängigkeit Koreas wird zum Zankapfel zwischen China, Rußland und den USA.

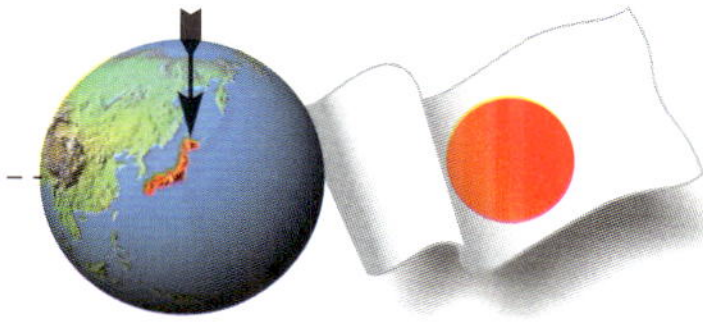

SAMURAI

"Oh, wie möchte ich dieses Land durch Annehmen alles Guten und Ablehnen alles Bösen keinem anderen gleich machen."

Aus einem Gedicht von Kaiser Mutsuhito 1905

Den russisch-japanischen Krieg, bei dem es um die Kontrolle über die Mandschurei und Korea geht, verlieren die Russen sowohl zur See als auch zu Lande. General Baron Nogi belagert Port Arthur, das Anfang 1905 kapituliert. Danach werfen seine Streitkräfte zusammen mit den Männern von Feldmarschall Oyama die zahlenmäßig überlegenen russischen Streitkräfte in der Schlacht bei Shenyang nieder, bei der sich 700.000 Mann gegenüberstehen (24. Februar–10. März 1905). Korea wird im Frieden von Portsmouth (USA) japanisches Protektorat und 1910 von Japan annektiert. Praktisch findet eine Öffnung der Mandschurei statt. In Europa hinterläßt dies einen ungeheuren Eindruck. Zum ersten Mal in der Geschichte erhebt sich ein Land des Fernen Ostens zur Großmacht. In Japan selbst wird der von Präsident Th. Roosevelt vermittelte Frieden freilich als zu vorteilhaft für Rußland angesehen. Doch mehr noch als der Sieg von 1895 über China eint dies das Volk um den Thron. Das Schogunat war fast von alleine untergegangen, da der letzte Schogun keine männlichen Nachkommen hatte. Die Abschaffung der Daimyos, der großen Feudalherrscher der Provinzen, war auf Feindseligkeit gestoßen, nicht zuletzt, weil die Samurai, die Krieger und Vasallen, die in ihren Diensten standen, dadurch ihre Aufgabe verloren. Der Schogun hatte von jeher seine Macht über die Bakufu, die Militärregierung, ausgeübt und war zuweilen hinter der Gestalt anderer Heerführer fast verschwunden. Gerade diese Präsenz militärischer Figuren in der japanischen Gesellschaft stellt den kulturellen Nährboden für die Entstehung ausgezeichneter Streitkräfte dar, die den strengen Ehrenkodex der Samurai bewahren.

5

8

1901 1902 1903 **1904** 1905 1906 1907 1908 1909 1910 1901 1902 1903 … 1910 1901 1

6

7

9

1) 1904–1905. Die Japaner nehmen die russische Flottenbasis von Port Arthur ein.
2) Ein offizielles Portrait von Admiral Togo in Paradeuniform nach europäischem Vorbild.
3) Heihachiro Togo an Bord des Kriegsschiffes *Nikasa*.
4) 1905, Tokio. Prinzessin Iwakura, Vorsitzende des Vereins "Patriotischer Frauen", empfängt am Bahnhof von Shinbashi Alice Roosevelt, die Tochter des Präsidenten der USA.
5) Ein Bild aus dem Film *Ran* (1985) von Akira Kurosawa, einer glänzenden Darstellung des langen, greulichen japanischen Mittelalters.
6) Der Mikado Mutsuhito (1852–1912), Meiji Tenno, der Kaiser während der Ära der "erleuchteten Regierung" (Meiji-Ära) von 1867–1912, ist der Begründer des modernen Japans. Hier in der europäischen Uniform des Oberbefehlshabers der kaiserlichen Armee.
7) 1906. Fürst Ito Hirobumi, Generalgouverneur Japans in Korea, mit dem kleinen Prinzen von Korea.
8) Volkstümlicher japanischer Druck einer Seeschlacht.
9) 1906. Ein Bild von Achille Beltrame aus dem *Domenica del Corriere*. Russische Soldaten überfallen bei der Rückkehr aus der Mandschurei Bahnhöfe auf der verzweifelten Suche nach etwas Eßbarem.

1905

SIGMUND FREUD
veröffentlicht "Drei Abhandlungen zur Sexualtheorie"

Sigmund Freud (geboren 1856 in Freiburg/Mähren, gestorben 1939 in London) entstammt einer Familie jüdischer Kaufleute, die 1860 nach Wien übersiedelt. Sigmund lebt dort bis 1938, ehe er wegen seiner jüdischen Abstammung nach London emigrieren muß. 1881 macht er seinen Universitätsabschluß in Medizin und wird 1885 Privatdozent. 1886 heiratet er und eröffnet eine Praxis zur Behandlung von Neurosen. Um 1900 beginnt er, die Psychoanalyse zu entwickeln. Jede menschliche Handlung ist ihr zufolge geprägt von Motiven, Trieben und Kräften, die im verborgenen wirken: Die Psychoanalyse, eine Wissenschaft, in deren Mittelpunkt der Mensch steht, soll diese psychische Welt erklären. Durch die Traumdeutung werden ihre Mechanismen und ihre verborgene Logik aufgedeckt, ebenso wie das alles bestimmende Lustprinzip. Freud entwickelt die Psychoanalyse zusammen mit Kollegen und Schülern beständig fort. Dies führt zur Entwicklung verschiedener Zweige und zur Gründung von Schulen, die oft im Konflikt zueinander stehen. So entsteht ein neues Menschenbild, das die Humanwissenschaften revolutioniert und die Kunst des 20. Jahrhunderts sowie die Denkweise der Menschen nachhaltig beeinflußt.

2

3

6

01 1902 1903 1904 **1905** 1906 1907 1908 1909 1910 1901 1902 19

1

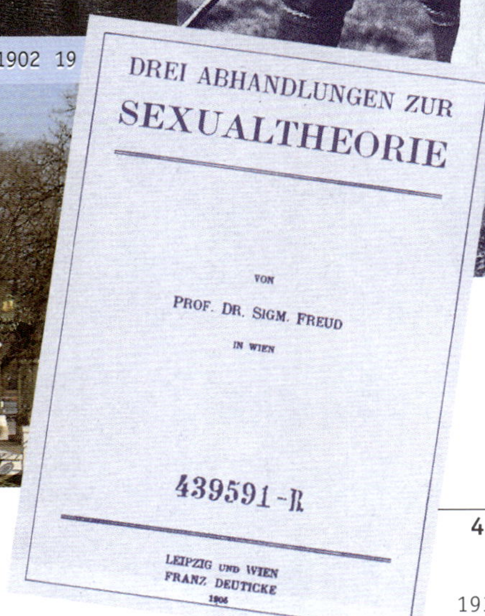
DREI ABHANDLUNGEN ZUR SEXUALTHEORIE

VON

PROF. DR. SIGM. FREUD

IN WIEN

439591-R

LEIPZIG UND WIEN
FRANZ DEUTICKE

4

03 1904 **1905** 1906 1907 1908 1909 1910 1

5

Vorläufer. Jean-Martin Charcot (1825-93) ist Neurologe am Salpetrière-Hospital in Paris und dort Leiter des angesehensten Studienzentrums für Psychiatrie. Er kann als einer der Mitbegründer der Tiefenpsychologie gelten. Er weist auf den Affektcharakter einiger neurologischer Krankheiten hin und betrachtet die Hysterie als eine Neurose. Der österreichische Arzt Josef Breuer (1842-1925) stellt zwischen 1880 und 1895 mit Freud Studien an, deren Ergebnisse beide in dem Buch *Studien über Hysterie* (1895) veröffentlichen. Breuer ist Hypnotherapeut und erfindet die Katharsis-Methode, die den Patienten anregt, Ereignisse, die sein Trauma ausgelöst haben, mit Worten zu beschreiben. Damit ist er nur noch einen Schritt von der Freudschen Methode der freien Assoziation entfernt.

Häretiker. Einige Schüler und Kollegen Freuds haben sich mit der Zeit von ihm abgewandt. So etwa Alfred Adler (1870-1937) im Jahre 1911, der geniale Carl Gustav Jung (1875-1961) im Jahre 1914, auch Erich Fromm (1900-80), Otto Rank (1884-1939) zwischen 1924 und 1926 und Wilhelm Reich (1897-1957) 1927.

Werke. Freud war ein Vielschreiber. Hervorzuheben sind: Die *Traumdeutung* (1900), *Zur Psychopathologie des Alltagslebens* (1901), *Drei Abhandlungen zur Sexualtheorie* (1905), *Totem und Tabu* (1912-13), *Metapsychologische Ergänzung zur Traumlehre* (1917), *Jenseits des Lustprinzips* (1920), *Vorlesungen zur Einführung in die Psychoanalyse* (1915-17 und 1932).

Das Freudsche Jahrhundert. Um bedeutend zu sein, muß man von vornehmer Herkunft sein, lehrt der Gotha, das Handbuch des europäischen Adels. Freud lehrt, daß die Kindheit des Menschen wichtig ist, und jeder Mensch ein Wun-

DIE PSYCHOANALYSE

Die Psychoanalyse ist eine Wissenschaft, die es sich zum Ziel gesetzt hat, das menschliche Individuum als Subjekt über die ebenfalls subjektiv erfahrenen psychischen Prozesse näher zu erforschen, die die menschlichen Erkenntnisse und Erfahrungen konditionieren. Laut Freud läßt sich diese Wissenschaft in drei Hauptaspekte gliedern: Die Psychoanalyse ist ein Verfahren zur Erforschung psychischer Prozesse, aus dem sich eine Methode zur Heilung neurotischer Störungen (die Psychotherapie) ableitet, die zu einer Reihe psychologischer Erkenntnisse führt, welche sich ihrerseits wieder zu einer Wissenschaft, eben der Psychoanalyse, zusammenfassen lassen. Der zu therapierende Mensch spielt bei der psychoanalytischen Forschung die Hauptrolle. Ziel ist es, Unterbewußtsein und Es (die triebhaften Impulse) zugänglich zu machen. Unterstützt von dem wohlwollenden und neutralen Psychoanalytiker liefert der Patient Gedanken- und Gefühlsprodukte, die sich an der bewußten Oberfläche des Ich abzeichnen, indem er Gestalten und Symbole aus seinen Träumen und Assoziationen dazu schildert. Nach einigen Phasen, deren wichtigste die der Übertragung (Gefühlshaltung des Patienten gegenüber dem Therapeuten) ist, kann die Behandlung dazu führen, daß die als Kind durch Unterdrückung von Gefühlen erlittene Amnesie, die von den Verteidigungsmechanismen des Ich aufrechterhalten wird, überwunden wird. Wichtigster Schutzmechanismus ist die Verdrängung, ein Prozeß, mit dem der Mensch alle Vorstellungen, die etwas mit seinen Trieben zu tun haben, ins nicht Bewußte verlagert.

7

8

03 1904 **1905** 1906 1907 1908 1909 1910 1901 1902 1903 1904 **1905** 1906 1907 1908 1909 1910 1901 1902 1903 1904 **1905** 1906 1 … 1903 190

9

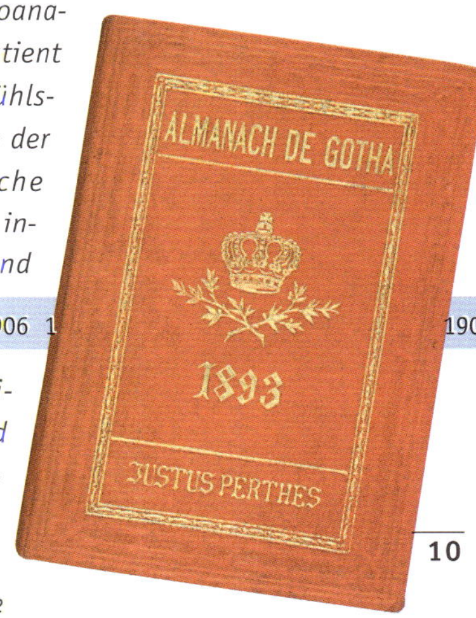

10

"Sollte sich aber gar jemand unter ihnen finden, der sich nicht durch eine flüchtige Bekanntschaft mit der Psychoanalyse befriedigt fühlte, sondern in eine dauernde Beziehung zu ihr treten möchte, so werde ich ihm nicht nur abraten, sondern ihn direkt davor warnen."

Sigmund Freud, *Einführung in die Psxchoanalyse,* 1915

derwerk der Psyche. Er entdeckt die zentrale Rolle der Sexualität für das psychische Gleichgewicht, gibt dem Traum eine neue Bedeutung und zeigt die komplexe Beziehung zwischen Liebe und Haß. Er schlüsselt die Gefühlswelt in der Familie in ihrer ganzen Komplexität auf und ist der Ansicht, daß der Sexualtrieb, Eros, und der Todestrieb, Thanatos, eng miteinander verknüpft seien. Er vertritt die Idee, daß unglückliche Menschen mit wissenschaftlichen Methoden geheilt weden können. Außerdem beschäftigt er sich mit Völkerkunde und erbringt den Nachweis, daß die Grundzüge der menschlichen Psychologie in allen Kulturen gleich sind.

1) Kaiserlicher Bahnhof der Wiener Stadtbahn in Schönbrunn von 1894-97, eines der Werke des Architekten Otto Wagner (1841-1918).
2) Sigmund Freud im reifen Alter.
3) 1913. Freud zusammen mit seiner Tochter Anna, die später ebenfalls Psychoanalytikerin wird, in den Ferien im Gebirge.
4) 1905. Titelseite der Erstausgabe der *Drei Abhandlungen zur Sexualtheorie*, erschienen beim Verlag Franz Deuticke, Leipzig-Wien.
5) 1900. Karl Feiertag. Das Marionettentheater am Würstelprater. Ein Ausschnitt aus dem Wiener Leben.
6) Statue eines Ahnen- und Schutzgeistes. Volkskunst der Baluba.
7) 1922. Freud, Sándor Ferenczi und Sachs. Dahinter, stehend: Otto Rank, Karl Abraham, Eitington und Ernest Jones, der Biograph des Meisters.
8) 1447-58. Piero della Francesca, *Der Traum des Costantino*. Mittelalterlichem Glauben zufolge kann uns der Traum, wie in diesem Falle, Vorahnungen geben.
9) 1962. Montgomery Clift, der sensibel wirkende Hauptdarsteller des Films *Die geheimen Leidenschaften des Sigmund Freud* von John Huston.
10) Titelseite des genealogischen Handbuchs des europäischen Adels (Gotha) von 1893, 130. Jahrgang.

PAUL CÉZANNE
stirbt als Wegbereiter der künstlerischen Revolution in der Malerei

Paul Cézanne wird 1839 in Aix-en-Provence als Bankierssohn geboren. Er geht aufs Gymnasium, malt, ist Freund von Émile Zola (1840-1902), dem späteren Theoretiker des europäischen Naturalismus (*Der Experimentalroman*, 1880). Cézanne wird Jurist. 1861 reist er mehrfach nach Paris. Im Louvre studiert er El Greco, Caravaggio und Velázquez. In Aix arbeitet er ab und zu in der väterlichen Bank, kehrt aber stets nach Paris zurück. Als Laie und Autodidakt beginnt er zu malen. Dann heiratet er und führt in der Provinz das Leben eines wohlhabenden Bürgers. In Paris frequentiert er das Café Guerbois, einen Künstlertreffpunkt. 1871-72 weilt er in den Bergen von L'Estaque, 1872-77 in Pontoise und Anvers-sur-Oise und malt Ansichten der Provence und der Île-de-France. Ab 1866 schickt er erfolglos Gemälde an den *Salon*, eine Kunstausstellung in Paris. Im Atelier Nadars stellt er neben Impressionisten aus. Nach Reisen durch Holland und Belgien hat er weitere Ausstellungen: 1877 bei der dritten Gruppenausstellung der Impressionisten, 1882 im Salon, 1889 und 1890 in Brüssel. Als er 1895 bei Ambroise Vollard ausstellt, nennt ihn *Le Temps* einen der Öffentlichkeit unbekannten Maler. Erst nach seinem Tod 1906 erkennt man ihn als großen Meister.

3

5

1901 1902 1904 1905 **1906** 1907 1908 1909 1910 1901 1902 1903 1904 1905 **1906** 1907 1908 1909 1910 1901

1

2

4

Café Guerbois. Vieles der westlichen Politik und Kultur des 19. Jahrhunderts ging von den Pariser Cafés aus, wo in heftigen Diskussionen, Liebesaffären und Apotheosen neue Götterbilder entstanden: Der Gott des Guerbois war Zola. Außer ihm verkehrten dort Impressionisten wie Camille Pissarro (1830-1903), ein Freund Cézannes, Pierre-Auguste Renoir (1841-1919), der geniale Claude Monet (1840-1926) und viele andere. Sie waren Verehrer des "unbekannten" Laienmalers aus Aix. Mit Zola brach Cézanne 1886, nachdem der Schriftsteller ihn in seinem Roman *Die Oper* unter dem Namen Lautier als unglücklichen Maler beschrieben hatte, dessen Talent verkümmerte.

Verfestigter Impressionismus. Cézanne befand sich zwar unter den Impressionisten, es interessierte ihn aber nicht, die momentane Schwingung der Farbe im Licht einzufangen. Er wollte eher "verfestigen", suchte die natürlichen Farbtöne, die "geologische Natur" der Landschaft. Er war kein Künstler, der seinen Eindrüken eine Form zu verleihen trachtete. Der Impressionismus ist eine Revolution der Malerei des 19. Jahrhunderts. Cézanne ist ein Ferment, das Impulse für die Kunst des 20. Jahrhunderts in sich trägt.

Aufstand in der Stadt. Cézanne ist nicht der typische Provinzler, der sich in Paris verliebt. Er malt es nicht. Er malt die Montagne Sainte-Victoire bei Aix oder L'Estaque in der Bucht von Marseille oder Badende, gewaltigen Nymphen gleich, in einer Pyramide aus kahlen Bäumen vor einer Stadt aus Würfeln und Zylindern. Er macht eine stille Revolution. Als in Paris 1881 der Aufstand der Kommune ausbricht, geht er von dort weg. Die Begleiterscheinungen – Barrikaden, Gewalttaten, Tausende von Toten und Verurteilten bei der Niederschlagung des Aufstands – sind nichts für ihn.

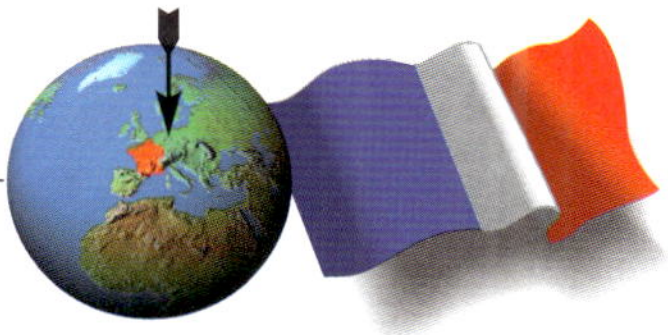

DIE KUNST DER SUCHE

1) Cézanne. *Blick auf L'Estaque und das Château d'If*, 1883-85.
2) Das Pariser Café Guerbois von innen, gezeichnet 1869 von Manet.
3) Cézanne, *Selbstbildnis*, Ausschnitt, 1873-76.
4) Das schöne Gesicht des Intellektuellen Camille Pissarro im Alter, Fotografie aus den neunziger Jahren des letzten Jahrhunderts.
5) Édouard Manet, *Bürgerkrieg*, 1871.
6) Cézanne, *Die Montagne Sainte-Victoire, vom Steinbruch Bibémus aus gesehen*, um 1897.
7) Cézanne, *Madame Cézanne auf gelbem Sessel*, 1893-95. Auch die Portraits von Cézanne werden von Malern des 20. Jahrhunderts eingehend studiert.
8) Cézanne, *Bildnis von Ambroise Vollard*, 1899.
9) Georges Braque, *Der Viadukt von L'Estaque*, 1908. Während des Übergangs vom Fauvismus zum Kubismus ist bei dem großen Braque nicht nur in bezug auf den Gegenstand der Einfluß der Cézanneschen Stilsuche zu spüren.

Künstler versuchen mit ihrer Arbeit, ein neues Werk zu schaffen, das es noch nicht gibt, das sich von früheren unterscheidet und in dem eine andere Sicht der Welt und der Kunst zum Ausdruck kommt. Aber manche unter ihnen, die mutiger und fähiger sind, finden durch Nachdenken, Experimentieren und ihre natürliche Begabung zu neuen Ausdrucksformen, die über die Tradition hinausgehen und reich an neuen Ideen und von großer Schönheit sind. Cézanne war einer von ihnen (wenn auch erst mit sechzig Jahren geschätzt). Man rechnete ihn fälschlich den Impressionisten zu, die zu jener Zeit bereits anerkannt waren. Aber als van Gogh und Gauguin 1888 in Arles seine Bekanntschaft machten, erkannten sie in ihm einen Meister, der schon dem Postimpressionismus auf der Spur war. Cézannes Malerei baut auf festen Strukturen auf, mit Farben, die Grenzbereichen der Natur entstammen könnten und eher einem Kristall als amorphem Fels gleichen. Ähnlich wie die Architektur im Raum setzen sich seine Formen in der Fläche organisch zusammen. Die Entwicklung der chromatischen Farbtöne entfaltet sich in der Fläche mit der Harmonie und mit der monumentalen Kraft Bachscher Werke. Das Experimentieren der Meister zweier Grundrichtungen der künstlerischen Avantgarde des 20. Jahrhunderts, Matisse (Farbe) und Picasso (Struktur), geht letztlich auf Cézanne zurück. Die Suche des Meisters aus Aix, eines Bürgerlichen, der unfähig ist, sich als Revolutionär aufzuspielen, führt schließlich durch unermüdliche Arbeit zum Erfolg. Um weitermalen zu können, geht er nicht einmal zur Beerdigung seiner Mutter. Heute können wir sagen, daß Cézanne in gewisser Weise Parallelen zu den beiden Malern Paolo Uccello und Masaccio aufweist, die zwischen 1420 und 1450 den Grundstein für die darstellenden Künste der Renaissance legten.

7

8

9

1904 1905 **1906** 1907 1908 1909 1910 1901 1902 1903 1904 1905 **1906** 1907 1908 1909 1910 1901 1902 1903 1902 1903 19

6

"Bisweilen stelle ich mir die Farben als lebendige Gedanken vor, Wesen reiner Vernunft, mit denen ich mich auseinandersetzen kann. Die Natur existiert nicht an der Oberfläche, sie geht in die Tiefe ..."

Paul Cézanne

RUDYARD KIPLING
erhält den ersten Nobelpreis für Literatur

Rudyard Kipling kommt 1865 in Bombay zur Welt. Sein Vater ist Engländer und leitet in Lahore (Punjab) das Museum und die Kunstschule. Kipling verbringt seine frühe Kindheit in Indien und geht später in England zur Schule. 1882 kehrt er nach Indien zurück und wird Redakteur bei der Zeitung von Lahore. 1886 veröffentlicht er erste Gedichte und 1887 erste Erzählungen. Von 1887-89 ist er stellvertretender Chefredakteur bei *The Pioneer* in Allahabad (Uttar Pradesh). Die Zeitung schickt ihn über Japan, San Francisco und New York nach England, von wo er Briefe an den *Pioneer* schreibt, die später in der Sammlung *From Sea to Sea* veröffentlicht werden. 1891 gibt er die Erzählungssammlung *Life's Handicap* heraus und reist nach Südafrika, Australien, Neuseeland und Ceylon. 1892 heiratet er und lebt danach bis 1896 in Vermont. Wichtige Jahre, in denen er *Das Dschungelbuch* und *Das zweite Dschungelbuch* veröffentlicht sowie die *Gedichte der Sieben Meere*. Im Winter 1897-98 lebt er in Südafrika und vertritt in ebenso militanter Form sein imperialistisches Weltbild wie im Jahre 1900, nachdem er als Reporter der Schlacht von Karree Siding gegen die Buren beiwohnte. 1901 erscheint *Kim*, sein größter Roman, 1903 die *Gedichte der Fünf Nationen*, zu denen auch das zum Jubiläum Königin Viktorias verfaßte *The Recessional* gehört. Krönung seines Schaffens ist die Verleihung des Literatur-Nobelpreises 1907. Im Ersten Weltkrieg engagiert er sich erbittert gegen Deutschland. Er stirbt 1936 in London.

4

3

1

2

5

Die Bürde des Weißen. Als überzeugter Vertreter der englischen Nation, hierarchischer Ordnung und gehorsamen Dienstes ist Kipling überzeugt, daß die erwählte Rasse die Pflicht hat, untergeordnete Völker auch gegen ihren Willen zu zivilisieren: Die "Bürde des Weißen". Um sie leichter tragen zu können, hat er Dampfschiff, Eisenbahn, Automobil und drahtlose Telegrafie erfunden. Auf all dies singt Kipling in rauher, soldatischer Sprache ein begeistertes Loblied.

Rassismus. 1929 schrieb der Gelehrte Hellmut Georg von Gerlach, man könne nicht behaupten, daß die "reine nordische Rasse" den wichtigsten Teil dessen in sich trage, was als deutsche Kultur bezeichnet werde. Der französische Diplomat Joseph-Arthur Graf von Gobineau (1816-82) hatte den Begriff der Rasse entwickelt und durch sein Buch *Essai sur l'inégalité des races humaines* (1853-55 und 1884) dafür gesorgt, daß er ernst genommen wurde. Er entwickelt darin die Lehre von der Ungleichheit innerhalb der weißen Rasse, als deren Kern sich die "arische Rasse" und allein das germanische Element rein erhalten habe. Lange behauptete man, die Vormachtstellung der griechischen Kultur gehe auf die Dorier zurück, die von Norden nach Griechenland eingewandert seien und die wahren Urdeutschen darstellten.

Popularität. Bis Mitte des 20. Jahrhunderts erfreute sich Kipling, trotz seines

LIEBE ZUM EXOTISCHEN

"Noch heute gibt es englische Bürger,
denen es schwerfällt zu verstehen,
daß die Barbaren von Geburt an vom Staat dazu erzogen werden,
von Diebstählen und Morden zu leben."

Rudyard Kipling über die Deutschen

Kipling wächst als Sohn eines Künstlers – sein Vater illustriert später seine Erzählungen – in Indien auf. Von Geburt an ist er umgeben von der Natur Indiens und der indischen Kultur. Seine Helden sind Beamte der Kolonialregierung und Offiziere, die Abertausende Kilometer vom Mutterland entfernt Truppen kommandieren, die sich aus Engländern und Farbigen zusammensetzen und die Bastionen der Imperialmacht verteidigen. Ihre Welt sind Kriege, Eroberungen und die Ehre der Ritter und Kreuzritter der Königin. Aber Indien ist für ihn kein fremdes Land, es ist vertraute Umgebung; er entdeckt seine Liebe zum Exotischen und macht sich daran, die Orte, Tempel und Skulpturen genauer zu betrachten, sich in Gedanken mit freundlichen Affenkönigen und Elefantengöttern zu beschäftigen, in seiner Phantasie Kinder zu erschaffen, die von Wölfen aufgezogen werden, und die Grausamkeiten der Thugs zu beschreiben, der Sekte der Mörderbanden und Anbeter der Göttin Kali. Kiplings Liebe zum Exotischen verwandelt sich mit der Zeit in Liebe zum britischen Weltreich. Als dessen Verfechter verfaßt er Lobeshymnen auf die englischen Soldaten, die unter Blut und Tränen den Sieg über die Buren erringen, die holländischen Siedler, die in den Gebieten, die sie in Besitz genommen und bebaut haben, Unabhängigkeit fordern. Später verwandelt sich das Gefühl der Größe des britischen Weltreichs in Rassismus gegen alles Nichtbritische. Dies alles gerät im 20. Jahrhundert in Vergessenheit. Statt dessen erobert die Figur des unschuldigen, von Wölfen aufgezogenen Kindes Mogli aus dem Dschungelbuch wie ein neuer exotischer Parsifal die Herzen der Menschen. Auch in Kim kommt ein Kind vor, ein Waisenkind, mit einem englischen Sergeanten zum Vater, das unter englischen Spionen und indischen Heiligen aufwächst und lernt, mutig dem König und dem Vaterland zu dienen.

7

8

1907 1908 1909 1910 1901 1902 1903 1904 1905 1906 **1907** 1908 1909 1910 190 … 1906 **1907**

6

englischen Chauvinismus und seiner antideutschen Haltung, sowohl in Europa als auch in Amerika außerordentlicher Popularität. Seine auf der vermeintlichen Überlegenheit der Weißen beruhenden Ideale und seine männlichen, heldenhaften Gefühle wurden lange Zeit vom Kleinbürgertum geteilt, was seinen Erfolg bis heute hinreichend erklärt.

1) Titelseite von *Wee Willie Winkle*, Erzählung von Kipling aus dem Jahre 1888.
2) Ein burischer Kanonier erwartet standhaft den Angriff der Engländer in der letzten Schlacht des Kolonialkriegs von 1899-1902 bei Elands Laagte.
3) Titelseite von *The Recessional*, einem patriotischen Gedicht von Kipling, das er 1914 britischen Offizieren bei ihrem Abmarsch zur Front im Ersten Weltkrieg mitgab.
4) Philip Burne-Jones, *Portrait von Rudyard Kipling*, 1899.
5) Kipling mit seinem Vater, Kunsthistoriker und angesehener Illustrator.
6) Errol Flynn (1909-59) in der Rolle des heldenhaften Spions in *Kim*, einem erfolgreichen Film von Victor Saville (1950).
7) Ansicht der Badshahi Masgid-Moschee (17. Jh.) in Lahore, der Gartenstadt des pakistanischen Punjab.
8) Ein Ausschnitt aus dem Zeichentrickfilm *Das Dschungelbuch* (Wolfgang Reitherman, 1967), der eine Rückkehr der Walt-Disney-Filme zum klassichen Stil darstellt.
9) Titelseite der alten Macmillan-Edition von *The jungle book*.

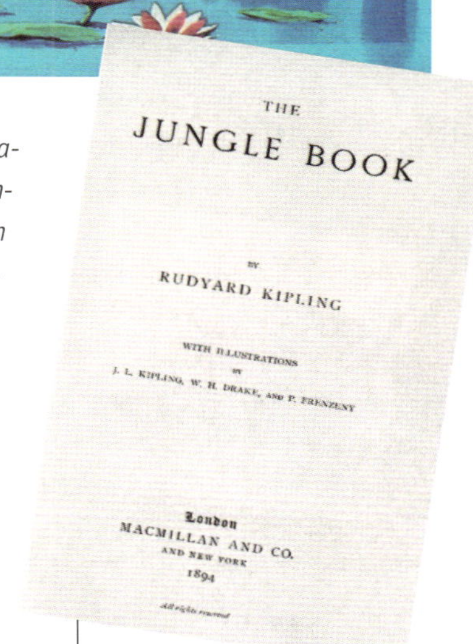

THE
JUNGLE BOOK
BY
RUDYARD KIPLING
WITH ILLUSTRATIONS
BY
J. L. KIPLING, W. H. DRAKE, AND P. FRENZENY
London
MACMILLAN AND CO.
AND NEW YORK
1894
All rights reserved

9

1908

HENRY FORD
produziert das berühmte Modell T

Henry Ford wird am 30. Juli 1863 in Michigan als Sohn einer Familie vom Lande geboren. Mit 17 Jahren ist er Arbeiter in Detroit. Mit 21 wirft er seinen Job in einer Sägerei hin, mit 23 heiratet er und wird Ingenieur bei der Edison Co. In seiner Freizeit baut er ein Auto mit Benzinmotor. 1899 gründet er die Detroit Automobile Co., verläßt sie aber nach nur drei Jahren, um ein neues Auto zu konstruieren. Es ist der 999 mit 4 Zylindern und 80 PS, mit dem er wiederholt an Rennen teilnimmt – stets siegreich. Von Ersparnissen und Fremdkapital gründet er 1903 die Ford Motor Co. Bis 1919 schaffen es Henry Ford und Sohn Edsel, deren Alleinbesitzer zu werden. Zwischen 1906 und 1908 perfektioniert er die Pläne für sein Modell T, von dem er dann bis zum 26. Mai 1917 stattliche 15 Millionen Exemplare produziert. Ford ist die populärste Unternehmerfigur des Industriezeitalters. Seine Erfolgsgeschichte beginnt mit einer Vision: Das Auto, bis dahin bloßes Vergnügungsobjekt der Reichen, soll zum Fahrzeug der Massen werden. Also muß es leicht, leistungsstark, robust, schlicht, preisgünstig und sparsam im Verbrauch sein. Das Modell T ist alles dies. Ford ist ein Neuerer, sowohl was die Materialien betrifft (erstmals wird in den USA Vanadiumstahl benutzt) als auch in bezug auf die Produktion. Er ist unerbittlicher Unternehmer und Antisemit. 1926 ist sein Betrieb mit einer Belegschaft von 200.000 Personen der größte der Welt. Im Januar 1937 hat er bereits 25 Millionen Autos produziert.

2

4

906 1907 **1908** 1909 1910 1901 1902 1903 1904 19

7 **1908** 1909 1910 1901 1902 1903 1904 1905 19

1

3

Taylorismus. Der Theoretiker der Arbeitsorganisation im Industriezeitalter ist der amerikanische Maschinenbauingenieur Frederick W. Taylor (1856-1915). Zunächst beschäftigt er sich damit, die Leistung der Maschinen zu verbessern. Danach entwickelt er eine Methode zur Rationalisierung der Arbeit, indem er überflüssige Bewegungen und versteckte Pausen durch eine optimale Organisation des Arbeitsprozesses und des Verhältnisses zwischen Maschine und Mensch, der als Produktionselement verstanden wird, eliminiert. Seine Studien waren bei Arbeitern, aber auch bei Finanziers und Kapitalisten verhaßt.

Protestfilme. Taylorismus und Fordismus werden zur Zielscheibe der Protestfilme gegen die untergeordnete Rolle des Menschen in der Industrie. Einige Meisterwerke dieser Epoche sind: *Metropolis* (1926) von Fritz Lang, *Es lebe die Freiheit* (1931) von René Clair und *Moderne Zeiten* (1936) von Charlie Chaplin.

1929. Vor dem Börsenkrach in New York verkündet die "National Automobile Chamber of Commerce" im Januar 1939, daß es auf der Welt 31.778.203 Automobile gibt. In den USA kommt ein Auto auf 4,9 Einwohner (21.291.719 Autos).

Zweiter Weltkrieg. Am 1. März 1941 produzieren die Ford-Werke den ersten Jeep nach dem Studebaker-Patent. Bereits im Sommer werden Flugzeuge und im Herbst Panzer und Bomber hergestellt. 1942-45 verbietet die amerikanische Regierung den Ford-Werken Autos zu produzieren und gibt Kriegsgerät in Auftrag. Im Juni 1943 stirbt Henrys Sohn Edsel, und Henry übernimmt wieder die Leitung der Industriegruppe. Am 21. September 1945 übergibt er sie an seinen Enkel Henry II. und zieht sich aus dem öffentlichen Leben zurück. Im April 1947 stirbt er in Dearborn.

FORDISMUS

Die Fordschen Industriebetriebe zeichnen sich durch extremen Taylorismus aus. Das Preis-Leistungs-Verhältnis und der überwältigende kommerzielle Erfolg des Model T gehen auf rationalisierte Massenfertigung am Fließband zurück, das Ford unter großen Anstrengungen perfektioniert. Durch die Serienfertigung kommt es zu einer Steigerung der Produktion, einer Verringerung der Arbeitsstunden für die Herstellung des einzelnen Autos, einer Abnahme der Kosten, zu Preissenkungen und Lohnerhöhungen. Als Feind der Banken finanziert sich Ford selbst, indem er seine Gewinne immer wieder neu investiert und ein "vertikales" Produktionssystem einführt (er besitzt Eisen- und Kohlenbergwerke, Quecksilber- und Magnesiumvorkommen, Wälder, Eisenbahnen und Schiffe), das sich fächerförmig aufgliedert und die Herstellung weiterer Produkte erlaubt: nach dem Auto die Fordson-Traktoren, Flugzeuge aus Stout-Metall, Reifen und so weiter. Außerdem entdeckt er, daß es große Vorteile haben kann, die Montage der Autos an verschiedene Orte zu verlegen: So entstehen 35 Tochterbetriebe in den USA und 25 im Ausland, die Fertigteile zur Montage erhalten. Ab Ende der zwanziger Jahre bezieht man indes auch die Dezentralisierung der Einzelteileproduktion in die Wirtschaftlichkeitsberechnung ein und kommt wiederum zu neuen Ergebnissen. Zusammen werden all diese Maßnahmen Fordismus genannt. Bei Generationen von Unternehmern hat dieses System Schule gemacht. Dasselbe gilt für eine gewisse Menschenfreundlichkeit Fords, besonders gegenüber "seinen" Arbeitern und Angestellten, aber auch allgemein gegenüber der ganzen Menschheit. Ein Beispiel dafür war seine erfolglose Reise nach Europa im Jahre 1915, um für den Frieden zu werben.

6

7

908 1909 1910 1901 1902 1903 1904 1905 1906 1907 1 ... 1906 1907 19

5

8

9

1) Der junge Henry Ford auf seinem vierrädrigen Motorwagen aus dem Jahre 1896.
2) Henry Ford auf dem Land (Fotografie). Er zog sich gern zum Nachdenken und für wichtige Entscheidungen in die Einsamkeit zurück.
3) Werbung für Ford-Autos in der Aprilausgabe 1930 der *L'Illustrazione Italiana*.
4) Von links: Thomas Edison, der Naturalist John Burroughs, Henry Ford und der berühmte Industrielle der Reifenindustrie, Harvey Firestone, fotografiert auf einem alten Mühlrad.
5) Das dreimotorige Ford-Flugzeug, das Admiral Richard E. Byrd (1888-1957) für den Flug zum Südpol im Jahre 1929 benutzte. 1926 hatte Byrd bereits den Nordpol überflogen.
6) Charlie bei der Arbeit, Ausschnitt aus dem Film *Moderne Zeiten* (1936), einem sehr sozialkritischen Film Charlie Chaplins.
7) Ein Exemplar des weltberühmten Model T aus dem Jahre 1927, ein Glanzstück der Automobilindustrie.
8) Das Henry-Ford-Museum & Greenfield Village in Dearborn, Michigan, ist eine private didaktische Einrichtung ohne Erwerbszweck, die von den Industriebetrieben der Ford-Gruppe und der Ford Foundation getragen wird.
9) Eines der ersten Fließbänder für die Automobilherstellung der Firma Ford.

*"Am Anfang wurde das Automobil als eine Schande angesehen,
weil es Lärm machte und die Pferde erschreckte.
Deshalb mußte ich schließlich jedes Mal eine Kette mitnehmen
und es an einer Laterne festmachen,
wenn ich es unbeaufsichtigt lassen wollte."*

Henry Ford

GUGLIELMO MARCONI

erhält den Nobelpreis für Physik

Guglielmo Marconi ist Sohn eines Grundbesitzers aus Bologna und einer Irin aus gutem Hause, Annie Jameson. Er wird 1874 geboren und besucht keinen geregelten Unterricht. Schon als Junge begeistert ihn die Elektrizitätslehre, und als Jugendlicher erkennt er intuitiv, daß es möglich ist, mit Hilfe der von dem deutschen Physiker Heinrich Hertz (1857-94) entdeckten elektromagnetischen Wellen Nachrichten über große Entfernungen hinweg zu übermitteln. Im Sommer 1895 sendet er in der Nähe von Bologna die drei Morse-Punkte des Buchstaben S über die Entfernung von einem Kilometer, obwohl zwischen Sendegerät und Empfänger ein Hügel liegt. Damals wußte man noch nicht, daß die Hertzschen Wellen sich zwar geradlinig ausbreiten, aber von der Ionosphäre zurückgeworfen werden und deshalb eine Nachricht durch Reflexion selbst bis zu den jeweiligen Antipoden übermitteln können. Im Jahre 1897 gründet Marconi, finanziert von englischen Industriellen, die erste Firma zur Vermarktung seiner Erfindungen. Bald darauf erfindet er einen magnetischen Detektor, das Antenne-Erde-System und andere Apparate, mit denen er am 12. Dezember 1901 radiotelegrafische Signale von Poldhu in Cornwall über den Atlantik nach Saint John in Neufundland übermittelt. Zusammen mit der Erfindung des Engländers John Fleming (1849-1945), der thermoionischen Diode, die die Basis der Elektronik bildet, ist der Startschuß für die Übermittlung von Radiowellen für Funk und Radio gegeben.

1

04 1905 1906 1907 1908 **1909** 1910 1901 1902

2

3

1901 1902 1903 1904 1905 1906 1907

4

Der Erfinder. Wie der Amerikaner Thomas Alva Edison (1847-1931), der das Telefon perfektionierte und den Phonographen (einen Vorläufer des Grammophons) sowie die Glühbirne erfand, stellt Marconi den Wissenschaftlertyp des Erfinders dar, der die Tradition handwerklicher Neuerungen und alchemistischer Forschung fortführt, auf denen die modernen Experimentalwissenschaften gründen. Einst schufen Erfinder Wunder und Kuriositäten. Im 20. Jahrhundert produzieren sie Patente.

Der Boss. Marconi meldet in jedem Land Patente für seine eigenen Erfindungen und die seiner Mitarbeiter an. Er stellt die von ihm ausgebildeten Männer für die drahtlose Telegrafie, die in Italien deshalb "Marconisti" (Funker) genannt werden. Verschiedene Firmen auf der ganzen Welt versuchen, ihm auf nicht immer korrekte oder angemessene Art Konkurrenz zu machen. Mancher ist bis heute überzeugt, daß es etwa beim Untergang der Titanic weniger Opfer gegeben hätte, wenn sie die Geräte und Männer Marconis an Bord gehabt hätte.

Ruhm. Was Sprache, Freunde und Kapital betrifft, ist Marconi mehr Engländer als Italiener. Nachdem seine Erfindungen von der Regierung in Rom mit der Bemerkung "nicht für Telekommunikation geeignet" abgelehnt werden, erhält er etwas Unterstützung vom Hofe, der ihn 1914 zum Senator macht und ihn später zum "Marchese" erhebt. In der Zeit des Faschismus, dessen Anhänger Marconi ist, wird er zum typischen "italienischen Genie" hochstilisiert. So wird er Mitglied des "Gran Consiglio", Präsident der "Accademia d'Italia" und des Nationalen Forschungsrats. Er stirbt 1937 in Rom.

Propaganda. Bis heute beeinflußt das Radio – über die Aussprache der Sprache hinaus – den Wortschatz, indem es Wörter und Worte verbreitet. Propaganda und Werbung erreichen durch das junge Radio mehr Menschen als irgend etwas davor. Lange ehe es Fernsehen gibt, nutzen Wirtschaft und Politik das Massenmedium Radio, um ihre Werbebotschaften unters Volk zu bringen.

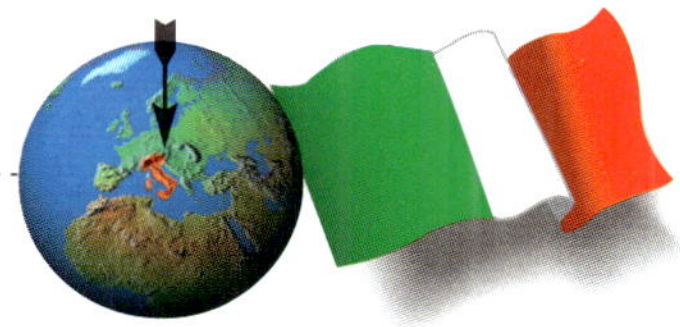

DAS RADIO

Der Rundfunk entwickelt sich ab den zwanziger Jahren aus der Möglichkeit heraus, Töne über Entfernungen zu senden und zu empfangen. Die Revolution, die das Radio für die Menschen bedeutet, ist vielleicht noch größer und weitreichender als die des Fernsehens. Jeder kann zur selben Zeit zu Hause, im Kaffeehaus, auf dem Meer und überall sonst mit einem tragbaren Gerät das Zeitzeichen, die Wettervorhersage, die Nachrichten, Musik, die Stimme eines Unbekannten, eines Dichters, der seine Gedichte vorliest, eines Schauspielers, der rezitiert, des Staatschefs oder des Papstes oder eines Filmstars hören. Um das Radiogerät versammeln sich Familien, Freunde und Reisende. Frieden und Krieg brechen im Radio aus. Man kann andere Sprachen hören, Nachrichten anderer Gebiete, die Kultur und Musik anderer Länder, auch die Argumente von Freunden und Feinden. Die Isolation von Siedlungen, zu denen es keine Verkehrsverbindung gibt, ist für immer vorbei. Durch das Radio entstehen neue Industriezweige, neue Zeitschriften, neue Formen des Theaters und der Unterhaltung. Für Amateurfunker, die es plötzlich in großer Zahl gibt, tut sich eine neue Welt auf, in der es möglich ist, Gespräche über riesige Entfernungen zu führen, ja selbst Botschaften und Hilferufe zu übermitteln und zu empfangen, die Menschenleben retten können.

"In der Wissenschaftsgeschichte kann man sich an keinen Erfinder erinnern, der außer ihm immer ganz vorne bei der Entwicklung seiner eigenen Erfindung dabeigewesen ist und selbst die wichtigsten Anwendungen auf der ganzen Welt geleitet hat."

Luigi Solari, Direktor der Compagnia Marconi Italia, um 1932.

7

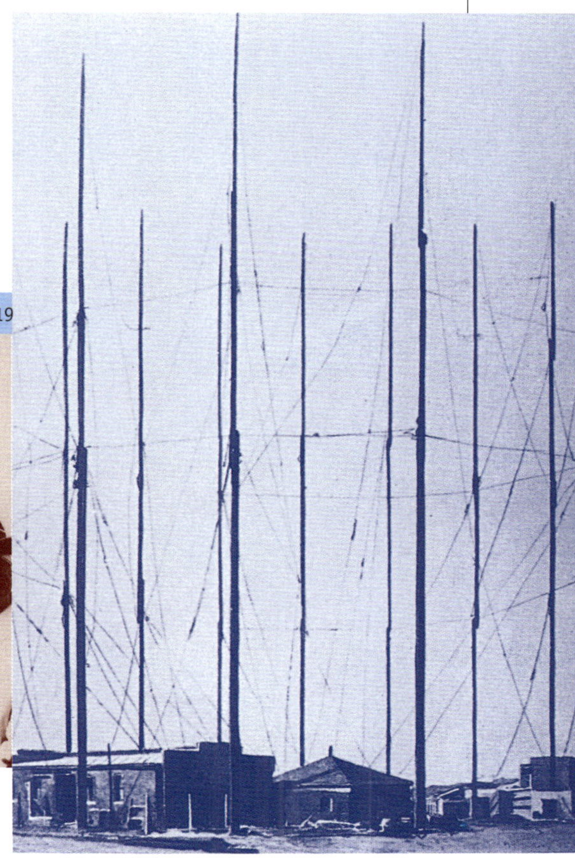

8

9 1910 1901 1902 1903 1904 1905 1906 1907 1908 **1909** 1910 19

01 1902 1903 1904 1905 1906 1907 1908 **1909** 191

6

5

9

1) Ansicht der Villa Grifone in Pontecchio, in der Marconi 1895 mit der drahtlosen Übermittlung von Radiowellen experimentiert.
2) Der junge Marconi mit seiner großen Erfindung, dem drahtlosen Telegrafen.
3) 1931. Firmenchef Marconi unterhält sich mit dem Regierungsoberhaupt Mussolini bei der Eröffnung des ersten Kongresses für Atomphysik.
4) 1930. Marconi vor seiner Funkanlage auf seiner Yacht Elettra.
5) Der Untergang der *Titanic* (14.-15. April 1912). Bildtafel der Sonntagszeitung *Domenica del Corriere*.
6) In Anwesenheit von Papst Pius XI. stellt Marconi am 13. Februar 1933 die erste Funksprechverbindung zwischen dem Vatikan und der päpstlichen Villa in Castelgandolfo her.
7) Der Sender in Poldhu (Cornwall), von dem aus Marconi 1901 Signale nach Saint-John in Neufundland übermittelt.
8) 1902. Bankett zu Ehren von Marconi an Bord des Schiffes Carlo Alberto, das vor La Spezia ankert.
9) L. Hohlwein, deutsches Werbeplakat für Doppel-Kopfhörer zum Radiohören aus der Zeit der zwanziger und dreißiger Jahre.

1910

MARIE CURIE
ist die erste Wissenschaftlerin mit Weltruhm

Maria Sklodowska wird 1867 in Warschau geboren, das damals zum russischen Zarenreich gehörte. Sie ist die fünfte Tochter einer gebildeten Familie aus dem niedrigen Adel. Bereits mit vier Jahren kann sie lesen, mit 16 besteht sie ihren Schulabschluß mit Auszeichnung. Danach schreibt sie sich in eine geheime Universität ein, die häufig den Ort wechselt (Unterricht auf polnisch ist ein Verbrechen). Sie arbeitet als Lehrerin, um den Unterhalt für eine Schwester aufzubringen, die an der Sorbonne studiert. Sie macht eine praktische Ausbildung in Analyse und Chemie in den Labors des Industriemuseums. 1891 folgt sie ihrer Schwester nach Paris und schreibt sich ebenfalls an der Sorbonne ein, wo sie 1893 ihr Studium der Chemie und 1894 das der Mathematik abschließt. Ihr wird ein Forschungsprojekt über die magnetischen Eigenschaften von Stahl übertragen, bei dem sie Pierre Curie (1859-1906) kennenlernt. Die beiden heiraten, und 1897 kommt ihre Tochter Irène zur Welt. Im Schuppen der École de Physique erforschen sie die Strahlung des Urans und führen den Begriff der Radioaktivität ein. 1903 bekommen sie zusammen mit Henri Becquerel (1852-1908) den Nobelpreis für Physik. 1904 erhält Pierre einen Ruf an die Sorbonne, zwei Jahre darauf stirbt er. Marie wird seine Nachfolgerin. 1907 kann sie die Atommasse des Metalls Radium bestimmen, das sie im Uranmineral Pechblende entdeckt hat. 1911 wird ihr dafür (diesmal allein) der Nobelpreis für Chemie verliehen.

1

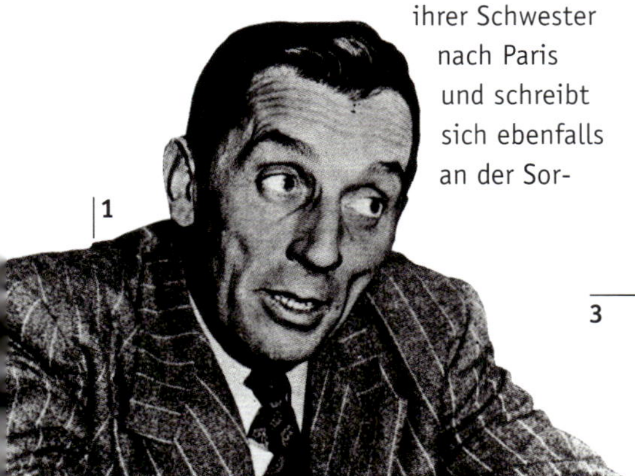

906 1907 1908 1909 **1910** 1901 1902 1903 1904 19

2

3

4

Andere Entdeckungen. Das Ehepaar Curie entdeckt auch die "induzierte Radioaktivität" der radioaktiven Elemente in benachbarten Körpern und postuliert die "radioaktive Transmutation", die Umwandlung durch Zerfall eines radioaktiven Elements in ein anderes.

Heldenhaftigkeit. Die Mühe und Arbeit, die das Ehepaar Curie, und insbesondere die bescheidene Marie, in ihre Forschungen steckt, ist enorm. Bis Marie nach dem Tod von Pierre weltberühmt wird, stehen weder ein Labor noch geeignete Geräte zur Verfügung. Beide werden von dem Umgang mit radioaktiven Substanzen schwer krank. Pierre stirbt bei einem Autounfall, und Marie erliegt 1934 den Folgen der radioaktiven Bestrahlung. Beide weigern sich, ihre Erfindungen als Patente anzumelden, also selbst Gewinn aus ihren Forschungen zu ziehen.

Patriotin. Marie ist nicht nur eine stolze Polin, sondern auch eine französische Patriotin. Während des Ersten Weltkriegs organisiert sie auf Krankenwagen die Röntgenabteilung des Sanitätsdienstes. Nach der Veröffentlichung der Zeitschrift *Radium* beginnt der therapeutische Einsatz des neuen Elements durch französische Wissenschaftler.

Familie und Lehre. "Man kann sich vorstellen, daß die Radioaktivität, wenn sie in die Hände von Kriminellen gerät, äußerst gefährlich werden kann", sagt Pierre Curie bei der Nobelpreis-Verleihung. Gegen dieses Risiko wendet sich die Lehrmoral von Pierre und besonders von Marie, die im Alter mit völlig zerschundenen Händen neuen Generationen von Studenten mit harter Disziplin die experimentelle Forschung nahebringt. Zu den ersten gehören ihre Tochter Irène und ihr Schwiegersohn Frédéric Joliot-Curie, die Entdecker der künstlichen Radioaktivität, die dafür 1935 den Nobelpreis für Physik verliehen bekommen. Frédéric wird daneben zu einem der führenden Köpfe des französischen Widerstands gegen die Nazis.

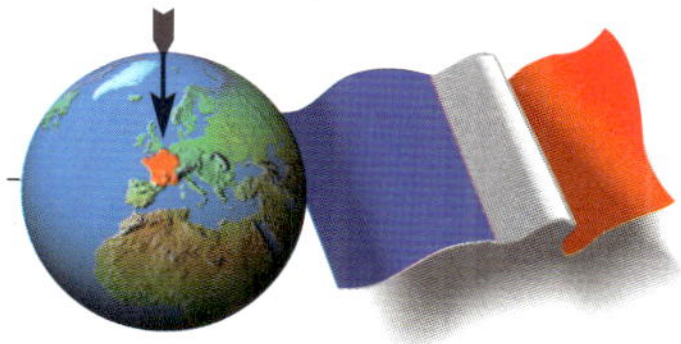

RADIOAKTIVITÄT

Becquerel, der aus einem berühmten französischen Akademikergeschlecht stammt, erhält von dem Mathematiker Jules-Henri Poincaré die an ihn geschickten Aufzeichnungen Wilhelm Röntgens (1845-1923) über die X-Strahlen und geht deshalb davon aus, daß die Fluoreszenz von Uransalzen nach Bestrahlung mit Sonnenlicht ein analoges Phänomen zur Erzeugung von X-Strahlen darstellt. Er findet heraus, daß dem Sonnenlicht ausgesetzte und anschließend in schwarzes Papier eingewickelte Salze Spuren auf einer fotografischen Platte hinterlassen, und später, daß die Spuren auch ohne Bestrahlung mit Licht zustande kommen. Das beweist, daß die Strahlung der Salze unabhängig von auslösenden Strahlen ist. Marie baut auf der Entdeckung der Brüder Pierre und Jacques Curie auf und findet eine Methode zur quantitativen Analyse der Strahlung. Zusammen mit ihrem Mann weist sie nach, daß die Radioaktivität proportional zur Uranmenge ist: Es handelt sich um eine Eigenschaft des Atoms. Genialerweise hat Marie die Idee, dies auch an Uranmineralien in der Natur auszuprobieren, und entdeckt, daß ihre Aktivität höher ist als die des Urans. Sie schließt daraus, daß sie ein Element enthalten müssen, das weitaus radioaktiver ist als Uran. Nach Jahren der Arbeit, nach Zerkleinern und Aufspalten enormer Mengen von Pechblende (einem Abfallprodukt der Glasfarbenindustrie) isoliert sie ein Element, das 400mal so stark strahlt wie Uran und das ihre Kollegen von der Wissenschaftsakademie ihr zu Ehren Polonium nennen. Das dritte vom Ehepaar Curie entdeckte Element ist das Radium, das zweihundertmillionenmal so stark strahlt wie Uran.

5

6

"Sie war von der Stärke und Lauterkeit des Willens,
von einer Härte gegen sich selbst,
von einer Objektivität und Unbestechlichkeit des Urteils,
die selten in einem Menschen vereinigt sind.
Sie fühlte sich in jedem Augenblick als Dienerin der Gesellschaft."

Albert Einstein: *Aus meinen späten Jahren*

1909 **1910** 1901 1902 1903 1904 1905 1906 1907 1908 1909 **1910** 1901 1902 1903 1904 1905 1906 1907 1908 1909 **1910** 190 07 1908 190

7

8

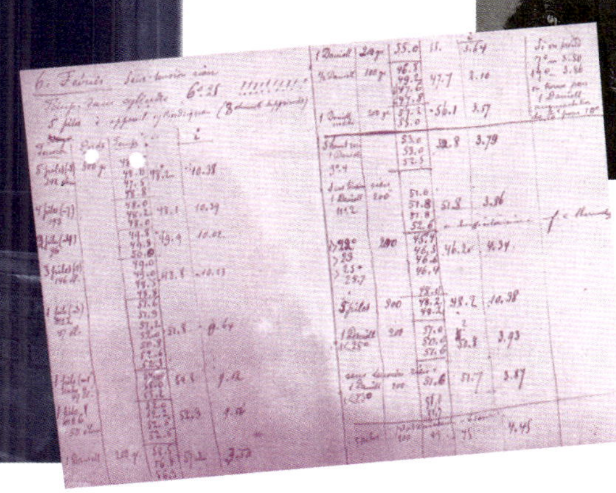

9

1) Frédéric Joliot-Curie, Schwiegersohn von Pierre und Marie, erhielt 1935 zusammen mit seiner Frau Irène den Nobelpreis für Physik.
2) Die Geräte, die Marie Curie für ihre Experimente am Institut du Radium benutzte.
3) Ein ergreifendes Bild von Madame Curie bei der Arbeit.
4) Die Mühle, mit der Marie Curie die Pechblende zerkleinerte. Ungeheure Mengen waren nötig, um winzige Mengen von Radium zu erhalten.
5) 1896. Fotografie des Ehepaars Curie in ihrem Labor. Auf dem Stuhl die Schürze, mit der sie sich vor der Strahlung schützten.
6) Der Schreibtisch von Madame Curie am Institut du Radium.
7) Der Schuppen der École de Physique, in dem sich das erste Labor der Forscher befand.
8) Nobelpreis 1903. Henri Becquerel in der Uniform des französischen Akademikers.
9) 1898. Ein Arbeitsheft Madame Curies.

1911 1920

Filippo Marinetti

Tarzan

Coco Chanel

Wilhelm II.

Thomas W. Wilson

Albert Einstein

Lawrence von Arabien

Lenin

Walter Gropius

Mahatma Gandhi

In den Kriegen des 20. Jahrhunderts verliert Europa seine Vormachtstellung in der Welt, die es im Laufe der vorangegangenen vier Jahrhunderte errungen hat. In der Alten Welt geht es in den Jahren zwischen 1910 und 1920 um den Großmachtanspruch des Deutschen Reiches, den raschen Zerfall des Osmanischen Reiches und die Krise der Monarchien der russischen Zaren sowie der Habsburger. Im riesigen russischen Reich herrscht ein erschreckender Mangel an Führungspersönlichkeiten und Kapital, hingegen gibt es ein Heer verarmter Bauern. Die Politik des abgestumpften und rachsüchtigen Nikolaus II. versteht sich als Großmachtpolitik, doch bringt sie ihn, auch in außenpolitischer Hinsicht, nur in Schwierigkeiten. Der Zusammenschluß des österreichischen Kaiserreichs mit den Königreichen Ungarn und Böhmen sowie die Annexion Sloweniens, Kroatiens und Bosniens schaffen aufgrund des unterschiedlichen Lebensstandards in den einzelnen Provinzen und des Mißtrauens zwischen den deut-

Eine italianische Stellung im Tripoliskrieg 1911-12. Danach erkennt die Türkei Italien die Hoheit über Tripolis und Libyen zu, aber auch der islamische Orden der Senussi erhebt Anspruch darauf und leistet Widerstand, gegen den hart eingeschritten wird, der jedoch erst um 1934 gebrochen werden kann.

schen, ungarischen und den slawischen Menschen eine prekäre Situation. Die Krise des Osmanischen Reiches hat interkontinentale Auswirkungen, da sich sein Herrschaftsgebiet nicht auf die europäischen und afrikanischen Gebiete beschränkt, sondern sich auch auf die asiatischen Hoheitsgebiete erstreckt, wo der arabische Nationalismus im Untergrund gärt. Das gewaltige Machtstreben des Deutschen Reiches, das sich als letzte der Großmächte formiert, führt zum Kampf mit Großbritannien und Frankreich um die Vormacht in Europa. Ein Vorgeschmack auf den Krieg ergibt sich 1911, als die Franzosen alle Abkommen brechen und in Marokko die Rolle des Sultans von Fes übernehmen und die Deutschen im August das Kanonenboot "Panther" in den Hafen von Agadir entsenden. Italien nutzt die Situation im September aus, um sich im Krieg gegen die Türkei (1911-12), bei dem zum ersten Mal Flugzeuge und Giftgas zum Einsatz kommen, die Cyrenaica und ebenso das türkische Tripolis (Libyen) anzueignen. Die Krise wird mit einigen Abkommen beigelegt, die sowohl den Deutschen als auch den Franzosen etwas zugestehen, aber im Grunde alle unbefriedigt lassen und so Europa auf den Krieg vorbereiten.

Der Erste Weltkrieg verändert den Lebensstil in vielerlei Hinsicht. Die jungen Kriegsheimkehrer lehnen sich gegen Herren und Gebieter auf. Die Frauen, die als Familienoberhäupter zu Hause geblieben waren, entwickeln männliche Eigenschaften. Die Fähigkeit der Selbstverteidigung und des Widerstandes gegen abgestumpfte Kommandanten erweisen sich im Klassenkampf als nützlich.

Im Jahre 1911 wird die Standard Oil von John Davidson Rockefeller (1839-1937) am Ende eines Gerichtsverfahrens, das 1906 gegen sie eröffnet wurde, mit einem vollstreckbaren Urteil des Monopolismus für schuldig befunden und in 34 Einzelfirmen aufgelöst (u. a. Exxon, Amoco, Mobil); aus demselben Grund wird ein anderer Konzernriese, die American Tobacco, in 16 Unternehmen aufgesplittert. Die USA, Apostel des freien Kapitalismus, scheinen sich über die letzte Konsequenz nicht im klaren zu sein: daß nämlich ein übermächtiges Unternehmen stets alle anderen zu erdrosseln versucht.

1

2

3

1| Alexandre Gustave Eiffel (der Herr mit Zylinder. 2| Sun Yat-Sen. 3| Der Internationale Frauenra

Auto und Flugzeug sind zu gängigen Transportmitteln geworden, deren Qualitäten sich auf erschreckende Weise in der Logistik des Krieges offenbaren. 1912 gründet der große französische Ingenieur Alexandre Gustave Eiffel (1832-1923) das erste Labor für aerodynamische Studien. Im Ruhrgebiet stehen Bertha Krupp (1886-1957) und ihr Mann Gustav von Bohlen (1870-1950) einem Stahl-, Bau- und Waffenimperium vor, das 1911 sein hundertjähriges Jubiläum feiert.

In China stürzt Sun Wen, genannt Sun Yat-Sen (1866-1925), Gründer der nationalen Volkspartei, die Mandschu-Dynastie (1644-1912) und gründet die Republik China, zu deren Präsident er sich erklärt.

Die "unsinkbare" *Titanic* geht 1912 auf ihrer Jungfernfahrt unter, nachdem sie einen Eisberg gerammt hat, und 1917 haben drei portugiesische Hirtenkinder eine mystische Erscheinung: die Madonna von Fatima, die zu einem wichtigen Wallfahrtsziel wird. 1918 wird der Kampf der englischen Suffragetten durch die Bemühungen des Internationalen Frauenrats endlich von Erfolg gekrönt: Die Frauen in Großbritannien erhalten das

Wahlrecht. Zwei Jahre später läutet eine Änderung der amerikanischen Verfassung die Ära der Prohibition ein.

Fremdländische Einflüsse, von Kubismus und Fauvismus geprägte Bühnenbilder, exotische Welten, Luxus und Genuß bringen die "Ballets Russes" Diaghilews in den Westen, die zur Musik von Strawinski, Prokofjew, de Falla, Debussy, Poulenc, Milhaud,

4

5

Satie, Respighi und Reynaldo Hahn und mit ausdrucksstarken Tänzerinnen wie Anna Pawlowa sowie Tänzern und Choreographen wie Waslaw Nijinski (1890-1950) und Fokin integrale Tanzkunst präsentieren. Doch in Europa ist gerade eine andere Musik gefragt.

Am 28. Juni 1914 ermordet ein serbischer Nationalist in Sarajewo den Thronfolger Erzherzog Franz Ferdinand. Einen Monat später marschieren Österreicher in Serbien ein, Rußland mobilisiert, Deutschland erklärt Rußland und Frankreich den Krieg, verletzt die Neutralität Belgiens und provoziert damit die Mobilmachung Großbritanniens. Nach und nach

6

7

treten Frankreich, Großbritannien und Rußland, Belgien, Serbien, Italien, Rumänien, die USA und Japan in den Krieg ein. Auf seiten Österreich-Ungarns und Deutschlands stehen Bulgarien und die Türkei.

Den Mittelmächten gelingt nur der Vorstoß nach Rußland, dank Hindenburg und der bolschewistischen Revolution. 1918 sind das Deutsche, das österreichische und das Osmanische Reich zerschlagen.

Rund 10 Millionen Tote und 20 Millionen Verletzte forderte der Erste Weltkrieg. Enorme Verluste, Hungersnöte und Verwüstungen sind die Folge. Durch das Entstehen neuer Staaten und die Aufteilung der Hoheitsgebiete der besiegten Mächte wird bei den Friedensverhandlungen mit Deutschland, Österreich, Bulgarien, Ungarn und der Türkei zwischen 1919 und 1923 die politische Geographie der Welt völlig umgeworfen. Die Friedensverträge sind dermaßen stark von den Vergeltungsinteressen der Siegermächte geprägt, daß sie die Wirtschaft

8

und die Moral der Besiegten zerrütten. Großbritannien und Frankreich mit seinem unbezähmbaren Clemenceau bezahlen den Sieg teuer.

Kurzfristig gesehen ist die schlimmste Folge des Krieges das Aufkommen der Diktaturen der rechtsgerichteten Parteien, mittelfristig der Zweite Weltkrieg und langfristig die arabische Frage, die sich durch das Ende des osmanischen Kalifats und die Absplitterung bislang türkischer Gebiete in Asien und Afrika ergibt.

Die Unsinnigkeit des Krieges regt Franz Kafka (1883-1924) zu seinen häufig grotesken Allegorien an. 1916 veröffentlicht er *Die Verwandlung*.

9

10

Die Meuterei der deutschen Flotte, die kommunistische Revolution in Bayern und Ungarn, politische Köpfe wie der grausame Bela Kun (1886-1939), der Diktator in Ungarn ist und dann von Stalin umgebracht wird, säumen Europas Weg zu einer neuen Identität.

Waslaw Nijinski. **5|** Ostpreußen, 1915. **6|** Feldmarschall Hindenburg. **7|** Benedikt XV. **8|** Franz Kafka. **9|** Rosa Luxemburg bei einer Veranstaltung. **10|** *Clemenceau*, Ölbild von Manet.

FILIPPO T. MARINETTI

wird zum Propheten des Futurismus

Emilio Filippo Tommaso Marinetti wird 1876 als Sohn einer wohlhabenden Familie italienischer Händler in Alexandria, Ägypten, geboren. Sein Abitur macht er in Paris und seinen Jura-Abschluß in Genf. Mit den freien Versen *Les vieux marins* gewinnt er den ersten Preis bei den "Samedis populaires" Sarah Bernhardts (1844-1923), die ihn in die Pariser Salons einführt, wo seine Gedichtesammlung *Destruction* (1904) ihn als mutigen, ideenreichen Dichter zeigt. 1905 gründet er in Mailand den Verlag und die literarische Zeitschrift *Poesia*. 1909 inszeniert er am Théâtre de l'Œuvre in Paris *Le roi Bombance*, eine satirische Tragödie über die marxistische Demokratie. Im Februar 1909 veröffentlicht er im *Figaro* sein erstes futuristisches Manifest und im Jahr darauf den Roman *Mafarka, il futurista*. 1912 folgt das *Manifesto tecnico della letteratura futurista* und 1914 die Gedichtesammlung *Zang Tumb Tuuum* mit dem Untertitel "Worte in Freiheit" heraus. 1929 ernennt ihn Mussolini zum Mitglied der Accademia d'Italia, zum Nationalsekretär des Schriftstellerverbands und zum Präsidenten des Istituto dell' Enciclopedia Italiana. Damit wird der Revolutionär in das gesellschaftliche Leben eingeführt. Auch wenn er heute, ein halbes Jahrhundert nach seinem Tod im Jahre 1944, unter Kritikern nicht als großer Schriftsteller gilt, ist er doch eine Persönlichkeit der Kulturgeschichte.

1916 1917 1918 1919 1920 **1911** 1912 1913

1920 **1911** 1912 1913 1914 1915

1

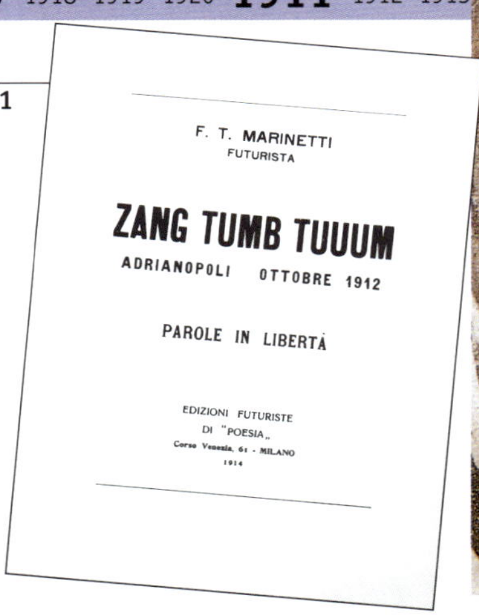

F. T. MARINETTI
FUTURISTA

ZANG TUMB TUUUM

ADRIANOPOLI OTTOBRE 1912

PAROLE IN LIBERTÀ

EDIZIONI FUTURISTE
DI "POESIA"
Corso Venezia, 61 - MILANO
1914

2

3

4

Streiche und Skandale. Ein diabolischer Geist à la Alfred Jarry (1873-1907) inspiriert Marinetti zu seinem Werk *Les Dieux s'en vont, D'Annunzio reste* (1908) oder bei den Gedichten *Le Monoplan du Pape* (1912). Hingegen haben *Spagna, veloce e toro futurista* und das Prosastück *L'alcova d'acciaio* etwas Bedrohliches. Seine Antworten auf Kritikerkommentare sind witzig, spritzig, manchmal auch brutal. Ähnliches gilt für die Raufereien, die bei den futuristischen Abenden zuweilen ausbrechen. Sie sind eine gute Vorbereitung für Marinetti, der sich rühmt, der Anführer des ersten "entscheidenden Siegs" bei der "Schlacht" der Faschisten gegen die Sozialisten und Anarchisten auf der Piazza Mercanti in Mailand gewesen zu sein.

Politik. Allzu früh nehmen Italiens Futuristen für die faschistische "Revolution" Partei. Marinetti, der im Ersten Weltkrieg als Freiwilliger verwundet und ausgezeichnet wurde, führt die Futuristen nach dem Krieg in den "Kampf zur Verteidigung des Siegs". Er gründet den Verein der Soldaten der Sturmtruppen, ehemalige Freiwillige und überzeugte Vertreter des Bajonettkampfs. 1919 wird er als Nummer zwei auf der Liste der Faschisten ins Parlament gewählt und schreibt bald darauf *Democrazia futurista* und 1924 *Futurismo e fascismo*.

Kunst. Marinetti ist Begründer und führender Vertreter des ersten und auch des zweiten Futurismus. Wichtige Autoren sind neben ihm: in Italien Govoni und Palazzeschi, in Rußland Chlebnikow und Majakowski. Zahlreicher sind die bedeutenden Maler des Futurismus: Umberto Boccioni (1882-1916), Giacomo Balla (1871-1958), Gino Severini (1883-1966), Carlo Carrà (1881-1966), sowie zahlreiche russische Maler.

AVANTGARDISTISCHE STRÖMUNGEN

Anfang des 20. Jahrhunderts tauchen in der Kunst mehrere Bewegungen auf, die mit expressiven Traditionen brechen. Zwischen 1905 und 1916 entstehen in der bildenden Kunst die Brücke, Fauvismus, Kubismus, der Blaue Reiter, Orphismus, Suprematismus, Konstruktivismus und Dadaismus. Daneben in der Musik die neue Wiener Schule, das antinaturalistische und symbolische Theater von Appia und Craig, der natürliche Ausdruckstanz Isadora Duncans und die integrale Tanzkunst der Ballets Russes Diaghilews. Im Zentrum all des Neuen steht der symbolistische Dichter Guillaume Apollinaire (1880-1918), Kritiker und Prophet der avantgardistischen Strömungen, unter denen der Futurismus eine radikale Position einnimmt. Dieser befaßt sich nicht allein mit Problemen der Form, sondern mit den Möglichkeiten verschiedener Techniken und mit den Beziehungen zwischen dem ästhetischen Produkt, der Gesellschaft, der Stadt, der Technik und den Maschinen (beispielhaft dafür sind die Architekturentwürfe für eine „Neue Stadt" des italienischen Architekten Antonio Sant'Elia, Unterzeichner des 1914 veröffentlichten und von Marinetti redigierten Manifests der futuristischen Architektur*). Der statischen Analyse des Kubismus setzt Marinetti die ästhetische Analyse der Dynamik in einer Explosion von Farben entgegen. Bei den "futuristischen Abenden" arbeitet er mit allen Ausdrucksformen und provoziert damit sein Publikum. Er predigt den Einzug der neuen Ästhetik ins tägliche Leben: Coco Chanel etwa mag in gewisser Weise davon beeinflußt sein. 1932 veröffentlicht Filippo Marinetti zusammen mit Fillia* La cucina futurista*. Sie machen Propaganda für die Erneuerung der Gesellschaft durch den Krieg (Marinetti veröffentlicht 1915 das Buch Guerra, sola igiene del mondo und 1919 die Gedichte Otto anime in una bomba).*

6

5

8

7

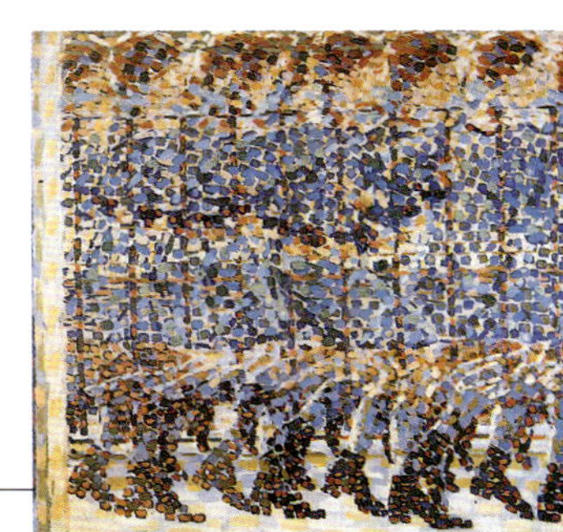

9

7 1918 … 5 19 … 1918 1919 1920 **1911** 1912 1913 1914 1915 1916 1917 191

1) Titelseite von Zang Tumb Tuuum, den "Worten in Freiheit" Marinettis, herausgegeben vom Verlag Poesia in Mailand, 1914.
2) Rougena Zatkovà, Portrait Marinettis, um 1920. Marinettis Persönlichkeit faszinierte die russischen Intellektuellen.
3) Marinetti und seine Frau, Fotografie von Ghitta Carell, einem berühmten Fotografen aus den zwanziger Jahren.
4) Umberto Boccioni, Una serata futurista (Ein futuristischer Abend), 1911. Die schwarzen Gestalten auf der Bühne hinter dem Orchester sind von links nach rechts: Boccioni, Balilla Pratella, Marinetti, Carlo Carrà und, mit dem Rücken zum Publikum, Luigi Russolo.
5) Tato, Sorvolando in spirale il Colosseo (Spiralata) (In einer Spirale das Kolosseum überfliegend), um 1930.
6) Léon Bakst (1866-1924). Portrait von Sergei Diaghilew, 1904-1906.
7) Enrico Prampolini (1894-1956). Portrait Marinettis, 1924-25.
8) Umberto Boccioni, Stati d'animo, 1: gli addii (Seelenzustände, 1: Abschiede), 1911.
9) Giacomo Balla, Bambino che corre sul balcone (Kind, das auf dem Balkon rennt), 1912.

"Schönheit gibt es nur noch im Kampf. Ein Werk ohne aggressiven Charakter kann kein Meisterwerk sein."

Filippo Tommaso Marinetti, *Futuristisches Manifest*

1912

TARZAN

der Herr des Dschungels, der dem Guten stets zum Sieg verhilft.

William Burroughs ist ein Schriftsteller der Beat-Generation, der zwei Jahre nach Tarzan geboren ist und mit innovativem Stil schockierend-beißende Satiren auf die moderne Gesellschaft schreibt. Auch Edgar Rice Burroughs (1875-1950) ist ein amerikanischer Schriftsteller, aber seine Gesellschaftskritik drückt sich in einer eher unpersönlichen Sprache und der Figur des Tarzan aus, dazu bestimmt, Weltruhm zu erlangen. Dieser Edgar Rice Burroughs greift die westliche Gesellschaft nicht an, sondern flüchtet und läßt das Gute in einer "anderen Welt" der Phantasie siegen, zu der er wohl auch von James Fenimore Coopers (1789-1851) Waldläufern und Kiplings Indien angeregt wurde. 1912 wird *Tarzan unter den Affen* als Feuilletonbeilage veröffentlicht. Es ist der erste einer langen Reihe von Abenteuerromanen, Erzählungen und Drehbüchern, die erst nach dem Zweiten Weltkrieg mit *Tarzan und die Fremdenlegion* endet. Bei allen ist der Held ein erwachsener Weißer, der unglücklicherweise als Kind durch einen Schiffbruch von seinen Eltern getrennt und von Affen aufgezogen wurde. Um diese Figur werden nach und nach weitere geschaffen: seine Gefährtin Jane, die Äffin Cheeta, der kleine Sohn, seine Freunde, Elefanten, die Wilden (zumeist Schwarze) aus dem nahegelegenen Dorf, Weiße, die aus der Zivilisation gekommen sind, um den Unschuldigen ihre Reichtümer zu stehlen, geheimnisvolle Kulturen, die manchmal grausam, manchmal verweichlicht, abartig oder beispielsweise Ägyptern ähnlich sind.

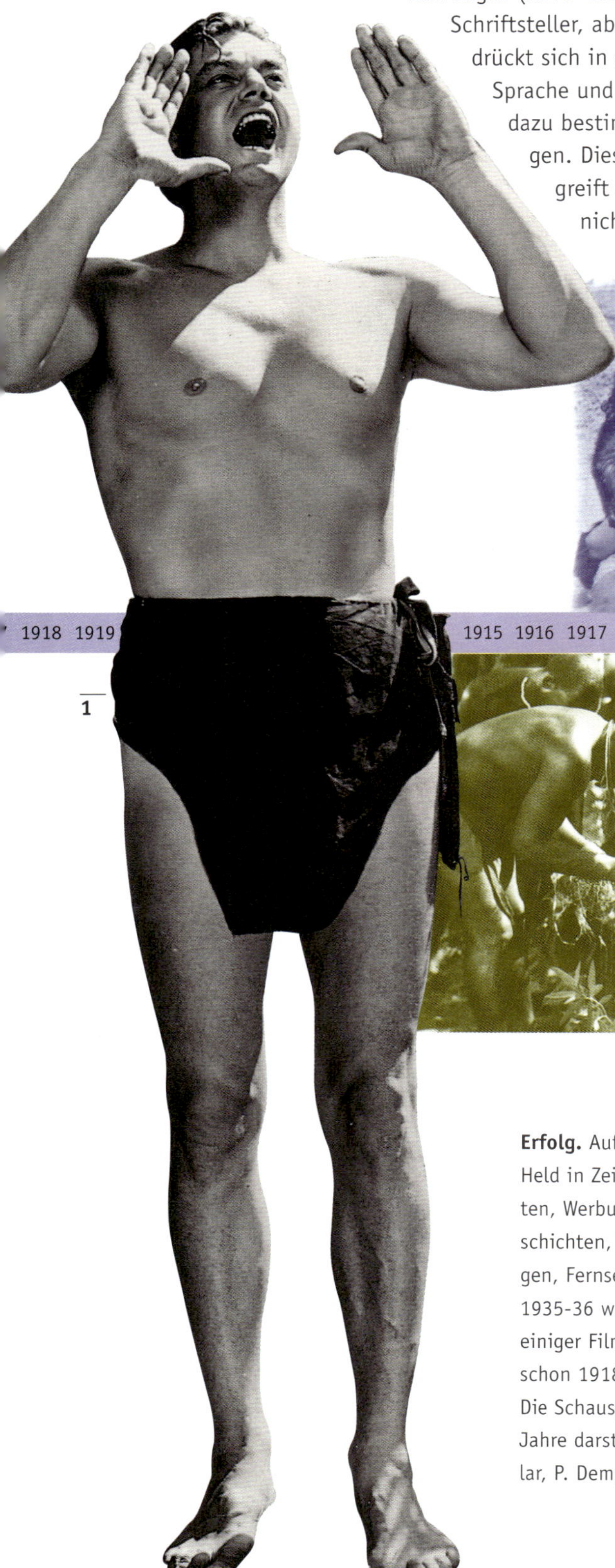

1

2

5

1918 1919 1915 1916 1917 1918 1919 1920 1911 **1912** 1913 1914 1915 1916 1917 1918 1919 1920 19

3

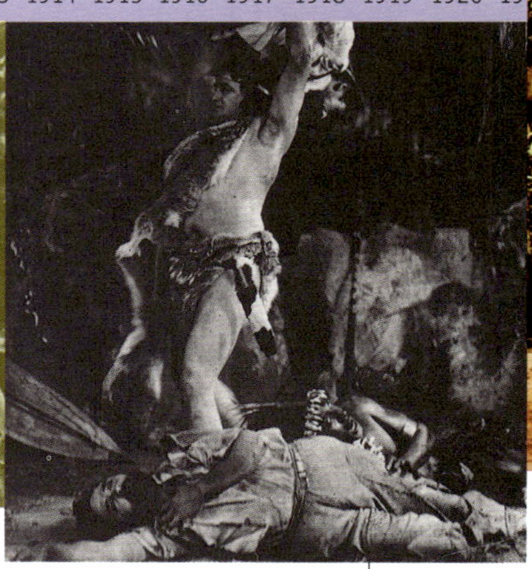

4

Erfolg. Auf der ganzen Welt war Tarzan Held in Zeichentrickfilmen, Comic-Heften, Werbung und Propaganda, Bildergeschichten, Theaterstücken, Radiosendungen, Fernsehserien und vor allem Filmen. 1935-36 war Burroughs selbst Regisseur einiger Filme mit seiner Figur. Aber schon 1918 tauchte Tarzan im Film auf. Die Schauspieler, die ihn im Laufe der Jahre darstellen, sind: E. Lincoln, G. Pollar, P. Dempsey Tabler, J. Y. F. Miller, J. Weissmuller, B. Crabble, H. Brix (später als B. Bennett bekannt), G. Morris, L. Barker, G. Scott, D. Miller, J. Mahoney, M. Henry, R. Ely und Ch. Lambert.

"Ich Tarzan, du Jane". Dieser weltberühmte Satz wurde Johnny Weissmuller (1904-84) in den Mund gelegt, dem ersten sprechenden Tarzan und dem besten aller Zeiten. Er ist amerikanischer Schwimmer österreichischer Abstammung und nimmt 1924 und 1928 an den Olympischen Spielen teil. Er wird von MGM engagiert und bekommt 1932 die Hauptrolle in *Tarzan, der Herr des Urwalds* von Van Dyke, dem ersten von rund einem Dutzend Filme bis hin zu *Tarzan in Gefahr* von 1948. Bis 1942 wird Jane Porter von der bezaubernden Maureen O'Sullivan (Mutter Mia Farrows) gespielt, einer naiven Frau, die

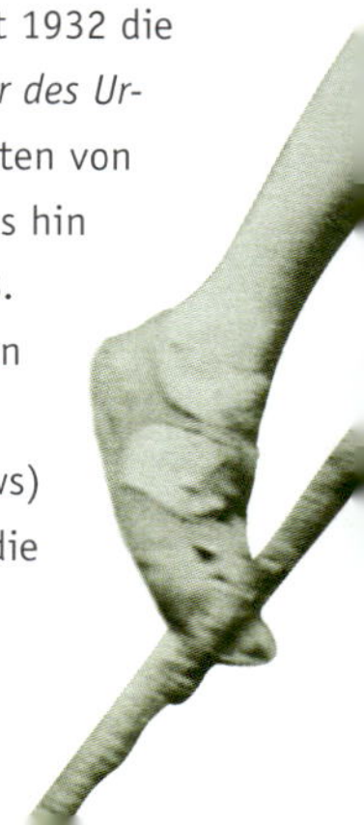

GEGNER DER MODERNEN ZIVILISATION

6

8

In einem der jüngsten und am sorgfältigsten erarbeiteten Filme kehrt Tarzan nach England in das vornehme Herrenhaus seiner Vorfahren zurück, aber entsetzt über die Gefühllosigkeit der westlichen Wissenschaft und Kultur wendet er sich wieder von der modernen Zivilisation ab. Darin wird die Weltsicht deutlich, die den Helden prägt und von Lesern und Kinobesuchern geteilt wird. Im Gegensatz zu Mogli, dem von Wölfen aufgezogenen Kind aus dem Dschungelbuch, *verkörpert Tarzan nicht den guten Wilden, der unter natürlichen Bedingungen lebt und sich in einer magischen Verbindung zu den wilden Tieren deren Leben zu eigen macht, sondern einen Weißen, der Schuhe, Waffen, Geld, Besitz und alle anderen Laster der modernen Gesellschaft ablehnt. Er sammelt seine Nahrung, er jagt nicht. Er lebt mit einer Frau, die er vielleicht liebt, aber mit einer Liebe, die möglicherweise keinen Sex einschließt. Er hat einen kleinen Jungen bei sich, aber er ist kein Vater für ihn, sondern eher ein Bruder und Artgenosse, der sich nicht um seine Zukunft schert, sondern um seine Gegenwart. Er lebt mit einem Affenmädchen und behandelt sie wie eine Gefährtin einer verwandten Art. Er heilt sich und andere mit Heilmitteln, die er durch Affen kennengelernt hat. Er bittet "weise" Tiere um Hilfe und erhält sie auch und tut im Gegenzug für sie dasselbe, wenn sie seine Hilfe brauchen. Er hält sich fern von allem, was der "moderne" Mensch entstellt hat, besonders von der Stadt, und bedient sich statt dessen in aller Freiheit athletisch und genüßlich seines Körpers, seines Verstandes und seiner menschlichen Sinne. Kinder möchten gerne seine Abenteuer erleben. Männer würden gerne wie er dem Zwang der modernen Gesellschaft entfliehen. Und Frauen lieben seinen Körper und seine Sanftheit im Umgang mit Tieren.*

9

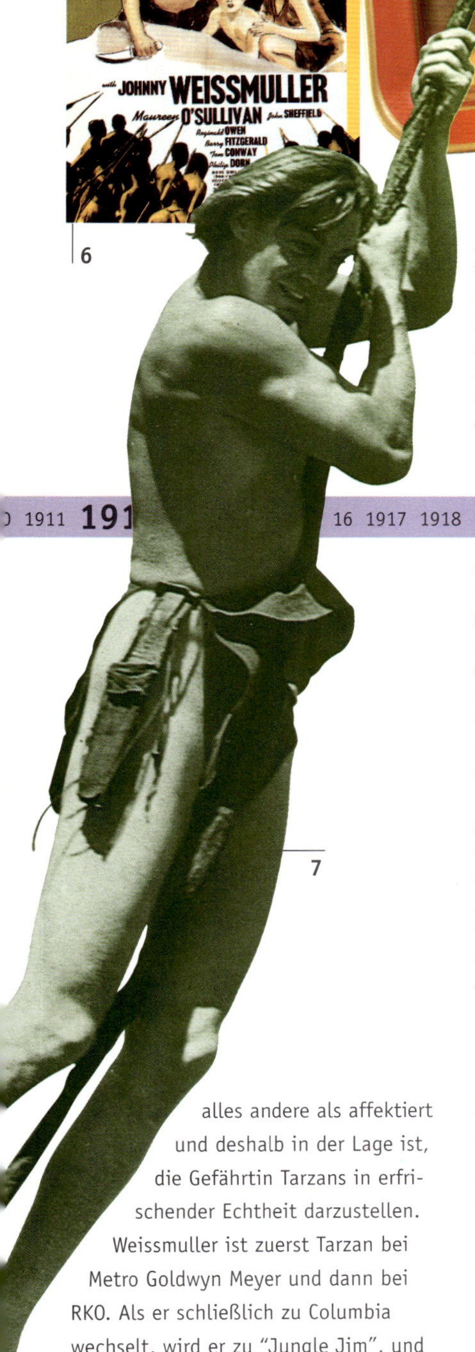

7

1) Der Schrei von Tarzan Johnny Weissmuller, Ausschnitt aus dem Film *Tarzan und sein Sohn* von Richard Thorpe, 1939.
2) Johnny Weissmuller mit Cheeta und Maureen O'Sullivan in *Tarzan, Herr des Dschungels* von W. S. Dyke II, 1932.
3) Weissmuller und die "Wilden" in *Tarzans Rache* von Richard Thorpe, 1936.
4) Elmo Lincoln als *Tarzan unter den Affen*, 1918. Die Rolle der Jane spielte Enid Markey.

0 1911 **191** 16 1917 1918 1919 1920 1911 **1912** 1913 1914 1915 1919 1920 1

5) Lex Barker auf dem Rücken des treuen Elefanten in *Tarzan und das blaue Tal* von Lee Sholem, 1948.
6) Titelseite einer alten italienischen Ausgabe einer der Geschichten Burroughs' über seinen Helden Tarzan.
7) Johnny Weissmuller, eng an die klassische Liane geklammert, beim "Flug" durch den Urwald in Richard Thorpes *Tarzan und sein Sohn*, 1936.
8) Tablett mit Coca-Cola-Werbung aus den vierziger Jahren mit einem Foto von Maureen O'Sullivan und Johnny Weissmuller im Badeanzug.
9) Zeichung von Burne Hogarth für einen amerikanischen Comic-Strip Ende der dreißiger Jahre. Auch hier ist Tarzan der Held.

alles andere als affektiert und deshalb in der Lage ist, die Gefährtin Tarzans in erfrischender Echtheit darzustellen. Weissmuller ist zuerst Tarzan bei Metro Goldwyn Meyer und dann bei RKO. Als er schließlich zu Columbia wechselt, wird er zu "Jungle Jim", und damit zum Helden zweitklassiger Filme.

Zur selben Zeit. Burroughs veröffentlicht ein neues Buch, *John Carter vom Mars*. Die Titanic sinkt und fordert 1517 Tote. Auf dem Balkan bricht Krieg aus: Zankapfel ist das türkische Mazedonien, auf das Serbien, Griechenland und Bulgarien Anspruch erheben. In Stockholm nehmen 28 Nationen an den fünften Olymischen Spielen der Neuzeit teil.

"Wir sind es müde, uns die Gesellschaft, Sex, allegorische und historische Filme anzuschauen. Es ist geradezu eine Erleichterung, einen Film mit einer außergewöhnlichen Geschichte zu sehen, in dem der Held als Kind von den Affen geraubt und von ihnen aufgezogen wird."

Theatre Magazine, 1918

1913

COCO CHANEL

erfindet die Frau des XX. Jahrhunderts

Gabrielle Chasnel kommt 1883 im Armenhaus von Saumur zur Welt. Als Kind lebt sie in Moulins und lernt, was Chic ist, indem sie die aristokratischen Offiziere der Kavallerie oder die Lokale und Personen "à la mode" im nahen Vichy studiert. Sie arbeitet als Verkäuferin und macht eine Schneiderlehre. Man nennt sie die "kleine Coco", und sie träumt von einer Karriere am Varieté. Aber sie kann sich keine teuren Kleider leisten und wählt deshalb eine provozierende Schlichtheit: Sie kleidet sich wie die Claudine aus den Romanen Colettes. Sie wird die Geliebte Étienne Balsans, der sein Geld in der Textilbranche verdient, und zieht zu ihm. Als ausgezeichnete Reiterin lernt sie bei der Fuchsjagd in Pau "Boy" kennen, Arthur Capel, einen katholischen Engländer aus der Kohlenbranche. Schon bald zieht sie zu ihm nach Paris. Sie entwirft Hüte und verkauft sie im Hause Balsans; die Hüte zeichnen sich durch schier exzentrische Schlichtheit aus. Boy leiht ihr Geld für das Eröffnen eines Modegeschäfts: Rue Cambon 21, im Zwischengeschoß. Dort verkauft sie auch sportliche Strickhemden, solche, wie Boy sie beim Polo trägt, aber für Damen. Im Mai 1912 druckt das *Journal des modes* das Foto einer Schauspielerin mit einem Hut von Coco. 1913 leiht Boy ihr erneut Geld, diesmal für eine Boutique in Deauville. Dort verkauft sie den Damen Pullover mit hohem Kragen im Matrosenstil, sowie Kleidung aus Jersey und Flanell. Später sagt sie: "Alle wollten mich kennenlernen. ... Ich habe eine Mode kreiert: die Modeschöpferin als Star."

1

4

0 1911 1912 **1913** 1914 1915 ... 1920 19

2

3

Die neue Frau. Der Champagnerkönig Boni de Castellane sagt: "Es gibt keine Frauen mehr, alles was geblieben ist, sind die von Chanel kreierten Mädchen." Aldous Huxley schreibt, die von Coco geschaffene Frau gleiche in Geschmeidigkeit und schlauchförmiger Aufmachung einer Boa. Und nach dem Ersten Weltkrieg schreibt die Modezeitschrift *Vogue* über sie: "Alles was sie macht, macht Furore: der Steppmantel ... und die von ihr kultivierte Körperbräune."

Der Stil. Für Farbe und kleine Verzierungen hat Coco ein sicheres Gespür. Doch die Größe Coco Chanels liegt in der Erfindung eines neuen weiblichen Körpers: das "kleine Schwarze", der Regenmantel, der enge Wintermantel, der Hut zum Zusammenlegen für den Koffer, lange Hosen und Schuhe mit Männerabsätzen, der kurze Rock, das hinten längere Kleid, die eine Nummer größeren Strickwaren. Die Frau im Chanel-Stil ist schlank, sportlich, bequem gekleidet und frisch wie der exquisiteste Gentleman aus London. Wie er tritt sie elegant auf, vermittelt Respekt und ist ganz Herrin ihrer selbst.

Hauptdarsteller. Durch Coco wird der Modeschöpfer zum Hauptdarsteller. Sie verkehrt mit der Familie Gramont, ist die Geliebte des Großherzogs Dimitri, finanziert Diaghilew, unterhält Strawinski und ist auch seine Geliebte. Sie entwirft Kostüme für Cocteau und Honegger. Der Herzog von Westminster will sie heira-

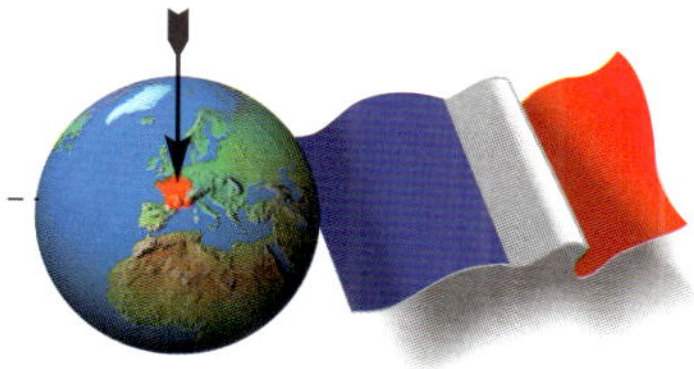

DAS CHANEL-KOSTÜM

1) Chanel versäubert in ihrem Atelier vor einer Modenschau rasch noch eine Jacke.
2) 1959. Ein klassisches Chanel-Kostüm in einer Ausgabe der Modezeitschrift *Arianna*.
3) Der Eingang zum Hotel Ritz an der Place Vendôme in Paris. Lange Jahre war Mademoiselle hier zu Hause.
4) 1913. Ein bequemes, sportliches Strick-Ensemble von Chanel.
5) Um 1930. Coco Chanel in Sweater und Hose mit ihrem Hund Gigot auf ihrem Landgut in Südfrankreich.
6) 1916. Entwürfe von Chanel, die in der Zeitschrift *Vogue* veröffentlicht wurden.
7) Jean Cocteau (1889-1963), *Portrait von Coco Chanel*, um 1933. Cocteau war zugleich Erzähler, Dichter, Dramaturg, Maler und Regisseur – alles in allem einer der innovativsten Künstler des 20. Jahrhunderts in Frankreich. Er war ein Freund Coco Chanels, deren Sinn für das Neue und Strenge er bewunderte.
8) Die klassische Flasche des Parfüms Chanel N°5, einer Kreation Chanels aus dem Jahr 1921. Seit dieses Duftwasser auf den Markt gebracht wurde, übertreffen die Gewinne aus der Chanel-Parfümerie bei weitem die der Modekollektion.

Sommer 1914. Werden die Deutschen Paris einnehmen? In dieser unsicheren Situation ziehen sich die schönen Damen nach Deauville zurück. Diane de Rothschild hat sich mit ihrem Schneider überworfen und macht Chanels Entwürfe bei der "Crème de la crème" der Pariser Gesellschaft bekannt. Die Damen brauchen nun neue und bequeme Kleidung für ihre Arbeit in den Kriegslazaretten. Als sie merken, daß Paris nicht fällt, kehren sie in die Stadt zurück. Die dort herrschende Knappheit ebnet Chanels Stil den Weg. Fort mit Mieder und Korsett! Die Frau ist natürlich, und die Angst vor Bombardierungen (und überstürzter Flucht in die Luftschutzbunker) führt zum Triumph einer weiteren Erfindung Chanels: dem Pyjama für Frauen. Coco eröffnet einen Modesalon in Biarritz. Die Infantinnen machen aus Coco Madrids Schneiderin "à la mode". In Paris zieht sie in ein sechsstöckiges Haus in der Rue Cambon 31 um. Zu ihrem Freundes kreis gehören Strawinski, Satie, Diaghilew, Picasso, Matisse, Cocteau, Radiguet, Colette, Paul Morand und die schreckliche Misia Sert. Boy heiratet. Mit leerem Herzen läßt sich Coco danach noch zu einigen Affären hinreißen. Doch Mademoiselle hat längst den klassischen Chanel-Stil kreiert. Dessen berühmtes Sinnbild ist das Chanel-Kostüm, ein kleines Kostüm mit eher kurzem Rock nebst kurzer Jacke mit meisterhaft geschnittener Schulterpartie im klassischen Kostümstil, aus überraschendem Material, mit wenigen, raffinierten Knöpfen und elegantem Besatz an Kragen und Säumen.

7

"Früher haben die Frauen auf ihrem eigenen Boden gekämpft.
Da war jede Niederlage ein Sieg.
Heute kämpfen sie auf dem Boden der Männer.
Da ist jeder Sieg eine Niederlage."

Coco Chanel

8

1913 1914 1915 1916 1917 1918 1919 1920 1911 1912 **1913** 1914 1915 1916 1917 1918 1919 1920 1911 1912 … 1912 191

5

6

ten. 1939 schließt Coco ihr Modehaus. Im von den Nazis besetzten Paris ist sie eine mächtige Frau. Sie wird der Kollaboration beschuldigt. Als Paris befreit wird, hängt sie in ihr Schaufenster ein Schild: "Parfüm für GIs gratis."

Das Comeback. Mit siebzig kehrt Coco in die Rue Cambon zurück und eröffnet ihr Modehaus neu. Mode wird nun von Männern wie Christian Dior gemacht. Sie sagt: "Ich bewundere euch, aber ihr zieht die Frauen wie Sessel an." Bei ihrer ersten Modenschau trauert Paris: nichts Neues, der ewige Chanel-Stil. Aber in den USA hat sie damit enormen Erfolg. Chanel ist Architektur, Schlichtheit und ewige Frische, der wahre Chic. Als sie im 1971 stirbt, gilt sie weltweit als größte Modeschöpferin aller Zeiten.

WILHELM II.
treibt Deutschland in den Ersten Weltkrieg

Am 17. November 1887 überträgt der alte Kaiser Wilhelm I. seinem Enkel Wilhelm eine Art vizeköniglicher Macht, da Kronprinz Friedrich Wilhelm (1831-1888) schwer krank ist. Tatsächlich regiert Friedrich III. als König von Preußen nur drei Monate lang. Dann, 1893, wird Wilhelm (1859-1941) sein Nachfolger. Wilhelm wurde mit lahmem linkem Arm geboren und ist im Studium nicht brillant. 1881 heiratet er Auguste Viktoria von Schleswig-Holstein-Sonderburg-Augustenburg. Wilhelm I. hatte Kaiserreich und Preußen in die Hände des fähigen Reichskanzlers Bismarck übergeben. Wilhelm II. gibt zu verstehen, daß er persönlich das Regiment führen will: Er verkündet, er sei Kaiser von Gottes Gnaden, und drängt Generalfeldmarschall Moltke zum Rücktritt. Dem folgt 1890 die Entlassung Bismarcks, begleitet von einer ganzen Reihe diplomatischer Reisen. 1888 ist Wilhelm zu Gast bei Zar Alexander III., bei Oskar II. von Schweden und bei Christian IX. von Dänemark. Anschließend reist er zu Franz Joseph nach Wien, zu Humbert I. und Papst Leo XIII. nach Rom. 1889 empfängt er Italiens König, Österreichs Kaiser und Rußlands Zar. Er reist nach London zu Königin Viktoria, nach Athen zu Georg I., nach Istanbul zu Abdul Hamid, nach Monza zu Humbert I. und nach Tirol zu Franz Joseph. Überall hält er lange Reden, in denen er sich selbst in hohen Tönen rühmt. Er möchte dem Sozialistengesetz und den Gesetzen gegen den politischen Katholizismus die Schärfe nehmen. Er ernennt schwache Kanzler und tappt am Ende in die Falle des Ersten Weltkriegs.

1

1911 1912 1913 18 1919 1920 1911 1912 1913 **1914** 1915 1916 1917 1918 1919 1920 1911 1912 1913 191

2

3

4

5

Kolonien. Insgesamt gesehen weitet Wilhelm II. das deutsche Kolonialreich aus. Er erwirbt von Spanien die Marianen und Karolinen in der Südsee, sichert sich Kamerun, Ostafrika sowie Südwestafrika und sichert den Anspruch auf die Samoa-Inseln. Die Gegenwart der deutschen Flotte auf den Ozeanen ist indes Grund für den Konflikt mit Großbritannien.

Bündnisse. Der Aktivismus und die ungeschickten Worte Wilhelms II. sowie die Größe der deutschen Armee sind sicherlich ebenso wie die Interessenkonflikte in Europa Ursache für die Zerstörung des von Bismarck aufgebauten Bündnissystems. Deutsche Unternehmungslust in der Türkei weckt das Mißtrauen Rußlands. Die Konkurrenz der Industrie und die Sympathie für die Buren erschrecken Großbritannien. Die Treue zu Österreich enttäuscht Italien, das es auf Südtirol, Trient und Triest abgesehen hat, und das Interesse an Marokko mißfällt Frankreich, welches die Niederlage von 1870-71 und den Verlust Elsaß-Lothringens nicht verwinden kann.

Niederlage. Im November 1918 bricht im besiegten Deutschland eine Revolte aus. Am 9. November wird der Thronverzicht des Kaisers und des Kronprinzen Friedrich Wilhelm verkündet. Wilhelm flüchtet daraufhin nach Holland. Er stirbt 1941 fast vergessen von der Welt.

DER DEUTSCHE RAUM

Die deutsche Nation ist die letzte unter den Großmächten Europas, die zu einem stabilen modernen Staat heranwächst. Dies gelingt dank Fürst Otto von Bismarck-Schönhausen (1815-98), preußischer Ministerpräsident und Reichskanzler, dem Graf Helmuth von Moltke (1800-91) zur Seite steht, welcher in den schnellen, siegreichen Kriegen gegen Dänemark (1864), Österreich (1866) und Frankreich (1870) die deutschen Fürsten dazu bringt, Wilhelm I. von Preußen (1797-1888) als deutschen Kaiser anzuerkennen. Zuvor waren Deutsche seit dem Mittelalter in mehreren Wellen unter anderem bis an die Wolga und später in die Vereinigten Staaten von Amerika ausgewandert. Im Jahrhundert der Nationalstaaten kommt die Idee auf, überall, wo Deutsche seien, müsse auch der deutsche Staat sein. Man leitet dies aus der grandiosen Entwicklung der deutschen Kultur im 18. Jahrhundert ab, sowie aus der Vervollkommnung der preußischen Armee unter Friedrich dem Großen (1712-86) und dem Aufstieg zur Militärmacht und zur stärksten europäischen Industrienation im 19. Jahrhundert. Zur selben Zeit (1806) bringt Napoleon I. Franz II. von Österreich dazu, die römische Kaiserkrone niederzulegen und das Heilige Römische Reich deutscher Nation für erloschen zu erklären. Wilhelm II. von Hohenzollern versteht sich als Nachfolger Karls des Großen und Friedrichs des Großen und will für "sein" Volk den "deutschen Raum" erobern. Er versucht dies über die Politik, eine Kunst, die er nicht beherrscht, und, wenn nötig, durch Einsatz von Waffen, wofür er genauso untauglich ist wie sein Generalstabschef Helmuth von Moltke (1848-1916), der Neffe des Grafen von Moltke, der bei Ausbruch des Ersten Weltkriegs zum Oberbefehlshaber erklärt und bereits am 14. September 1914 wieder abgelöst wird.

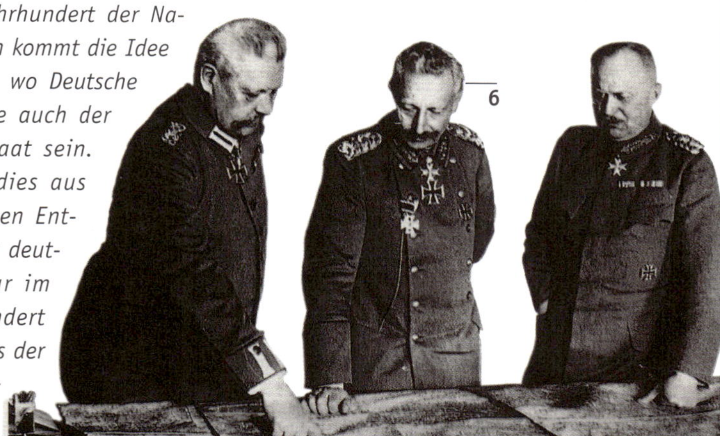

6

9

16 1917 1918 1919 1920 1911 1912 1913 **1914** 1915 1916 1917 1918 1919 1920 1911 19 … 1915 1916

7

8

1) Das Reichstagsgebäude in Berlin zu Anfang des 20. Jahrhunderts.
2) 1895. Kronprinz Friedrich Wilhelm von Hohenzollern grüßt seinen Vater Wilhelm II. auf dem Schlachtfeld.
3) 1914. Wilhelm II. und Kaiserin Auguste Viktoria von Schleswig-Holstein-Sonderburg-Augustenburg bei der Eröffnung des Nord-Ostsee-Kanals an der Elbe.
4) Wilhelm II. mit Mohammed V. von Istanbul. Deutschland versorgt die Türkei mit Wirtschaftshilfe und Technikern.
5) Vittorio M. Corcos, Portrait Wilhelms II., Deutscher Kaiser und König von Preußen, Ausschnitt, 1904.
6) Kaiser Wilhelm II. studiert den Einsatzplan zusammen mit Generalstabschef Erich Ludendorff (1864-1937), Paul von Beneckendorff und von Hindenburg (1847-1934), die bei Tannenberg und den Masurischen Seen die Russen vernichtend schlugen.
7) Um 1914. Farblithographie mit Briefmarken von den Samoa-Inseln, einer ehemaligen deutschen Kolonie in der Südsee.
8) Deutscher Soldat, der mit einem Sehrohr aus dem Schützengraben schaut.
9) 1908. Wilhelm II. läßt den alten österreichischen Kaiser Franz Jospeh bei einer Militärparade in Wien auf der rechten Seite gehen. Deutschland, Österreich und Italien waren seit 1882 im Dreibund vereint.

"Es ist mir vollständig gleichgültig, ob in dem Reichstagskäfig rote, schwarze oder gelbe Affen herumspringen."

Wilhelm II., Telegramm an Reichskanzler von Bülow

1915

THOMAS W. WILSON

bringt die USA an die Spitze der Weltpolitik

Thomas Woodrow Wilson wird 1856 in Staunton (Virginia) als Sohn einer Familie schottischer Abstammung geboren. Er erhält eine umfassende Schulbildung, studiert erst an der Princeton University, dann Rechtswissenschaft an der University of Virginia, schließlich Geschichte und Politik an der Johns Hopkins University, wo er 1886 seinen Abschluß macht. Schon im Jahr davor hat er Ellen Axson geehelicht, die ihm drei Töchter schenkt. Als Professor kehrt er nach Princeton zurück, wo er Rechtswissenschaft und Politik unterrichtet und gleichzeitig Geschichte und die Verfassung der USA studiert. 1902 wird er Rektor der Universität und bemüht sich um ein neues Verhältnis zwischen Dozenten und Studenten. Mit 54 Jahren wird er Gouverneur von New Jersey. Er bekämpft Vetternwirtschaft und Korruption. Sein Kampf gegen skrupellose Geschäftemacherei trägt ihm die Nominierung als demokratischer Präsidentschaftskandidat bei der Wahl 1912 ein. Er siegt. 1913 setzt er im Kongreß wichtige Reformen in bezug auf Zölle, Banken, Währung, Steuern, Verwaltung und Konzerne durch. Als Gegner des "Dollarimperialismus" verkündet er, daß die USA kein Land auf Kosten ihrer Nachbarn erwerben werden. 1914 gibt er die Isolation seines Landes auf und bietet Deutschland, Frankreich und Großbritannien seine Friedensvermittlung an.

2

4

1

20 1911 1912 … 1920 1911 1912 1913 1914 **1915** 1916 1917 1918 1919 1920 1911 1912 1913 1914 **1915** 1916 1917 1918 1919 1920

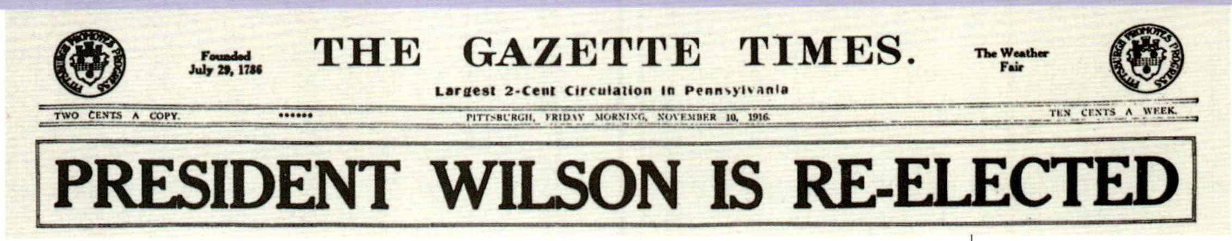

Founded July 29, 1786

THE GAZETTE TIMES.

The Weather Fair

Largest 2-Cent Circulation in Pennsylvania

TWO CENTS A COPY. PITTSBURGH, FRIDAY MORNING, NOVEMBER 10, 1916. TEN CENTS A WEEK.

PRESIDENT WILSON IS RE-ELECTED

3

"Ich würde niemals ein Buch lesen, wenn ich Gelegenheit hätte, mich eine halbe Stunde mit dem Mann zu unterhalten, der es geschrieben hat."

Thomas Woodrow Wilson

Utopie. Wilson muß Frankreich und Großbritannien Zugeständnisse machen, weil er den Völkerbund ins Leben rufen will, ein Forum zur Erhaltung des Weltfriedens und zur Sicherung der territorialen Unverletzlichkeit und politischen Unabhängigkeit aller Staaten. Als er nach seiner Rückkehr in die USA am 14. Juli 1919 dem Senat den Vertrag von Versailles zur Ratifizierung vorlegt, zeigen sich erhebliche Vorbehalte. Auf einer Propaganda-Reise durch die USA hat er zwei Schlaganfälle. Bis zum Ende seiner zweiten Amtszeit im Jahre 1921 liegt die Macht in Händen der Frauen der Familie und des Klüngels im Weißen Haus, die sich weigern, den Präsidenten als regierungsunfähig erklären zu lassen. Wilson stirbt, weithin vergessen, am 3. Februar 1924.

Der Völkerbund. Am 20. Januar 1920 nimmt der Völkerbund seine Arbeit auf. Mit Ausbruch des Zweiten Weltkriegs gerät er in eine bedrohliche Krise und wird 1946 für aufgelöst erklärt. Mitglieder des Völkerbunds sind die Siegermächte des Ersten Weltkriegs, 13 neutrale Staaten, ab 1926 Deutschland und ab 1934 die UdSSR. 1933 treten Deutschland und Japan aus, 1937 Italien. Ohne die nie beigetretenen USA und beherrscht von den europäischen Großmächten hat er weder Erfolg noch wirkliche Macht.

Sein Erbe. Wilson will den Frieden sichern, indem er "dem auf alle Völker und alle Nationalitäten angewandten Gleichheitsprinzip" und das "Recht aller, ob stark oder schwach, unter denselben Bedingungen von Freiheit und Sicherheit nebeneinander zu leben" durchsetzt. Sein Mitarbeiter und Freund Franklin D. Roosevelt, ein Verwandter Präsident Theodore Roosevelts, ist ein kultivierter Mann mit großen Fähigkeiten. Er wird sein wahrer Nachfolger werden.

INTERNATIONALE ORDNUNG

1914 arbeitet Wilson den panamerikanischen Pakt über eine "gegenseitige Garantie der Unabhängigkeit und der territorialen Integrität" aus, der jedoch wegen Ausbruch des Krieges nicht unterzeichnet wird. Er verhandelt mit Großbritannien, die Flottenblockade aufzugeben, mit Deutschland, auf den U-Boot-Krieg zu verzichten, verkündet die Neutralität der USA, unterstützt aber die Entente-Staaten und beginnt, enge Beziehungen zu Großbritannien zu knüpfen, das so zum Vorposten der USA in Europa wird. Seine Sympathien für die Entente und für das unter Neutralitätsverletzung besetzte Belgien werden immer offensichtlicher, aber 1916 bietet er trotzdem noch einmal an, bei Friedensverhandlungen zu vermitteln. Gleichzeitig gibt er weiterhin Geld für die englisch-französische Kriegsmaschinerie. Im April 1917 treten die USA in den Krieg ein, und im Januar 1918 verkündet Wilson mit seinen "vierzehn Punkten" seine Friedensprinzipien, die eher ethischer als politischer Natur sind. Die Alliierten bemühen sich, sie einzuhalten. Militärisch gesehen fällt der Kriegseintritt der USA nicht ins Gewicht, was aber Material, Waffen und Finanzmittel betrifft, ist er entscheidend und beschleunigt die Niederlage der Mittelmächte, die von den Kriegsausgaben wirtschaftlich in die Knie gezwungen werden. Gegen den Rat seiner Mitarbeiter nimmt Wilson 1918 an der Pariser Friedenskonferenz teil. Dabei ist er sich der Komplexität der Probleme und ihres geschichtlichen Hintergrunds nicht bewußt. Er trifft auf zwei politisch-diplomatische Meister: Georges Clemenceau (1841-29) und David Lloyd George (1863-45), die ihn als Vorsitzenden des Obersten Rats ausspielen und die Friedensverträge in eine französisch-englische Vergeltungsaktion gegen Deutschland, die Türkei und Österreich verwandeln, aber auch gegen das alliierte Italien.

8

913 1914 **1915** 1916 1917 1918 1919 1920

1915 1916 1917 1918 1919 1920 1911 1912 1913

7

5

9

6

1) Ansicht der Kuppel des Kapitols zu Washington, des monumentalen Parlamentsgebäudes der USA.
2) William Horpen, *Portrait von Th. W. Wilson*, Ausschnitt, 1919.
3) 10. November 1916. In der in Pittsburgh erscheinenden Zeitung *The Gazette Times* wird von der Wiederwahl Präsident Wilsons berichtet.
4) 2. April 1917. Wilson gibt im Kongreß den Kriegseintritt der Vereinigten Staaten auf der Seite der Entente bekannt.
5) 1913. Der scheidende Präsident William Howard Taft und der neu gewählte Präsident Wilson bei einer Parade.
6) Die großen sechs des Völkerbunds im Restaurant Bavaria zu Genf. Karikatur von Derso und Kelen, 1928.
7) US-amerikanisches Propagandaplakat für die Rekrutierung 1917.
8) 1918. Propaganda für die Heimatfront. Oberbefehlshaber der amerikanischen Truppen in Europa ist John J. Pershing (1860-1948).
9) 1919. Auf der Durchreise durch Mailand grüßt Wilson die Massen.

1916

ALBERT EINSTEIN

veröffentlicht Grundzüge der Relativitätstheorie

2

Der berühmteste deutsche Wissenschaftler wird 1879 in Ulm als Sohn einer wohlhabenden, liberalen jüdischen Familie geboren. Er wächst in München auf, erst strenggläubig. Mit zwölf Jahren stellt er indes Religion und Schule in Frage, weil sie auf Strenge und Strafe beruhen. So zieht er wieder zu seiner Familie, die inzwischen verarmt ist und in Pavia lebt. Im zweiten Anlauf schafft er die Aufnahmeprüfung ins Züricher Polytechnikum. Bald zeigt er eine Neigung zur Eigenbrötelei. 1902 erhält er eine Stelle am Patentamt Bern. Dort hat er Zeit zum Verfassen wissenschaftlicher Artikel. 1905 schließt er sein Studium ab und heiratet seine Kommilitonin Mileva Maric, die ihm zwei Söhne schenkt und der er den Scheck des Nobelpreises für Physik überläßt, der ihm 1921 nach seiner Trennung von ihr verliehen wird. 1909 ist er Professor für theoretische Physik in Zürich, 1911 bekommt er einen Lehrstuhl in Prag und lernt bei einem Treffen des Solvay-Rats Elisabeth aus Belgien kennen, die ihn durch sein weiteres Leben begleitet. Als Schweizer wird er 1913 Mitglied der Preußischen Akademie und Direktor des Kaiser-Wilhelm-Instituts für Physik in Berlin. 1914 beginnt er die allgemeine Relativitätstheorie zu entwickeln. Er ist nun schon berühmt und liebt es, öffentlich die Rolle des Genies zu spielen. 1933 wird die Atmosphäre in Deutschland unerträglich, und Einstein emigriert in die USA und geht ans Institute for Advanced Study in Princeton; dort bleibt er bis zu seinem Tod 1955.

20 1911 1912 1919 1920 1911 1912 1913 1914 1915 **1916** 1917 1918 1919 1920 1911

1

4

5

3

Allgemeine Relativitätstheorie. Die allgemeine Relativitätstheorie dehnt das Relativitätsprinzip auf nicht gleichförmige und nicht geradlinige Bewegungen aus. So zeigt Einstein, daß etwa für eine Person in einem Aufzug in freiem Fall die Schwerkraft entfällt, weil sie sie nicht mehr wahrnehmen kann.

Über Newton hinaus. Einstein postuliert eine Verringerung der Schwerkraft durch Veränderung der Raumkrümmung. Er ersetzt die auf Entfernung einwirkende Kraft Newtons durch Eigenschaften des Raum-Zeit-Kontinuums (wie eben die Krümmung). Im Gegensatz zu Newtons Gravitationsgesetz geht Einsteins Theorie von einer Äquivalenz zwischen einem Schwerkraftfeld und einem beschleunigten Bezugssystem aus. Man kann deshalb davon ausgehen, daß die Masse der Sterne den Raum verändert und in eine nicht euklidische Struktur verwandelt, was wiederum bedeutet, daß wir, wenn es eine Äquivalenz zwische Masse und Energie gibt, dem Licht eine Eigenschaft zuschreiben können, die sonst nur masseeigen ist: nämlich die, von Masse angezogen zu werden.

Photonen. Ausgehend von der Beobachtung, daß mit Licht bestrahlte Festkörper (Metalle) Elektronen aussenden können (Photoeffekt), stellt Einstein die Behauptung auf, daß dieses Phänomen auch bei schwacher Einstrahlung auftritt, die allerdings eine bestimmte Frequenz (Schwellenfrequenz) haben muß, nicht jedoch bei intensiver Einstrahlung, die unter dieser Frequenz liegt. Um seine Behauptung zu untermauern, stellt Einstein die Hypothese auf, daß Licht aus Energiekorpuskeln bestehen müsse, die allein von seiner Frequenz abhängig seien. Diese Korpuskel nennt er Photonen oder Lichtquanten. Er geht weiter davon aus, daß das Aussenden eines Elektrons vom Zusammenwirken zwischen dem Elektron und einem einzigen Photon abhängt und schließt daraus, daß bei Bestrahlung durch zwar viele Photonen mit aber niedriger Frequenz keine Elektronen ausgesandt werden.

Die Atombombe. Auf Anregung Enrico Fermis und Leo Szilards drängt der pazifistisch eingestellte Einstein Präsident Roosevelt dazu, Studien zum Bau einer Atombombe zu finanzieren. Viel später erklärt er, daß er das nie getan hätte, hätte er gewußt, wie weit die Nationalsozialisten noch von der Entwicklung einer Atombombe entfernt waren.

RELATIVITÄT

Im Jahre 1905 veröffentlicht Einstein drei Arbeiten, die zu Inbegriffen der Genialität wurden. Die erste trägt den Titel Über einen die Erzeugung und Umwandlung des Lichts betreffenden heuristischen Standpunkt *und beschreibt die Entdeckung der Lichtquanten und die Interpretation des Photoeffekts. Der zweite Artikel* Zur Elektrodynamik bewegter Körper *beschäftigt sich mit der Relativitätstheorie im engeren Sinn. Im dritten Artikel, überschrieben* Theorie der Brownschen Bewegung, *weist Einstein die Existenz der Atome nach. Alle drei Arbeiten sind typisch für Einstein, nämlich revolutionär und unvoreingenommen. Dabei wendet er einfache mathematische Methoden und eine konsequente Logik an, die in der Erfahrung verankert ist. Einstein postuliert, daß die Lichtgeschwindigkeit unabhängig von den relativen Bewegungen der Lichtquelle und eines Beobachters konstant ist, und daß elektromagnetische Phänomene ein Feststellen der Bewegung eines Beobachters in bezug auf den Raum verhindern (d. h., sie verhindern die Wahrnehmung der "absoluten Bewegung"). Die Konstanz der Lichtgeschwindigkeit entzieht dem absoluten Charakter des Begriffs einer Gleichzeitigkeit von Ereignissen die Grundlage. Nicht nur das, von nun an sind die getrennten Auffassungen von Raum und Zeit Vergangenheit, während die Verschmelzung der beiden Wirklichkeit ist. Aus der "speziellen Relativitätstheorie" und damit aus der Konstanz der Lichtgeschwindigkeit und der Unveränderlichkeit physikalischer Gesetze unabhängig vom Bezugssystem (das aber ein Inertialsystem sein muß, also ein System, in dem sich ein kräftefreier Körper geradlinig und gleichförmig in bezug auf die Fixsterne bewegt) folgt, daß es für die Ausbreitung von Signalen eine Höchstgeschwindigkeit geben muß und daß das Gesetz von der Erhaltung der Masse kein Gesetz mehr ist. Vielmehr kann sich Masse in Energie verwandeln.*

6

8

9

913 19 … 17 1918 1919 1920 1911 1912 1913 1914 1915 **1916** 1917 1918 1919 1920 1911 1912 1913

7

1) Einstein in Palm Springs (Kalifornien) mit seiner zweiten Frau Elsa.
2) Der junge Albert Einstein am Stehpult in ein Manuskript vertieft.
3) Albert Einstein in seiner Berliner Zeit. Er war damals schon berühmt und bei den Intellektuellen, die das kulturelle Leben der Stadt prägten, geschätzt.
4) 1933. Einstein mit einigen Kollegen mit Toga und Doktorhut in Princeton.
5) Einstein, wie er von der Menschenmenge in New York bejubelt wird. Einstein war besonders bei den Demokraten und Pazifisten, nicht nur in den USA, äußerst populär.
6) Das Genie bei einem der langen, einsamen Spaziergänge, die Einstein jeden Tag im Park von Princeton machte.
7) Einstein bei einer Vorlesung am Carnegie-Institut für Technologie an der Carnegie-Mellon University in Pittsburgh im Jahr 1934.
8) Einsteins erste Frau und Mitarbeiterin Mileva Maric mit beider Sohn Hans Albert. Der Wissenschaftler Einstein war als Mann eher gefühlsarm und unfähig zu großer Liebe und Freundschaft.
9) Bei der Versammlung des Solvay-Rats 1911, an der die besten Physiker jener Zeit teilnahmen. Einstein ist der zweite von rechts.

"Liebe Nachwelt! Wenn ihr nicht gerechter, freidlicher und überhaupt vernünftiger sein werdet, als wir sind, bzw. gewesen sind, so soll euch der Teufel holen. Diesen frommen Wunsch mit aller Hochachtung geäußert habend bin ich euer (ehemaliger) Albert Einstein."

Albert Einstein, *Zeiten des Staunens*

1917

LAWRENCE VON ARABIEN

ist die Seele des Aufstandes der Araber gegen die Türken

1

Thomas Edward Lawrence kommt 1888 in Wales als Kind einer geheimen Liebe auf die Welt. In seinen Adern fließt blaues Blut, und er wächst mit dem viktorianischen Mythos des Britischen Empire auf. Von 1910-14 arbeitet er bei Ausgrabungen für das Britische Museum in Karkemisch am Euphrat. Bei Ausbruch des Ersten Weltkriegs ist er als britischer Agent in Ägypten, später in der Hedschas tätig. Er schließt sich den Scherifen von Mekka an und wird zur Seele des Guerillakriegs der Beduinen, die von Prinz Feisal gegen die Türken geführt werden. Er drängt die Türken nach Nordarabien zurück, während die Engländer in Palästina kämpfen. Feisal und Lawrence schaffen es, vor ihnen Damaskus zu erreichen. Engländer und Franzosen aber haben mit dem Sykes-Picot-Abkommen (1916) den Mittleren Orient bereits unter sich aufgeteilt und zudem die Errichtung einer "nationalen Heimstätte der Juden" in Palästina versprochen (Balfour-Deklaration 1917). Die arabische Sache ist damit verraten. Lawrence scheidet aus dem Dienst aus. Unter anderem Namen (zunächst Ross, dann Shaw) tritt er als einfacher Soldat in die Royal Air Force in Indien ein. Später zieht er sich ins Privatleben zurück und stirbt 1935 in Dorset.

4

4 1915 1916 **1917** 1918 1919 1920 1911 1912 1913 1 … 919 1920 1911 1912 1913 1914 19

2

3

5

Dies war der Mann,
den zu suchen ich nach Arabien gekommen war – der Mann,
der die Erhebung Arabiens zu glorreichem Ende führen würde."

Thomas E. Lawrence, *Die sieben Säulen der Weisheit.*

Sieben Säulen. Sein 1927 veröffentlichtes Buch *Aufstand in der Wüste* ist die Essenz all dessen, was Lawrence bei seinem arabischen Abenteuer erlebt hat. Im Jahre 1936, also nach seinem Tod, kommt *Die sieben Säulen der Weisheit* heraus, das dennoch bereits bekannt ist, da seit Jahren unter der Hand Kopien davon im Umlauf sind. In diesem Buch sagt Lawrence alles oder zumindest fast alles. Er verschweigt nur seine Enttäuschung. Das Buch wird sofort ein Welterfolg, ist es doch eine perfekte Mischung aus Tatsachenbericht über die Ereignisse und einem Abriß von Gedanken zur arabischen Mentalität, insbesondere der der Nomadenstämme, die geprägt ist vom Sich-Fügen in den Willen eines Gottes.

Die Scherifen. Araber nennen die Nachkommen Mohammeds Scherifen. Husain ibn Ali (1856-1931) ist Scherif und Hüter von Mekka und Medina. Er hat Verbindungen zu der Geheimgesellschaft Al-Fatah in Damaskus, ist Nationalist und erhält 1915 vom englischen Oberkommissar Henry McMahon in Ägypten die Zusage, daß England einen islamischen Staat anerkennen werde. Daraufhin erklärt er sich zum König der Hedschas, wird aber 1924 von Abd el Asis Ibn Saud vertrieben. Husains Sohn regiert mit seinen Nachkommen als König Feisal I. im

ABENTEUER

Lawrence ist ein guter Orientalist und Archäologe. Dagegen ist er kein perfekter Soldat. Als er zur Wahrung englischer Interessen in den Orient geschickt wird, läßt er sich verzaubern von dem Wüstenvolk, seinen patriarchalischen Bräuchen, von der engen Verbundenheit zwischen Mensch und Umwelt, die zugleich wunderbar und erschreckend ist, und vom Kampf der Stämme für das Wiederaufleben einer großen Vergangenheit. Von einem großen Soldaten hat er den Mut, der verwegen, aber ohne Selbstzweck ist, und die Fähigkeit, sich nahezu undurchführbare Pläne auszudenken und sie zu verwirklichen: Die Einnahme von Aqaba am Golf zwischen der Sinai-Halbinsel und der Hedschas ist schier ein Wunder. Lawrence ist ein bescheidener junger Mann und unbeirrbarer Einzelgänger. Er liebt nicht die Frauen, sondern das Abenteuer, aber nicht um seiner selbst willen, sondern als das große Abenteuer für ein großes Ideal in der unendlichen Landschaft der Natur und der Menschen. Gehorchen ist nicht seine Stärke. Er macht schnell Karriere und wird jung Oberst. Aber für ein großes Abenteuer sind Ehre und Konsequenz vonnöten. Ein Lawrence von Arabien kann die arabischen Ziele nicht verraten, nicht einmal, um dem König von England zu dienen. Er zieht sich zurück, ändert seinen Namen und stirbt.

6

8

9

1917 1918 1919 1920 1911 1912 1913 1914 1915 1916 **1917** 1918 1919 1920 1919 1920 1911 1912 1913 1914 1915 1916 **1917**

7

Irak (1921-33), während die Nachkommen seines Bruders Abdallah ibn Husain im Emirat Transjordanien, dem jetzigen Jordanien, bis heute an der Macht sind.

Die Legende. Lawrence von Arabien wird in den zwanziger Jahren zur Legende. Dies spiegelt sich in den Filmen *Der Scheich* und *Der Sohn des Scheichs* mit Rudolph Valentino wider. In den dreißiger Jahren werden von dem Buch *Die sieben Säulen der Weisheit* Millionen von Exemplaren verkauft und in die Sprachen der halben Welt übersetzt. 1962 führt David Lean Regie bei der englischen Großproduktion *Lawrence von Arabien*, die den Mythos auf der ganzen Welt neu aufleben läßt. Es ist ein Männerfilm mit vielen Stars, der sofort zum Kultfilm wird.

Die Geschichte. Die Zeitungen und Nachrichten lassen sich einen Lawrence von Arabien nicht entgehen. Immer wieder werden Knüller oder alte Gerüchte, aufgemacht als neue Exklusivmeldungen, veröffentlicht. Die einen wollen entdeckt haben, wer sein Vater ist, die anderen, daß der Motorradunfall, bei dem er umkam, Selbstmord war. Die Geschichtsschreibung hält sich hingegen bedeckt. Der namhafte Orientalist Ira Lapidus von der Universität Berkeley widmet ihm in seinem Monumentalwerk *A History of Islamic Societies* gerade eine drittel Zeile.

1) 1918. Portrait von Lawrence von Arabien, Fotografie von Harry Chase. Kriegsberichterstatter wie Chase machten aus Lawrence den Helden ihrer Reportagen.
2) Beduinen in Saudi-Arabien. Die Nomadenstämme waren die erfolgreichsten Verbündeten Scherif Husains von Mekka und seiner Söhne im Kampf um die Befreiung von den Türken.
3) 1962. Ein Kinoplakat für den Film Lawrence von Arabien von David Lean. Die Filmmusik wurde sofort zu einem Erfolg und ist auch heute noch populär.
4) Transjordanien. Gruppenfoto von links: Lawrence, Prinz Abdallah und General Allenby, britischer Kommandant im Nahen Osten.
5) Lawrence von Arabien zur Rechten Prinz Feisals auf der Orion-Brücke, kurz vor der Pariser Friedenskonferenz.
6) Die prächtige Kreuzritterburg Krak des Chevaliers im Königreich Jerusalem.
7) Omar Sharif (Feisal) und Peter O'Toole (Lawrence) in Lawrence von Arabien.
8) Thomas E. Lawrence im Gewand eines ehrwürdigen Beduinen, Fotografie.
9) Lawrence (O'Toole) sabotiert die türkische Eisenbahn im Nahen Osten.

LENIN
setzt die Macht der Bolschewiki in Rußland durch

Schulinspektor Ilja Uljanow hat fünf Kinder, alles Revolutionäre. 1887 wird Alexander nach einem Anschlag auf den Zaren hingerichtet. Lenin oder Wladimir Iljitsch Uljanow kommt 1870 auf die Welt, wächst heran und macht sein Abitur mit den besten Ergebnissen im ganzen Zarenreich. 1887 studiert er Jura in Kasan, aber er ist Marxist und wird von der Universität ausgeschlossen. Als Externer schließt er 1891 in Petersburg sein Studium ab und wird Anwalt in der Provinz. 1893 kehrt er in die Hauptstadt zurück, wird im Dezember 1895 verhaftet und 1897 nach Sibirien verbannt. Im Sommer 1900, im Exil in München, gründet er mit Georgi Plechanow (Marxist und ab 1903 Anführer der Menschewiki) und anderen die Zeitschrift *Iskra* (Der Funke). Im Oktober 1905 kehrt er heimlich nach Petersburg zurück. Anders als andere Linke streben Lenins Bolschewiki den bewaffneten Kampf gegen den Zaren an. 1907 erneute Emigration. Im Februar 1917 kommt es in Rußland zur Revolution. Der deutsche Geheimdienst hilft Lenin, in die Heimat zurückzukehren. In Übereinkunft mit Leo Trotzki (1879-1940) facht er die Oktoberrevolution an, bei der am 7. November die provisorische Regierung Alexander Kerenskis (1881-1970) gestürzt wird. Als Vorsitzender des Rates der Volkskommissare bleibt Lenin bis 1923 an der Macht und stirbt 1924.

1

4

12 1913 1914 1915 1916 1917 **1918** 1919 1920 1911 1912 1913 1 … 1913 1914 1915 1916 1917 **1918** 1919 1920 1911 1912 19

2
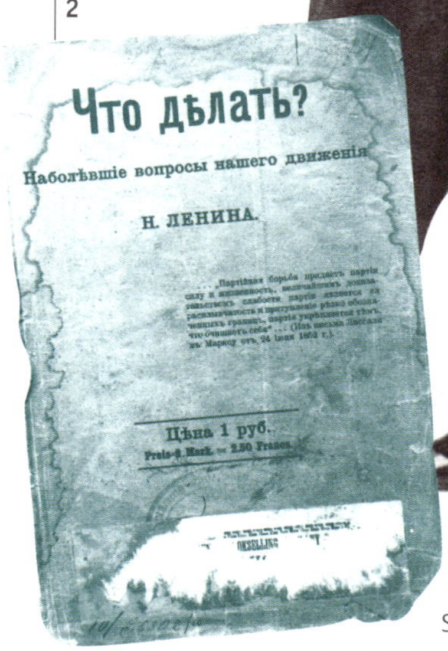

3

5

Genossen. Wladimir Iljitsch Lenin arbeitet mit einer fähigen Mannschaft zusammen. Neben Trotzki sind die herausragenden Persönlichkeiten Sinowjew (1883-1936), Präsident der Komintern, Kamenew (1883-1936) und Michail Tuchatschewskij (1893-1937), der Begründer der Roten Armee. Für kurze Zeit hat der Maler und Drehbuchautor Alexander Benois (1870-1960) die Hoheit über die Museen.

Gesundheit. Lenin zehrt sich in der Arbeit auf. Er leidet unter Rheumatismus, Arthritis und Herzbeschwerden. Immer wieder Flucht, ständige Entbehrungen, Sorgen und Attentate schwächen ihn. Beim Attentat am 30. August 1918 wird er schwer verletzt. Ab Mai 1922 erleidet er mehrere Schlaganfälle. Halbseitig gelähmt, zieht er sich mit seiner treuen Frau nach Gorki bei Moskau zurück, wo er am 21. Januar 1924 stirbt. Sein Leichnam wird mumifiziert und im eigens dafür errichteten Mausoleum an der Kremlmauer aufgebahrt.

Mythos. Seine Nachfolger rechtfertigen ihre Macht durch Aufrechterhaltung des Mythos Lenins, des Erfinders der Diktatur des Proletariats, welche durch die Einheitspartei ausgeübt wird. Die alte Hauptstadt Petersburg, später Petrograd (was auf russisch "Stadt Peters" heißt), wird umbenannt in Leningrad. Diesen Namen behält sie bis zum Zusammenbruch der Kommunistischen Partei. In den kommunistischen Ländern der ganzen Welt werden Lenin-Denkmäler erst errichtet und am Ende gestürzt

Kultur. Auch im kulturellen Bereich nehmen die von Lenin eingeleiteten Maßnahmen kolossale Ausmaße an. Es werden Alphabete für Sprachen geschaffen,

KOMMUNISMUS

Die Verwirklichung des marxistischen Kommunismus setzt der Agitator, Philosoph und Staatsmann Lenin mit harten Entscheidungen, Maßnahmen und Institutionen durch. Der Marxismus wird in theoretischer Hinsicht der rückständigen russischen Wirklichkeit angepaßt (die Ausgabe der von Lenin zwischen 1926-32 herausgegebenen Schriften umfaßt 31 Bände). Seine Unnachgiebigkeit gegenüber Mischformen des Marxismus und anderen Ansichten ist absolut. Von Anfang an überträgt er den Sowjets die Macht, den Arbeiter-, Soldaten-, Bauern- und Studentenräten. Er zerschlägt die Menschewiki und die gemäßigten Sozialisten und läßt Zar Nikolaus II. mit Frau und Kindern hinrichten. Im März 1918 ist für Rußland durch Annahme des Friedens von Brest-Litowsk der Erste Weltkrieg beendet. Die westlichen Demokratien unterstützen die zaristischen Generäle ("Weißen") finanziell, und Lenin überträgt die Führung im Bürgerkrieg dem fähigen Trotzki. Enteignungen und Verstaatlichungen im großen Stil folgen, und der Geldumlauf wird unterbunden. Im März 1921 schließt man Frieden mit Polen, und der Bürgerkrieg endet. Gegen die traditionelle Macht der Kirchen wird der Atheismus durchgesetzt. Am 6. März 1919 gründet Lenin die 3. Internationale (Komintern) zur Vorbereitung der kommunistischen Weltrevolution. Das System der Räte und Komitees wird durch den Zentralismus ausgehöhlt. Durch die Neue Ökonomische Politik (NEP) von 1921 werden Großindustrie und Handel vom Staat gelenkt. Am 30. Dezember 1922 wird die Union der Sozialistischen Sowjetrepubliken (UdSSR) gegründet. Alle Macht konzentriert sich im Politbüro in der neuen – und alten – Hauptstadt Moskau. Die Geheimpolizei, die Verfolgung ideologischer und politischer Gegner im Kampf um die Macht sowie die Gulags, die die Diktatur des Proletariats stärken, gehen alle auf die Zeit Lenins zurück.

6

5 1916 1917 **1918** 1919 1920 1911 1912

7

8

1914 1915 1916 1917 **1918** 1919 1920 1911 1912 1913 1914 1915 1916 1917

9

"Die Religion ist eine Art geistiger Fusel, in dem die Sklaven des Kapitals ihre Menschenwürde und ihren Anspruch auf eine halbwegs menschenwürdige Existenz ersäufen."

Lenin, *Sozialismus und Religion*

die bis dahin nur mündlich überliefert wurden. Mittelalterliche Strukturen werden zerschlagen: Der Khan von Khiva und der Emir von Buchara werden abgesetzt. Theater, Konservatorien, Bibliotheken und Altersheime werden für alle geöffnet. "Die Häuser der Gutsbesitzer gehören dem Volk", schreibt Lenin.

1) 1897. Lenin im Kreise der Genossen und Gründer der Union für den Kampf zur Befreiung der Arbeiterklasse in Petersburg.
2) 1902. Titelseite der Erstausgabe von Lenins *Was tun?*, veröffentlicht in Stuttgart.
3) Lenin 1918.
4) Georgi Plechanow, Anführer der Menschewiki, der die unfähige sozialdemokratische Regierung Alexander Kerenskis unterstützt, die nach der Februarrevolution von 1917 an die Macht kommt und durch die Oktoberrevolution der Bolschewiki wieder gestürzt wird.
5) Das Attentat auf Lenin 1918, dargestellt auf einem hagiographischen Bild aus jener Zeit. Im Stile des sozialistischen Realismus wurden in der Sowjetunion durch viele ausgezeichnete Künstler Helden, Fakten und Mythen des kommunistischen Regimes von der Ostsee bis zum Pazifik in derartigen Bildern festgehalten.
6) Portrait Lenins, politische Propaganda aus der Mongolei.
7) Der Schauspieler, der in dem Film *Oktober* (1927-28) von Sergej Eisenstein die Rolle Lenins spielt.
8) Menschenmenge vor dem Lenin-Mausoleum auf dem Roten Platz in Moskau, unverkennbar schon vor längerer Zeit aufgenommen.
9) Werbeplakat für die 3. Kommunistische Internationale (nicht ohne Fehler).

WALTER GROPIUS

gründet das Bauhaus

Walter Gropius entstammt einer Architektenfamilie und wird 1883 im Berlin Bismarcks geboren. Er studiert Architektur, erst in München in den Jahren der späten Sezession, dann in Berlin. Zwischen 1907 und 1910 arbeitet er im Studio Peter Behrens' (1868-1940), eines Meisters der Sezession. Danach hat er ein eigenes Studio und entwirft mit Adolf Meyer (1881-1929) das Fagus-Werk in Alfeld (Leine). In Zusammenarbeit mit Meyer und dem Werkbund erstellt er eine Musterfabrik für die Werkbund-Ausstellung in Köln (1914). Nach dem Ersten Weltkrieg gründet er das Bauhaus in Weimar, das gleichzeitig Schule für angewandte Künste und Kunsthochschule ist. Er führt eine neue Kunstpädagogik ein und holt großartige Lehrer an die Schule. Die Bürger Weimars stehen der "bolschewistischen" Kunst feindselig gegenüber. So verlegt Gropius das Bauhaus nach Dessau, wo er 1925 die Häuser für die Dozenten und 1925-26 das neue Schulgebäude baut. 1928 überträgt er die Leitung der Schule Hannes Meyer, eröffnet ein Studio in Berlin, sucht während des Dritten Reiches Zuflucht in England und geht 1937 nach Boston an die Harvard University. 1945 gründet er mit einer Gruppe junger Mitarbeiter The Architects Collaborative, das berühmte TAC. Er stirbt 1969 und zählt bis heute zu den großen Künstlern des 20. Jahrhunderts.

5

2

4 1915 1916 1917 1918 **1919** 1920 1911 1912 1913 1914 1915 1916 1917 1918 **1919** 1920 1911 1912 1913 1914 1915 1916 1917 1918 **1919** 1920 1911 1912 1913 1914

1

3

4

Die Lehrer des Bauhauses. Architekten: neben Gropius und Adolf Meyer der geniale Marcel Breuer und der Schweizer Hannes Meyer (1889-1954), der von 1929-30 Direktor am Bauhaus war. Maler, Grafiker und Graveure: Johannes Itten (1888-1967), der Amerikaner Lyonel Feininger (1871-1956), der Russe Wassily Kandinsky (1866-1944), einer der Meister des 20. Jahrhunderts, der Schweizer Paul Klee (1879-1940), der Ungar László Moholy-Nagy (1895-1946), Direktor des neuen Bauhauses in Chicago 1937, und Josef Albers (1888-1976). Bildhauer: Oskar Schlemmer (1888-1943), auch Maler, und Gerhardt Marcks (1889-1981). Eine beeindruckende Liste.

Designer. An der Einrichtung der Schule in Dessau arbeiten Lehrer und Schüler gemeinsam in einem Klima geordneter Zusammenarbeit unter der eisernen Faust Ittens. Aber das ist nichts im Vergleich zu dem herrischen Gebaren an der anderen großen deutschen Schule jener Zeit.

Das Gebäude. Die Ästhetik des Bauhauses stellt die Symmetrie und die Vorstellung von der Fassade in Frage. Um ein Gebäude kennenzulernen, muß man hineingehen, darin herumlaufen und außen herumgehen. Für das Bauhaus ist das Gebäude in erster Linie etwas Nützliches, seine Schönheit ist an sich nichts anderes als die Schönheit eines Stuhls.

RATIONALISMUS DES DESIGNS

1) Die Dozenten des Bauhauses. Von links: Albers, Scheper, Muche, Moholy-Nagy, Bayer, Schmidt, Gropius, Breuer, Kandinsky, Klee, Feininger, Frau Stölzl und Schlemmer.
2) Behrens, AEG-Fabrik in Berlin, 1909-10.
3) Gropius und Meyer, Fagus-Werk in Alfeld (Leine), 1911-18, Ausschnitt.
4) Gropius, Meyer und Werner, Fagus-Werk, Westeingang, 1910-14.
5) 1928. Gropius, Foto von Hugo Erfurth.
6) Stundenplan des Bauhauses, Wintersemester 1921-22.
7) Das Bauhaus in Dessau, Südost-Ansicht.
8) TAC, Milchkännchen aus Porzellan, 1969.
9) Gropius. Siemensstadt im Sommer, Ausschnitt, Berlin 1930.

Das Bauhaus entdeckt den Rationalismus nicht. Er zeichnet sich bereits in der Arbeit von Adolf Meyer, dem genialen Ludwig Mies van der Rohe (1886-1969) und anderen ab. Aber es leistet einen wesentlichen Beitrag, indem es feststellt, daß Design sich von der Tradition lösen muß und daß künstlerisches Schöpfen die Frucht der Verbindung von Handwerk und Kunst ist. Der Werkbund fordert von der Industrie hochwertige Serienprodukte, um so den Lebensstandard der Massen zu steigern. Gropius vertritt die Ansicht, daß die ästhetische Qualität des Hauses und der darin benutzten Gegenstände einen erzieherischen und moralischen Wert hat. Ethisch-soziale Fragen beschäftigen alle Künstler des Bauhauses (Bau von Arbeiterwohnsiedlungen: in Berlin 1929 die Siemensstadt

6

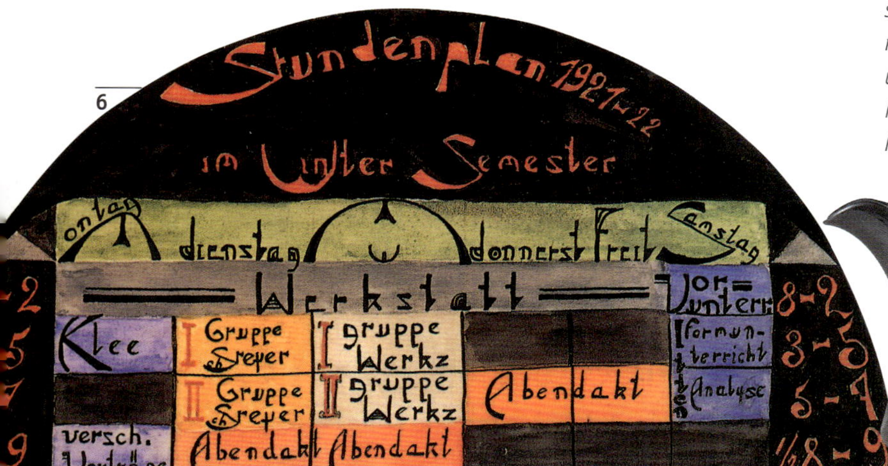

9

8

917 1918 **1919** 1920 1911 1912 1913 1914 1915 1916 1917 1918 **1919** 1920 1911 1912 19 **1919** 1920 1911 1912 1913 1914 1915 1916 19

7

unter der Leitung von Gropius; in Stuttgart 1927 der Weißenhof unter der Leitung von Mies van der Rohe und anderen, darunter Le Corbusier, Behrens und Gropius). Für die praktische Ausführung sind ein perfektes Modell und das richtige Material erforderlich: Deshalb sind bei der Herstellung Rationalismus und planerische Gestaltung Voraussetzung. Die drei Kurse, die am Bauhaus angeboten werden, sind vielseitig und komplex. Unter anderem gibt es technischen Unterricht in Material- und Werkzeugkunde. Der theoretische Unterricht umfaßt Grundlagen und Techniken der Beobachtung in Verbindung mit Studien an der Natur und Theorie der Materialien sowie Studium und Praxis der Darstellung, zu der Theorie der Projektion, Konstruktionstechnik, technisches Zeichnen und Modellbau für alle Arten von Gegenständen gehören. Des weiteren wird Komposition angeboten, die sich aus Raum-, Farb- und Kompositionstheorie zusammensetzt. Dieses Modell bildet die Grundlage für das Architektur- und Designstudium des 20. Jahrhunderts.

Besonders in seiner Bostoner Zeit beschäftigt sich Gropius lange Zeit aus theoretischer und praktischer Sicht mit der Fertigbauweise von Gebäuden.

Die Rolle der Farbe am Bauhaus. Rationalismus ja, aber nicht ohne Farbe und Poesie. Klee und Kandinsky unterrichten am Bauhaus, und Feininger gibt Unterricht in der Kunst des Gravierens. Rationalismus ja, aber nicht ohne Utopie. Auch die Schauspielkunst Erwin Piscators (1893-1966), des Regisseurs und Neuerers des marxistischen Theaters, wird hier studiert. Aus politischen Gründen wird das Bauhaus von Weimar ins nahe Dessau verlegt. Unter dem Nationalsozialismus wird es aufgelöst.

"Die Krankheit unserer heutigen Städte und Siedlungen ist das traurige Resultat unseres Versagens, menschliche Grundbedürfnisse über wirtschaftliche und industrielle Forderungen zu stellen."

Walter Gropius, *Architektur*

MAHATMA GANDHI
ruft zur ersten Kampagne des zivilen Ungehorsams auf

Mohandas Karamchand Gandhi, später "große Seele" (Mahatma) genannt, wird 1869 als Sohn indischer Einwanderer in Afrika geboren. Er studiert die Rechte und ist im politischen Kampf gegen den Kolonialismus aktiv. Er wird verhaftet, ins Gefängnis gesteckt und 1908 befreit. Daraufhin beschließt er, den Kampf in Indien zur Befreiung des Subkontinents fortzusetzen, und wird Führer des "Indian National Congress", der 1885 in Bombay als Partei zur Vertretung indischer Interessen gegründet wurde. Bald darauf startet er die erste Kampagne zivilen Ungehorsams. Die Muslim-Unruhen in Kanpur (1913 und 1931), Kalkutta (1918) und Bombay (1929) sind Ausdruck der Unzufriedenheit vieler, die Angst vor der drohenden Vorherrschaft der Hindus haben und die Friedensbedingungen, die dem Sultan und dem türkischen Kalifen nach dem Ersten Weltkrieg aufgezwungen wurden, als Beleidigung ansehen. Gandhi entwickelt tausend Arten gewaltlosen Widerstands, um die Briten zum Verlassen Indiens zu zwingen und die Inder gegen den Willen der Muslimliga unter Muhammad Ali Dschinnah zusammenzuhalten, der 1940 die Bildung eines eigenen muslimischen Staates, genannt Pakistan, fordert. 1947 entsagt König Georg VI. dem indischen Thron, und die unabhängigen Staaten Indien und Pakistan sind geboren. Gandhi wird im Jahr darauf von einem fanatischen Hindu erschossen.

2

3

1913 1914 1915 1916 1917 1918 1919 **1920** 1911 1912 1913 1914 1915 1916 1917 19

1

"Wenn du im Recht bist, kannst du dir leisten, die Ruhe zu bewahren, und wenn du im Unrecht bist, kannst du dir nicht leisten, sie zu verlieren."

Mahatma Gandhi, *Erinnerungen*

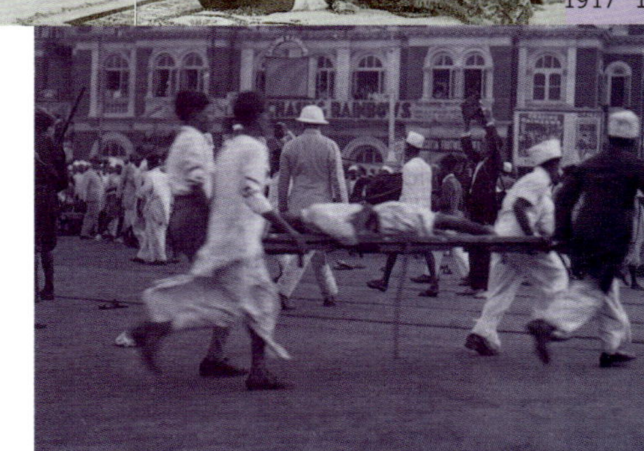

4

Drei Phasen. Die Politik Gandhis läßt sich in drei Phasen unterteilen: Die erste, von 1919-24, ist geprägt von der Allianz mit den Muslims zur Verstärkung des Masseneffekts der politischen Unruhen. Danach, in der Zeit von 1929-32, unternimmt Gandhi große Reisen, um durch seine Gegenwart die Unabhängigkeitsbewegung zu stärken: so den Satjagraha-Feldzug gegen das britische Salzmonopol ("Salzmarsch") und die sich anschließende Reise nach Europa zur Teilnahme an der Konferenz in London, bei der über das Schicksal von Indien entschieden werden soll. Und endlich von 1942-47 die Phase der harten Konfrontation gegenüber Großbritannien unter dem Slogan "Raus aus Indien".

Würde. Die Inder, und nicht nur sie, empfinden den Überlegenheitsanspruch der europäischen Völker, ihrer Religionen, Systeme und Bräuche als Beleidigung. Gandhi reist in der Aufmachung eines indischen Bauern um die Welt und läßt sich fotografieren. Er hat eine Ziege bei sich, die er melkt und deren Milch er trinkt. Wenn er nicht arbeitet, spinnt und webt er, und beim Gehen betet er.

Die Kongreßpartei. Gandhis Beziehungen zur großen "Nummer zwei", Pandit Nehru, und zur Kongreßpartei sind nicht immer ungetrübt. Gandhi ist kein Freund hinterlistiger politischer Manöver. Er ist für die Abschaffung der Kasten, zumindest jedoch der Unberührbarkeit der Paria, und erträgt den mächtigen konservativen Flügel der Partei mit seinen hochgestellten Würdenträgern, Brahmanen und Bankiers nur schwer. Er selbst entstammt einer Kaste kleiner Händler.

Krieg und Fortschritt. Die Weltkriege schwächen die Kolonialmächte, die erst auf natürliche und menschliche Reserven in den Kolonien zurückgreifen und dann mit den Untertanen in den Kolonien abrechnen müssen, die gelernt haben, sich der Mittel der Europäer zu bedienen.

GEWALTLOSER WIDERSTAND

Gandhi geht davon aus, daß sich die britische Macht in Indien auf die teils freundliche, teils widerwillige Zusammenarbeit mit den Indern aller Klassen gründet. Er ist überzeugt davon, daß die britische Herrschaft zusammenbricht, wenn diese Mitarbeit verweigert wird. Um dies zu erreichen, müssen 400 Millionen Inder "erweckt" und eine kontrollierte Bewegung in Gang gesetzt werden, die auf einem moralischen Gebot mit einem einfachen Prinzip beruht: dem Festhalten an der Wahrheit (Satjagraha). Daran ist unbedingt festzuhalten, aber auf friedliche Weise, durch gewaltlosen Widerstand. Gandhi gehört einer Wischnu-Sekte an, die jedoch die Gewaltlosigkeit des Jainismus predigt, einer indischen Religion, die im sechsten vorchristlichen Jahrhundert entstand. Gandhis ziviler Ungehorsam drückt sich in Streiks und der Weigerung aus, Steuern zu bezahlen, und Abertausende von Indern legen sich auf die Bahngleise, um gewaltlosen Widerstand zu leisten. Millionen von Indern marschieren zu den Salinen der Engländer und holen sich Salz. Bald enden friedliche Protestmärsche in Massenverhaftungen.

Natürlich kommt es auch zu antibritischen Ausschreitungen, wie 1930 in Tschittagong und Peshawar, oder zu dem Überfall auf die Salzlager in Vitala und, schlimmer noch, zu blutigen Bruderkämpfen zwischen Hindus und Muslims. Aber die Stimme, die Figur, die mehr zählt als eine ganze Armee, ist Gandhi: Bei Versammlungen mahnt er zu Gerechtigkeit und Frieden, während er auf riesigen, überfüllten Plätzen im Freien still vor sich hin betet. Oder er tritt aus Protest in einem Zimmer mit wenigen Schülern in einen Hungerstreik, während sich Menschen in den anderen Zimmern, ums Haus herum, auf den Straßen und in der ganzen Stadt um ihn zusammendrängen.

7

8

920 1911 1912 1913 1914 1915 1916 1917 1918 1919 **1920** 1911 1912 1913 1914 1915 1916 1917 1918 1919 **1920** 1911 1912 1913 1914 ... 1919 **192**

5

9

6

1) Gandhi im Alter.
2) Gandhi 1939 beim Besuch eines Gefängnisses bei Kalkutta.
3) 1942. Gandhi sitzt seelenruhig inmitten einer Menschenmenge in Kalkutta.
4) 1931. Ein Verletzter wird bei einer Protestveranstaltung in Bombay in Sicherheit gebracht, gegen die die britische Kolonialverwaltung, wie so oft, mit großer Härte vorgegangen ist.
5) Ben Kingsley als Gandhi in Richard Attenboroughs *Gandhi* von 1983.
6) Angehörige und Freunde im Gebet bei Gandhis Leichnam versammelt.
7) 1922. Protest gegen Gandhis Verhaftung.
8) Gandhi bei dem berühmten "Salzmarsch" durch Indien.
9) Gandhi spinnt ungerührt zwischen den bezähmten britischen Löwen, Plakat aus den vierziger Jahren.

1921
1930

Benito Mussolini

Tutenchamun

Kemal Atatürk

Giacomo Puccini

Louis Armstrong

Rudolph Valentino

Stalin

Tschiang Kai-schek

Alexander Fleming

Greta Garbo

Nach Meinung des Historikers Hobsbawm ist das 20. Jahrhundert, nicht nur was das Ausmaß, die Häufigkeit und auch die Länge der Kriege betrifft, das blutigste Jahrhundert der Geschichte, sondern auch im Hinblick auf die beispiellosen menschlichen Katastrophen, die von nie zuvor erlebten extremen Hungersnöten bis zum systematischen Völkermord reichen. Zehn Millionen Tote und zwanzig Millionen Verletzte, in der Hauptsache Männer im wehrfähigen Alter, sind der Preis für das Duell von 1914-18 zwischen Großbritannien und Deutschland um die europäische Vormachtstellung, die 1914 noch gleichbedeutend ist mit der Vormachtstellung in der Welt. In Europa beginnt damit der Niedergang. Vom Kontinent mit einem Drittel der Weltbevölkerung fällt es auf den Rang des Kontinents mit einem Sechstel der Weltbevölkerung zurück. Aber in den zwanziger Jahren gibt es "einen Augenblick lang" eine Verschnaufpause zwischen den Kriegen. Hingegen geht der Zerfall des Völkerrechtssystems weiter.

Szenenfoto aus *Nosferatu – eine Symphonie des Grauens*, Stummfilm von Murnau. In der Hauptrolle Max Schreck als lebendiger Tod, die grauenvolle Metapher einer Zivilisation in der Krise, die sich, einem unstillbaren Durst nach Blut folgend, von ihren eigenen Geschöpfen ernährt.

Trotz des guten Willens des Völkerbunds (dem die USA nicht angehören, die sich auch weigern, die von Präsident Wilson diktierten Friedensverträge zu unterschreiben) gilt weiterhin das Recht des Stärkeren. Dieser Verlust des Rechtsbewußtseins ist im Vergleich zu dem Fortschritt in der Zeit zwischen der Abschaffung der Folter (1740) und dem von Japan ohne Kriegserklärung gegen Rußland eröffneten Krieg beeindruckend. Ab 1920 beginnt in Europa das Zeitalter der Rechtsdiktaturen: in Polen mit Marschall Jozef Pilsudski 1926, in Ungarn mit Admiral Nikolaus Horthy von Nagybánya 1920, in Jugoslawien mit König Alexander I. 1929, in Italien mit Mussolini 1922 und in Spanien mit General Miguel Primo de Rivera 1923. Willkürliche Verhaftungen, Folter und politische Morde sind an der Tagesordnung. Als Friedrich Murnau (1888-1931) im Klima des Expressionismus seinen Film *Nosferatu – eine Symphonie des Grauens* (1921) mit Max Schreck in der Rolle des blutrünstigen Vampirs dreht, ist darin der Schrecken des Weltkriegs ebenso zu erkennen wie die Angst vor der Zukunft.

1921 1930

EIN WIDERSPRÜCHLICHES JAHRZEHNT. BESCHEIDENES WOHLSTANDSWACHSTUM, INSBESONDERE IM WESTLICHEN KLEIN- UND MITTELBÜRGERTUM. BIS 1929 WIRTSCHAFTSWACHSTUM. HINGEGEN KEIN NENNENSWERTER FORTSCHRITT FÜR DIE DEMOKRATIE, WENNGLEICH DIE TÜRKEI UND PERSIEN, DAS DEM BEISPIEL DER TÜRKEI FOLGT, MODERNISIERUNGSVERSUCHE UNTERNEHMEN. AUSBREITUNG DES AUTORITARISMUS. GROSSE FORTSCHRITTE IN KULTUR UND ERZIEHUNGSWESEN.

Das große Problem Europas besteht in der Umstellung der Industrie von der Kriegs- auf eine Friedensproduktion. 1921 wütet in Rußland eine schwere Hungersnot, und in Großbritannien treten eine Million in Not geratene Grubenarbeiter in den Streik. Ein Echo jener Zeit findet sich im Werk *Lady Chatterley* (1928) von David H. Lawrence (1885-1930), einer Verherrlichung der körperlichen Liebe, die seiner Ansicht nach das einzige Mittel zur Überwindung der Neurosen dieser Epoche ist.

1

Im Deutschland der Weimarer Republik herrscht eine schwere Wirtschaftskrise, da es zu unbezahlbaren Kriegsentschädigungen genötigt ist, mit denen Großbritannien und Frankreich ihre von den USA erhaltenen Kredite zurückzahlen möchten. Um die Weimarer Republik zum Zahlen zu zwingen, werden außer Lothringen und dem Rheinland weitere Gebiete besetzt. Bei der Konferenz von Rapallo (1922) erkennt Walter Rathenau, Direktor der AEG und deutscher Außenminister, als erster die Sowjetunion an. Die deutsche Währung ist einer galoppierenden Inflation unterworfen: 1923 kostet ein Ei 800 Mark.

In Rußland geht der von den westlichen Mächten finanzierte Bürgerkrieg zu Ende. Am 30. Dezember 1922 gründet der Kongreß der Sowjets die UdSSR, und nach Lenins Tod bricht der erbitterte Kampf um seine Nachfolge aus: Leo Trotzki, der Kriegskommissar, der mehr als jeder andere zum Sieg der Sowjets beigetragen hat, wird aus der Kommunistischen Partei ausgeschlossen und 1919 ins Exil getrieben. 1928 wird in der UdSSR der erste Fünfjahresplan als Bei-

3

1| Leo Trotzki. 2| Hirohito in Zeremonialkleidung. 3| *Metropolis* von Fritz Lang. 4| *Sacco und Vanzetti*, Ölbild von B. Shahn.

2

4

spiel einer mittelfristigen Planwirtschaft in Kraft gesetzt.

Zu den Siegermächten des Ersten Weltkriegs gehört im Osten auch Japan, das möglicherweise die größten Vorteile daraus zieht: Es profitiert von dem in China herrschenden Bürgerkrieg und marschiert dort ein. Außerdem konsolidiert es seine Wirtschaft durch ein autoritäres System. Kronprinz Hirohito besucht 1921 Europa, und bei seiner Rückkehr in die Heimat wird er anstelle seines erkrankten Vaters Yoshihito zum Regenten ernannt, besteigt nach dessen Tod 1926 den Thron. Indien wird vom Unabhängigkeitskampf erschüttert, während in Persien Schah Resa die Macht ergreift und damit die türkische Dynastie der Kadjaren (1794-1925) absetzt. Auch in der westlichen islamischen Welt gibt es Aufruhr, besonders durch den Aufstand der Rifkabylen in Marokko gegen die Spanier und die Franzosen unter der Führung Abd el-Krims (1882-1963), der 1921 die Republik ausruft und sich erst 1926 Marschall Pétain ergibt, dem Oberbefehlshaber der weit überlegenen französischen Truppen.

Die USA sind in einer Phase der Isolation. Fast ein Jahrzehnt eines enormen wirtschaftlichen Booms führt zu einer gewaltigen Steigerung des Lebensstandards und zu einer derartigen Entwicklung der Industrie, daß der deutsche Film *Metropolis,* von Fritz Lang (1890-1976) im Jahre 1926 produziert, bei dem ein Monopolist mit Hilfe eines Wissenschaftlers eine ganze Großstadt zu Sklaven macht, wie eine Warnung vor der nahen Zukunft wirkt.

Im Jahre 1925 veröffentlicht Hitler sein rassistisches und kriegshetzerisches Programm in *Mein Kampf*. Posthum wird *Der Prozeß* von Franz Kafka (1883-1924) veröffentlicht, ein unvollendeter Roman, der die Geschichte eines Mannes erzählt, der für irgend etwas bestraft werden soll, was er verschuldet haben soll, aber nie genannt wird. 1927, sieben Jahre nach Verhaftung wegen Bankraubs und zweier Morde wird in Boston an Nicola Sacco und Bartolomeo Vanzetti, zwei ausgewanderten italienischen Anarchisten, die von der halben Welt für unschuldig gehalten werden, die Todesstrafe vollstreckt.

In der Musik- und Theaterwelt gilt dieses Jahrzehnt als die "verrückten Jahre" des Jazz und des Charleston. 1927 taucht die Disney-Figur Mickymaus auf, und 1930 findet die erste Fußballweltmeisterschaft statt. Schon vorher hat der Zusammenbruch der New Yorker Börse (1929) die schlimmste Wirtschaftskrise des Jahrhunderts eingeläutet.

Große Fortschritte werden in der Technik verzeichnet: Roald Amundsen (1872-1928), der als erster den Südpol erreicht hat, überfliegt 1926 mit dem von Umberto Nobile gebauten Luftschiff *Norge* den Nordpol. 1929 umfliegt das deutsche Luftschiff *Graf Zeppelin* in rund 20 Tagen die Welt. 1926 stellt John Braid in London seine neue Erfindung vor: das Fernsehen.

Auch kulturell bringt das Jahrzehnt Erstaunliches hervor: Ludwig Wittgenstein (1889-1951) veröffentlicht *Tractatus Logico-Philosophicus*. Luigi Pirandello (1867-1936) *Sechs Personen suchen einen Autor*, James Joyce (1882-1941) *Ulysses*, Sigmund Freud (1856-1939) *Das Unbehagen in der Kultur* und John Maynard Keynes (1883-1946) die *Grundlagenwerke für eine neue Wirtschaftswissenschaft*.

5

7

9

6

LA DOMENICA DEL CORRIERE
8

5| Arbeitslose in New York, 1930. **6|** Getúlio Vargas. **7|** Charleston-Tänzerinnen in London. **8|** Das Luftschiff *Norge* überfliegt den Nordpol. **9|** John Maynard Keynes.

1921

BENITO MUSSOLINI

gründet die PNF (Partito Nazionale Faschista)

Der "Duce des Faschismus" wird 1883 in der Romagna als Sohn eines Schmieds und einer Volksschullehrerin geboren. Auch er möchte Lehrer werden, läßt sich aber im Studium von sozialistischen, anarchistischen und antiklerikalen Ideen beeinflussen. Er tritt der Sozialistischen Partei bei und wird 1912 Chefredakteur des Parteiorgans *Avanti!*. Als fähiger Journalist gründet er die Zeitung *Il Popolo d'Italia*. Da er sich darin für den Eintritt Italiens in den Ersten Weltkrieg ausspricht, wird er aus der Partei ausgeschlossen. So gründet er den "Fascio d'azione revoluzionaria" und am 23. März 1919 auf der Piazza San Sepolcro in Mailand den Bund "Fasci di combattimento", der 1921 zur PNF (Partito Nazionale Fascista) und Keimzelle der "faschistischen Revolution" wird. Er ist Parlamentsabgeordneter, seine Miliz geht gegen Sozialisten, katholische Gewerkschaftler und Tagelöhner vor. Nach einer Farce, die er "Marsch auf Rom" nennt, wird er 1922 Ministerpräsident. Er bleibt es bis zum 25. Juli 1943, als er verhaftet und in die Abruzzen verbannt wird; Hitler läßt ihn später befreien. Der überträgt ihm die Führung der Italienischen Sozialen Republik (Republik von Salò). Am 28. April 1945 wird Mussolini von roten Partisanen erschossen, die ihn gefangengenommen haben, als er als deutscher Soldat verkleidet flüchten wollte.

1

5

2

30 **1921** 1922 1923 1924 1925 1926 1927 1928 1929 1930 **1921** 1922 1923 1924 1925 1926 1927 1928 1929 1930

3

4

Seine Kriege. In Italien ist Faschismus gleich Mussolini. Indem er gewaltsam ein Kolonialreich errichtet, will Mussolini zu Europas Großmächten aufschließen. Dazu erobert er zunächst 1935-36 in einem blutigen Krieg Äthiopien. Von 1936-39 sammelt er Mittel und Freiwillige, um Franco im spanischen Bürgerkrieg beizustehen. Ohne Not reißt er am 10. Juni 1940 Italien unvermittelt in den Zweiten Weltkrieg. In der Zeit der "Republik von Salò" schickt der Duce seine Soldaten mit den Deutschen an die Front.

Das Zweiergespann. Viktor Emanuel III. (1869-1947), seit 1900 König, ist von 1922 bis 1943, als er Mussolini in seiner Privatresidenz wegen Hochverrats verhaften läßt, dessen Komplize. Er schlägt ihn zum Ritter des Annunziatenordens, unterstützt den Staatsstreich, indem er das Statut mit den demokratischen Garantien außer Kraft setzt, und sorgt dafür, daß der Duce nach dem Mord an dem Abgeordneten Matteotti an der Macht bleibt. Auch verleiht er ihm den Titel Erster Reichsmarschall und jenen Rang in der Heeresleitung, den er selbst innehat. Er unterzeichnet die furchtbaren Rassengesetze und die Kriegserklärungen. Im Gegenzug wird er zum König von Albanien und zum Kaiser von Äthiopien erhoben. Auch die Krone Kroatiens läßt er sich nicht entgehen. Am Ende flüchtet er nach Brindisi, um den Deutschen zu entkommen.

Abkommen mit dem Vatikan. Im September 1870 nimmt das Geschlecht der Savoyer, die seit kurzem die Könige in Italien stellen, dem Papst Rom weg. Dieser zieht sich in die vatikanischen Paläste zurück. Das katholische Italien ist zerrissen: Der Papst verbietet den Gläubigen, ihre Rechte als italienische Bürger auszuüben. Dem spiritualistischen Faschismus, der sich gegen Freimaurer und Liberale wendet, gelingt die Aussöhnung mit dem Papsttum. Mit den 1929 geschlossenen Lateranverträgen wird die Souveränität des Papstes über den Vatikanstaat anerkannt, der Katholizismus wird Staatsreligion mit Vorteilen gegenüber allen anderen Religionen. Die Bischöfe werden so zu einer Stütze des Faschismus.

FASCHISMUS IN ITALIEN

Es wird behauptet, daß jener Eintrag zum Thema Faschismus in der Enciclopedia Italiana, unter dem Mussolinis Name steht, zumindest zum großen Teil auf den idealistischen Philosophen Giovanni Gentile (1875-1944) zurückgeht: "Außerhalb der Geschichte ist der Mensch nichts. Deshalb richtet sich der Faschismus gegen alle individualistischen Abstraktionen materialistischer Ausprägung und gegen alle radikalen Utopien und Neuerungen. Der faschistische Staat, höchste und mächtigste Form der Persönlichkeit, ist die Verkörperung der Kraft, einer spirituellen Kraft, in der alle Formen des intellektuellen Lebens des Menschen zusammengefaßt sind." Und wie sieht dies in der Praxis aus? Praktisch ist der Staat eine Körperschaft, die mit der Einheitspartei verschmolzen ist und den "Willen zur Macht" vertritt. Die vom Faschismus eingeführten sozialen Maßnahmen, wie der Samstag nach englischem Vorbild, also zur Hälfte frei, die Unterstützung für kinderreiche Mütter und für Kinder, die kostenlose Schulbildung für alle, das Rentensystem und die Maßnahmen im öffentlichen Gesundheitswesen sind nichts anderes als Formen der Selbstverwirklichung des Staates, wie das Streikverbot, der imperialistische Krieg und der Treueschwur, der Dozenten und Abgeordneten mit großem Erfolg auferlegt wird. Darüber hinaus ist die erste Zeit von der Verfolgung politischer Gegner in Form von grausamen Morden und von Freiheitsberaubung gekennzeichnet. Danach geht die Lenkung der Wirtschaft gewissermaßen auf den Staat über, und der Rassismus wird ausgeprägter (Verbot sexueller Beziehungen zu den Schwarzen des Kolonialreichs und Verabschiedung der Anti-Juden-Gesetze nach deutschem Vorbild). Enge Zusammenarbeit mit den obersten Machtebenen der Großindustrie und der Kirche, weitverbreitete Korruption und widersprüchliche politische Zielsetzung.

7

6

8

22 1923 1924 1925 1926 1927 1928 1929 1930 **1921** 1922 1923 1924 1925 ... 22 1923 1924 1925 1926 1927 1928 1929 1930 **1921** 1922

9

1) Mussolini schwimmt im Meer. Zahlreiche Fotos mit dem kraftvollen männlichen Körper des Duce werden im ganzen Reich verbreitet. Ein anderes berühmtes Foto (oder vielleicht eine Fotomontage?) zeigt den ehrwürdigen Vorsitzenden Mao in hohem Alter beim Schwimmen.
2) 1920. Mussolinis Büro in der Via Paolo da Cannobio in Mailand, Redaktionsbüro der Zeitung *Il Popolo d'Italia* und "Wiege" des Faschismus.
3) Oktober 1922. Eine Gruppe von Faschisten bricht in Mailand zum Marsch auf Rom auf.
4) 1922. Viktor Emanuel III. und Mussolini am Altar für das Vaterland bei einer Feier zum siegreichen Ende des Ersten Weltkriegs.
5) Hitler und Mussolini bei einem Staatsbesuch Hitlers in Italien.
6) 1944. Mussolini und Marschall Rodolfo Graziani zur Zeit der Republik von Salò beim Abschreiten einer Parade vor einer in Deutschland ausgebildeten Einheit.
7) 1939. Der Duce hält auf einem Balkon des Palazzo Venezia vor einer riesigen Menschenmenge eine seiner berühmten Reden.
8) 28. Oktober 1940. Mussolini, zusammen mit seinem Schwiegersohn und Außenminister Galeazzo Ciano (1944 wegen Hochverrats erschossen), bei einem Zusammentreffen mit Hitlers Außenminister Joachim von Ribbentrop in Florenz.
9) 1939. Fahne zum zwanzigjährigen Bestehen der "Fasci di combattimento" (Kampfverbände).

"Der faschistische Staat ist der Wille nach Macht und nach einem Weltreich."

Benito Mussolini unter dem Eintrag "Faschismus" in der *Enciclopedia Italiana, Band XIV.*

1922 TUTENCHAMUN kommt wieder ans Licht

Am 11. November 1922 stößt die Expedition des George Herbert Earl of Carnarvon (1866-1923) unter Führung des Ägyptologen Howard Carter (1873-1939) in Luxor am rechten Ufer des Nils auf das unversehrte Grab Tutenchamuns. Tutenchamun (1347-37 v. Chr.) ist der Nachfolger Echnatons, des "Ketzerkönigs", der versucht hatte, die Priester des Amon und der anderen Gottheiten zu entmachten. Wahrscheinlich ist Tutenchamun Echnatons Sohn mit einer Nebenfrau. Im Alter von nur etwa zehn Jahren besteigt das königliche Kind mit seiner Frau, einer Tochter Echnatons und seiner schönen Gemahlin Nofretete, den Thron. An Stelle des Minderjährigen regiert Haremhab, und Tutenchamun selbst stirbt bereits im Alter von 18 Jahren. Seine Mumie ruht mehr als drei Jahrtausende lang in einem Sarkophag. Sie bleibt ebenso von Grabräubern unentdeckt wie die kostbaren Grabbeigaben, darunter Schmuck, Amulette, Gerätschaften und Votivstatuen. Im 20. Jahrhundert wird dem so jung verstorbenen Pharao durch seine in einzigartiger Weise erhaltene Grabkammer ein Ruhm zuteil, wie ihn andere Pharaonen zu Lebzeiten genossen haben mögen. Sein Mythos lebt fort für alle Zeiten.

2

1

3

4

Die Königsgräber. Hier ein Auszug aus dem Geständnis eines alten Grabräubers: "Wir öffneten die Kisten und Sarkophage, in denen sie bestattet wurden, und fanden die edle Mumie des Königs, die mit zwei Schwertern ausgestattet war. Außerdem hatte er eine große Anzahl Amulette und Schmuckstücke aus Gold um den Hals, und sein Haupt war ganz mit Gold überzogen. Die edle Mumie dieses Königs war überall mit Gold bedeckt, und sein Sarkophag war außen und innen mit Gold und Silber überzogen und mit allen nur erdenklichen Edelsteinen geschmückt ... Wir fanden auch die Königin und sammelten auch alles ein, was wir bei ihr fanden. Dann zündeten wir ihren Sarkophag an und nahmen alle ihre Grabbeigaben mit ... Das Gold, das wir bei diesen beiden Göttern gefunden haben, teilten wir in acht Teile auf."

Krisenzeiten. Das Grab Tutenchamuns war sicherlich keines der großen Königsgräber, wie die ältesten, die sich in den Pyramiden befanden, oder die jüngeren der 19. Dynastie. Es wurde wahrscheinlich von Eje, dem königlichen Erzieher, errichtet und besteht aus nur wenigen Räumen. Die Malereien in lebhaften Farben sind von mäßiger Qualität. Vermutlich ist auch der Grabinhalt im Vergleich zu den Gräbern der großen Könige, die lange regierten, bescheiden.

ÄGYPTOMANIE

Seit den Zeiten der ersten Expeditionen zum Nil unter Napoleon Bonaparte (1798) greift die Liebe zum Exotischen um sich und folgt damit den romantischen Tendenzen in der Kunst und im Kolonialismus. Nachdem J.-F. Champollion (1822) als erster die uralten ägyptischen Hieroglyphen auf dem Stein von Rosette entziffert, werden sowohl Gelehrte als auch Mächtige vom Ägypten-Fieber gepackt. Ägyptische Sammlungen entstehen in Kairo, Turin, Paris und London. Die im Totenbuch der Ägypter beschriebenen Riten begeistern die Anhänger der Esoterik, die gerade groß in Mode ist. Vor diesem Hintergrund löst der Fund des Grabs von Tutenchamun Begeisterungsstürme, grenzenlose Neugierde und ein diffuses Interesse aus, das unerschöpflich scheint. Das Leben des jungen Königs zwischen Verschwörungen von Priestern und der Doppelzüngigkeit höchster Würdenträger, den mystischen Neigungen seines Vaters und dem Ehrgeiz schöner Bräute, die zum Teil Schwestern, zum Teil Mädchen aus dem Volk sind, ist wie ein abenteuerlicher, mitreißender Roman. Zwischen den Weltkriegen finden sich immer mehr Hobby-Ägyptologen. Studenten des Ingenieurwesens und Landpfarrer studieren plötzlich das Altägyptische. Die Legende vom "Fluch des Pharaos" kommt auf, der jenen treffe, der das Grab schände. Phantastische Geschichten zwischen dem vorgeschichtlichen Ägypten und neueren Ereignissen ergeben den Stoff für Filme, Novellen und Romane. Mika Waltari schreibt mit Sinuhe, der Ägypter *(1945) die Geschichte auf seine Weise um.*

"Wenn die Schachtwände die Worte wiedergeben könnten, die einst von ihnen widerhallten, wenn uns durch ein Wunder das ganze Wissen eines einzigen Mitglieds dieser zuverlässigen Gruppe mitgeteilt werden könnte, würde das ein einzigartiges Kapitel aus der Geschichte der menschlichen Entwicklung ergeben."

James Henry Brasted, *Vom Tal der Könige zu den Toren Babylons*

5

6

8

7

Der Schatz. Das Grab Tutenchamuns befindet sich im Tal der Könige, wo es in den Felsen gehauen wurde. Es enthält den Sarkophag mit der königlichen Mumie, der aus einem Monolith aus gelbem Quarzit von 275 x 150 x 150 cm besteht. Außerdem befinden sich darin vier ineinander verschachtelte, mit Blattgold verkleidete Holzkisten. Die äußere mißt 530 x 350 x 360 cm. Bei der Mumie findet sich eine große Zahl von Schmuckstücken und Amuletten, Schriftrollen, Symbolen und Statuetten, also alles, was der König und Gott im Tode braucht, dazu alles, was er für die langen Begräbnisriten benötigte: Gegenstände und Figuren in Lebensgröße und als Miniatur, Gold, Silber, Email, Edelsteine, Edelhölzer, Alabaster und zahllose Steine.

1) Theben, Tal der Könige. Rechts an der Straße sind die Eingänge zu den Gräbern von Ramses II. und Tutenchamun zu erkennen.
2) Maske der Mumie des Pharaos Tutenchamun.
3) Statue des Ka (eine Art zweites Ich des Königs) aus dem Grab von Tutenchamun.
4) Goldener Miniatursarkophag (39 cm) von Tutenchamun.
5) Plakat des Films *Die Mumie* von Karl Freund, 1932, mit Boris Karloff (1887-1969), dem unvergeßlichen Frankenstein-Darsteller und größten Star des phantastischen Films, in der Hauptrolle.
6) Fächer mit Relief, auf dem der König als Bogenschütze auf einem Pferdewagen bei der Jagd dargestellt ist (aus dem Grab des Tutenchamun).
7) Das Grab Tutenchamuns von innen. Auch sein Vater hatte vor seiner Reform der Religion einen Namen (Amenophis IV.), der sich auf den Gott Amun bezieht.
8) Die Öffnung der "Türen des goldenen Tabernakels" im Königsgrab. Die bei der Carnavaron-Expedition gemachten Fotografien dienten als Vorlage für zahlreiche Filmszenen zu diesem Thema.

KEMAL ATATÜRK
gründet die türkische Republik

Kemal Atatürk, der "Vater der Türken", kommt 1881 in Saloniki als Sohn eines Finanzbeamten zur Welt. 1904 geht er als Hauptmann aus der Kriegsakademie hervor und wird noch am selben Tag als Liberaler verhaftet und nach Syrien geschickt. Der Tradition der jungtürkischen Bewegung folgend, die sich seit 1860 als Opposition gebildet hat, gründet er 1905 den Bund Vaterland und Freiheit und ringt Sultan Abd ül-Hamid II. (1842-1918) im Rahmen der jungtürkischen Revolution die Rückkehr zur Verfassung von 1876 ab. 1909 ist Atatürk unter den Heeresführern, die die Gegenrevolution niederschlagen. 1912 nimmt er am italienisch-türkischen Krieg um Libyen teil und kehrt bei Ausbruch des ersten Balkankriegs in die Heimat zurück, in dessen Folge die Türkei die europäischen Gebiete westlich der Enos-Midia-Linie verliert. Im Jahr 1915 ist er an der Abwehr einer britischen Invasion auf der Halbinsel Gallipoli beteiligt, danach an der Verteidigung Syriens und Arabiens. Als General befehligt er die Truppe in Syrien bis zum Waffenstillstand. Während andere Heeresführer flüchten, wird er als Armeeinspektor der dritten Armee in Anatolien Führer des Widerstands und versucht, das Eindringen der Griechen bei Smyrna zu verhindern. 1919 legt er die Grundlage für die türkische Nationalbewegung (die spätere Republikanische Volkspartei) und wird zum Präsidenten der Repräsentativkomitees Anatoliens und der europäischen Türkei gewählt. Am 27. Dezember 1919 etabliert er sich als Regierungsoberhaupt in Ankara, dem neuen Sitz der Nationalbewegung.

1

4

5

29 1930 1921 1922 ... 28 1929 1930 1921 1922 **1923** 1924 1925 1926 1927 1928 1929 1930 1921

2

3

Republikanische Volkspartei. Im Osmanischen Reich war das ganze Land nach dem Gesetz Eigentum des Sultans, und alle Untertanen waren seine Diener: die Prinzen wie die Ulemas, die Derwische (Sufis) und die Offiziere. Tatsächlich waren sie alle Staatsbeamte. Kemal läßt den Verwaltungsbeamten und den Generalobersten ihre Autoriät, macht aber aus seiner Partei das ideale Modernisierungsinstrument für die Städte, mit geringerem Erfolg auf dem Land. Er gründet das Ministerium für religiöse Angelegenheiten, löst die Derwischorden auf, verwandelt Moscheen, einstige byzantinische Kirchen, in Museen und führt die Pflicht ein, Familiennamen zu tragen.

Türkisches Nationalgefühl. In der Zeit, in der das Osmanische Reich von Ungarn und Transsylvanien bis nach Albanien und Mesopotamien reichte, den Indus streifte, sich bis an den Persischen Golf fortsetzte und die Mittelmeergebiete Afrikas bis nach Marokko umfaßte, war das türkische Nationalgefühl eher vage. Mit dem Verlust seiner Provinzen wächst es langsam, und die arabische Bewegung erwacht. Der türkische Bauer wird dadurch zum Objekt der nationalistischen Propaganda, während Blutbäder die Armenier und Griechen von Smyrna dezi-

DIE MODERNE TÜRKEI

1) Ansicht von Istanbul, um 1910.
2) Mustafa Kemal Atatürk.
3) Das Schlafzimmer Atatürks im ehemals kaiserlichen Dolmabahçe-Palast am Bosporus, Istanbul.
4) Kemal Atatürk bei der Verteidigung der Halbinsel Gallipoli im Ersten Weltkrieg.
5) 1919. Atatürk zwischen den Abgeordneten beim Kongreß der Nationalbewegung in Sivas.
6) Das Mausoleum Atatürks in seiner Hauptstadt Ankara.
7) Türkischer Geldschein mit dem Bildnis Kemal Atatürks.
8) 1928. Atatürk bei der nationalen Kampagne zur Einführung des lateinischen Alphabets.
9) Teilansicht des Inneren einer Moschee in Istanbul, die früher eine der heiligen Sofia geweihte römisch-byzantinische Kathedrale war und von Atatürk in ein Museum umgewandelt wurde.

Nach dem Aufstand gegen die Regierung in Istanbul versammelt und gründet Kemal Atatürk am 23. April 1920 die Nationalversammlung, weigert sich, den Friedensvertrag von Sèvres anzuerkennen, der der Türkei von den Siegermächten des Ersten Weltkriegs aufgedrängt wird, und bereitet den Kampf gegen die Invasion durch die Griechen vor. Zunächst organisiert er die Truppen um, und sobald die internationalen Schulden für Kilikien und den Kaukasus beglichen sind, schlägt er als Oberbefehlhaber die Griechen in mehreren vernichtenden Schlachten. Im Frieden von Lausanne von 1923 wird die Unabhängigkeit der Türkei anerkannt. Er setzt nun den letzten Sultan, Mohammed VI. (1861-1926), ab und ruft die Republik aus, zu deren Präsident er gewählt wird. Rasch nimmt Atatürk die Modernisierung der Türkei durch Reformen und Säkularisierung in Angriff und fördert damit das Nationalgefühl des türkischen Volkes. 1924 setzt er den letzten Kalifen, Abd ül-Medschid II., ab und erklärt das Kalifat für abgeschafft. Auch die Vielehe schafft er ab und gesteht den Frauen ein Recht auf Scheidung zu. Im Jahre 1925 verbietet er das Tragen des Fes, der traditionellen Kopfbedeckung des türkischen Mannes seit der Zeit Mohammeds II. (1808-39), und drängt Männer und Frauen zum Tragen europäischer Kleidung, ohne jedoch den Schleier zu verbieten. 1928 ersetzt er die arabische durch die lateinische Schrift und regt Maßnahmen zur Verbannung arabischer und iranischer Wörter aus der türkischen Sprache an. Den Frauen werden gleiche Rechte in bezug auf Ausbildung und Beruf eingeräumt, und 1934-35 wird ihnen auch das aktive und passive Wahlrecht zugestanden. Seit die Macht durch seinen Tod im Jahre 1938 an Ismet Inönü (1884-1975) überging, ist um Kemal Atatürk ein Personenkult ohnegleichen entstanden.

6

7

8

9

"Kemal rüttelte die anatolischen Bauern durch einen Befreiungskrieg aus ihrer Trägheit wach."

J. Romein

mieren und das Kurdenproblem entsteht, da Kurdistan zwischen der Türkei, dem Irak und Rußland aufgeteilt wird.

Beispielhaft. Durch den Kemalismus erfährt die Wirtschaft einen Aufschwung, und dank des Fünfjahresplans für 1929-33 kommt, erst noch mit sowjetischer Unterstützung, auch eine Entwicklung in Industrie sowie Banken- und Transportwesen zustande. Es ist der erste islamische Modernismus, der Erfolg hat. Von ihm lassen sich Schah Resa Pahlevi in Persien, Sukarno in Indonesien, Bourguiba in Tunesien, Nasser in Ägypten und Senghor im Senegal inspirieren, freilich mit mehr oder weniger laizistischer, westlicher oder sowjetischer Prägung.

GIACOMO PUCCINI
stirbt und läßt die Oper *Turandot* unvollendet

Im 18. Jahrhundert zieht die Familie Puccini von den Bergen nach Lucca, wo sie sich zu einer Dynastie von Organisten, Komponisten und Lehrern entwickelt. 1858 wird Giacomo als fünftes von sieben Geschwistern geboren, deren Vater früh stirbt. Als Junge studiert Giacomo am Istituto Pacini und ab 1880 mit einem Stipendium der Königin Margherita am Mailänder Konservatorium. Drei Jahre später stellt er beim Sonzogno-Wettbewerb seine erste Oper, *Die Willis,* vor. 1884 wird sie mit Erfolg am Dal-Verme-Theater in Mailand aufgeführt. Der Verleger Giuli Ricordi (1840-1912) nimmt ihn daraufhin unter Vertrag. Puccini verliebt sich in die verheiratete Elvira Bonturi und zieht mit ihr zusammen. Sie leben in einer unruhigen Beziehung mit sadomasochistischen Momenten, die bis zu seinem Tod bestehen wird. 1889 inszeniert die Mailänder Scala seine Oper *Edgar*, doch ohne großen Erfolg. Der kommt 1893 mit der Aufführung von *Manon Lescaut* am Regio-Theater in Turin. Es folgen die drei Meisterwerke, die nach Libretti Giacosas und Illicas komponiert wurden: 1896 *La Bohème* am Regio-Theater, 1900 *Tosca* am Theater Costanzi in Rom und 1904 *Madame Butterfly* an der Mailänder Scala. 1910 wird *Das Mädchen aus dem goldenen Westen* an der Metropolitan Opera in New York uraufgeführt und 1917 *Die Schwalbe* am Theater von Monte Carlo. Im Jahr darauf folgt wieder in New York die Aufführung des Triptychons: *Der Mantel*, *Schwester Angelica* und *Gianni Schicchi*. Sein letztes großes Werk, *Turandot*, bleibt durch seinen Tod 1924 in Brüssel unvollendet. Er stirbt an Kehlkopfkrebs.

1

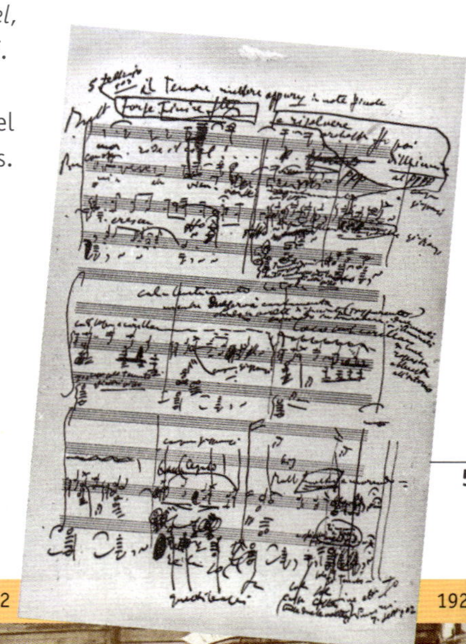

3

28 1929 1930 1921 1922 ... 1922 192

2

4

Gegensatz der Geschlechter. Im "Vieni! Vieni" (Komm! Komm!), das Pinkerton für Butterfly singt, und in der verträumten Arie, mit der sie antwortet, wird in höchster künstlerischer Form der Kontrast zwischen drängender männlicher Lust und dem Zögern zarter weiblicher Sinnlichkeit zum Ausdruck gebracht. Selten ist es gelungen, mit musikalischen Mitteln solche Schamlosigkeit auszudrücken, und kaum je gelang es einem Künstler, den Gegensatz zwischen Mann und Frau eindrucksvoller darzustellen.

Andere Frauen. 1904 stirbt Elviras Gatte, und Puccini heiratet sie, denn sie haben bereits ein Kind. Seit 1891 leben sie in einem Haus in Torre del Lago, wo er sich mit Freunden bei der Entenjagd vergnügt. Puccini ist ein überaus sinnlicher Mensch, was Essen, Frauen und Wein betrifft. Ab 1904 hat er eine Dienstmagd im Haus, die 1908 Selbstmord begeht. Es ist dies ein dunkles Kapitel, das das Leben des Ehepaars Puccini umwölkt. Elvira, von Verwandten der Toten angeschuldigt, wird vom Gericht freigesprochen.

GROSSMEISTER DER ITALIENISCHEN OPER

1998. Die Eröffnungszeremonie der Olympischen Winterspiele in Nakano steht kurz vor ihrem Höhepunkt. Unter dem Auge der Kameras, die diesen Moment für alle Welt live übertragen, ist ein Mädchen im Kimono dabei, mit der Fackel das riesige olympische Feuer zu entzünden. In diesen feierlichen Moment der Stille hinein ertönt die Musik von Madame Butterfly. Dies ist eine Sprache, die die ganze Welt versteht, die Sprache der Oper Giacomo Puccinis. Seine Schaffensperiode hat 40 Jahre, von 1884 bis 1924, umfaßt, und während dieser ganzen Zeit wurde er von Kritikern oft der Oberflächlichkeit bezichtigt. Schon damals war jedoch offenbar, daß dies unbegründet war: Mehr als einmal reagierte das Publikum bei einer Uraufführung mit Bestürzung und Verwirrung. In der Folge unterstrichen besonders die ausländischen Kritiker seine internationale Kultur, die Raffinesse seiner Orchestrierung, die meisterhaften expressiven Überraschungselemente der Komposition und die außergewöhnliche Öffnung seiner Melodieführung. Der Künstler in Puccini möchte seinem Publikum Genuß verschaffen, zugleich aber die Form der Oper nach seinem Geschmack gestalten. Seine Musik ist die Musik, die Gefühle zum Ausdruck bringt, wie jene, die sein Vater auf der Orgel im Dom von Lucca spielte. Das Publikum versteht, daß diese Musik in gewisser Weise die Spannung sakraler Werke besitzt. Das Heilige daran ist die Liebesbeziehung. Die Leiden sind nicht die der Madonna, sondern die Leiden von Manon, Mimi, Tosca, Cho-cho-san, Minnie, Schwester Angelica und Liu. Die italienische Oper erreicht ihren Höhepunkt im weiblichen Mysterium von Turandot.

6

7

8

925 1926 1927 1928 1929 1930 1921 1922 1921 1922 1923 **1924** 1925 1926 1927 1928 1929 1930 1921 1922 1923 1

9

Sein Bestes geben. Die Arbeitsmoral Puccinis ist die eines Toskaners. Beim Komponieren ist er langsam, diskutiert jedes Wort, Handlung und Struktur des Werks mit den Librettisten, aber auch mit seinem Verleger Ricordi. Er haßt Weitschweifigkeit. Bis er eine Entscheidung trifft, ist er unsicher und quält sich mit allerlei Gedanken – dann aber ist sie unumstößlich. Er schreibt wunderbare, kurze, knappe Briefe. Auf Mißerfolge – wie das denkwürdige Fiasko der *Madame Butterfly* – reagiert er mit Bescheidenheit. Er denkt nach und ändert etwas.

Das Publikum. Als Kind armer Leute strebt Puccini einen Ausgleich an. Als er einmal die Wiener Oper besucht, besteht er darauf, daß Mahler ihn einer Erzherzogin vorstellt. Andererseits gefällt es ihm, sich im Kreise der Gutsbesitzer von Lucca zu bewegen. Vor seinem Publikum freilich hat er größten Respekt.

1) Ein draufgängerischer Puccini, mit der unvermeidlichen Zigarre.
2) Zwei silberne Zigarettenetuis mit Abbildungen zum 3. Akt von *La Bohème* und einer blühenden Tosca.
3) Ein Zimmer in der Villa Giacomo Puccinis in Torre al Lago mit seinem Klavier und vielen anderen Erinnerungsstücken.
4) Foto einer Probenszene aus der 1910 entstandenen Oper *Das Mädchen aus dem goldenen Westen* zu Zeiten Puccinis.
5) Die verbesserte Urschrift des Finales aus dem ersten Akt der Oper *Madame Butterfly*, von Puccini, nachdem die Uraufführung an der Scala durchgefallen war, überarbeitet.
6) Februar 1904. Das eindrucksvolle Plakat von Adolf Hohenstein für die Uraufführung von *Madame Butterfly* (Druck: Ricordi).
7) April 1926. Kostümentwurf von Umberto Brunelleschi für den Auftritt der Prinzessin Turandot im dritten Akt der Uraufführung der gleichnamigen Oper, die von Franco Alfano vollendet und von Arturo Toscanini an der Scala dirigiert wurde.
8) Um 1896. Verschiedene Figuren aus *La Bohème*.
9) 1906. Opernplakat von Hohenstein für die *Tosca*.

"O göttliche Schönheit! O Traum!
O Wunder! Mein sei der Triumph! Mein die Liebe!"

Kalaf in *Turandot*, 1. Akt.

LOUIS ARMSTRONG
wählt die Trompete und nimmt mit seiner Gruppe "Hot Five" Platten auf

Louis Daniel Armstrong wird 1901 in dem heißen, düsteren Elendsviertel Balc O'Town, dem schlimmsten Teil von New Orleans, als Sohn von Mary Albert und William Armstrong geboren, zwei bettelarmen Schwarzen, die sich nie heiraten werden. Louis wächst zwischen Drogenhändlern, Zuhältern, Prostituierten und Kriminellen auf. Mit sieben arbeitet er als Laufbursche für die Lumpensammlerfamilie Klarnofsky, arme russische Juden, die ihm seine erste Trompete schenken. Noch als Kind tritt er in einem Quartett auf, das an Hausecken spielt, um sich ein paar Pennies zu verdienen. Das Jahr 1913 beginnt schlecht. An Silvester schießt er mit einer Waffe in die Luft und landet in einer Erziehungsanstalt. Deren kleines Orchester wird sein Konservatorium. Er hat mehrere Vorbilder, was seinem Spiel Komplexität gibt, dazu jene Freiheit der Ausschmückung und des Gesangs, für die er berühmt werden wird. Auf dem Kornett spielt er Phrasen, die keinem vor ihm gelungen sind. 1918 heiratet er eine Prostituierte und spielt auf Flußdampfern. 1920 tritt er in die Band seines Idols Joe "King" Oliver in Chicago ein und heiratet die gepflegte Pianistin der Band, Lilian Hardin. Bald spielt er in der ersten Jazzband Fletcher Hendersons in New York. 1925 kehrt er nach Chicago zurück und tritt mit Erskine Tate auf. Von 1925-28 nimmt er mit seiner Band, die sich erst Hot Five und dann Hot Seven nennt, 54 Titel auf, die noch heute zu den Meisterwerken des Jazz zählen.

2

22 1923 1924 **1925** 192

1

3

30 1921 1922 1

4

Der Solist. Es gibt ein Manuskript für *Cornet Shop Suey* aus dem Jahr 1928, auf dem von der Einleitung bis zur Strophe, zum Thema und zur Koda alles festgehalten ist. Nur die Wiederholung des Finales des Themas ist der Improvisation überlassen. Das Jazzsolo, besonders das von Armstrong, ist meist eine bis ins Detail durchdachte Angelegenheit. Besonders in den späten zwanziger Jahren nutzt er das Solo als Chance, seine Kreativität voll zu entfalten.

Der Star. Andere haben vor ihm den mehrstimmigen Bandstil des Jazz zur höchsten Entwicklung gebracht. Ab 1929 wird Armstrong zum Star. Er fängt wieder zu singen an, zunächst wie ein Kind mit einer Tenorstimme, die aber später zum Bariton übergeht und schließlich zu der dunklen, rauchigen, unnachahmlichen Stimme der vierziger Jahre wird.

Europa. Um 1932 gerät Armstrong wegen seiner Verwicklung in Rivalitäten zwischen Gangsterbanden in Nöte. Er tritt deshalb eine lange Europa-Tournee an. In London wird ihm der Spitzname "Satchmo" verliehen, unter dem er berühmt werden sollte. Er geht auf "Satchelmouth" zurück, was in etwa "Sackmaul" bedeutet.

Freiheit. Amerikanische Soldaten bringen im Zweiten Weltkrieg den Jazz nach Europa. Ihre Jazzplatten sind begehrt. Die europäische Nachkriegsjugend tanzt auf Jazzmusik, vom Grammophon oder auf dem Klavier gespielt, in Tausenden improvisierter Tanzlokale, zu Hause, auf Terrassen, auf Plätzen und in Gärten. Die Band Duke Ellingtons, Satchmos Trompete und Stimme, die Stimmen von Ella Fitzgerald, Bessie und Mamie Smith und der "göttlichen" Billie Holiday verkörpern für viele junge Leute die Musik der Freiheit und der glühenden, sorglosen Liebe.

JAZZ

Was ist eigentlich nötig, damit der Jazz entstehen kann? Da sind zum einen der Blues, die afrokubanischen und kreolischen Rhythmen der Antillen, die Worksongs, die protestantischen Kirchenlieder, die jüdischen Gesänge, die lustigen, spontan gedichteten Liedchen, die englischen und irischen Tänze, Gospels und Spirituals, die Blaskapellen, die bei Beerdigungen der Schwarzen spielen und auf dem Rückweg den Trauerzug der Verwandten feierlich anführen, der Ragtime, eine Vielfalt an Material, von Blasinstrumenten dominiert, ein ausgeprägtes, auf die afrikanischen Wurzeln zurückgehendes Rhythmusgefühl und natürlich Schlagzeug. Und daneben der Zustand der Verwahrlosung, des Elends und der Isolation, in den die Schwarzen durch ihre Befreiung aus der Sklaverei geraten sind, wodurch sie zwar auf einer Stufe mit anderen Armen oder ehemaligen Armen, zugleich aber auch im Wettbewerb mit armen Weißen stehen. Besonders durch Franzosen und Italiener lernt Armstrong die Liebe zur Opernmusik kennen. Als Unterhaltungsmusik für Schwarze, als Tanzmusik für Schwarze und Weiße sowie als Konzertmusik entwickelt sich der Jazz zu der Musik der Schwarzen in den USA schlechthin. Er zeichnet sich durch seine Formenvielfalt aus, kann gespielt oder gesungen, mit Bigbands, kleinen Bands oder in Chören aufgeführt werden, wobei die Soli eine herausragende Rolle spielen. Dabei kommt es zu revolutionären Entwicklungen in der Musik, zu denen auch weiße Künstler beitragen. Jazz ist nicht nur instinktiver Ausdruck, sondern vor allem Erforschen der Musik, was besonders gut an den Variationen der Soli zu erkennen ist, die oft alles andere als improvisiert sind. Als der Jazz aufhört, die Musik der Schwarzen zu sein, wird er einfach zur Musik des zwanzigsten Jahrhunderts und verliert den größten Teil des schwarzen Publikums in den USA.

6

7

925 1926 1927 1928 1929 1930 1921 1922 1923 1924 **1925** 1926 1927 1928 1929 1930 1921 1922 1923 1924 **1925** 1926 1927 1928 1929 1930 1921 1922 1923 1924 **192**

5

8

9

1) Louis Armstrong (vierter von links) als zweites Kornett in der King Oliver Band. Am Klavier Lilian Hardin, die er später heiratet.
2) Louis Armstrong in Aktion.
3) Ein altes Luftbild von Saint Louis, dem "Tor zum Westen", dessen alte, heute fast alle beseitigte Slums eine der Wiegen des Blues und des Jazz waren. Später wurde es von New Orleans vollständig in den Schatten gestellt.
4) Armstrong ruht sich, umringt von Fans und Journalisten, im Sitzen aus.
5) Armstrong wird von Fans auf einem Bahnhof in Frankreich empfangen. Paris wurde früh zu einem Zentrum des europäischen Jazz.
6) Armstrong mit der großen Jazzsängerin Billie Holiday im Film *New Orleans* von Arthur Lubin.
7) Die Skyline von Chicago mit den zwischen 1923 und 1929 erbauten Wolkenkratzern.
8) Armstrong hält an einer amerikanischen Universität eine Vorlesung über Jazz. Kurse über Jazz sind dort auch heute keine Seltenheit.
9) Armstrong mit einigen Mitgliedern seiner Band im Film *Saluti e baci* von Giorgio Simonelli, der 1953 in Rom gedreht wurde.

"Die verrückte Länge seiner Noten und die schwindelerregende Höhe, zu der er sich mit seinen unverkennbar klaren und reinen Tönen emporschwang, die denen eines Cembalos von Scarlatti glichen, hatten etwas an sich, das der Begeisterung glich, wenn man einem leidenden Athleten zuschaut."

Massimo Mila, anläßlich eines Konzertes in Turin 1933.

RUDOLPH VALENTINO
dreht *Der Sohn des Scheichs* und stirbt

Rudolph Valentino wird 1895 als Rodolfo Guglielmi di Valentino d'Antonguella in Castellaneta bei Tarent in Apulien geboren, einem armseligen Bauerndorf, bekannt für seine Mandelmilch und seine Höhlen mit Stalaktiten. Mit 18 Jahren macht er sich wie viele andere Tagelöhner auf und wandert in die USA aus. Doch er ist schön, hat einen athletischen Körper und Talent zum Tanzen. Er fängt als Gärtner an, wird dann professioneller Tangotänzer und, wer weiß – vielleicht auch Gigolo? Sicher ist, daß er Frauenherzen höher schlagen läßt und Frauen, von denen viele ein Geheimnis umgibt, ihm den Weg zum Erfolg ebnen. Bald kommt er zum Film, zunächst in Nebenrollen (*An Adventuress*, 1920) und dann als Hauptdarsteller (*Die vier apokalyptischen Reiter*, 1921). Der Mythos um ihn breitet sich im Handumdrehen bis nach Südamerika und Europa aus. Er beschert für damalige Verhältnisse ungeheure Kassenerfolge.

2

1921 spielt er den Scheich in *Der Scheich,* 1922 die Hauptrolle in *Blood and Sand – König der Toreros*. 1924 folgt *Monsieur Beaucaire*, 1925 *Die Kobra* und *Der Adler,* 1926 *Der Sohn des Scheichs*. Durch eine Blinddarmoperation erkrankt er an Lungenentzündung und stirbt daran in New York. Er hinterläßt keine Kinder, aber viele ratlose Filmproduzenten ohne Nachfolger für ihn.

4

1

23 1924 1925 … 29 1930 1921 1922 1923 1924 1925 **1926** 1

3

Seine Frauen. Die wichtigste Rolle scheint in seinem Leben seine zweite Frau, Natascha Rambova, zu spielen, die zum einen zur Verfeinerung seiner Lebensart beiträgt, ihn zum andern ein bißchen ausnutzt und auch ein bißchen pervers ist (Valentino ist wahrscheinlich bisexuell: Viele sind überzeugt, daß ihm sein weiblicher Teil hilft, den Widerstand der Frauen zu brechen). Eher farblos sind die Partnerinnen in seinen Filmen.

Ewige Tränen. Wunderschöne und verschleierte Frauen legen noch viele, viele Jahre lang Blumen auf seinem Grab nieder. Zumindest bis zum Zweiten Weltkrieg wird sein Todestag jedes Jahr von Tausenden von Frauen begangen. In den fünfziger Jahren sorgt eine Musikkomödie am Broadway für Aufsehen, die seinem Leben gewidmet ist. In jüngerer Zeit hat Nurejew sich im Film in der Rolle des Valentino versucht. Doch Valentinos Bewundererinnen befanden, daß ihm das Original bei weitem überlegen war.

Die Nachfolger. Kaum ist er gestorben, schreibt die Filmgesellschaft, für die er arbeitete, einen großangelegten Wettbewerb aus, um einen neuen Valentino zu finden. Es siegt der Italiener Alberto Rabagliati, der nach Hollywood geht, aber keinen Erfolg hat und bald in seine Heimat zurückkehrt, wo er eine Karriere als Sänger in der Unterhaltungsmusik startet. Auf der Leinwand wird der Liebhaber "à la Valentino" in der Folge etwa von Moreno, Ramón Novarro, Cesar Romero und Fernando Lamas verkörpert.

Zur selben Zeit. Es ist ein neuer Tanz in Mode gekommen, der lebhafte Charleston. In Berlin hat die Uraufführung der Oper *Wozzeck* von Alban Berg (1885-1935) stattgefunden. Rainer Maria Rilke (geb. 1875) stirbt. Und in Frankreich und Deutschland sind Vorführungen des Meisterwerks *Panzerkreuzer Potemkin* von Sergej Eisenstein (1898-1948) im Kino verboten, weil darin die gescheiterte russische Revolution von 1905 verherrlicht wird.

LATIN LOVER

Valentino ist der erste "Liebhaber" mit durchschlagendem Erfolg im Film – und sucht darin bis heute seinesgleichen. Wenn 40.000 Frauen bei seinem Begräbnis dem Trauerzug den Broadway entlang folgen, manche aus Schmerz über seinen Tod einen Kollaps bekommen, andere sich umbringen und wieder andere zu hungern anfangen, ist es sicher nicht damit getan, soviel Hingabe als Massenhysterie abzutun. Kenner sind sich einig, daß Valentino vor der Kamera ein unermüdlicher, aufmerksamer, gewissenhafter und bescheidener Schauspieler ist. Genauso einhellig lautet das Urteil, was seine außerordentliche Photogenität und seine Schönheit betrifft. Aber hinter einem so durchschlagenden Erfolg bei Frauen in den Völkern der Blonden und Brünetten muß mehr stecken. In Gesellschaften, in denen die meisten Männer eher grobe, ungeschlachte Bauern, Arbeiter, Handwerker oder Kleinbürger sind, müssen Stattlichkeit und Sanftheit, die außerordentliche Eleganz der Bewegungen und die raubkatzenähnliche Intensität Valentinos wie Zauberei gewirkt haben. Noch heute schwärmen ältere Damen, wie prächtig er sich als Juan Gallardo zum Torero einkleiden ließ, wie er in seinen Rollen seinen Blick mit dem der Geliebten verschmelzen ließ, wie er sein Gesicht dem ihren im Kuß näherte, wie er eine Schulter vorschob und sie mit dem Arm liebevoll umfaßte. Anders ausgedrückt: was für einen behenden, sanften und unabweisbaren Liebhaber er kraft des unverhohlenen erotischen Ausdrucks seines Körpers darstellen konnte. So entstand der Mythos des Latin Lovers.

5

8

1928 1929 1930 1921 1922 1923 1924 1925 **1926** 1927 1928 1929 1930 1921 1922 1923 1924 1925 **1926** 1927 1928 1929 1930 1921 1922 1923 1924 1925 **1926** 1927 19

6

7

9

1) 1924 Rudolph Valentino und Doris Kenyon in *Monsieur Beaucaire* von S. Olcott.
2) 1918. Valentino als Latin Lover, Aufnahme von Evans.
3) 1924. Valentino mit Helen d'Algy in *Hochzeitsnacht* von Joseph Henabery.
4) 1926. Plakat zum letzten Film Valentinos, *Der Sohn des Scheichs* unter der Regie von George Fitzmaurice, der 1938 vertont wird. Valentino spielt darin sowohl den Scheich als auch dessen Sohn.
5) 1921. Valentino mit Alice Terry in dem berühmten Tango des Films *Die vier apokalyptischen Reiter* von Rex Ingram.
6) Das Begräbnis Valentinos in New York.
7) Italien 1926. Wettbewerb für die Auswahl eines Nachfolgers für Valentino, Bildtafel in der Zeitung *Domenica del Corriere*.
8) 1925. Valentino mit Louise Dresser in *Der Adler* von Clarence Brown.
9) 1971. Ein weiblicher Fan Valentinos schmückt sein Standbild in Castellaneta mit Blumen.

"Valentino ist arabischer Scheich, römischer Patrizier, Pilot und sterbender Gott, der wiedergeboren wird und sich verwandelt, wie Osiris, Attis und Dionysos, ein Held unzähliger Abenteuer."

Edgar Morin

STALIN
wird unumschränkter Diktator

Jossif Wissarionowitsch Dschugaschwili wird 1879 in Gori als Sohn einer Familie einstiger Leibeigener geboren. Sein Vater ist Arbeiter und stirbt um 1890. Danach sorgt seine Mutter als Hausangestellte für den Familienunterhalt, und Jossif wird in die Schule der Pfarrei, später ins Priesterseminar geschickt. Wegen revolutionärer Umtriebe wird er 1899 ausgeschlossen. 1901 hat Koba – wie sein Deckname lautet – bereits sieben bis acht Jahre politischen Kampf in marxistischen Untergrundzirkeln hinter sich. Nach Unruhen in Batum wird er 1902 verhaftet und nach Sibirien verbannt. Ihm gelingt die Flucht. Er ist mit Lenin Mann der ersten Stunde der Bolschewiki. 1907 organisiert er in Gori "proletarische Enteignungen" zur Parteifinanzierung. Er wird zu einem der neun Anführer der Partei gewählt. 1917 nennt er sich schon Stalin und führt die Bolschewiki in Petrograd. Nach Lenins Rückkehr aus dem Exil schließt er sich ihm an. Er gilt als guter Theoretiker und unerbittlicher Vollstrecker. 1922 macht ihn Lenin zu seinem Assistenten und zum Generalsekretär des Zentralkomitees (ZK). Lenin stirbt bald darauf, und Stalin kann zwischen 1922 und 1925 in der Troika mit Kamenew und Sinowjew Trotzki entmachten. 1927 sind alle drei Gegner besiegt. Er wird sie in Ruhe einen nach dem anderen umbringen lassen. De facto ist er bereits unangreifbarer Diktator.

4

1929 1930 192 | 1926 **1927** 1928 1929 1930 1921 1922 1923 1924

1

2

3

5

Das große Morden. Leo Trotzki (geb. 1879) läßt er 1940 in Mexiko umbringen. Die Ermordung Sergej Kirows (geb. 1886) 1934 dient ihm als Vorwand für die "große Säuberung" von 1935-38. Lew Kamenew (geb. 1883) und Grigori Sinowjew (geb. 1883) werden 1936 im ersten Moskauer Schauprozeß zum Tode verurteilt und hingerichtet. Nikolai Bucharin (geb. 1888) wird 1938 nach einem Schauprozeß hingerichtet. Hinzu kommen Zehntausende Landbesitzer und ungezählte Kulaken, die die Zwangsenteignung nicht hinnehmen wollen. Viele Intellektuelle sehen keinen anderen Weg als den Freitod.

Doktor Allwissend. Es gibt kein Thema, kein praktisches, theoretisches, wissenschaftliches, künstlerisches oder kulturelles Problem, zu dem sich Stalin nicht mündlich oder schriftlich geäußert hätte. Seine gesammelten Schriften ergeben ein wahres Mammutwerk. Und natürlich setzte er seinen Willen immer und überall durch. Um jeden Preis.

Der Personenkult. Der Personenkult um Stalin breitet sich in der gesamten Sowjetunion aus, erfaßt die Vasallenstaaten und durchdringt hier wie da alle Bereiche des täglichen Lebens. Schulen, Fabriken, Krankenhäuser und Städte werden nach ihm benannt, auf Plakaten, in Reliefs, als Statue oder auf Briefmarken, ja selbst in den Häusern und Wohnungen ist der Diktator tagaus, tagein nahezu allgegenwärtig.

Der Regierungsstil. Seinen Regierungsstil könnte man als bürokratisch, militärisch, klerikal und byzantinisch bezeichnen. Zeremonien und Jahrestage feiert er mit schier endlosen, rigoros geordneten Aufmärschen weltlicher Idole wie Kinder, Panzer, Flugzeuge, Waffen, Athleten, Bauern, Arbeiter, Soldaten, Angehörige der Luftstreitkräfte und der Marine, welche ausgeklügelten Liturgien folgen, mit wohldosierten Effekten und

DAS SOWJETISCHE REICH

Von 1944-46 dreht Sergej Eisenstein (1898-1948) die ersten beiden Teile seines Films Iwan, der Schreckliche. *Dem Film wird vorgeworfen, er gebe einen falschen Eindruck der Geschichte wieder. Bewußt oder unbewußt stellt der sowjetische Regisseur den Zaren als einen großen, finsteren, unbarmherzigen Staatsmann dar, der Stalin gleicht. Nachdem Stalin seine Gegner ausgeschaltet, Millionen von Menschen deportiert, jeden umgebracht oder in Lager verbannt hat, der ihn oder seine Komplizen – die er oft wechselt und ebenfalls umbringen läßt – in den Schatten stellen könnte, und die Partei sowie die Rote Armee sehr geschwächt hat, setzt er seine wirtschaftliche und militärische Strategie, die Millionen von Opfern fordert, in die Praxis um und zwingt dem Land die Diktatur der KPdSU und der Partei seine eigene auf. Stalin ist 1936 ein mächtigerer Despot, als irgendein Zar es je war. Bis zum letzten Tag seines Lebens 1953 ändert sich daran nichts. Sein Sowjetreich erstreckt sich vom Pazifik bis an die Elbe, es umfaßt die nördlichen japanischen Inseln, die Mongolei, die baltischen Staaten, Bulgarien, Rumänien, Ungarn, die Tschechoslowakei und auch einen Teil Deutschlands. Außerdem übt er ein zwielichtiges Protektorat über Finnland und Albanien aus und bedroht die Souveränität von Jugoslawien, China, Korea und Vietnam. Er ist der Zar des Schreckens und spielt die Rolle des Vaters für Hunderte Millionen von Menschen. Alle diese Menschen sind gleich, und alle sind sie Sklaven in seiner Gewalt.*

6

7

9

1927 1928 1929 1930 1921 1922 1923 1924 1925 1926 **1927** 1928 1929 1930 1921 1922 1923 1924 1925 1926 **1927** 1928 1929 1930 1921 1922 1923 1924 1925 1926 **19**

8

1) Februar 1945. Die Konferenz von Jalta auf der Krim, bei der sich die drei Großen, Churchill, Roosevelt und Stalin, die Welt aufteilen.
2) Sowjetischer Realismus und Stalinscher Personenkult. Gemälde von Stalin, der bei einem politischen Treffen hinter Lenin steht.
3) 1936. Die Hinrichtung Kamenews und Sinowjews, Bildtafel von Beltrame in der italienischen Zeitschrift *La Domenica del Corriere*.
4) 1917. Stalin in der Blüte seiner Jahre.
5) Fünfziger Jahre. Kinder bringen "Väterchen" Stalin Blumen.
6) Personenkult in der Mongolei. Der Generalsekretär der KPdSU im Kreise lokaler Mitglieder der Militärspitze und hoher ziviler Würdenträger.
7) Moskau 1936. Stalin mit Georgi Dimitrow (1882-1949), der ab 1935 Generalsekretär der Komintern und nach dem Zweiten Weltkrieg Diktator von Bulgarien war.
8) Aufmarsch am 1. Mai 1937 auf dem Roten Platz. Die Parteispitze auf dem Lenin-Mausoleum, unten die Marschälle (darunter Tuchatschewski), oben an der Seite Stalins unter anderem Palmiro Togliatti und Nikita Chruschtschow.
9) Stalin und seine Tochter Swetlana. Zwischen den beiden sein vermeintlicher Nachfolger Sergej Kirow, der unter ungeklärten Umständen umkam, möglicherweise sogar ermordet wurde.

allerlei Musik und Gesang, die das Publikum in die rechte Stimmung bringen sollen. Sitzungen des Obersten Sowjets, der – zumindest mittelbar – noch eine gewisse Macht hat, laufen wie alle anderen von der Liturgie der Diktatur vorgeschriebenen Versammlungen nach dem immer gleichen Muster ab, mit ausgedehnten Riten von nahezu hypnotischer Wirkung.

"In Deutschland kann es keine Revolution geben, weil man dazu den Rasen betreten müßte."

Stalin

TSCHIANG KAI-SCHEK

beginnt den ersten Bürgerkrieg gegen die Kommunisten

Tschiang wird 1887 in einer Kleinstadt in der chinesischen Provinz Chekiang geboren und erhält eine militärische Ausbildung in Japan, wo er die Militärakademie und das Militär-College in Tokio besucht. Als Anhänger von Sun Yat-sen, dem Gründer der chinesischen Republik, tritt Tschiang in die Einheitspartei Kuomintang (KMT) ein. Sun Yat-sen, der den Agrarsozialismus vertritt, ist ein Freund der Sowjetunion, weil er von Rußland unterstützt wird. Er schickt Tschiang Kai-schek nach Moskau, wo er Militärorganisation studieren soll. In der Zeit zwischen der Revolution von 1911-12 und der Flucht Tschiang Kai-scheks 1949 nach Taiwan ist China zwischen verschiedenen Regierungen und regionalen Militärmachthabern gespalten, und von 1937 bis 1945 ist es teilweise von Japan besetzt. In dieser chaotischen Situation wird Tschiang nacheinander Stabschef, Generalissimus, Führer eines Staatsstreichs gegen den kommunistischen Zweig der Kuomintang, Vorsitzender der Nationalregierung in Nanking und der gesäuberten Kuomintang. Ab 1928 ist er der Generalissimus in den Vernichtungsfeldzügen gegen die Kommunisten unter Mao, ab 1938 kämpft er hingegen als Generalissimus Seite an Seite mit den Kommunisten gegen die Japaner. 1946 wird er erneut Präsident der chinesischen Republik, und der Bürgerkrieg zwischen den Nationalchinesen der Kuomintang und den Kommunisten flammt wieder auf. Trotz der Finanzhilfen seitens der USA werden die Kuomintang-Truppen besiegt und fallen auseinander. Im Jahr 1949 flieht Tschiang nach Taiwan, wo er unter dem Schutz der USA die Republik China gründet, deren Präsident er bis zu seinem Tod 1975 bleibt.

3

4

22 1923 1924 1925 1926 1927 **1928** 1929 1930 1921 1922 1923 1924 1925 1926 1927 **1928** 1929 1930 1921 1922 192 1922

1

2

5

Die Mandschurei. Die letzte Dynastie, die einen Kaiser von China stellt, ist die Mandschu-Dynastie. Nachdem Japan sich die Mandschurei angeeignet hat, gründet es den Scheinstaat Mandschukuo (1932), dessen Oberhaupt formell der letzte Kaiser von China ist. 1945 wird die Mandschurei von den Russen eingenommen, und es kommt zur entscheidenden Schlacht zwischen den Kommunisten unter Lin Piao und der Kuomintang.

Schanghai. Die chinesische Hochfinanz von Schanghai ist mit Tschiang Kai-schek verbündet, aber mit Dreistigkeit und Geschick spielt sie eine skrupellose Rolle zwischen der Regierung in Peking und der Regierung in Nanking, den regionalen Militärmachthabern, Japan und den westlichen Großmächten, die weiterhin große Interessen in China haben. Die endemiscxhe Plage im China der Mandarine ist die Korruption, die sich schier unaufhaltsam ausbreitet und damit die Kuomintang-Truppen aufreibt und demoralisiert.

Moskau. Stalin ist kein Alliierter Maos. Nach dem Krieg läßt er zu, daß Tschiang Kai-schek die Stelle Chinas mit dem Vetorecht im UN-Sicherheitsrat beibehält. Bei der Kapitulation Japans unterschreibt Moskau einen Bündnisvertrag mit Tschiang Kai-schek und erkennt seine Regierung als die einzige Regierung Chinas an. Stalin glaubt nicht an die leninistisch-stalinistische Orthodoxie Maos und weiß, daß die Kommunistische Partei Chinas nie einer sowjetischen Vorherrschaft zustimmen wird.

MILITÄRDIKTATUREN

*"Unter Tschaing Kai-schek wurde die Kuomintang zu dem,
was sie potentiell schon immer war,
nämlich ein weiteres korruptes Regime
von Landbesitzern und Warlords."*

Eric J. Hobsbawm

Im Römischen Reich ist er ab dem 2. Jahrhundert eine Gewohnheit, in Japan ab dem 12. Jahrhundert eine durch Erbfolge gesicherte Institution; in Europa ist Napoleon Bonaparte Ende des 18. Jahrhunderts ein Paradebeispiel dafür, in Amerika erkämpft er die nationale Unabhängigkeit und läßt sich zum Präsidenten machen: Die Rede ist vom Generalissimus, der alle Macht in seinen Händen vereint und Kaiser, Schogun, Caudillo, jedenfalls aber Alleinherrscher und Despot seines Landes ist. Im 20. Jahrhundert stellt die Militärdiktatur eine Methode zur "Modernisierung" eines Landes dar, bei der sich die armen, rückständigen Massen, und die unfähige und korrupte – oder gar nicht vorhandene – Aristokratie und Bürokratie sich in die Hände einer Gruppe von Militärs begeben, die mit Waffengewalt und militärischen Strukturen das Monopol der "Überlegenheit der westlichen Zivilisation" aufrechterhalten. In den Zonen, in denen eine kommunistische Partei das Sagen hat, bedient sich die Partei der Militärs, ohne sich ihnen zu offenbaren. Sind vollendete Tatsachen geschaffen, werden die Generäle abgesetzt oder, wie bei Stalin, ganz ausgeschaltet. Im islamischen Einflußbereich gelingt es Militärs häufig, eine mehr oder weniger kollektive Diktatur einzurichten, die bisweilen in der Lage ist, einem Land echten Fortschritt zu bescheren. In Schwarzafrika stellen die von Stammesdenken und Haß geprägten Militärs eine explosive Mischung dar. In Lateinamerika bringt die Verbindung von Militärjunta und Wirtschaftspotentaten Regime von unmenschlicher Grausamkeit hervor. In Lateinamerika und im Fernen Osten kommt es in der zweiten Hälfte des 20. Jahrhunderts zu ungeheuerlichen Verbindungen zwischen Militärs und organisiertem Verbrechen, was zu kriminellen Regimen führt, die praktisch Sklavenstaaten errichten und bisweilen das betroffene Land unter regionalen Militärmachthabern und Drogenfürsten aufteilen. Überall lehren Militärdiktaturen jedoch hauptsächlich zweierlei: Brutalität und Intoleranz.

6

9

926 1927 **1928** 1929 1930 1921 1922 1923 1924 1925

7

8

1) September 1945. Mao und Tschiang Kai-schek stoßen auf den gemeinsamen Sieg über die Japaner an.
2) 1939. Ankunft Tschiang Kai-scheks beim Treffen der Kuomintang, die ihn zum Vorsitzenden des Exekutivrats ernennt.
3) Jugendfoto von Tschiang.
4) Taiwan 1971. Der Präsident nebst Gattin Mayling Soong Tschiang bei Abnahme einer Parade militärischer und ziviler Würdenträger.
5) 1931. Tschiang Kai-schek nach Abschluß des ersten panchinesischen Nationalkongresses.
6) 1938. Vor der Mauer von Nanking richten Japaner chinesische Gefangene hin.
7) Taiwan, Formosa. Teil einer Erinnerungsstatue von Tschiang Kai-schek.
8) Japanische Truppenbewegungen in Mandschukuo.
9) Tschiang mit Nehru.

ALEXANDER FLEMING

entdeckt das Penicillin

Alexander Fleming wird 1881 in Schottland geboren. Als ihm das Leben als Angestellter zu langweilig wird, beginnt er, sich mit Medizin zu beschäftigen. Im St. Mary's Hospital in London findet er eine Arbeit unter der Leitung des Bakteriologen Almroth Wright. Er beschäftigt sich mit dem Studium der Bakterizide und entdeckt um 1921 das Lysozym, ein in Geweben und Körperflüssigkeiten, wie der Tränenflüssigkeit, enthaltenes Enzym mit bakterientötender Wirkung. 1928 kommt es durch den zufälligen Schimmelbefall einer Glasschale mit Staphylokokkenkultur mit einer Spore des Pinselschimmels Penicillium notatum zur Zerstörung der Bakterien in der unmittelbaren Umgebung der Schimmelkolonie. Fleming beobachtet das Phänomen und kommt zu dem Schluß, daß eine vom Penicillium erzeugte Substanz eine wachstumshindernde Wirkung auf die Staphylokokken ausüben müsse. Daraufhin isoliert er diese Substanz, nennt sie Penicillin und veröffentlicht die wissenschaftliche Neuigkeit 1929. Bis zum Ausbruch des Zweiten Weltkriegs bleibt seine Entdeckung jedoch nahezu unbeachtet. Im August 1940 veröffentlichen der Physiologe Howard Florey (1898-1968) aus Oxford und der 1933 aus Deutschland geflüchtete jüdische Biochemiker Ernst Chain (1906-79) in der Fachzeitschrift *Lancet* einen Artikel über das Penicillin. 1941 erhält Florey in den USA die nötige Unterstützung von anderen Wissenschaftlern und von seiten der Regierung, um die industrielle Produktion von Penicillin in Reinkultur in Gang bringen zu können.

4

4 1925 1926 1926 1927 1928 **1929** 1930 1921 1922 1923 1924 1925 1926 1927 1928 **1929** 1930 1921 1922 1923 1924 1

1

2

3

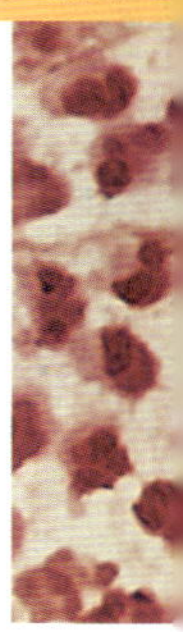

Ruhm. Die Gemeinschaft der Wissenschaftler hat erkannt, daß Fleming den Wert seiner Beobachtungen von 1928-29 nicht überblickt hat. Erst nach etwa zehn Jahren gelingt es Florey, Heatley und Chain, aus der Entdeckung Flemings etwas im therapeutischen Bereich Revolutionäres zu machen: Zu Recht wurde deshalb der Nobelpreis für Medizin von 1945 Florey, Chain und Fleming gemeinsam verliehen. Bereits 1944 adelt König Georg VI. den schottischen Wissenschaftler (von da an Sir Alexander Fleming). Seine Karriere beschließt er als Professor für Bakteriologie an der Universität London und stirbt 1955. Bereits zu dieser Zeit verdanken ihm Abermillionen von Menschen das Leben.

Schwindsucht. In den späten vierziger Jahren kann dank Antibiotika-Behandlung endlich die Schwindsucht erfolgreich bekämpft werden, jene Form der Lungentuberkulose, die nicht von Elend und Fehlernährung begleitet sein muß, sondern jahrhundertelang vor allem unter jungen Leuten und Kindern Opfer gefordert hat. Im Zeitalter der Antibiotika wären die Opern *La Bohème* und *Die Kameliendame* nicht so tragisch ausgegangen. Mädchen können heute bleich und mager sein, ohne daß gleich vermutet wird, sie hätten Tbc, eine Krankheit, die häufig aus Scham verheimlicht wurde.

Lues. Aber die größte Schande war die Lues – ein gräßliches Wort, mit dem die angeborene Syphilis und häufig die Syphilis im allgemeinen bezeichnet wurde, eine Krankheit, die sowohl den Körper als auch den Geist zerstört und an der nicht wenige große Frauen und Männer gestorben sind. Seit sie in Europa gegen Ende des 15. Jahrhunderts furchtbare Virulenz entwickelt hat, konnte sie bei Kindern von Syphiliskranken schwere Mißbildungen hervorrufen. Mit Hilfe von Antibiotika konnte sie endlich mit Aussicht auf Erfolg bekämpft werden.

"Es gibt vorzügliche Medikamente,
für die man noch keine passende Krankheit gefunden hat."

Ephraim Kishon, *Kishon für alle Fälle*

ANTIBIOTIKA

Das Phänomen der Antibiose, der gegenseitigen Entwicklungsbehinderung von Organismen, war in der Medizin lange bekannt, die positiven pharmakologischen Eigenschaften von Pilzen und Schimmel gar seit Jahrhunderten Volkswissen. Als die Forscher aus Oxford Flemings Entdeckung im Rahmen ihrer eigenen Studien über antibiotische Substanzen aufgreifen, gelingt es ihnen, das Penicillin in Reinkultur zu isolieren. Sie lassen es Fleming zukommen, um ihm die therapeutische Wirksamkeit klarzumachen. Das große aktuelle Problem jener Zeit besteht in der hohen Krankheits- und Sterblichkeitsrate aufgrund von Kriegsverletzungen. Das aus verschiedenen Penicillium-Typen erzeugte Penicillin erweist sich als wirksam und ungiftig. 1944 gelingt es Selman A. Waksman (1888-1973) von der Universität New Brunswick, aus Streptomyces griseus ein weiteres Antibiotikum herzustellen, mit dessen industrieller Produktion 1946 begonnen wird: Das Antibiotikum Streptomycin erweist sich als wirksam gegen Tuberkulose. 1947 wird dann Chloramphenicol, 1949 Aureomycin und kurz danach Tetracyclin entdeckt. In den achtziger Jahren gibt es über 3000 Antibiotika im Handel. Viele Plagen der Menschheit werden damit behandelt und oft erfolgreich bekämpft: Blutvergiftung, Lungenentzündung, Tuberkulose, Bronchopneumonie, Diphtherie, Typhus und Paratyphus, Tetanus, Lepra, Pest, Cholera, Gonorrhö, Syphilis. Es scheint, als könnten nur wenige Mikroorganismen dem Angriff durch Antibiotika widerstehen. Die halb- und vollsynthetische Herstellung der Antibiotika und ihr Massenkonsum in der westlichen Gesellschaft haben ein bis dahin ungeahntes Wachstum der pharmazeutischen Industrie zur Folge.

5

27 1928 **1929** 1930 1921

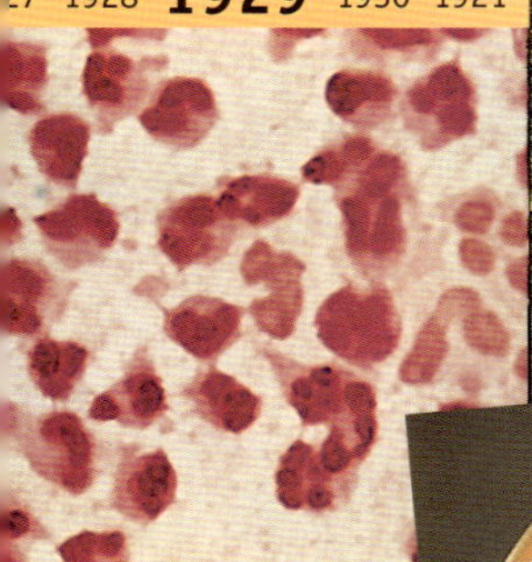

6

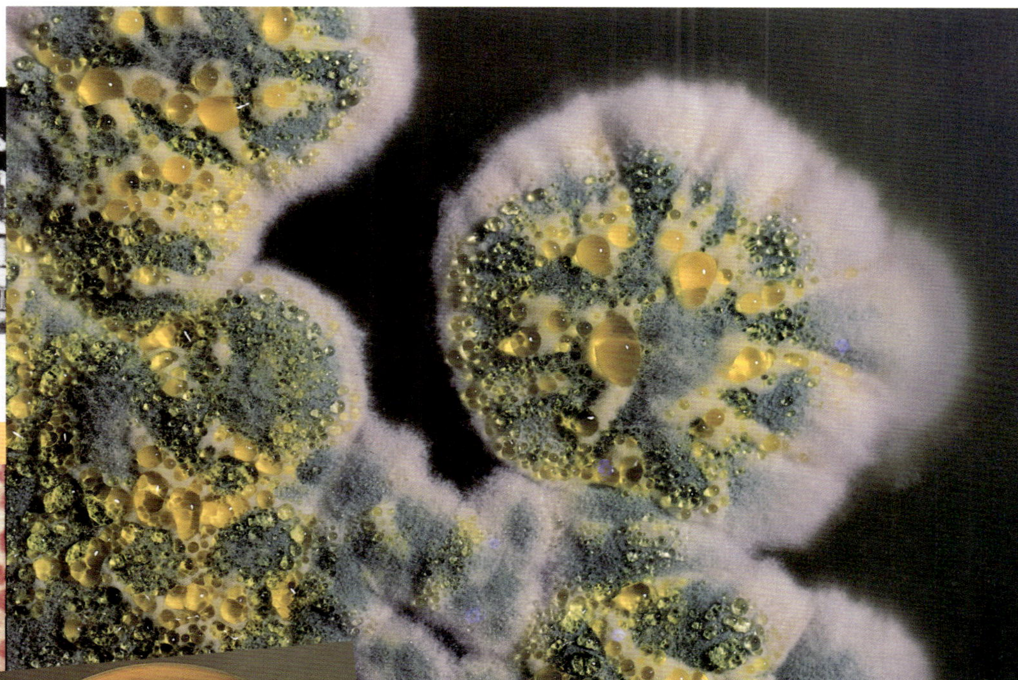

8

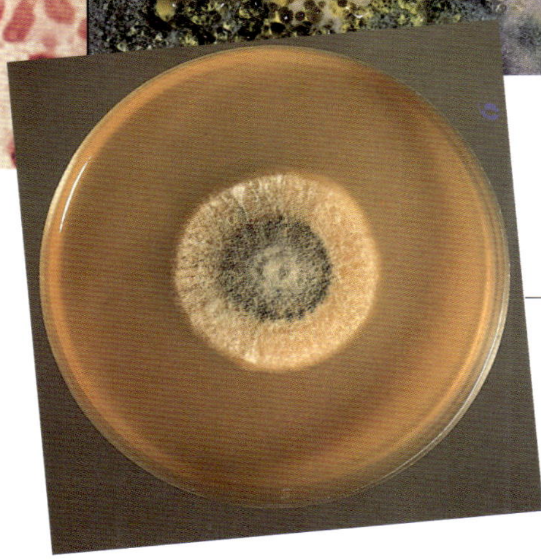

7

9 1930 1921 1922 1923 1924 1925 1926 1927

9

1) Das kleine Labor, in dem Fleming seine große Entdeckung machte, von innen.
2) Der italienische Überseedampfer Vulcania, der im Zweiten Weltkrieg zu einem schwimmenden Lazarett umfunktioniert wurde, aufgenommen in der Nähe von Gibraltar.
3) Sir Alexander Fleming, wie er von König Gustav V. von Schweden 1945 den Nobelpreis für Medizin überreicht bekommt.
4) Der junge Fleming.
5) Das Gebäude, in dem sich Flemings kleines Labor befindet.
6) Stark vergrößerte Aufnahme von Neisseria gonorrhoeae, dem Gonococcus, der Gonorrhö oder Gonoblennorrhö hervorruft.
7) *Penicillium notatum* in der Agar-Schale. Die pharmakologische Wirkung von Penicillin wurde rein zufällig entdeckt. Die rigorose Ausrichtung der Forschung auf ein definiertes Ziel engt die Möglichkeit solcher zufälliger Entdeckungen drastisch ein.
8) Bild 7 in starker Vergrößerung.
9) Fleming in seinem Labor im St. Mary's Hospital in London.

1930

GRETA GARBO

dreht ihren ersten Tonfilm

Greta Lovisa Gustafsson wird 1905 als Tochter einer wenig begüterten Familie in Stockholm geboren. Sie absolviert die Schauspielschule des Königlichen Theaters und spielt 1922 in dem komischen Film *Luffar-Petter* (Peter, der Landstreicher) von Erik Petschler. Sie arbeitet als Verkäuferin und Mannequin, bis der Regisseur Mauritz Stiller (1883-1928) sie entdeckt, von dem sie auch ihren Künstlernamen und die Hauptrolle in dem Film *Gösta Berling* (1924) erhält. Danach wird sie von der mächtigen halbstaatlichen Universum-Film-AG (Ufa) nach Berlin geholt und mit einer tragenden Rolle in *Die freudlose Gasse* von Georg Pabst (1885-1967) betraut. Metro-Goldwyn-Mayer holt sie nach Hollywood, wo man etwa dreißig Filme mit ihr dreht; Mauritz Stiller ist Regisseur der beiden ersten (*The Torrent, Versuchung*, 1926). Darauf folgen *Es war, Anna Karenina* (1927 als Stummfilm und 1935 als Tonfilm). *Das göttliche Weib, Krieg im Dunkel, Wilde Orchideen, Herrin der Liebe, Unsichtbare Fesseln* sowie als letzter Stummfilm *Der Kuß*. Danach dreht sie *Anna Christie, Romanze, Inspiration, Helgas Fall und Aufstieg, Mata Hari, Menschen im Hotel, Wie du mich wünschst* und *Königin Christine*, mit dem die Garbo 1933 den Zenit ihrer Karriere erreicht. Sie dreht noch *Der bunte Schleier, Die Kameliendame, Maria Walewska* und als erste Komödie *Ninotschka*. Nach dem Mißerfolg von *Die Frau mit zwei Gesichtern* im Jahre 1941 zieht sich Greta Garbo aus dem öffentlichen Leben zurück. Sie stirbt 1990.

1

2

4 1925 1926 1927 1928 1929 **1930** 1921 1922 1923 1924

1927 1928 1929 **1930** 1921 1922 1923 1924

3

4

Die Männer. Für MGM war es ein Problem, der Garbo männliche Partner zu suchen, die das Publikum reizvoll genug fand. Dies waren zum einen Nachfolger Valentinos wie John Gilbert (1897-1936) und Ramón Novarro (1899-1968) und zum anderen Lionel Barrymore (1878-1954), Charles Boyer, Robert Taylor und der brillante Melvyn Douglas. Im Leben gab es nach Stiller nur einige Komparsen, die nicht alle männlichen Geschlechts waren.

Die Regisseure. Außer den genannten großen Regisseuren drehte die Garbo ihre Filme mit George Cukor und ihre einzige Komödie mit Ernst Lubitsch (1892-1947). An die anderen Regisseure erinnert man sich heute teils nur deswegen, weil sie mit der Garbo gedreht haben: Die Namen George Fitzmaurice, Clarence Brown, Edmund Goulding und Fred Niblo sagen uns heute kaum noch etwas. Aber die Größe Hollywoods gründet sich vielleicht eher auf die Arbeit tüchtiger Handwerker als auf geniale Drehbuchautoren oder Produktionsleiter. Dies gilt besonders für jene Zeit, in der europäische Filmemacher in die USA einwanderten und dort arbeiteten, um Rassengesetzen und dem Krieg in Europa zu entfliehen.

Die Garbo-Nachfolge. Hollywood bemühte sich in jeder Hinsicht, neue Garbos hervorzubringen. Am nächsten kamen diesem Anspruch vielleicht Bette Davis (1908-89), die Schwedin Ingrid Bergman (1915-82) und Joan Crawford (1908-77), die bereits in dem Garbo-Film *Menschen im Hotel* eine selbstbewußte Sekretärin gespielt hatte.

Zur selben Zeit. 1930 dreht Marlene Dietrich (1901-92) unter Josef von Sternberg (1894-1969) *Der Blaue Engel*. Im selben Jahr stirbt Sir Arthur Conan Doyle (geb. 1859), der Erfinder von Sherlock Holmes. Die nationalsozialistischen Abgeordneten kommen in Uniform in den Reichstag von Berlin. Und der König des Tangos ist der unübertroffene Frankoargentinier Carlos Gardel.

DIE GÖTTLICHE

1) Greta Garbo in *Anna Christie* (1930) von Clarence Brown.
2) Das weltberühmte Greta-Garbo-Porträt, fotografiert von Clarence Sinclair Bull.
3) Basil Rathbone, einer der besten "Bösewichte" Hollywoods, Greta Garbo und Frederic March (1897-1975) in *Anna Karenina* von Clarence Brown (1935). Die Stummfilmfassung der *Karenina* (1927) mit Greta Garbo wurde unter der Leitung von Edmund Goulding verfilmt.
4) Kinoplakat des Films *The Temptress* (Versuchung) (1926) von F. Niblo und M. Stiller mit Greta Garbo und Antonio Moreno.
5) 1925. Greta Garbo mit Mauritz Stiller auf dem Überseedampfer nach Amerika.
6) Greta Garbo und Melvyn Douglas in *Ninotschka* (1939) von Ernst Lubitsch.
7) 1923. Greta Garbo als Mannequin in Stockholm.
8) Greta Garbo in *Königin Christine* (1933) von Rouben Mamoulian.
9) Greta Garbo mit John Gilbert in *Herrin der Liebe* (1928) von C. Brown.

Da waren auch andere, etwa Theda Bara (1890-1955) in The Vampire, Francesca Bertini (1892-1985), Mae West (1892-1980) in The Sex, Mary Pickford (1894-1979), die auch America's Sweetheart genannt wurde, Gloria Swanson und die engelsgleiche Lilian Gish (1896-1993). Aber der eine Superstar, die Göttliche war nur sie. Sie stellte alle, die vor und nach ihr kamen, in den Schatten. War sie schön? Nein, sie war wunderschön. Wie bewegte sie sich? Mit ihren langen, schlanken Beinen und ihrer ungeheuren Eleganz bewegte sie sich geschmeidig wie eine Raubkatze. Und wie war ihre Stimme? Göttlich. Und ihre Maske? Göttlich. Ihre Gestik? Göttlich. Alles an ihr, ihre Eleganz, ihre Haltung, die edle Lebhaftigkeit ihres Ausdrucks, ihr intensiver Blick und dann, wenn es kam, sogar ihr beseeltes Lachen, alles schien Millionen von Männern und Frauen auf der halben Welt göttlich. Und war sie es? Sie war es. Von der Garbo muß man in der Vergangenheitsform reden. Ihre Persönlichkeit gehört in die Filme, die aufeinander folgen und außerhalb deren sie nicht zu existieren scheint.

5

7

9

1927 1928 1929 **1930** 1921 1922 1923 1924 1925 1926 … 22 1923 1924 1925 1926 1927 1928 1929 … 1927 1928

6

8

Schon bald will sie nicht mehr fotografiert werden, außer für den Film. Sie mag es nicht, wenn man ihr Liebhaber andichtet, will keine Ehemänner und Kinder neben sich haben. Sie ist von der Leinwand wie besessen. Als sie ihr – noch immer vollkommene Schönheit – den Rücken kehrt, zieht sie sich völlig ins Privatleben zurück. Ab und zu gibt es Gerüchte, jahrzehntelang immer wieder einmal die Sensationsmeldung "Die Garbo kehrt zum Film zurück". Aber die Garbo kehrt nicht zurück. Die einsame Königin aus Schweden ist für das Volk in den Olymp aufgestiegen, mit dem menschlichen Lächeln der Ninotschka auf den Lippen.

"Die Garbo hat ihren letzten Film mit fünfunddreißig gedreht, auf dem absoluten Höhepunkt ihrer Schönheit."

Richard Corliss, *Greta Garbo*

1931
1940

Charlie Chaplin

Das Lindbergh-Baby

Adolf Hitler

Mao Tse-tung

Franklin D. Roosevelt

Eduard VIII.

Pablo Picasso

Francisco Franco

Papst Pius XII.

Winston Churchill

In der Kunst gibt es neben der Weiterentwicklung von Avantgarde-Strömungen wie Futurismus, Dadaismus, abstrakter Kunst und Surrealismus einen "Übergang zur Tagesordnung", mit expressionistischen und magischen Bildelementen oder im Stil der Neurenaissance, parallel zu neoklassizistischer Musik. Vor allem in spanischsprachigen Ländern blüht die Lyrik auf. In der Erzählprosa werden die drückenden Sorgen des Alltagslebens in dieser schwierigen Zeit eindringlich dargestellt. Berühmtheit erlangen Romanschriftsteller wie Hans Fallada (1893-1947) mit *Kleiner Mann – was nun?* (1932), John Dos Passos (1896-1970), John Steinbeck (1902-68), der Autor von *Tortilla Flat* (1935) und *Früchte des Zorns* (1939), und Erskine Caldwell (1903-87), der *Gottes kleiner Acker* (1933) schrieb. Da die meisten Leser aber Unterhaltung vorziehen, wird der Kriminalroman äußerst populär. Seither unsterblich gewordene Privatdetektive und Kommissare werden ins Leben gerufen: Kommissar Maigret (Georges Simenon, 1930), Nero Wolfe (Rex Stout, 1934), Lemmy Caution (P. Cheyney, 1936) und Philip Marlowe (Raymond Chandler, 1939). Das Verbrechen ist ein höchst attraktives Thema, und auch der Film beschäftigt sich zunehmend mit Kriminellen und Polizisten. Edward G. Robinson (1893-1973), ein rumänischer Jude und "das ausdrucksstärkste und authentischste Gesicht aus den Jahren der Depression" (Ch. Viviani), verkörpert überzeugend den Gangsterboß Rico Bandello in *Der kleine Cäsar* (1930) von Mervyn Le Roy; und Paul Muni (ein österreichischer Jude) spielt eindrucksvoll einen narbengesichtigen Ganoven in *Scarface* (1932) von Howard Hawks. So steht im Amerika und Europa der dreißiger Jahre das Kino kulturell im Mittelpunkt; der Film ist Spiegel der Realität und der Träume dieser Zeit, eine Kunst der Massen, an der anspruchsvolle Schriftsteller, Avantgarde-Musiker, geniale Drehbuchautoren und Kostümbildner ebenso mitwirken wie Darsteller, die von der Straße weg engagiert wurden oder auch solche mit echter Ausbildung.

Ausschnitt aus *Scarface* von Howard Hawks (1896-1977) nach einem Roman von A. Trail. Erzählt wird eine Gangstergeschichte nach dem Vorbild der Banden in Chicago. Hauptdarsteller ist Paul Muni (1897-1967) in der Rolle des narbengesichtigen Ganoven und späteren Bosses Tony Camonte.

1931 1940

IN DER WESTLICHEN WELT IST DIES DAS JAHRZEHNT DES GROSS- UND KLEIN-BÜRGERTUMS. IN DEN USA KAUFT MAN DAS AUTO UND DEN KÜHLSCHRANK AUF RATEN UND DAS HAUS AUF KREDIT. UNTER DEN DIKTATUREN NIMMT DIE ZAHL DER PARTEIMITGLIEDER UNTER KLEIN- UND GROSSBÜRGERN RASCH ZU. DER RANG IN DER HIERARCHIE, NICHT DER BESITZ, ÖFFNET ALLE TÜREN.

Die Filmkunst ist das Lieblingskind der Propaganda und wird in Diktaturen geschickt eingesetzt. Der im Westen bekannteste sowjetische Regisseur, Sergej Eisenstein (1898-1948), bringt in *Alexander Newski* (1938) russischen Nationalstolz zum Ausdruck, dramaturgisch verstärkt durch die Musik Sergej Prokofjews. Die Heldentaten des Großfürsten von Wladimir, der 1242 die deutschen Ordensritter auf dem zugefrorenen Peipus-See besiegt, dienen als Metapher für die russisch-deutschen Kriege des 20. Jahrhunderts.

In den USA kommt 1939 Victor Flemings romantisches Mammutepos *Vom Winde verweht* mit Clark Gable und Vivian Leigh in die Kinos, nach dem drei Jahre davor erschienenen gleichnamigen Roman von Margaret Mitchell. Er wird zu einem wahren Mythos der Filmgeschichte und bleibt bis 1975 meistgesehener Film aller Zeiten.

Ab 1933 verwandelt Hitler Deutschland in eine totalitäre Diktatur und Europa in ein Pulverfaß, das er dann in Brand steckt. 1936 besetzt er das entmilitarisierte Rheinland, 1938 annektiert er Österreich und das Sudetenland und 1939 die Tschechoslowakei. Im selben Jahr marschiert er in Polen ein. Indes sorgt der antisemitische Rassenwahn dafür, daß ein Pamphlet in Umlauf kommt, das die Verschwörung des "internationalen Judentums" zur Eroberung der Weltherrschaft "dokumentieren" soll: In Italien wird dieses üble Machwerk 1938 mit dem Titel *Die Protokolle der weisen Alten von Zion* (I protocolli dei savi anziani di Sion) von Giovanni Preziosi herausgegeben, mit einer Einleitung Julius Evolas, später Kultautor der Rechten der sechziger Jahre, und einem namentlich geordneten Verzeichnis von 9800 in Italien lebenden jüdischen Familien als Liste für die Vernichtungslager.

1

4
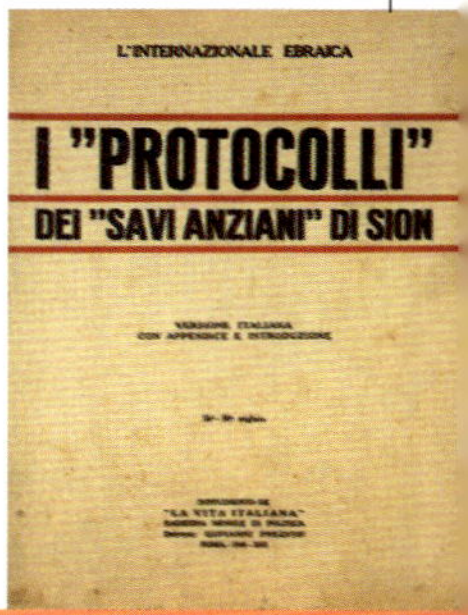
L'INTERNAZIONALE EBRAICA

I "PROTOCOLLI"

DEI "SAVI ANZIANI" DI SION

2

3

1| Kampf auf dem See in *Alexander Newski*. 2| Berlin. Bücherverbrennung. 3| Otto Dix, *Der Krieg*, 1929-32. 4| Titelseite der *Protok*

Zahlreiche bekannte Bücher jüdischer Autoren und annähernd 500 Kunstwerke namentlich der Avantgarde-Bewegungen des 20. Jahrhunderts sind im Hofgarten zu München in einer Ausstellung zu sehen, die am 19. Juni 1937 eröffnet und auch von Hitler in Begleitung seines Propagandaministers Joseph Goebbels besichtigt wird. Etwa zwei Millionen Besucher sehen die Ausstellung, betitelt "Entartete Kunst". Angeprangert werden vor allem jüdische und expressionistische Künstler, da sie sich einer leicht angreifbaren Bildsprache bedienen.

6

7

10

5| Il "Käfer" bei einer Parade. 6| Die *Normandie*. 7| Léon Blum mit weiteren Politikern. 8| Antonio de Oliveira Salazar. 9| Marschall Pilsudski. 10| Arturo Toscanini.

5

Die Wiederaufrüstung, das wachsende Einvernehmen mit der Industrie und die von Hitler eingeführte und rigoros durchgesetzte soziale Ordnung kurbeln die deutsche Wirtschaft an. Die ganze Welt leidet Anfang der dreißiger Jahre unter der Wirtschaftskrise, aber den Deutschen geht es besser als zuvor. 1938 wird auf Betreiben Hitlers das Volkswagenwerk gegründet. Das vom Ingenieur Ferdinand Porsche (1875-1952) entworfene Auto für die Massen, der "Käfer", ist jahrzehntelang das meistverkaufte Auto aller Zeiten.

In der zweiten Hälfte der dreißiger Jahre führt die Wirtschafts- und Sozialpolitik Präsident Roosevelts zu einem wirtschaftlichen Aufschwung in den USA. Es ist die Zeit des Jazz. Seit 1933 die Prohibition in den USA abgeschafft wurde, beginnt man in der halben Welt, stilgerecht Cocktails und Whisky zu trinken – man kopiert Hollywood. Paris ist wieder unumstrittenes Zentrum des gesellschaftlichen und kulturellen Lebens, und die Oberschicht der ganzen Welt knüpft Kontakte auf Überseedampfern wie der *Queen Mary* oder der *Normandie*. Viele fahren nach Paris, um die Internationale Kolonialausstellung in Vincennes zu besuchen, für die der Tempel Angkor Vat nachgebaut wurde.

8

Sozialisten kommen in mehreren europäischen Staaten auf friedlichem Weg an die Macht. In Norwegen und ab 1931 in Schweden bleiben sie es lange. Aufsehen erregt James Ramsay MacDonald (1866-1937), der der Labour-Partei angehört und 1923-24 sowie ab 1929 britischer Premierminister ist. Frankreich freilich zieht noch mehr Aufmerksamkeit auf sich. Der Sozialistenführer Léon Blum (1872-1950) schließt angesichts der nationalsozialistischen Bedrohung ein Aktionsbündnis mit den Kommunisten und bildet dann mit ihnen die Volksfront-Regierung (1936-37).

9

Rechte Diktaturen breiten sich – teils von Königshäusern unterstützt oder innerhalb von Republiken geduldet – aus. Einige führen den Krieg herbei, andere gewinnen durch ihn an Stärke, und wieder andere überleben ihn einfach. Neben Mussolini, Hitler und Franco wird die rechte Szene beherrscht von Antonio de Oliveira Salazar in Portugal (bis 1968), Léon Degrelle, Anführer der belgischen Rexbewegung, Ante Pavelic, Führer der Ustascha und ab 1941 Diktator in Kroatien, General Ioannis Metaxas, Diktator in Griechenland (1936-41), Monsignore Jozef Tiso, Chef der slowakischen Marionettenregierung (1939-44), weiter Admiral Miklos Horthy von Nagybánia, dem Reichsverweser von Ungarn (1920-44), Marschall Ion Antonescu, mit der "Eisernen Garde" in den Jahren 1940-44 Diktator in Rumänien, Vidkun Quisling, Nationalsozialist und Präsident der mit den deutschen Nazis kollaborierenden norwegischen Regierung (1942-45) sowie schließlich Marschall Józef Pilsudski, Machthaber in Polen (1926-35).

CHARLIE CHAPLIN

dreht *Lichter der Großstadt*

1

Alle nannten ihn Charlie, manche auch Charlot oder Carlito. Charles wird als Kind einer Familie armer Varieté-Künstler 1889 in London geboren. Nach dem frühen Tod seines Vaters tritt er schon mit fünf Jahren in Zirkus und Kabarett auf. 1910 wandert er mit seinem Bruder in die USA aus. Dort fällt er 1912 Mack Sennett (1880-1960), dem Begründer und künstlerischen Leiter der Produktionsfirma Keystone, auf, der Stummfilmstars wie Buster Keaton (1896-1966) und Gloria Swanson (1898-1983) entdeckte. Er dreht sehr viele kurze Filme, die ab 1914 immer stärker seinen ganz persönlichen Stil erkennen lassen. Von 1918 stammt *Gewehr über*, von 1920 der erste lange Spielfilm, *The Kid*. 1919 gründet er mit drei anderen bekannten Filmemachern die Produktionsfirma United Artists. Ab 1922 hat das FBI ein Auge auf ihn. 1925 entsteht *Goldrausch*, 1928 kommt *Zirkus* in die Kinos, 1931 *Lichter der Großstadt* und 1936 *Moderne Zeiten* mit Paulette Goddard. Die Motive der Begleitmusik zu seinen Filmen komponiert er mit Vorliebe selbst, aber er bleibt beim Stummfilm. Im Kriegsjahr 1940 dreht er eine bissige Parodie auf Hitler und Mussolini, *Der große Diktator*. 1947 folgt *Monsieur Verdoux*, nach einer Idee von Orson Welles (1915-85) – ein tragikomisches Kunstwerk. Von 1952 stammt *Rampenlicht*, jene bittersüße Geschichte, in der Chaplin neben Keaton als glückloser Kollege einen gealterten Komiker darstellt.

Im wirklichen Leben des Kommunismus verdächtigt, kehrt er nach Europa zurück, wo ihm Königin Elisabeth II. den Titel eines Barons verleiht. Er läßt sich schließlich mit seiner jungen Frau Oona und ihren kleinen Kindern in der Schweiz nieder und dreht noch einige Filme. Im Jahr 1977 stirbt er.

4

2

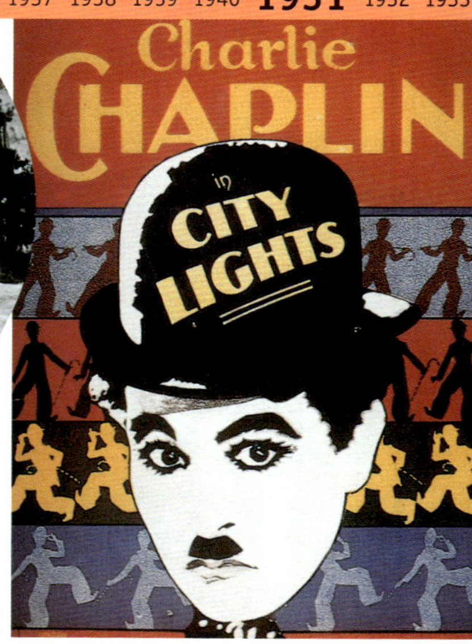

3

Die Frauen. Chaplin geriet bisweilen in Schwierigkeiten, weil er junge Mädchen geliebt hat – angeblich mit sadistischen Tendenzen. Seine bekanntesten Ehefrauen, Paulette Goddard und Oona, die Tochter des Theaterautors Eugene O'Neill (1888-1953), waren bedeutend jünger als er. Eine große Liebe war für ihn Edna Purviance (1894-1958), die oft seine Filmparterin war, so in *The Kid* und *Rampenlicht*.

Die Politik. Chaplins Einstellung geht auf die politischen und gewerkschaftlichen Kämpfe in England zurück, auf das Leben als Kind armer Leute, das sich den Lebensunterhalt früh selbst verdienen mußte, unter anderen Randfiguren der Gesellschaft, die er dann eindrucksvoll in der Figur des Charlie vereint. Seine Mutter soll Jüdin gewesen sein; mit Sicherheit aber hat kein anderer Künstler von Weltrang vor Ende des Zweiten Weltkriegs gewagt, Antisemitismus und faschistische Regimes so vernichtend darzustellen, wie es Chaplin in *Der große Diktator* tat.

Die Begründung des Massenmörders. In *Monsieur Verdoux* von 1947 ist Chaplin der gleichnamige arbeitslose Bankangestellte, der für seine gelähmte Frau und ihrer beider Sohn sorgen muß. Er findet eine Lösung für alle Probleme, indem er reiche Frauen heiratet und sie danach umbringt. Die Figur geht zwar auf den berüchtigten Massenmörder Henri-Désiré Landru (1869-1922) zurück, doch ist Chaplins Verdoux einfach jemand, der ständig Verwirrung stiftet, komische Mißgeschicke erlebt und nur nebenbei etwa zehn Frauen umbringt. In dem Prozeß, in dem er zum Tod durch die Guillotine verurteilt wird, rechtfertigt er sich mit den Worten, seine Taten seien nichts im Vergleich zu den Massenmorden im Auftrag der Mächtigen.

Klein, aber fein. Zu Chaplins Alterswerk gehören Ein *König in New York* (1957) und, fast zehn Jahre danach gedreht, *Die Gräfin von Hongkong* (1966). Es sind keine Meisterwerke, doch enthalten auch sie Belege für Chaplins hohe Kunst.

KOMIKER UND POET

1) 1918. Porträt Chaplins
2) Chaplin in *Goldrausch* - zwar nicht unbedingt einer seiner gelungensten, aber wegen einiger umwerfender Gags einer seiner beliebsten Filme.
3) 1931. Filmplakat von *City Lights* (Lichter der Großstadt) – einer jener Filme Charlies, in dem die herzzerreißende Liebesgeschichte im Vordergrund steht.
4) Chaplin mit Jackie Coogan in *The Kid*. Die Entscheidung für ein Kind als zweiten Hauptdarsteller in einem komischen Film ist äußerst originell; Coogan erweist sich darüber hinaus als einer der begabtesten Kinderstars der Filmgeschichte.
5) 1912. Im Vordergrund Mark Sennett.
6) In der typischen Haltung des Charlie in *Ein Hundeleben*.
7) Plakat des Films *The Great Dictator* (Der große Diktator). Als der Film nach dem Krieg in die europäischen Kinos kam, wurde Chaplin hier sofort wieder populär.
8) Filmplakat zu *Monsieur Verdoux*, dem persönlichsten und komplexesten Film Charlie Chaplins.

Der Slapstick-Streifen, der nach dem Hauptfilm gezeigt wurde, entwickelte sich zu einem sehr erfolgreichen Genre für Hollywood, den Vorort von Los Angeles, der 1911 zur Filmstadt wurde. Der Franzose Max Linder (1883-1925) sowie die von Sennett entdeckten Roscoe Arbuckle (Fatty), Chaplin, Keaton, Larry Semon, Dick und Doof (Stan Laurel, 1890-1965, und Oliver Hardy, 1892-1957) gehören dabei zu den überzeugendsten Darstellern. Jeder von ihnen hat seine eigene Form der Komik: Arbuckle ist der böse (und perverse) Dicke; der schöne, unerschütterliche Keaton entwickelt Situationskomik aus ständiger Bewegung, Stan und der unnachahmliche Laurel integrieren den Slapstick in den umfassenderen Rahmen der Komödie. Chaplin bringt seinen zerlumpten und halbverhungerten Charlie in Situationen, in denen der, obschon er doch selbst nichts hat, denen, die noch schlechter dran sind, noch etwas geben kann. Charlie besitzt Würde, edle Gefühlsregungen, die Naivität des Unschuldigen und den Mut zum Aufbegenren, die Fähigkeit zu stehlen, um zu überleben – und seine nüchterne Bitterkeit läßt trotz allem Raum für Hoffnung. Vielen Kritikern mißfiel Chaplins Pathos, das der Sentimentalität des Volkstheaters entsprang und vom stillschweigenden Einvernehmen mit dem Publikum lebte. Aber gerade in seiner Beziehung zu dem Hündchen (Ein Hundeleben, *1918), zu dem Straßenjungen, dem blinden Blumenmädchen oder den Kameraden in Krieg und Schützengraben verknüpft Charlie die Komik mit dem Gefühl, und die Rührung entlädt sich in einem befreienden Lachen. In diesem Lachen schwingt Geschichtsbewußtsein mit, das Wissen um die Verlassenheit, das Elend, den Schmerz und um soziale Ungerechtigkeit. So ist der Film, die Volkskunst des 20. Jahrhunderts im eigentlichen Sinne, bei Chaplin wirklich große Kunst.*

6

8

5

7

"Der Tonfilm hat eine der ältesten Künste der Welt, die Pantomime, ruiniert und die einzigartige Schönheit des Schweigens zunichte gemacht."

Charlie Chaplin

DAS LINDBERGH-BABY
wird entführt und ermordet

Charles August Lindbergh junior ist der erstgeborene Sohn des Flieger-offiziers Charles August Lindbergh und der reichen Erbin Anne Spencer Morrow. Der Kleine kommt am 22. Juni 1930 zur Welt. Die Lindberghs wohnen in einer Villa in Hopewell (New Jersey) mit ihrem Sohn und den Bediensteten. Am Abend des 20. März 1932 bringt das Kindermädchen das Kleine gegen 20 Uhr zu Bett und sieht nach zwei Stunden wieder danach. Aber das Kind ist weg. Lediglich dem Vater ist etwa um 21 Uhr ein seltsames Geräusch aufgefallen, so als habe jemand in der Küche einen Korb Orangen weggeschoben. Auf einem Fensterbrett findet man einen Umschlag, der ein Blatt Papier mit einer Lösegeldforderung über 50.000 (später 70.000) Dollar enthält; sie ist in Druckschrift geschrieben, mit Rechtschreibfehlern, die auf einen des Englischen nicht sonderlich kundigen Deutschen hindeuten. Die Leitung der sich anschließenden Untersuchung übernimmt H. Norman Schwarzkopf vom FBI (der Vater des späteren Kommandanten der US-Truppen im Golfkrieg von 1991). Man entdeckt Spuren. Doch bald kommt es zu heftigen Auseinandersetzungen zwischen der Polizei, Lindbergh und dessen Anwalt. Wegen der Berühmtheit des Vaters wird die Entführung zur Staatsaffäre. Am 12. Mai wird der Leichnam des Kleinen unweit des Lindbergh-Anwesens aufgefunden und wenige Tage später beigesetzt. Rätsel um die Tat bleiben.

2

3

1

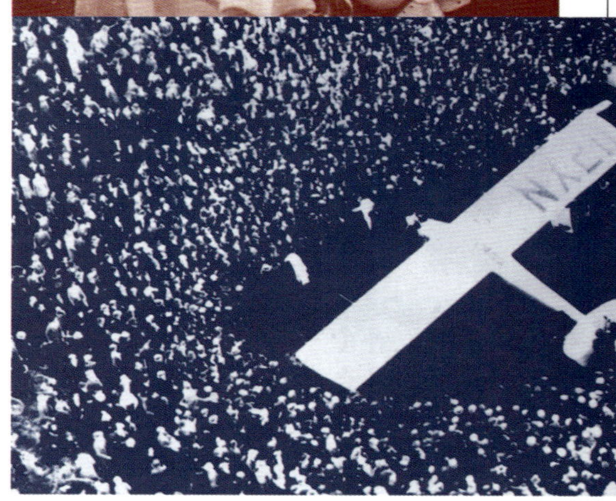

4

Der Held. Lindbergh (1902-74) ist Nationalheld und weltberühmt, denn am 20./21. Mai 1927 hat er mit seiner einmotorigen Maschine *Spirit of Saint Louis* als erster Mensch nonstop den Atlantik überflogen: 5860 km von New York nach Paris in 33,5 Stunden. Viereinhalb Millionen jubelnde Menschen empfangen ihn bei seiner Rückkehr nach New York. Später, nach dem tragischen Tod seines ersten Sohnes, hat er noch weitere Kinder. Wegen der unerfreulichen Begleiterscheinungen seiner Popularität übersiedelt die Familie nach Europa, wo man ihn weniger kennt. Unter der Roosevelt-Regierung als Vertreter einer Politik der Nichteinmischung attackiert, wurde er von Eisenhower im Rang eines Generals wieder in die Luftwaffe aufgenommen.

Der Prozeß. Der illegal eingewanderte deutschstämmige Bruno Richard Hauptmann (1899-1936), ein wegen Einbruchs und Raubes vorbestrafter Zimmermann, wird der Entführung des Lindbergh-Babys angeklagt und zum Tod verurteilt. Der Prozeß wird in der Weltpresse lebhaft diskutiert, und heute finden sich dazu selbst im Internet zahlreiche Quellen. Als Folge der Entführung beschließt der amerikanische Kongreß das Lindbergh-Gesetz, das Entführung zum Staatsverbrechen erklärt. Dennoch bleiben viele Fragen zum Tathergang und zur Schuld Hauptmanns ungeklärt.

Aus Fisch wird "fishy". Als man Hauptmann mit der Tatsache konfrontiert, daß das Lösegeld auf seinem Dachboden gefunden wurde, antwortet er prompt, dabei handele es sich um die Erträge aus dem Pelzhandel, die er zusammen mit seinem Landsmann Isidor Fisch erzielt habe. Seither sagt man in den USA von einer aus dem Stand erfundenen Notlüge, sie klinge "fishy".

KINDHEIT

*"Die Schieber verkauften Zuschauerplätze
für den Prozeß für bis zu 500 Dollar die Karte.
Alle möglichen berühmten Persönlichkeiten eilten herbei,
um ihren großen Auftritt in eleganter Kleidung nicht zu verpassen:
darunter Douglas Fairbanks, Ginger Rogers, ... und Jack Dempsey."*

Gregory Egan

Ludwig XIII., der nach der Ermordung seines Vaters mit neun Jahren König von Frankreich wurde, schlief zwischen seiner Gouvernante und ihrem Mann – und das, obwohl die Betten 1610 keineswegs groß waren. Wenn also dies die Art war, wie man mit einem königlichen Kind umging, kann man sich unschwer vorstellen, wie wenig Achtung und Aufmerksamkeit im Ancien Régime einem Kind aus dem Volk entgegenbracht wurde. Auch während der Aufklärung änderte sich daran nicht viel. Die Kindersterblichkeit blieb hoch, und eine Person wurde erst dann als solche anerkannt, wenn sie soweit herangewachsen war, daß sie arbeiten oder die Familie in ihrem Streben nach gesellschaftlichem Aufstieg voranbringen konnte. Erst die Blutbäder des Ersten Weltkriegs und die Opfer der spanischen Grippe im Jahr 1918 wie auch die mit wachsendem Wohlstand zunehmende Verfeinerung der Mentalität führen dazu, daß man zwar weniger Kinder in die Welt setzt, sie aber als eigenständige Mitglieder der Gesellschaft ansieht. So erklärt sich auch das Aufsehen, das die Entführung von Lindberghs Sohn in allen westlichen Ländern erregte. Bedeutende Wissenschaftler, von den Philosophen John Dewey (1859-1952), Rudolf Steiner (1861-1925) und Giovanni Gentile (1875-1944) über Maria Montessori (1870-1952) bis zu dem Psychologen Jean Piaget (1896-1980) beschäftigen sich mit dem Lernen, der Erziehung und der Schule. Die Entwicklungspsychologie entsteht. Andere Forscher, wie Anna Freud und Prinzessin Marie Bonaparte, wenden sich der Psychoanalyse von Kindern zu. Bruno Bettelheim gründet in den USA die Orthogenic School für psychisch kranke Kinder. Ein derart berühmter Künstler und Designer wie Bruno Munari (1907-98) nennt es einen wichtigen Teil seiner Arbeit, Kinder an den künstlerischen Ausdruck heranzuführen. Große Komponisten und Dirigenten wie Bruno Maderna (1920-73) und Lorin Maazel (geb. 1930) beginnen ihre Karriere, ähnlich wie auch einige Schauspieler, als Wunderkinder. Und für einen immer größeren Teil der Wirtschaft sind Kinder vor allem eines: ein wichtiger Marktfaktor.

1) 1927. Charles Lindbergh neben der Spirit of St. Louis auf dem Roosevelt-Fields-Flugplatz (Long Island), von dem aus er zu seinem Transatlantikflug startete.
2) 1931. Der kleine Lindbergh an seinem ersten Geburtstag.
3) Anne Morrow mit dem kleinen Charles.
4) Mai 1927. Eine Menschenmenge versammelt sich auf dem Londoner Flugplatz in Croydon um Lindberghs einmotorige Maschine.
5) Der wegen der Entführung und Ermordung des Lindbergh-Babys zum Tode verurteilte Arbeiter Bruno Hauptmann.
6) 1990. Eine Schule für die jüngsten Fotomodelle. In den USA werden nicht selten Schönheitswettbewerbe für heranwachsende Mädchen veranstaltet, bei denen hohe Geldpreise zu gewinnen sind.
7) Der Künstler Bruno Munari.
8) Szenenfoto von Fred M. Wilcox aus Lassie – Held auf vier Pfoten. Neben dem Collie Pal ("Stammvater" der bis 1978 reichenden Lassie-Ahnenreihe) spielen Tom Drake und Liz Taylor (1932), die einzige Kinderdarstellerin, die später zum Star wurde.
9) Der Psychiater Bruno Bettelheim.

6

7

939 1940 1931 **1932** 1933 1934 1935 1936 1937 1938 1939 1940 1931 **1932** 1933 1934 1935 1936 1937 1938 1939 1940 1931 **1932** 1933 1934 1935 1936 1937 1938 1939

5

8

9

ADOLF HITLER
wird deutscher Reichskanzler

Im April 1889 wird Adolf Hitler im österreichischen Braunau als Sohn eines Zollbeamten geboren. Er besucht die Realschule und wird Gelegenheitsmaler. 1913 zieht er nach München. Bei Ausbruch des Ersten Weltkriegs meldet er sich als Freiwilliger. 1918 sind Österreich und Deutschland besiegt, und in München wird die bayerische Räterepublik ausgerufen. Sie wird kein Erfolg. Hitler tritt in München der Deutschen Arbeiterpartei bei, die sich ab 1920 Nationalsozialistische Deutsche Arbeiterpartei (NSDAP) nennt und deren Vorsitzender er 1921 wird. In einem Klima sozialer, politischer und wirtschaftlicher Unruhen bekämpfen sich sozialdemokratische Gruppierungen gegenseitig, das Zentrum ist unfähig, und die Rechten erhalten Zulauf. Nach dem Hitler-Ludendorff-Putsch von 1923 wird Hitler verurteilt – aber bald begnadigt. Er organisiert die Partei militärisch: 1921 hat er die "Sturmabteilung" (SA) gegründet, 1926 folgt die "Schutzstaffel" (SS). Die Industrie unterstützt ihn mit Geld. 1930 erzielt er bei der Reichstagswahl einen Erfolg, doch schon bei der Wahl 1932 muß er Stimmeneinbußen hinnehmen. Hindenburg schlägt ihn bei der Wahl zum Reichspräsidenten, ernennt ihn aber am 30. Januar 1933 zum Reichskanzler. Obwohl die NSDAP bei der Wahl am 5. März nur die einfache Mehrheit erhält, ist es der Anfang vom Ende des Deutschen Reiches.

1

3

7 1938 1939 1940 1931 1932 **1933** 1934 1935 1936 1937 1938 1939 1940 1931

1 1932 **1933** 1934 1935 1936

2

4

Feinde im Innern. Davon gibt es zur Zeit des NS-Regimes sehr wenige. Die besten darunter werden ins Exil gejagt oder umgebracht. Die christlichen Kirchen schweigen dazu. Verdeckter Widerstand regt sich in Teilen der Wehrmacht, die mit der Absetzung Walter von Brauchitschs 1941 ihren Oberbefehlshaber verliert. Im Juli 1944 scheitert Graf von Stauffenbergs Attentat auf Hitler im Führerbunker. Es folgt eine Säuberungswelle, in deren Verlauf auch Geheimdienstchef Admiral Wilhelm Canaris hingerichtet wird.

Feinde im Ausland. Dazu gehören zahllose kulturell bedeutende Persönlichkeiten auf der ganzen Welt; dazu kommunistische und sozialistische Kräfte, Demokraten in aller Welt, umsichtige Politiker, Konservative, Liberale und natürlich so gut wie alle Zionisten.

Freunde. Das sind lange Zeit Mussolini, der Erzbischof von Wien, andere hohe kirchliche Würdenträger, rechte Diktatoren, vor allem in Lateinamerika, der Großmufti von Jerusalem und andere religiöse Oberhäupter sowie englische und französische Kolonialpolitiker, auch bedeutende Künstler wie der Autor Louis-Ferdinand Céline (1894-1961) und der Dichter Ezra Pound (1885-1972) sowie viele, die willens waren, für eine vermeintliche bessere Zukunft der Menschheit 21 bis 24 Millionen Tote in Kauf zu nehmen, die der Krieg allein in Europa forderte.

DER NATIONALSOZIALISMUS

Die wichtigste Kampf- und Propagandaorganisation der Nazis sind zunächst die "Braunhemden", die 1921 gegründete und ab 1930 von Ernst Röhm geführte SA, deren Führungsriege Hitler mit dem Blutbad der "Nacht der langen Messer" am 30. Juni 1934 beseitigen läßt, was die SA zur Bedeutungslosigkeit verurteilt. Sein politisches Programm hat Hitler 1925-26 in Mein Kampf *festgehalten. Bei seiner Ausführung stützt er sich ab 1929 auf die von Himmler geführte SS. Auf die Rassengesetze von 1935 gestützt, die allen "Nicht-Ariern" die Staatsbürgerschaft entziehen, betreibt sie den gesellschaftlichen Ausschluß, die Enteignung, Verschleppung und schließlich Vernichtung von sechs Millionen Juden und zwei Millionen Zigeunern, politischen Gegnern, Freidenkern, Behinderten, Homosexuellen.*

Ideologisch verankert sind neben dem Antisemitismus eine militärisch organisierte Gesellschaft, die Verstaatlichung der Großindustrie mit Gewinnbeteiligung der Lohnabhängigen, die Beseitigung der Immobilien- und Börsenspekulation sowie eine direkte Kontrolle der Hochfinanz. Zudem soll eine staatliche Erziehungskampagne zu körperlicher und geistiger Gesundheit für einen kraftvollen Körper und eine bürgerliche Sexualmoral sorgen. Angestrebt werden die genetische Reinheit der Deutschen und ihrer Kultur, letzteres durch Auslöschen von Marxismus und "entarteter" Kunst. Außenpolitisch will das Dritte Reich, das laut Hitler ein tausendjähriges sein soll, den "pangermanischen Lebensraum" erobern, vom Spanien der Westgoten und dem Italien der Langobarden – was man natürlich nicht offen aussprach – über das ganze einstige Frankenreich bis zu den von Wikingern oder Warägern gegründeten russischen Städten wie Moskau.

5

6

9

1 … 7 1938 1939 1940 1931 1932 1 … 38 1939 1940 1930 1931 1932 **1933** 1934 1935 19

7

8

"Laßt euch nicht beeindrucken
und bewahrt die Selbstkontrolle bis zum Letzten:
Die Macht wird von selbst in unsere Hände fallen."

Hitler zu Angehörigen der SA

Mittäter. Mussolini und der italienische König. Rudolf Heß (1894-1987), Hitlers Stellvertreter, der bei den von den Siegermächten durchgeführten Nürnberger Prozessen zu lebenslanger Haft verurteilt wurde. Joseph Goebbels (1897–1945), Reichspropagandaminister und von Hitler in seinem Testament zum Kanzler bestimmt, bringt bei Kriegsende erst seine Familie und dann sich selbst um. Hermann Göring (1893-1946), auf dessen Vorschlag hin die Gestapo geschaffen wurde, tötet sich Stunden vor seiner geplanten Hinrichtung selbst. Adolf Eichmann (1906-1962), der Hauptorganisator des Massenmords an den Juden, wird schließlich in Israel hingerichtet. Und, wie in allen Diktaturen, viele andere bekannte Persönlichkeiten und unbekannte Mitläufer.

1) Eine ausdrucksstarke Aufnahme Hitlers, der in seinen Reden die nationalsozialistischen Massen mitriß.
2) Berlin 1933. Eine jubelnde Menge umringt Hitler, den Präsident Hindenburg, Held des Ersten Weltkriegs, soeben zum Reichskanzler ernannt hat.
3) Hitler bewundert ein Modell des "Käfers", des von ihm angeregten Autos für die Massen.
4) Rechts von Hitler Himmler und Heß, Hitlers treuer Gefolgsmann und Stellvertreter, der 1941 nach England flog – wo man ihn festhielt –, vermutlich, um Friedensgespräche einzuleiten.
5) 1930. Hitler mit SA-Jugend im "Braunen Haus", dem Parteibüro in München.
6) 1936. Abbildung aus dem "Kladderadatsch": Deutschland, eine schöne "arische" Frau, lehnt sich an Hitler an.
7) Ein Foto von Hitler als Eroberer von Paris mit dem Eiffelturm im Hintergrund.
8) Hitler bei einem Spaziergang mit Eva Braun, seiner treuen Gefährtin, die er später, kurz vor dem gemeinsamen Selbstmord, heiratete.
9) 20. Juli 1944. Mussolini und Hitler am Schauplatz des Attentats im Führerhauptquartier. Hitler, der dem Anschlag nur knapp entgangen war, startete eine Säuberungswelle in hohen Militärkreisen, die auch Generalfeldmarschall Rommel das Leben kostete.

MAO TSE-TUNG
führt den "Langen Marsch" nach Shaanxi an

Mao Tse-tung wird 1893 als Sohn eines Kleinbauern in Hunan geboren. Er studiert an der ersten Lehrerbildungsanstalt der Provinz in Changsha. 1918 arbeitet er in Peking in der Universitätsbibliothek, wendet sich der Politik und dem Journalismus zu und bekennt sich ab 1920 zum Marxismus. 1921 zählt er in Schanghai zu den Gründern der Kommunistischen Partei. Er will eine kommunistische Revolution chinesischer Prägung. So tritt er der Kuomintang bei und leitet 1925 eine Ausbildungsstätte für Bauernkader. Chinas Revolution, so sagt er nun, müsse sich auf die ländlichen Massen stützen. Damit legt er die Grundlage des Maoismus, einer von Leninismus und Stalinismus abweichenden Lehre. 1927 beginnt Tschiang Kai-schek, die revolutionäre Bewegung zu zügeln, und Mao verläßt die Kuomintang. Er fordert die Enteignung der Landbesitzer, leitet erfolglos den "Herbsternte-Aufstand" in Hunan und widersetzt sich der Parteilinie, derzufolge die Revolution von Städten ausgehen soll. Nach seinem Ausschluß aus der Führungsgruppe der Partei beginnt er, die Bauern militärisch zu organisieren. Er wird Präsident der "Sowjetrepublik" Kiangsi, die Tschiang Kai-schek erbittert militärisch bekämpft. Im Oktober 1934 ist Mao daher gezwungen, seine Rote Armee durch einen zehntausend Kilometer langen Marsch nach Yenan in Shaanxi zu retten. Unterwegs betreibt er höchst erfolgreich Propaganda unter den Massen und setzt am Ende seine Linie gegen die des Parteiführers Lisan durch. Von den ursprünglich 90.000 Mann seiner Armee haben ganze 7.000 lebend das Ziel erreicht.

1

5

1932 1934 1935 1936 1937 1938 1939 1940 1931 1932 1933 1934 1935 1936 1937 1938 1939 1940 1931

2

3

4

Der Steuermann. Als in China die Volksrepublik ausgerufen wird, befindet sich das 9,4 Millionen Quadratkilometer große Land mit seiner vorindustriellen Landwirtschaft und einer patriarchalischen Kultur ländlicher Prägung noch im Mittelalter. Dieses gigantische, schwerfällige und konservative Gemeinwesen versucht der "große Steuermann" durch entscheidende Kurskorrekturen zu einem dynamischen, modernen Staat zu machen: Dazu gehören der nationale Befreiungskampf der Bauern, das Bündnis der vier Klassen (Arbeiter, Bauern, Kleinbürger und national gesinntes Bürgertum), die demokratische Volksdiktatur, die "Hundert-Blumen-Kampagne", der "große Sprung nach vorn" durch die Mobilisierung von Freiwilligen, die "zweite Revolution" (1955-65) gegen die KP Chinas mit Hilfe der Roten Garden, die Kulturrevolution von 1965, die "Dreierallianz" von Soldaten, maoistischen Aktivisten und Rotgardisten sowie der Ausschluß zahlloser Parteimitglieder.

Der Freund. Im Bemühen, China zu verändern, wird Mao ab 1931 von Tschou En-lai (1898-1976) unterstützt, der das Bündnis mit der Kuomintang aushandelt und 1949-58 Außenminister und (bis zu seinem Tod) Ministerpräsident ist. Er stammt aus einer Familie hoher chinesischer Beamter (Mandarine) mit internationaler Bildung und wird zu dem chinesischen Staatsmann, der das Land durch alle Wirren führt und es der westlichen Welt annähert.

Das Ende. Die Volksarmee steht immer zu Mao, für den im Kampf gegen die

DER LANGE MARSCH

Der "Lange Marsch" nach Yenan war ein ebenso heldenhaftes wie entbehrungsreiches Unternehmen. Stalin verhielt sich gegenüber dem chinesischen Kommunismus zwiespältig: teils anerkennend, weil dieser eine Gefahr für die kapitalistischen Länder des Westens darstellte, teils wachsam, weil China schon lange Objekt russischen Expansionsstrebens war und weil der Maoismus sich nicht auf die Industrialisierung und die Städte stützte, sondern auf das Land und die Landwirtschaft. Deshalb wurde der Marsch nach Yenan von Rußland nicht unterstützt, während die USA Tschiang Kai-scheks Kampf gegen Mao finanzierten. Gleichheit, Genügsamkeit und Mäßigung, Unterordnung der eigenen Bedürfnisse unter die der Gemeinschaft, Aufhebung der Trennung zwischen zivilem und militärischem Handeln, Einklang von Theorie und Praxis, Aufwertung der bäuerlichen Kultur und der Volkskultur im Namen des "echt Chinesischen" und gegen die als westlich korrumpiert erachtete Kultur der Städte – das waren Leitideen des Langen Marsches. In China und unter Linken in aller Welt wurde er zur Metapher für den Widerstand und die entbehrungsreiche Annäherung an den Kommunismus. Daraus erklärt sich der gemeinsame Widerstand von Kommunisten und Kuomintang gegen die japanischen Besatzer (1937-45) ebenso wie die anschließenden Kämpfe (1946-49) zwischen beiden Lagern, bis schließlich – nach Verbannung der Nationalchinesen nach Formosa – am 1. Oktober 1949 die Volksrepublik China ausgerufen wurde.

1) 1920. Der junge Mao.
2) Das dankbare Volk umringt Mao während des Marsches nach Yenan.
3) Der Weg, den Maos Gefolgsleute auf dem Langen Marsch 1934-36 zurücklegten.
4) 1947. Mao spricht auf dem VII. Kongreß der KP Chinas in Yenan. Neben ihm sitzt Tschou En-lai.
5) Die Kulturrevolution von 1966. Das rote Büchlein mit Maos Lehre wird an die Rotgardisten verteilt. Mao gibt der konfuzianischen Kultur die Schuld an Chinas Rückständigkeit. Wissenschaftler, Museen und Bibliotheken sind Angriffsziele der Rotgardisten.
6) Peking 1966. Mao wohnt einer Parade der Roten Garde bei.
7) August 1992. In Rostock tragen Jugendliche bei einer antirassistischen Demonstration immer noch eine Fahne mit dem Bild des chinesischen Führers vor sich her.
8) Peking. Eine allem Anschein nach staatlich gebilligte Demonstration auf dem Tienanmen-Platz, zu deutsch Platz des himmlischen Friedens, einige Jahre nach dem Tod Maos.
9) Moskau. In Rußland selbst teilweise etwas aus der Mode gekommene Souvenirs für Moskau-Touristen. Man erkennt Marx, Lenin, Mao und Ho Tschi-minh.

6

934 1935 1936 1937 1938 1939 1940 1931 1932 1933 **1934** 1935 1936 1937 1938 19 … 3 **193**

7

8

9

"Die Unterstützung durch das Volk und das Bündnis mit den Bauern sind die wichtigsten Waffen für den Sieg."

Text eines während des Langen Marsches verteilten Flugblatts.

Partei die Unterstützung durch Verteidigungsminister Lin Piao (1908-71) sehr wichtig ist. Schließlich versucht dieser aber einen Staatsstreich und stirbt unter ungeklärten Umständen. Der greise Diktator ist fortan umgeben von der Schanghaier Gruppe ultralinker maoistischer Intellektueller und der von seiner zweiten Frau Tschiang Tsching angeführten "Viererbande", die nach seinem Tod am 9. September 1976 vergeblich versucht, die Macht an sich zu reißen.

FRANKLIN D. ROOSEVEL

leitet die zweite Phase seines sozialen Reformprogramms ein

Franklin wird als Sohn von James und Sara Delano am 30. Januar 1882 in Hyde Park (New York) geboren. Das freundliche Kind reicher Eltern wird von Privatlehrern unterrichtet. Franklin heiratet 1905 Eleanor Roosevelt, die Nichte des einstigen Präsidenten Theodore Roosevelt (1858-1919). Er wird Jurist, entscheidet sich aber bald für die Politik. 1910 ist er Senator, 1913 unter Wilson Staatssekretär der Marine; 1919 begleitet er den Präsidenten zur Versailler Friedenskonferenz und kandidiert dann als Vizepräsident. 1921 erkrankt er an Kinderlähmung und landet im Rollstuhl. Als Gouverneur des Staates New York geht er die Wirtschaftskrise von 1929 mit einem Bündel sozialer Maßnahmen an. Mit seinem Programm des "New Deal" wird er 1932 – wie später auch 1936, 1940 und 1944 – zum Präsidenten der USA gewählt. Er tritt sein Amt 1933 mit "hundert Tagen der Reformen" an und startet 1935 eine zweite Reformphase. Am 5. Oktober 1937 prangert er in einer Rede die Angriffsbereitschaft der Diktaturen jener Zeit an. 1939 bekräftigt er die Neutralität seines Landes, fordert aber zugleich Deutschland und Italien auf, den Frieden zu wahren. Im Jahr darauf stellt er Mittel für die Aufrüstung bereit und unterstützt Großbritannien mit Wirtschaftshilfe und Kriegsgerät. Nach Japans Angriff auf Pearl Harbor verkündet er den Kriegseintritt der USA. Er stirbt am 12. April 1945 an einer Gehirnblutung.

2

3

9 1940 1931 939 1940 1931 1932 1933 1934 **1935** 1936 1937 1938 1939 1940 1931 1932 1933 1934 **1935** 1936 1937 1938 1939 1

1

"Die erste Freiheit ist die Rede- und Meinungsfreiheit – überall auf der Welt. Die zweite Freiheit jedes Menschen besteht darin, seinen Gott so zu verehren, wie er es für richtig hält."

Franklin D. Roosevelt

4

Der Krieg. Die Oberbefehlshaber der alliierten Truppen sind Amerikaner: Eisenhower in den westlichen Ländern und MacArthur – der mit dem Faschismus sympathisiert – in Fernost. Nur die Sowjets haben ihr eigenes Oberkommando. Die politische Kriegsführung liegt ganz in den Händen des Präsidenten. 1943 beschließen er und Churchill in Casablanca die Landung auf Sizilien; 1944 landen die Alliierten im Januar in Anzio und am 6. Juni in der Normandie. Im Dezember 1943 entscheidet Roosevelt in Teheran mit Churchill und Stalin über die Zukunft Asiens. Mit diesen beiden teilt er im Februar 1945 auf der Konferenz von Jalta die Welt auf; später sagt man, er habe Stalin dabei ein zu großes Stück des Kuchens überlassen. Tatsächlich aber hat Stalin es sich einfach genommen.

Die Weltmacht. Roosevelt leitet das Forschungsprogramm ein, das zum Bau der Atombombe führt; eingesetzt wird sie von seinem Nachfolger Truman. Sie zeigt die militärische Überlegenheit der USA. Roosevelt ist es, der als erster die Rolle der führenden Weltmacht für die USA beansprucht. Sein Vermächtnis geht nicht, wie das Präsident Woodrow Wilsons, durch eine isolationistische Politik verloren. Bis Kennedy fehlt den Nachfolgern aber die Zugkraft eines politischen Programms mit moralischer Tragweite.

Die letzte Freiheit. Laut Roosevelt ist die "vierte Freiheit" die Angstfreiheit, eine so weitgehende Abrüstung, daß keine Nation in der Lage ist, ihre Nachbarn anzugreifen. Utopie – oder die politische Botschaft für das neue Jahrtausend?

DER NEW DEAL

Die dritte von Franklin Delano Roosevelt in einer berühmt gewordenen Rede verkündete Freiheit ist neu in der Geschichte der USA: "Die dritte Freiheit ist die Freiheit von der Not. ... Wirtschaftliche Absprachen müssen sicherstellen, daß die Menschen aller Nationen in Gesundheit und Frieden leben können." Die Idee geht auf die Arbeiten des englischen Ökonomen John Maynard Keynes (1883-1946) zurück, der in dem "Brain-Trust", mit dem der Präsident regiert, große Wertschätzung genießt. Keynes zufolge soll, wenn die faktische Nachfrage nicht zur Nutzung der vorhandenen Ressourcen ausreicht, der Staat eingreifen. Durch Erhöhung der öffentlichen Ausgaben und gegebenenfalls eine höhere Staatsverschuldung sollen die Produktion angekurbelt und die Kaufkraft gefördert werden.

6

9

5

2 1940 1931 1932 1933 1934 **1935** 1936 1937 1938 1939 1940 1931 1932 1933 1934 **1935** 1936 1937 1938 1939 1940 1931 1932 193

Für die Vertreter des amerikanischen Liberalismus sind das ketzerische Ansichten, bedroht nach ihrer Ansicht eine staatliche Interventionspolitik doch die unternehmerische Freiheit und öffnet dem Sozialismus Tür und Tor, während gleichzeitig die in den USA immer wieder angewandten protektionistischen Maßnahmen zum Schutz der nationalen Wirtschaft in Frage gestellt werden. Dieser "aristokratische Sozialismus" mißfällt der Linken, der der Präsident auch in ihrer Kritik an seinen zahlreichen Kompromissen volle Meinungsfreiheit zugesteht, und mißfällt auch den Gemäßigten, weil Roosevelt nicht gegen die "Roten" vorgeht und sich sogar Stalin gegenüber freundlich zeigt. Vor allem aber mißfällt er der Rechten, die eine staatliche Interventionspolitik ebenso verabscheut wie Roosevelts Freundschaft mit Intellektuellen und farbigen Künstlern sowie Eleanors Feminismus, ihre humanitäre Gesinnung und ihr "europäisches Verhalten". Die staatliche Unterstützung der Arbeitslosen, der Obdachlosen, der Landwirte, die wegen des Produktionsrückgangs vor der Enteignung stehen, die Finanzhilfen für die durch die Krise von 1929 ruinierten Arbeiter (statt für die Unternehmer) und die strikte Kontrolle der Wirtschaftsentwicklung sind weitere Merkmale einer Präsidentschaft, die das überkommene Konzept staatlicher Autonomie tiefgreifend verändert.

7

8

1) 1942. Eleanor Roosevelt inmitten von Soldaten bei einer Großveranstaltung vor dem Weißen Haus.
2) Roosevelt auf einem Foto von 1942.
3) 1942. Eine Panzerfabrik in den USA. Der Zweite Weltkrieg brachte der Industrie und der Landwirtschaft in den USA enorme Profite ein.
4) 1944. Flugzeugträger der US-Flotte im Pazifik.
5) 1935. Ein Plakat von Ben Shahn, entworfen im Auftrag der für die Finanzhilfen an die Bauern zuständigen Staatsbehörde, der Resettlement Administration.
6) Eine Darstellung, die für sich spricht: Die Köpfe Roosevelts, Stalins und Churchills überragen den Globus.
7) 1939. Der von Alvar Aalto entworfene finnische Pavillon auf der Weltausstellung in New York.
8) April 1939. Die Arbeiten auf dem Gelände der New Yorker Weltausstellung, mit der der Erfolg des New Deal gefeiert werden sollte, stehen kurz vor ihrem Abschluß.
9) 1945. Präsident Roosevelt hält nach der Konferenz von Jalta eine Rede vor dem Kongreß in Washington.

EDUARD VIII.

wird König und dankt seiner Liebe wegen ab

Eduard (1894-1972) wird am 23. Juni in White Lodge als Sohn des Herzogs von York und Viktoria Maria von Teck geboren. Sein Vater wird 1910 König Georg V. Als Offizier kommt Eduard im Krieg nach Frankreich, Italien und Ägypten. Nach Kriegsende stattet er Kanada, den USA, den Antillen, Australien, Neuseeland, Indien, Malaysia und Japan Staatsbesuche ab. 1929 zeigt er sich in einigen der von der Weltwirtschaftskrise schwer getroffenen Bergwerke und bekundet seine Solidarität mit den Bergleuten. In der Nacht des 20. Januar 1936 wird er Eduard VIII., König von Großbritannien, Nordirland und den Dominions sowie Kaiser von Indien. Anfang Dezember enthüllt zuerst die amerikanische, dann die englische Presse eine aufsehenerregende Neuigkeit: Der König beabsichtigt, die Amerikanerin Wallis Warfield zu heiraten, die eben von ihrem zweiten Mann, Mr. Simpson, geschieden wurde. Am 4. Dezember erklärt die Regierung im Unterhaus, daß sie einer Heirat mit dieser Frau unter keinen Umständen zustimmen werde. So verzichtet der König am 10. Dezember zugunsten seines Bruders, des Herzogs von York, auf den Thron. Am 11. Dezember verabschiedet er sich von seinem Volk in einer Rundfunkansprache und verläßt England.

2

4
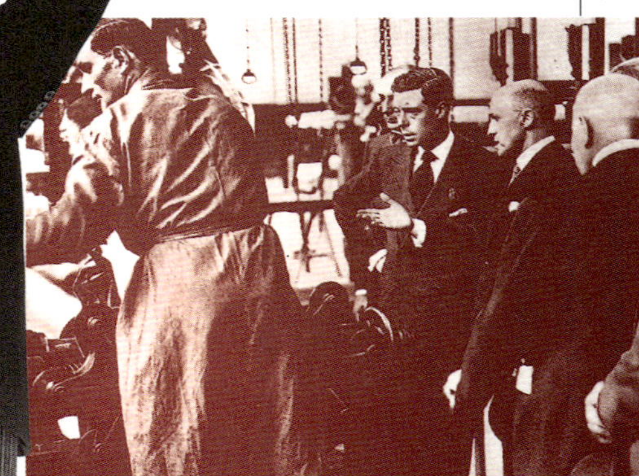

1

2 1933 1934 | 1932 1933 1934 1935 **1936** 1937 1938 1939 1940 1931 1932 1933 1

3

"Es war mir nicht mehr möglich, weiter die schwere Last der Verantwortung zu tragen und meine Pflichten als Monarch zu erfüllen – ohne die Hilfe und die Unterstützung durch die Frau, die ich liebe."

Aus der Rundfunkansprache, mit der sich der Herzog von Windsor vom Volk verabschiedet.

Nach dem Fall. Nach seiner Abdankung trägt Eduard VIII. den Titel des Herzogs von Windsor. Am 3. Juni 1937 heiratet er Wallis Warfield, die dadurch den Titel einer Herzogin erhält; "Königliche Hoheit" wird sie jedoch nie. Eduard möchte eine politische Rolle übernehmen, wird aber immer wieder abgewiesen. Schließlich ernennt ihn sein Freund Winston Churchill zum Gouverneur der Bahamas (1940-45). Angeblich soll der Herzog mit den Deutschen sympathisieren. Nach Kriegsende stürzt sich das Paar ins mondäne Leben von Paris und New York. Nach seinem Tod wird Eduard in London mit allen Ehren eines dem Königshaus angehörenden Herzogs beigesetzt.

Das Adelsgeschlecht. Er stammt aus dem Hause Braunschweig-Lüneburg, das um das Jahr 1000 mit Marchese Ugo d'Este seinen Anfang nimmt und sich mit den Herzögen zu Braunschweig (1235), den Kurfürsten von Hannover (1692), dem König von England (1706), dem König von Hannover (1814-66) und den Kaisern von Indien (1877) fortsetzt. Ab 1917 nennt sich das Geschlecht House of Windsor.

Die Gegner des Königs. Der König ist Oberhaupt der Kirche von England und

EIN HERZ UND EINE KRONE

Konflikte zwischen Liebe und Krone gibt es immer wieder, seit Eduards Urgroßmutter, Königin Viktoria, am Hofe strenge Sitten eingeführt hat. Seither darf ein hoher Adliger nicht einfach die Frau seiner Wahl heiraten, sondern muß im "richtigen" Alter eine "passende" Frau ehelichen. Für die jungen Damen des Hochadels gelten noch strengere Regeln. Wer diese bricht, nimmt ein schlimmes Ende. So heiratet der österreichische Erzherzog Franz Ferdinand (1863-1914) allem zum Trotz die böhmische Gräfin Sophie Chotek; der Kaiser verleiht der unerwünschten Angetrauten seines Neffen den Titel Prinzessin und später Herzogin von Hohenberg, schließt sie aber samt ihren drei Kindern aus der kaiserlichen Familie aus; das Paar stirbt beim Attentat von Sarajewo. Alexander I. von Serbien (1876-1903), der 1889 König wird, ist der Liebhaber einer jungen Witwe namens Draga Masin, die zehn Jahre älter ist als er. Er heiratet sie 1895; acht Jahre später werden beide von Offizieren hingemeuchelt. Carol II. von Rumänien (1893-1953) geht 1918 eine morganatische Ehe mit der nicht ebenbürtigen Frau Lambrino ein; nach Auflösung des Ehevertrags 1921 heiratet er Elena von Griechenland. 1930 zum König gekrönt, muß er aber 1940 abdanken. Denn neben einigen Schandtaten verzeiht ihm das Volk seine gierige Geliebte Magda Lupescu nicht. Ähnlich Unerfreuliches widerfährt Leopold III. von Belgien (1901-83). Er ist durch einen mysteriösen Unfall Witwer geworden und Mary Liliane Baels, Tochter eines Fischhändlers, in Liebe zugetan. Er schließt mit ihr eine Ehe zur linken Hand, und sie wird Prinzessin von Rethy. Doch das Volk liebt sie viel weniger als er, und so muß auch Leopold zuletzt abdanken.

6

7

8

9

5

Hüter des Glaubens. Und die Bischöfe erklären seine Heirat mit einer zweimal Geschiedenen für unzulässig. Wer als Adliger auf sich hält, mißbilligt die Ehe mit einer amerikanischen Abenteurerin und vertritt die Ansicht, das sei nicht Liebe, sondern ein Sakrileg.

Die zwei Gesichter der Kultfigur. Für Romantiker sind Abdankung und Heirat Eduards VIII. die Liebesgeschichte des Jahrhunderts. Böse Zungen lästern, er trinke und sie sei in China einem gewissen Gewerbe nachgegangen. Doch das Herzogspaar von Windsor, wie man sie mit oder ohne geliebte Hunde, auf Jachten oder Pferden, in Abendrobe oder mit dem Tennisschläger unterm Arm kennt, bleiben fast vierzig Jahre lang der Inbegriff der Liebe, die über alles siegt.

Zur selben Zeit. Die Olympischen Spiele finden 1936 in Berlin statt; zum Ärger Hitlers siegt der farbige Jesse Owens (1913-80) mehrfach. In Spanien bricht der Bürgerkrieg (1936-39) aus. Es ist das Todesjahr von König Fuad von Ägypten (geb. 1868), dem Philosophen Miguel de Unamuno (geb. 1864), Federico García Lorca (geb. 1898) und Rudyard Kipling (geb. 1865).

10

1) König Georg V. und Königin Maria von Teck mit den Kindern Eduard und Mary auf einem Foto aus dem Jahr 1913. Während des Ersten Weltkriegs gab er den Namen des Hauses Sachsen-Coburg-Gotha auf, den er von seinem Großvater, Prinzgemahl Albert, übernommen hatte, und nahm den des englischen Hauses Windsor an.
2) Eduard auf einem Foto von Cecil Beaton am Tag der Hochzeit. 40 Jahre lang galt Eduard als bestgekleideter Mann der Welt.
3) Herzog und Herzogin von Windsor mit ihren Hündchen 1954 an Bord der *Queen Elizabeth*. Über seinen zum König gekrönten Bruder sagte Eduard in der Rundfunkansprache, in der er seinen Abschied erklärte: "... er hat auch unglaubliches Glück, ... das mir nicht beschieden ist – nämlich ein glückliches Heim mit Frau und Töchtern".
4) Eduard in einer englischen Fabrik.
5) Sea Bird gewinnt 1965 den Grand Prix de l'Arc de Triomphe, ein Pferderennen, das der herzoglichen Familie von Windsor am Herzen lag.
6) Wallis Warfield, aufgenommen von Beaton, 1937. Sie trägt den von Cartier entworfenen Verlobungsring aus Platin mit einem 40karätigen Smaragd.
7) London, 12. Mai 1937. Die Prunkkarosse bringt den bisherigen Herzog von York, Georg VI., nebst Gattin Elizabeth zur Krönungszeremonie.
8) Windsor, 31. Mai 1972. Die Royal Air Force hält Totenwache für den Herzog von Windsor.
9) Frankreich, 3. Juni 1937. Der Herzog und die Herzogin von Windsor an ihrem Hochzeitstag in einem Schloß bei Tours, aufgenommen von Beaton.
10) Eduard VIII. auf einer Briefmarke.

PABLO PICASSO
malt *Guernica*

Pablo Ruiz Picasso wird 1881 in Malaga geboren. Sein Vater, ein Zeichenlehrer, erzieht ihn zu Hause. Von 1895 an lebt er samt Familie in Barcelona, das seine Kunst nachhaltig prägt. Ab 1900 hält er sich oft in Paris auf und läßt sich dort 1904 nieder – er hat seine Stadt gefunden. Erst im Alter zieht er an die Côte d'Azur. Als er 1973 stirbt, wird er als größter Künstler des Jahrhunderts verehrt. Vielfältig seine Schaffensperioden: Nach der Jahrhundertwende ist es zunächst die "blaue", dann die "rosa Periode", gefolgt von der primitivistischen Phase; ab 1907 wendet er sich dem analytischen, später dem synthetischen Kubismus zu; gegen 1920 folgen eine Rückkehr zu gegenständlicherer Malerei, die klassische Periode und schließlich der Stil, den man den "typischen Picasso" nennt. Verblüffend ist Picassos Fähigkeit, rasch Kontakte zu wichtigen Personen zu knüpfen, darunter Kunsthändler, Galeristen und Sammler wie Vollard, Kahnweiler, Leo und Gertrude Stein; Vertreter neuer Strömungen, so Toulouse-Lautrec, Gauguin, van Gogh, Seurat, Cézanne; große zeitgenössische Maler, etwa Matisse und van Dongen, Gris, Braque und Soutine, oder Schriftsteller wie Apollinaire, Cocteau und Éluard. Berühmt sind seine intellektuelle Unersättlichkeit, seine Ausdruckskraft und die Fähigkeit, eigene und fremde Ideen voller Energie und mit großem Talent umzusetzen.

1

2

3

4

5

Unermüdlicher Schaffensdrang. Auch wenn solche Klassifizierungen unsinnig sind, behaupten viele, die größten Maler des 20. Jahrhunderts seien Picasso, Henri Matisse (1869-1954) und Wassily Kandinsky (1866-1944) – wobei Picasso als größter überhaupt gilt. Zweifellos war er als Maler, Bildhauer, Graphiker, Keramiker und Dekorateur unentwegt am Werk, und keins seiner Werke geriet belanglos. Eine breite Öffentlichkeit setzt die Kunst des 20. Jahrhunderts mit Picasso, mit seinem Stil gleich, hat er doch damit die dekorativen Künste bis hin zum Stoffdruck für Kleidung und Wandbehänge maßgeblich beeinflußt.

Liebe und Triebe.
Picasso hatte viele Frauen, zumeist treue Gefährtinnen, viele Kinder und viele Freunde. Doch er hat sie wenig geliebt. Sex – mit dem anderen Geschlecht und auch mit sadistischen Elementen, vor allem in der Zeit der Annäherung an den Freund Dalí und an die Surrealisten – aber blieb zeit seines Lebens eine starke Triebfeder. Noch im Alter malte er die Serie *Der Maler und sein Modell*, die eindeutige sexuelle Anspielungen enthält. Picasso war eine Naturgewalt.

Von Spanien beseelt. Obwohl er ein großer Meister der Pariser Schule ist und zur Hälfte Italiener, wie schon der von ihm gewählte ligurische Familienname mütterlicherseits verrät, ist Picasso im Grunde seines Herzens Spanier. Das zeigt sich weniger in den Bezügen auf Velázquez oder in den Themen der Corrida,

KUNST UND PROPAGANDA

1937 wird die baskische Kleinstadt Guernica durch einen Bombenangriff der Nazis, die im spanischen Bürgerkrieg den Falangisten Francos zur Seite stehen, dem Erdboden gleichgemacht. Während die von den Italienern in Äthiopien abgeworfenen Bomben kaum Beachtung finden, wird die Vernichtung Guernicas in ganz Europa als erste Bombardierung mit den Mitteln des modernen Kriegs angesehen. Der apolitische, doch patriotisch gesinnte Picasso ist über das Massaker zutiefst entsetzt und malt sein grauenerregendes Bild Guernica. *Dem Stil nach ein "typischer Picasso", sind die im Schrei weit aufgerissenen Münder und die zerfetzten Tiere und Menschen beispiellos. 1944 tritt der Maler der Kommunistischen Partei bei. Seine Friedenstauben und seine Mitwirkung bei internationalistischer und pazifistischer Propaganda, die von der Sowjetunion gefördert wird, erregen Aufsehen. Rußland entdeckt die große Wirkung der Künstler auf die Massen, und die Faschisten ziehen nach. Führende Intellektuelle stellen sich voll Überzeugung in den Dienst von Diktaturen. Doch mit der Zeit erstarren auch die menschenverachtendsten Diktaturen in Bürokratisierung. Viele Künstler ziehen sich zurück, manche wählen desillusioniert den Freitod. An ihre Stelle treten Scharen von Kunsthandwerkern. In den Prunkbauten der Sowjetmacht finden sich bis heute allüberall in Treppen, Fluren und Sälen Skulpturen und Gemälde, die Parteigrößen, Helden des Vaterlands oder die Symbole der Mächtigen verherrlichen.*

8

7

36 **1937** 1938 1939 1930 1931 1932 1933 193

9

6

"Es gibt Maler, die die Sonne in einen gelben Fleck verwandeln.
Es gibt aber andere, die dank ihrer Kunst und Intelligenz
einen gelben Fleck in die Sonne verwandeln."

Pablo Picasso

des Stieres und des Toreros (man denke an die berühmte Radierung *Minotauromachie*), als vielmehr darin, daß er sich immer wieder auf die Formen und Strukturen der katalanischen und kastilischen Landschaft bezieht und eine entschiedene, knappe, betont männliche und gewaltige Bildsprache benutzt.

1) 1952. Picasso mit Händen aus Brot, ein Foto von Robert Doisneau in der Villa La Galloise in Vallauris.
2) Picasso, *Mädchen mit Mandoline* (Fanny Tellier), 1910, Öl auf Leinwand.
4) Picasso, *Gitarre. Ich liebe Eva*, 1912, Tusche und Kreide auf Papier.
3) Picasso, *Sitzender weiblicher Akt, sich den Fuß trocknend*, 1921, Pastell auf Leinwand.
5) Picasso, Kostümentwurf für das Ballett *Le Triade* von Léonide Massine und Manuel de Falla, "Ein Wahnsinniger", 1919.
6) Picasso, *Minotauromachie*, 1935, Radierung.
7) Picasso, *Guernica*, 1937, Tempera auf Leinwand. Dieses Bild war Anlaß für die große Ausstellung im Jahre 1940, die Picasso an die Spitze der europäischen Malerei brachte.
8) Picasso, *Eule mit Frauenkopf*, 1951-53, Keramik. Die Keramiken von Picasso beeindrucken durch ihre Form und ihre außergewöhnliche Ausschmückung.
9) Picasso, *Knabe mit Languste*, 1941, Öl auf Leinwand.

FRANCISCO FRANCO
führt die nationalistischen Kräfte zum Sieg

Francisco Franco Bahamonde wird 1892 in Galicien als jüngster Sproß einer geschichtslosen Durchschnittsfamilie geboren. 1910 verläßt er die Militärakademie als Leutnant, dient 1912 als Freiwilliger in Melilla bei Spaniens Kolonialtruppen und geht 1920 zur Fremdenlegion; er eint Franzosen und Spanier im Kampf gegen Emir Abd El Krim (1881-1963), den Anführer der aufständischen Rifkabylen, und trägt wesentlich zum Sieg über die Rebellen bei. Mit 32 Jahren wird Franco General. Da er den Republikanern suspekt ist, wird er als Befehlshaber auf die Balearen geschickt, 1934 aber zurückgerufen, um den Bergarbeiterstreik in Asturien niederzuschlagen. Darauf ernennt man ihn zum Generalstabschef. Doch nach dem Sieg der Volksfront wird er auf die Kanarischen Inseln versetzt und so kaltgestellt. Spaniens Truppen in Marokko erheben sich gegen die Regierung; Franco stößt zu ihnen, schließt sich dem Putsch General Sanjurjo Sacaneles an. Am 1. September 1936 wird er zum Generalissimus und am 1. Oktober zum Staatschef der putschistischen Gegenregierung ausgerufen. Er läßt die Aufständischen aus Spanisch-Marokko per Luftbrücke herbeibringen und hält die Rechten im spanischen Bürgerkrieg mit eiserner Disziplin zusammen. Nach dessen Ende bleibt der Diktator bis zu seinem Tod 1975 an der Macht, die dann seiner Festlegung gemäß auf den König übergeht.

2

4

1934 1935 1936 1937 **1938** 1939 1940 1931 1932 1933 1934 1935 1931 1932 1933 1934 1935 1936 1937 **1938** 1939 1940 1931 1932 1933 1934

1

3

"Ihr müßt jeden Gedanken und jede Ideologie zum Wohle der Nation und für den Frieden im Vaterland opfern."

Franco bei einer Ansprache an der Militärakademie von Saragossa, 1931.

Die Falange. Die faschistische Bewegung "Falange Espanola" wurde 1933 von José A. Primo di Rivera gegründet. Er war Sohn des Generals Miguel Primo de Rivera (1870-1930), den Alfons XIII. nach dem Staatsstreich von 1923 zum Chef der Militärdiktatur ernannt und 1930 wieder abgesetzt hatte. Seit 1939 ist die Falange Staatspartei mit antikommunistischen, nationalistischen, korporativistischen Prinzipien und einer recht vagen Sozialrhetorik. Ihr Niedergang beginnt nach dem Tod Francos, der die Rolle der Partei bei der Machtablösung nicht festgelegt hatte.

Das Blutvergießen. Der spanische Bürgerkrieg ist einer der blutigsten Kriege des Jahrhunderts. Die Republikaner zerfleischen sich in mörderischen Bruderkämpfen, während Stalin die angeforderte Unterstützung verweigert. Der Kampf gegen die reaktionäre, landbesitzende Kirche führt zu Gewalttaten gegen Priester, Mönche, Heiligenstatuen und Kirchenschätze. Die Unterstützung durch anarchistisch gesonnene ausländische Intellektuelle und Künstler zeugt zwar von Edelmut, bleibt aber wirkungslos. Francos Anhänger nehmen immer mehr Städte ein und gehen in den vorwiegend "roten" Regionen mit furchtbarer Grausamkeit und Massenerschießungen vor.

Nicht nur mit der Garrotte. Nachdem der Krieg gewonnen ist, geht die Unterdrückung durch Francos Regime weiter; bis in die sechziger Jahre werden Todesstrafen mit der Garrotte, die die Halswirbel bricht, vollstreckt. Aber die Regierung ist eher gemäßigt. Franco wiegelt Rachegelüste der Falangisten ab, kontrolliert die Kirche durch Auswahl der Bischöfe, entmachtet die reaktionäre Oberschicht und fördert den Kapitalismus städtischer Prägung. In Erwartung des baldigen Ablebens des greisen Diktators atmet Spanien in den siebziger Jahren allmählich auf; der Übergang danach vollzieht sich unerwartet fließend.

DAS FRANCO-REGIME

6

Seit sich im 19. Jahrhundert Königshaus und Angehörige der Oberschicht auf der einen und reformistische Liberale und Militärs auf der anderen Seite bekämpften, haben Staatsstreiche unter Führung des Militärs in Spanien Tradition. Der in Marokko angezettelte Putsch richtet sich gegen die Volksfront-Regierung liberal-sozialistischer Prägung, die auch kommunistische und anarchistische Minderheiten vertritt. Ausgeführt wird der Putsch mit Hilfe der Falange. Während des Bürgerkriegs unterstellt Franco die Falangisten taktisch geschickt dem Militär. Eiskalt berechnend und klug taktierend gewinnt er Schritt für Schritt an Terrain, übergibt die Kontrolle der eroberten Gebiete an das Militär und baut so seine persönliche Vormachtstellung aus. Die demokratischen Länder Europas unterstützen die als Kommunisten verunglimpften Republikaner nicht und dulden es lediglich, daß sich Freiwillige auf der Seite der Regierungstreuen am Kampf beteiligen. So gibt am Ende die militärische Hilfe, die Italien und vor allem Deutschland den Putschisten gewähren, zu deren Gunsten den Ausschlag. Franco unterstützt die Achsenmächte seinerseits, indem er 1939 den Anti-Komintern-Pakt unterzeichnet, aber bei seinen Treffen mit Hitler in Hendaye (1940) und mit Mussolini in Bordighera (1940) lehnt er den Einsatz spanischer Stützpunkte im Feldzug gegen Gibraltar ab und hält sich so aus dem Krieg heraus. Allerdings gestattet er 1942 Freiwilligen aus der "blauen Division", gegen die Sowjetunion in den Kampf zu ziehen. Mit den Verfassungsänderungen von 1945 und 1947 entmachtet er die Falange – obwohl er Spanien zu einem "katholischen und sozialen" Staat erklärt – und ernennt sich selbst zum Staatschef, dem, unterstützt durch einen Beraterstab, die Regierungsgeschäfte obliegen. Seine Neutralität und seine antikommunistische Haltung belohnen die USA durch die Wirtschafts- und Militärabkommen von 1953 und die Zustimmung zum UNO-Beitritt Spaniens im Jahr 1955, der die Verurteilung Franco-Spaniens aus dem Jahr 1946 endgültig aufhebt.

5

8

9

1931 1932 19

1) August 1936. In Tocina bei Sevilla stellen die Falangisten "Rote" vor ihrer Exekution entlang der Hauswände auf.
2) Francisco Franco im reifen Alter.
3) Mit dem Plakat *Aidez l'Espagne* fordert Joan Miró (1893-1983) im Jahr 1937 zur Unterstützung des Kampfes gegen Franco auf. Die meisten bedeutenden spanischen Intellektuellen und Künstler sind wie auch die Konservativen mit Francos Putsch nicht einverstanden. Viele gehen ins Exil.
4) 25. Oktober 1938. Verabschiedung der Freiwilligen der internationalen Brigaden in der Nähe von Barcelona.
5) 1937. Guernica liegt nach der Bombardierung durch die Legion Condor in Schutt und Asche.
6) Die faschistische Luftwaffe bombardiert Madrid.
7) Toledo. Das Foto von Robert Capa zeigt einen von einem Maschinengewehr getroffenen Milizionär auf einem Baum.
8) Madrid 1964. Rechts von Franco Juan Carlos I. von Bourbon, Sohn des Thronprätendenten Don Juan, Graf von Barcelona, bei der Parade zum 25jährigen Jubiläum von Francos Sieg.
9) Ein spanischer Kalender aus dem Jahr 1939.

7

1939

PIUS XII.
heißt der neue Papst

Eugenio Pacelli, Sohn eines vom Papst zum Marchese erhobenen Konsistorialanwalts, wird 1876 in Rom geboren. 1899 erhält er die Priesterweihe und macht bald in der Kirche Karriere. Einige Jahre lang lehrt er an der Päpstlichen Akademie für adlige Geistliche und wird 1914 Sekretär der Kongregation für kirchliche Angelegenheiten. Nach der Weihe zum Titularerzbischof von Sardi 1917 wird er als päpstlicher Nuntius für Bayern nach München entsandt und 1920 zum Nuntius für das Deutsche Reich in Berlin befördert: Die Konkordatsverträge mit Bayern (1924) und Preußen (1929) sind sein Werk. Er empfängt den Kardinalshut, und Pius XI., der in ihm seinen Nachfolger sieht, ernennt ihn zum Kardinalstaatssekretär. Am 2. März 1939 wird er tatsächlich zum Papst gewählt und nimmt den Namen Pius XII. an. Als Papst läßt er im Lauf der Jahre oft Stellen im Kardinalskollegium unbesetzt (Ernennungen nimmt er nur 1945 und 1952 vor), ebenso an der Spitze der vatikanischen Kongregationen. Im Heiligen Jahr 1950 verkündet er das Dogma von der Himmelfahrt Mariens sofort nach dem Tod. Darauf ruft er zwei "marianische" Jahre aus und läßt Nachbildungen der "Madonna pellegrina" (der wallfahrenden Madonna) in alle Pfarrgemeinden bringen und durch Straßen tragen. Er spricht Maria Goretti, Märtyrerin der Jungfräulichkeit, und Pius X. heilig. 1958 stirbt er nach langer, schwerer Krankheit.

3

4

33 1934 1935 1936 1937 1938 **1939** 1940 1931 1932 1933 1934 1935 1936 1937 1938 **1939** 1940 1931 1932 1933 1934 1935 1936 1933

1

2

5

"Pius XII. kümmerte sich sogar um die Inszenierung seiner öffentlichen Auftritte und studierte genau ein, wie er der Menschenmenge am besten entgegentrat."

Andrea Riccardi

Tradition. Laut Pius XII. müssen Priester bei ihrer Kirche bleiben, in Fabriken haben sie nichts zu suchen. Die Theologie ist unveränderlich; gegen neue Ansätze spricht er sich in der Enzyklika "Humani generis" von 1950 aus. Der Papst ist unfehlbar. Auch die Sexualmoral ist unveränderlich: keine Scheidung oder Verhütungsmittel, kein außereheliches Zusammenleben, von anderen Verirrungen ganz zu schweigen.

Barmherzigkeit. Zwischen 1939 und 1941 setzt sich Pius XII. beständig für Abrüstung ein. Er betont das Lebensrecht der Nationen und das Recht auf Freiheit für alle, vor allem für die Kirche. Er baut die katholischen Wohlfahrtseinrichtungen aus und tritt, nicht selten im geheimen, für Gefangene, Verurteilte, in Gefahr geratene Juden und Widerstandskämpfer sowie Opfer von Bombenangriffen ein.

CHARISMA

Pius XII. ist groß und schlank, stets elegant und polyglott. Er kennt die Strukturen der Macht sehr gut und weiß um den Wert der Formen, handelt äußerst besonnen und läßt nur wenige an sich heran. Dieser Mann ist nach dem Tod Kardinal Magliones Herrscher über die Kirche und die katholische Welt. Da seine theologische Ausbildung lückenhaft ist, zieht er den Dominikanerpater Cordovani (der 1950 stirbt) und den konservativen Kardinal Ottaviani zu Rate. Er ist schüchtern und zeigt sich gern gefällig, braucht viel Zeit, um eine Entscheidung zu treffen, und meidet deshalb nach Möglichkeit die persönliche Begegnung. Audienzen gewährt er eher selten – egal, ob es sich dabei um solche "unter vier Augen" oder die vom Protokoll vorgeschriebenen für die Oberhäupter der Kongregationen oder Bischöfe handelt. Er will sich nicht unter Druck setzen lassen. Aus dem Staatssekretariat macht er eine Art Regierungszentrale, und Regierungschef ist er selbst. Nichts darf ohne seine Zustimmung entschieden werden. Und er spricht über alle nur erdenklichen Themen: bei großen öffentlichen Audienzen, vom Fenster seines Palastes aus, über Rundfunk (nicht zufällig läßt er den vatikanischen Sender ausbauen), in Fernsehübertragungen und in Dokumentarfilmen, die in Kinos gezeigt werden. Überall auf der Welt findet seine Erscheinung Beachtung: In weiße Gewänder gehüllt, mit Augen, die durch seine Brillengläser riesengroß erscheinen, auf dem päpstlichen Stuhl oder in der Sänfte, von Palmwedeln umfächelt, inmitten von Wachsoldaten der Schweizergarde, Adligen, roten und violetten Mänteln von Prälaten und Würdenträgern des Hofs, strahlt er ein seltenes Charisma erhabener Würde aus und verkörpert so einen auf der ganzen Welt geachteten priesterlichen Wert.

8

9

936 1937 1938 **1939** 1940 1931 1932 1933

1938 **1939** 1940 1931 1932 1933 1934 1935 1936

7

L'OSSERVATORE ROMANO

6

Nationalsozialisten und Kommunisten. Es gibt keinen Text von Pius XII., in dem er den Faschismus, das Franco-Regime oder das Dritte Reich ausdrücklich – wenigstens für die schlimmsten Verbrechen – verurteilt. Hingegen bringt der Papst in der Nachkriegszeit seine antikommunistische Haltung in Wort und Tat erstaunlich drastisch zum Ausdruck, indem er unter anderem alle Kommunisten und deren Verbündete exkommuniziert. In die Politik greift die Kirche zugunsten katholischer Parteien ein.

Alter und Krankheit. Für ihn selbst und die Kirche ist das lange Siechtum des tödlich erkrankten Pius XII. nur schwer zu ertragen. Alt, geschwächt und isoliert, ist er der Kamarilla, die sich um ihn herum gebildet hat, hilflos ausgeliefert: der Haushälterin, den Verwandten, dem Arzt, einigen Kardinälen und Würdenträgern des Vatikans. Die Fotos des in der päpstlichen Villa in Castel Gandolfo im Sterben Liegenden werden verkauft und veröffentlicht.

1) Pius XII. im Prunk des päpstlichen Hofs.
2) Die "Madonna pellegrina" in einer römischen Wohnung im Juni 1954
3) Offizielles Foto von Pius XII. mit der Papstkrone.
4) 1939. Eine Postkarte mit dem Bild des neuen Papstes.
5) 1955. Pius XII. spaziert allein duch die vatikanischen Gärten. Einem nie dementierten Gerücht zufolge soll er dort Visionen gehabt haben.
6) Dezember 1939. Der *Osservatore romano*, die Zeitung des Vatikans, berichtet über den ungewöhnlichen Besuch Pius' XII. bei Viktor Emanuel III. im Quirinalspalast, der bis 1870 Sitz der Päpste gewesen war, danach bis 1946 königlicher Palast war und heute Sitz des italienischen Staatspräsidenten ist.
7) Pius XII. setzt einem soeben ernannten Kardinal das Kardinalsbarett auf. Das Konsistorium, die Plenarversammlung der Kardinäle unter Vorsitz des Papstes, leitete mit dem Papst zusammen die Kirche, bis Pius IX. im I. Vatikanischen Konzil (1870) das Primat des Papstes durchsetzte.
8) 1943. Einer der höchst seltenen Momente, in denen der Papst den Vatikan verließ, in diesem Fall, um bombardierte Viertel Roms zu besuchen.
9) Pius XII. neben dem Käfig mit seinen Kanarienvögeln.

WINSTON CHURCHILL

führt Großbritannien durch den Krieg

Winston Leonard Churchill kommt 1874 zur Welt. Er wird im Internat von Harrow erzogen und besucht die Kadettenanstalt Sandhurst. Als Kavallerieleutnant kämpft er in den Kolonien und arbeitet als Korrespondent für die *Morning Post*. Im Jahre 1900 wird er ins Unterhaus gewählt. Als Erster Lord der Admiralität (1911-15) plant er die Landung in Gallipoli, die am türkischen Widerstand scheitert. 1918 wird er Verteidigungsminister und beginnt seine Kampagne gegen Sowjetrußland. Im Jahr 1922 verliert er seinen Sitz im Unterhaus, gewinnt ihn aber 1924 zurück und wird erneut Minister. 1927 äußert er sich lobend über Mussolini und scheint 1929 bis 1939 politisch am Ende. Er geißelt Sowjets, Nazis und den Pazifismus mit scharfen Worten. Am 3. September 1939 tritt er erneut an die Spitze der Admiralität und wird am 10. Mai 1940 Premierminister. Er überzeugt USA und UdSSR von der Notwendigkeit, ihrerseits in den Krieg einzutreten. In Casablanca legt er mit Roosevelt die bedingungslose Kapitulation als Ziel fest, dessen Erreichen soviel Blutvergießen kosten wird. Am 4. Juni 1945 erklärt er die Labour-Politik als unvereinbar mit der Demokratie, doch England stimmt im Monat darauf für Labour, so daß er bei den Friedensverhandlungen nicht einmal als Sieger auftreten kann. Von 1951-55 ist er erneut Premierminister. Er stirbt im Jahre 1965.

1

2

4

1934 1935 19 193 1932 1933 1934 1935 1936 1937 1938 1939 **1940** 1931 1932 1933 1934 1935 1936 1937 1938 1939 **1940** 1931 1932 1933 1934 1

3

5

Die Familie. Winston hat eine verständnisvolle Frau und oft kritisierte Kinder und entstammt einer namhaften Familie. Sie geht zurück auf John (1650-1722), den ersten Herzog von Marlborough, einen geldgierigen Mann der Politik und des Militärs, der mit der von ihrer Herrin Anna, der letzten Königin aus dem Hause Stuart, sehr geschätzten Kammerzofe verheiratet war. Der Vater Sir Winstons ist Lord Randolph, ein Disraeli nahestehender Politiker und der jüngste Sohn des siebten Herzogs von Marlborough. Seine Mutter ist Amerikanerin.

Der Schriftsteller. Wie sein "Rivale" de Gaulle ist Churchill überzeugender Redner und produktiver Autor. Berühmt sind seine Werke über den Ersten Weltkrieg (1923-31) und den Herzog von Marlborough (1932-38) sowie das umfassende Werk über den Zweiten Weltkrieg (1948-54). 1953 erhält er den Nobelpreis für Literatur.

Gipfeltreffen. Die strategischen Entscheidungen im Zweiten Weltkrieg erfordern persönliche Treffen der Alliierten. Heute spricht man von Gipfeltreffen, damals von Konferenzen. Die "großen Drei" sind der Präsident der USA – erst Roosevelt, dann Truman (1884-1972) –, der britische Premierminister und der Generalsekretär der KPdSU, Stalin. Faktisch gehört auch de Gaulle, der Führer der französischen Exilregierung, zu den

BLUT UND TRÄNEN

Sir Winston Churchill ist wie ein Löwe: mutig, träge, stark und ein erbitterter Kämpfer. Er raucht und trinkt viel, ist in Geschichte und Geographie bewandert, ein Experte für Wirtschaft und Kriegsführung – und etwas exzentrisch. Vor allem hat er ein ausgezeichnetes Gedächtnis und Ideen, die er durchsetzen will. Er ist der Held des britischen Reiches. Kommunismus und Sozialismus haßt er. Er haßt auch Aufsteiger wie Hitler und liebt die Deutschen sowieso nicht; bei Ausbruch des Ersten Weltkriegs ist er vierzig und befehligt die britische Marine. Grenzenlos ist dagegen seine Liebe zum Vaterland, zum guten König Georg VI. und zum englischen Weltruhm. Während des Krieges ist er unermüdlich. Zwar schläft er morgens lange, aber dafür erledigt er nachmittags und nachts schiere Berge von Arbeit. Ist damit die treibende Kraft der Alliierten. So drängt er die USA zum Kriegseintritt gegen Deutschland und Japan. Er ist überall dort, wo man ihn mit Rat oder Tat braucht. Er überzeugt die Vertreter der übrigen Alliierten und ihre Völker davon, daß zwar schreckliche Prüfungen bevorstünden, der Sieg aber sicher sei – und der müsse um jeden Preis errungen werden. In Fragen der Ehre kann er empfindlich reagieren, aber wenn es nötig ist, überläßt er, ohne mit der Wimper zu zucken, das Oberkommando im Westen Eisenhower und in Fernost MacArthur (1880-1964). Er verspricht Blut, Schweiß und Tränen, Ehre und den Sieg, wie Kipling sagt. Die halbe Welt fühlt mit ihm, als die Engländer ihn 1945 ins Abseits stellen, weil für sie die Sozialpolitik der Labour-Partei vordringlich ist. Aber er gibt nicht auf, und in seinen rhetorisch brillanten Reden in Fulton (USA, März 1946) und Zürich (September 1946) lanciert er den Ausdruck "Eiserner Vorhang" und ruft zum Kampf gegen den Kommunismus und Stalin auf. Dabei ist er sich der Tatsache nicht bewußt, daß er selbst sein Vaterland in ein Unternehmen geführt hat, aus dem Rußland als Großmacht hervorgehen und Großbritannien viel von seiner Bedeutung in der Welt verlieren sollte.

8

6

7

9

"Zu siegen, darauf kommt es an, denn ohne Sieg gibt es kein Leben. Ich habe nur Blut, Schweiß, Mühsal und Tränen anzubieten. Wenn nötig, auch jahrelang; wenn nötig, auch im Alleingang."

Winston Churchill

"Großen". Auf den Konferenzen von Teheran (Nov. 1943), Jalta (Feb. 1945) und Potsdam (Juli 1945) wird über die Aufteilung der Welt entschieden.

Der Maler. Wie Hitler malt Churchill gern und sogar mit etwas mehr Talent. Nach dem Krieg verbringt er den Sommerurlaub zuweilen an den oberitalienischen Seen. Er raucht seine Zigarre, liest oder malt an der Staffelei. Viele behaupten, er sei nur gekommen, um nach seinen Briefen in den verschwundenen Unterlagen Mussolinis zu suchen.

1) 1913. Winston Leonard Spencer-Churchill als Oberster Lord der Admiralität (Minister für das Flottenwesen).
2) Lord Randolph Spencer-Churchill, ein einflußreicher Politiker, jüngster Sohn des siebten Herzogs von Marlborough und Vater Winstons.
3) Mai 1944. König Georg VI. – rechts von ihm Churchill – empfängt die Premierminister des Britischen Empire im Buckingham Palace.
4) Sir Godfrey Kneller, *Portrait des ersten Herzogs von Marlborough*, zeitgenössische Darstellung des raffgierigen Politikers und Generals John Churchill.
5) 1942. Ein Plakat Henry Guignons, auf dem Churchill als zähe englische Bulldogge dargestellt ist.
6) Das Magazin *Life* zeigt Churchill wiederholt auf dem Titelblatt.
7) London, Juli 1945. Churchill in der Downing Street mit den führenden Mitgliedern des Generalstabs.
8) Berlin, 17. Juli 1945. Nach einer Besichtigung verläßt Churchill den Führerbunker unter der Reichskanzlei.
9) London, 11. Mai 1943. Churchill nach einem deutschen Bombenangriff vor den Trümmern des Parlaments.

1941 1950

Erwin Rommel

Wernher von Braun

Walt Disney

Anne Frank

Ho Tschi-minh

Rita Hayworth

Charles de Gaulle

Le Corbusier

Konrad Adenauer

Dwight Eisenhower

Kein Kampf in der Geschichte hat jemals solch weltumfassende Ausmaße angenommen wie der Krieg zwischen dem 1. September 1939, als die Militärkolonnen der deutschen Nationalsozialisten nach Polen einmarschieren, und dem 2. September 1945, dem Tag der Kapitulation Japans. Mit Ausnahme Amerikas werden alle Kontinente, insbesondere Europa und Asien, zum Kriegsschauplatz. Die Bilanz des Grauens: zwischen 12 und 15 Millionen Tote in der Sowjetunion, sieben Millionen deutsche, etwa 450.000 britische und ebenso viele italienische Opfer, 300.000 gefallene Amerikaner und 260.000 Franzosen. In den Ländern, in denen gekämpft wird, gibt es häufig mehr Tote unter Zivilisten als unter Soldaten. Noch jahrelang fordern furchtbare Verwundungen und Verstümmelungen, die Folgen des Hungers und die Entbehrungen in den Konzentrationslagern ihren Tribut. Auch rund um den Pazifik richtet der Krieg unter Japanern, Chinesen und den

Die Explosion einer "Versuchsatombombe", die am 25. Juli 1946 von einem US-Bomber auf das Bikini-Atoll (Marshall-Inseln) abgeworfen wurde. Anfangs wurden die Atombombenversuche ohne jegliche geeignete Vorsichtsmaßnahmen für Bevölkerung und Soldaten, aber auch für militärische Beobachter und Wissenschaftler durchgeführt.

aus "strategischen Gründen" unterworfenen Völkern ein Blutbad an. Furchtbar sind ebenso die Verluste in den Commonwealth-Staaten, Kolonialtruppen, besetzten Staaten, in Reihen der Widerstandskämpfer und aus Vergeltung Hingerichteten. Nicht zu reden von dem grauenvollen Gemetzel aus rassischen Gründen, angefangen beim Völkermord an Juden und Zigeunern. Auch die letzten militärischen Greueltaten, der Abwurf der ersten Atombomben auf Hiroshima und Nagasaki am 6. und 9. August 1945, bringen keinen unbeschwerten Frieden, sondern lassen die neue Angst vor der Atombombe entstehen. Bei einer Rede am Westminster College in Fulton (Missouri) am 5. März 1946 bezeichnet Churchill die UdSSR, das Land hinter dem "Eisernen Vorhang", als Erzfeind der Freiheit und erklärt den kalten Krieg zur moralischen Pflicht der Länder mit freiheitlicher Verfassung. 1949 kommen in China die Kommunisten an die Macht, und auch die UdSSR ist jetzt im Besitz der Atombombe. Mehr als eine Generation des 20. Jahrhunderts ist im Schatten dieses Schreckens und dieser Bedrohung aufgewachsen.

KINDER, JUGENDLICHE, FRAUEN UND ALTE – NOCH NIE IN DER GESCHICHTE SIND UNSCHULDIGE EINER SOLCH UNERMESSLICH GRAUSAMEN PRÜFUNG UND SOLCH SCHRECKLICHEM LEIDEN AUSGESETZT GEWESEN. GANZE VÖLKER LEIDEN UNTER HUNGER, DURST, KÄLTE, GEWALT, SCHRECKEN SOWIE DER ANGST VOR VERSCHLEPPUNG UND ZERSTÖRUNG. WER NACH DEM ZWEITEN WELTKRIEG IN DEN GEBIETEN, IN DENEN GEKÄMPFT WURDE, NOCH AM LEBEN IST, IST EIN HELD.

Der im August 1939 zwischen Hitlers Außenminister Joachim von Ribbentrop (1893-1946) und Stalins Außenminister Wjatscheslaw Molotow (1890-1986) ausgehandelte deutsch-sowjetische Nichtangriffspakt sichert Deutschlands Einfluß im östlichen Europa. Es ist zwar richtig, daß Hitler mit dem Einmarsch in Polen den Krieg beginnt, aber bereits im Oktober wird Polen zwischen Deutschland und der UdSSR aufgeteilt, die sich ihrerseits zunächst auch noch Lettland, Estland und Litauen aneignet, danach Bessarabien, die Nord-Bukowina und einen Teil Finnlands besetzt. Zu dieser Zeit sind die Deutschen nach Belgien, Norwegen und Dänemark vorgedrungen, besetzen Frankreich, marschieren 1941 in Jugoslawien und Griechenland ein und landen auf Kreta. 1941 ist ein verhängnisvolles Jahr. In einem Anfall von Wahnwitz befiehlt Hitler am 22.6.1941 den Überfall auf die UdSSR. Am 19. Oktober dringen die Deutschen bis in die Nähe von Moskau vor, das eingenommen zu werden droht. Am 7. Dezember wiederholt sich der Wahnsinn im Pazifik, wo Japan unvermittelt die amerikanische Militärbasis in Pearl Harbor bombardiert. Im Februar 1942 nimmt Japan Singapur ein, im März erobert es die Philippinen. Die Achsenmächte gewinnen überall die Oberhand, bis im November Bernhard Law Montgomery (1887-1976) die italienischen und deutschen Truppen in der Schlacht bei El Alamein in Ägypten besiegt, Tripolis und Tunesien einnimmt (1943) und die Alliierten in Algerien und Marokko landen. Aber die erste große Niederlage müssen die Achsenmächte in Rußland einstecken. Am 3. September 1942 beginnt die furchtbare Kesselschlacht um Stalingrad, bei der die russische Gegenoffensive von Georgi Schukow

1

3

2

4

1| Schlafen in Stalingrad. 2| Monte Cassino, vor und nach der Bombardierung. 3| Landung der Alliierten in der Normandie. 4|

(1896-1974) angeführt wird, der Generalfeldmarschall Paulus (1890-1957) im Februar 1943 zur Kapitulation zwingt.

Im Juli 1943 landen die Alliierten auf Sizilien. Mit einem Staatsstreich setzt König Viktor Emuanuel III. Mussolini ab und schafft mit seinen unfähigen Generälen die

5

6

8

10

sbrand. | Sowjetische Propaganda. 6| Harry Truman. 7| Hiroshima. 8| Göring in Nürnberg. 9| Enrico Fermi. 10| Vorzüge der Lambretta.

Voraussetzungen für die Aufteilung Italiens zwischen Deutschen und Alliierten. Als die Deutschen in Monte-Cassino den Vorstoß der Alliierten aufhalten, bombardieren die alliierten Streitkräfte das Kloster und machen die einstige Keimzelle des Benediktinerordens mit beispielloser Skrupellosigkeit dem Erdboden gleich.

7

Am 6. Juni 1944 beginnen die Alliierten mit 6.700 Kriegsschiffen, 14.600 Jagdflugzeugen und Bombern und 86 Divisionen vom Meer her ihren Angriff auf die nordfranzösische Halbinsel Cotentin.

Auf der anderen Seite Europas besetzt die Rote Armee Polen, Rumänien, Bulgarien sowie Ungarn und rückt nach Deutschland und Österreich vor. Kommunistische Partisanen unter Tito befreien Jugoslawien, griechische zetteln den Bürgerkrieg zwischen Kommunisten und Monarchisten an. Im April 1945 erobert die Rote Armee Berlin. Am 30. April bringt sich Hitler um. Zwei Tage zuvor war Mussolini auf der Flucht in die Schweiz von Partisanen getötet worden.

Im Februar 1945 teilen Roosevelt und Stalin bei der Konferenz von Jalta die Welt auf. Churchill ist kaum mehr als ein Beobachter. Das enge Verhältnis zwischen USA, der UdSSR und Großbritannien, in der Propaganda hoch gelobt, bröckelt bereits.

Auf der Konferenz von Jalta wird auch die Gründung der Vereinten Nationen beschlossen und am 26. Juni 1945 in San Francisco mit der Unterzeichnung ihrer Charta besiegelt. Im UN-Sicherheitsrat sollen fünf von elf Staaten ständige Mitglieder mit Vetorecht sein.

Der Krieg im Pazifik ist durch den Abwurf der ersten Atombomben praktisch beendet. Selbst der japanische Stolz ist durch das Grauen der Katastrophe besiegt.

Auf Veranlassung der Siegermächte werden Anführer der Besiegten durch internationale Militärgerichte in Deutschland und Japan abgeurteilt. Bei den Nürnberger Prozessen werden die deutschen "Hauptkriegsverbrecher" zur Verantwortung gezogen. Im Oktober 1946 werden zwölf davon zum Tode verurteilt. Am 23. Dezember 1948 erklärt das Gericht in Tokio alle Regierungen Japans seit 1928 für schuldig am Ausbruch des Krieges.

9

Die schrecklichen Ereignisse haben Folgen für so manchen. Gefolgsleute des Nationalsozialismus und des Faschismus werden zur Rechenschaft gezogen. Der 1945 als Kollaborateur zum Tode verurteilte französische Schriftsteller Robert Brasillach sagt noch: "Ich habe in Deutschland gelebt und es geliebt." Zur selben Zeit wird Enrico Fermi (1901-54), der 1942 mit dem Bau des ersten Kernreaktors der Atombombe Tor und Tür geöffnet hat, von seiner Verzweiflung schier zerrissen. In Italien entsteht der neorealistische Film.

Das Jahr 1947 ist eines, in dem für die Mode Christian Diors viel Stoff erforderlich ist. Der US-Außenminister General George C. Marshall schlägt im "Marshallplan" wirtschaftliche Hilfe für das nichtkommunistische Europa vor. 1948 ist das Jahr der Olympischen Spiele in London. 1949 wird die NATO ins Leben gerufen, und 1950 bricht der Koreakrieg aus. Zwar beginnt die Zeit des kalten Kriegs, aber junge Leute fahren nun schon auf Motorrollern zum Stelldichein.

1941

ERWIN ROMMEL
führt in Nordafrika Krieg gegen die Alliierten

Erwin Johannes Rommel wird 1891 als Sohn kleiner Leute in Württemberg geboren. Als Berufsoffizier erhält er im Ersten Weltkrieg das Eiserne Kreuz erster Klasse verliehen. Nun Mitglied der NSDAP, wird er 1939 Kommandant des Führerhauptquartiers. Im Mai 1940 durchstößt er als Kommandant einer Panzerdivision in Frankreich die Ardennen bei Cambrai, erbeutet dabei 100 Panzer und macht 10.000 Gefangene. 1941 wird er als Kommandeur des Deutschen Afrikakorps nach Libyen entsandt, zur Unterstützung in Bedrängnis geratener italienischer Truppen. Im März 1942 starten Italiener und Deutsche eine Offensive und dringen bis nach El Alamein im Nildelta vor. Dort scheitert Rommel an der erdrückenden Überlegenheit britischer Truppen unter Montgomery. Im Mai folgt die Kapitulation der Achsenmächte in Afrika. Vom 25. Juli bis 8. September kommandiert Rommel die deutschen Streitkräfte in Norditalien. Im November wird er nach Frankreich an die Atlantik- und Kanalküste geschickt und im Januar 1944 zum Oberbefehlshaber der Truppen gegen die befürchtete Invasion der Alliierten gemacht, die er aufgrund unzureichenden Nachschubs und unsinniger Befehle Hitlers allerdings nicht aufhalten kann. Bei einem Fliegerangriff am 17. Juli 1944 wird er schwer verletzt und danach zur Gesundung in Heimaturlaub geschickt. Am 14. Oktober tötet er sich unter dem Druck Hitlers selbst.

2

1

3

5 1946 1947 1948 1949 1950 **1941** 1942 1943 1944 1945 1946 1947 1948 1949 1950 **1941** 1942 1943 1944 1945 1946 1947 19… 1944

General Patton. Während der Eroberung Siziliens (Juli/August 1943) und bei der Befreiung Frankreichs gibt es einen zweiten General, der sich durch den geschickten Einsatz von Panzern hervortut: Der Amerikaner George Smith Patton (1885-1945), auch für seine Arroganz bekannt.

Der Herzog von Aosta. Die Deutschen verlieren ihre afrikanischen Kolonien im Ersten Weltkrieg, während die Italiener, die schon Eritrea, Somalia und Libyen besaßen, auch noch Abessinien (heute Äthiopien) erobern, allerdings in einem Krieg (1935-36), der ihre geringen Kriegsmittel aufreibt. Kommandeur der italienischen Truppen in Ostafrika ist während des Zweiten Weltkrieg Amedeo von Savoyen, Herzog von Aosta, der den weit überlegenen britischen Streitkräften 1941 am Ende nichts mehr entgegensetzen kann. Nach letztem, sinnlosem Widerstand am Amba Alagé stirbt er in Gefangenschaft. Wie Rommel ist auch er ein glückloser Held.

Selbstmord. Rommel beteiligt sich zunächst nicht an einer Verschwörung gegen Hitler, aber er spricht sich mit dem deutschen Kommandanten in Frankreich ab, den Führer und die führertreuen Streitkräfte zu isolieren und ihn abzusetzen. Bald darauf geht er jedoch zu direkten Verhandlungen mit den alliierten Truppen über. Am 14. Oktober 1944 statten die Generäle Burgdorf und Maisel Feldmarschall Rommel zu Hause, in der Nähe von Ulm, einen Besuch ab und stellen ihn vor die Wahl: Volksgerichtshofsverfahren wegen Hochverrats oder Selbstmord durch Trinken von Gift, das sie bereits mitgebracht haben. Im letzteren Fall gehe seine Familie straffrei aus. So wählt er den Selbstmord und erhält ein Staatsbegräbnis, an dem seine Frau und sein Sohn teilnehmen.

4

"Die ersten vierundzwanzig Stunden der Invasion werden entscheidend sein. Das Schicksal des Reichs liegt in Ihren Händen."

Erwin Rommel wenige Tage vor der Landung der Alliierten in der Normandie zu seinen Soldaten.

DER ANSTÄNDIGE GENERAL

1) November 1917. Italienische Truppen beim Rückzug vom Isonzo.
2) Erwin Rommel.
3) April 1943. Rommel inspiziert nach der siegreich beendeten Schlacht von Sollum an der ägyptischen Front die eingenommenen Stellungen.
4) 1944. Feldmarschall Rommel, von Hitler als Kommandant der Heeresgruppe B mit der Verteidigung Frankreichs beauftragt, bei einem Gespräch mit General Meindl in der Normandie.
5) 1944. Rommel mit Großadmiral Dönitz in der Normandie bei der Inspektion einer der unzähligen Verteidigungsstellungen entlang der Küste.

5

Wie der junge de Gaulle gehört auch der junge Rommel zu jenen Offizieren, die Theorien über die Verwendung von Panzerverbänden für Blitzvorstöße in feindliches Gebiet entwerfen, mit denen die gegnerischen Streikräfte in zwei Hälften zerschlagen werden können und man in kürzester Zeit zu ihren neuralgischen Zentren vordringen kann. Das Kommando über die Streitkräfte der Achsenmächte in Nordafrika ist risikoreich. Hitler hält es für weniger wichtig als den Vormarsch, den er von Osten her zur Einnahme des Suezkanals plant, der unersetzlichen Lebensader der britischen Macht. Rommel nutzt seine momentane Überlegenheit über Wavell geschickt aus und rückt vom italienischen Teil Libyens bis 150 km vor Alexandria vor. In El Alamein bleibt er wegen Nachschubmangels stecken, während der neue britische Kommandeur, Bernard Law Montgomery (1887-1976), seine Truppen und Panzer zusammenzieht. Rommels Streitkräfte verlieren die legendenumwobene Schlacht von El Alamein (24.10.-4.11.1942), weichen vor den Engländern zurück, verlieren Libyen und verschanzen sich in Tunesien. Zur Ehrenrettung des Reichs zieht Hitler seinen heldenhaften Kommandanten von der Afrikafront ab, ehe die Achsenmächte die Kapitulation nicht mehr hinauszögern können. Um die Niederlage Wavells herabzuspielen, trägt die britische Propaganda willig ihren Teil zur Legende um den "Wüstenfuchs" bei. Es heißt, er habe im Gegensatz zur obersten Heeresleitung die Landung alliierter Truppen in der Normandie (6.-7. Juni 1944) vorausgesehen. Er wird zum Märtyrer der Nazis hochstilisiert. Nicht allzu ehrgeizig, nicht allzu egoistisch und bewundert von seinen Untergebenen, verkörpert Rommel bis heute die Figur des anständigen Generals des 20. Jahrhunderts.

6

8

1942 1943 1944 1945 1946 1947 1948 1949 1950 **1941** 1942 1943 1944 1945 1946 1947 19

9

6) Rommel untersucht ein erbeutetes Artilleriegeschütz.
7) 1942. Bernard L. Montgomery, als Kommandant der 8. Britischen Brigade gegenüber Rommel hauptsächlich wegen seines tadellos funktionierenden Nachschubs im Vorteil, beobachtet für den Fotografen das Geschehen bei der Schlacht von El Alamein.
8) General Erwin von Witzleben bei seiner Aussage im Prozeß nach dem Attentat auf Hitler am 20. Juli 1944. Weniger als drei Wochen nachdem dieses Bild entstand, wurde er wie viele andere Gegner Hitlers hingerichtet.
9) Die Trümmer des Autos, in dem Feldmarschall Rommel am 17. Juli 1944 unterwegs war, als er durch einen Fliegerangriff schwer am Kopf verletzt wurde.

7

WERNHER VON BRAUN

konstruiert die Flüssigkeitsrakete A4

Wernher von Braun wird 1912 in Wirsitz (heute Wyrzysk, Polen) als Sohn des Freiherrn Magnus von Braun geboren, eines preußischen Junkers, der Landwirtschaftsminister im Kabinett von Papen und Schleicher war. Zur Firmung schenkt Wernhers Mutter ihm ein kleines Teleskop, mit dem er seinen ersten Kontakt zum Weltraum aufnimmt. Nach einer technischen Lehre studiert von Braun in Berlin und schickt 1927 seine erste theoretische Arbeit – über eine Flüssigkeitsrakete – an Hermann Oberth, von dem er davor einen Artikel über Raketen gelesen hat. 1929 lernt er Oberth persönlich kennen, der gerade eine Film-Rakete für Fritz Langs *Frau im Mond* baut. Von Braun gesellt sich zu Oberths Schülern, zu einer Gruppe, die nach dem Weggang des Lehrers von Rudolf Nebel geleitet wird. 1931 erreicht deren mit Flüssigtreibstoff betriebene Mirak-Rakete eine Höhe von 350 m, was die Aufmerksamkeit Oberst K. E. Beckers auf sich zieht, der Dozent am Kaiser-Wilhelm-Institut für Physik und Leiter des Heereswaffenamts ist. Er finanziert der Gruppe, obwohl dies nach den Versailler Verträgen unzulässig ist, die Forschung und verlegt sie an einen geheimgehaltenen Ort. Von Braun schließt 1932 die Technische Hochschule ab und vervollständigt seine theoretische Ausbildung an der Universität. Nach dem Zweiten Weltkrieg wird er einer der führenden Köpfe im Raumfahrtprogramm der USA, das für von Braun in der Landung von *Apollo 11* auf dem Mond gipfelt.

1

2

3

4
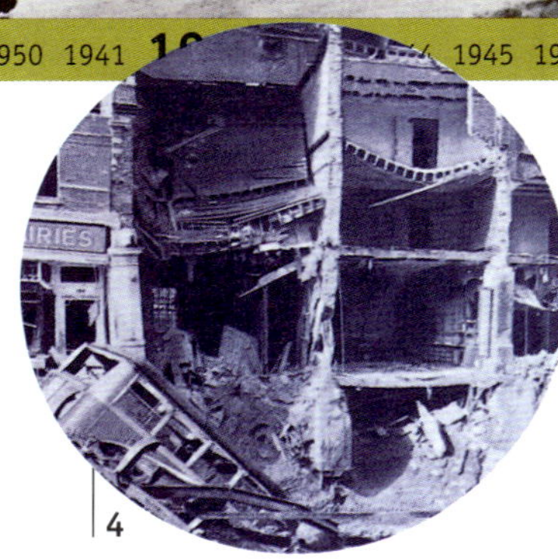

5

Raketentechnik. Die größte Entwicklung von Brauns sind die Flüssigkeitsraketen, die im allgemeinen mit zweierlei Stoffen angetrieben werden, nämlich einem Brennstoff und einem Oxidator. Beide sind in getrennten Tanks in der Raketenzelle enthalten und werden der Brennkammer im erforderlichen Mischungsverhältnis zugeführt. Die Steuerung erfolgt zumeist durch Trägheitsnavigation, wodurch diese Raketen – einmal gezündet – von jeder weiteren Steuerung unabhängig sind. Daneben konstruiert Wernher von Braun aber auch zahlreiche automatisch gesteuerte Raketen.

Rudolf Nebel. 1934 wird der brillante Ingenieur und Freund von Brauns verhaftet. Er ist Pazifist, Mitglied der von Einstein gegründeten Vereinigung Panterra, hat eine nichtarische Ehefrau und weigert sich, für die Reichswehr zu arbeiten. All seine Patente werden konfisziert. Doch er ist nur einer von vielen großen Wissenschaftlern, die Deutschland durch die ungeheuerliche Politik der Nationalsozialisten verlor.

Von *A2*- zu *V2*-Raketen. Mit den entsprechenden Gefechtsköpfen ausgestattet, erlangen die ersten Raketen von

RAKETEN ODER FLUGKÖRPER

Im November 1934 steigen von einer Insel in der Nordsee die zwei A2-Raketen Max und Moritz 2200 m hoch in die Luft. Daraufhin beschließt die Luftwaffe, ein geheimes Raketenzentrum zu gründen. Von Braun wählt die Ebene von Peenemünde an der Ostsee. 1937 erreicht eine A3-Rakete mit einer Last von 50 kg eine Höhe von 24.000 m. 1942 steigt eine A4-Rakete mit einer Geschwindigleit von 1.500 m/sec (fünfmal so schnell wie der Schall) bis 90.000 m auf und schlägt 200 km vom Abschußpunkt entfernt auf. Am 8. September 1944 trifft eine A4-Rakete den Londoner Vorort Chiswich. Die A4 wird jetzt "Vergeltungswaffe 2" genannt und geht in die Geschichte als V2 ein. Ende Oktober arbeiten in den unterirdischen Labors von Peenemünde 32.000 Gefangene, und oft werden mehr als 30 Raketenabschüsse am Tag vorgenommen. Im Dezember wird von Braun das Ritterkreuz des Kriegsverdienstkreuzes verliehen. Am 12. Mai 1945 läuft er zu den amerikanischen Truppen über, und ein Jahr später wandert er in die USA aus, wo er als Berater beim Abschuß der 100 sichergestellten V2-Raketen arbeitet. Am 20. August 1953 wird von Cape Canaveral (Florida) die Redstone abgeschossen, die erste Rakete der USA. Nach dem Erfolg der Jupiter-C-Rakete wird Wernher von Braun 1960 zum Direktor des Raumfahrtzentrums der NASA in Alabama ernannt. Im Juli 1969 fliegen mit seiner Saturn-V-Trägerrakete die Astronauten in den Weltraum, die als erste auf dem Mond landen. Nach Abschluß des Apollo-Programms im Jahre 1972 verläßt von Braun die NASA und wechselt in die Privatwirtschaft. Er stirbt 1977 in den USA.

7

6

8

9

949 1950 194 … 49 1950 1941 **1942** 1943 … 946 1947 1948 1949

"Mein Land hat zwei Weltkriege verloren.
Jetzt möchte ich auf der Seite der Sieger sein."

Wernher von Braun am 12. Mai 1945

Brauns, die *A2*-, *A3*- und *A4*-Raketen genannt wurden, ihre traurige Berühmtheit als *V1*- und *V2*-Raketen. Die *V1* ist mit einem Motor ausgestattet, der die für die Verbrennung benötigte Luft von außen ansaugt. Der typische Treibstoff der ersten deutschen Raketengeneration ist ein Sauerstoff-Alkohol-Gemisch.

Säuberungsaktion. Von Braun drängt 1953 auf die Verwirklichung des Orbiter-Programms: ein 2 kg schwerer künstlicher Erdsatellit soll in eine Erdumlaufbahn gebracht werden. V. Braun wird jedoch entlassen, und die Entwicklung der Trägerrakete und des Meßsatelliten, der *Vanguard* heißen soll, wird der Marine übertragen. Am 4. Oktober 1957 bringen die Russen *Sputnik 1* in eine Erdumlaufbahn, und am 6. Dezember endet der Start der Rakete mit dem *Vanguard*-Satelliten in einem Fiasko. Um die schlimmste Imagekrise in der Nachkriegszeit schnell zu beenden, wird von Braun zurückgeholt, der 1958 mit seinem Team die *Jupiter-C*-Rakete baut und endlich den ersten amerikanischen Erdsatelliten *Explorer I* in die Umlaufbahn bringt.

1) Wernher von Braun mit dem Modell eines seiner Projektile.
2) An der französischen Kanalküste 1943. Vorbereitung einer *V1*-Abschußrampe für den Raketenstart.
3) 1944. Eine *V2*-Rakete am Himmel über England, Foto aus der zweisprachigen Zeitschrift *Signal* (1944).
4) London 1943. Durch eine *V1*-Rakete zerstörte Häuser.
5) Deutschland, Mai 1943. Von Braun in Zivil zwischen Offizieren, die den Probeabschuß einer *V1* beobachten.
6) Holländische Küste 1944. Eine *V2* in Abschußposition.
7) 1958. Der kleine künstliche amerikanische Erdsatellit *Explorer I*, der von der *Jupiter-C*-Rakete in seine Erdumlaufbahn gebracht werden soll.
8) 1969. Eine *Saturn-V* beim Start von der Abschußrampe der NASA.
9) Der große deutsche Physiker Werner Heisenberg (1901-76), Vater der Unschärferelation (1927) und Nobelpreisträger für Physik von 1932, der zu Wernher von Brauns Professoren zählte.

WALT DISNEY

dreht *Saludos amigos*

Walter Elias Disney wird 1901 als Sohn eines Farmers in Chikago geboren. Parallel zur High School arbeitet er bereits. Als Reklamezeichner eröffnet er in Kansas City ein Trickfilmstudio. 1923 gründet er in Los Angeles mit seinem Bruder Roy die Disney Brothers Studios, in denen er die Serie *Alice Comedies* produziert. 1924 ruft er mit *Oswald, the Lucky Rabbit* den berühmten O-Stil mit seinen runden, stets genau begrenzten und geschlossenen Formen ins Leben. 1928 taucht in dem Kurzfilm *Gallopin' Gaucho* zum ersten Mal Mickymaus auf, die erste Trickfilmfigur, der eine große Zukunft bestimmt ist. Micky hat eine Freundin, nämlich Minnie, die er aber nicht verführen, sondern vor dem riesigen, schrecklichen Kater Karlo retten muß. 1932 kommt sein etwas abgehobener, verträumter Freund Goofy hinzu. Ab 1934 entwickelt man die Comic-Figur Donald Duck, die ebenfalls in Gesellschaft mehrerer Nebenfiguren auftritt, einer ganzen Sippschaft von Enten. Zwischen 1934 und 1937 produziert Disney seinen ersten abendfüllenden farbigen Tontrickfilm: *Schneewittchen und die sieben Zwerge*. Während des Krieges zieht er mit seinen Studios nach Burbank um, beginnt mit dem FBI zusammenzuarbeiten und dreht *Fantasia*, einen Musikfilm in Episoden. 1942 folgt *Bambi*. Durch eine Reise nach Lateinamerika angeregt, entstehen 1942 *Saludos amigos* und 1945 *Drei Caballeros*. Sie alle stehen nur am Anfang einer Trickfilmwelt, die bis heute nicht ihresgleichen hat.

1

4

2

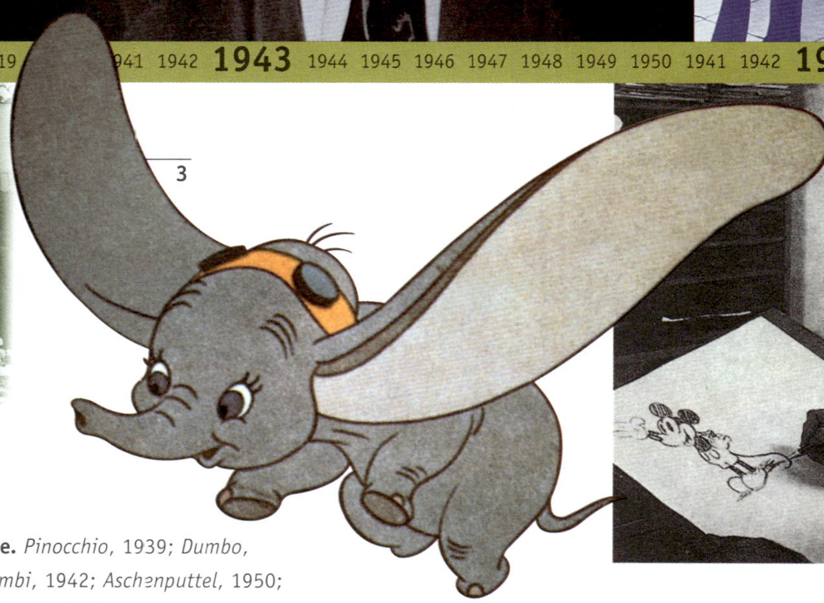
3

5

Mickymaus und Donald Duck. Anfangs ist Mickymaus eckig, flink und komisch. Danach verliert er langsam seine Kanten, wird zum Helden edler Unternehmungen nach stets derselben Machart und verkörpert die Ideale amerikanischer Tapferkeit. Lange Zeit ist er ein sehr guter Privatdetektiv. Dagegen ist Donald Duck, ein Enterich, der nur oberhalb der Taille bekleidet ist und mit gerundetem Schnabel wie mit geschürzten Lippen plappert, faul, aggressiv und ständig von Mißerfolgen geplagt, ein Verlierer also, der gerade in Europa auf Sympathie stößt.

Kinofilme. *Pinocchio*, 1939; *Dumbo*, 1941; *Bambi*, 1942; *Aschenputtel*, 1950; *Alice im Wunderland*, 1951; *Peter Pan*, 1953; *Susi und Strolch*, 1955; *Dornröschen*, 1959; *101 Dalmatiner*, 1961; *Merlin und Mim*, 1963. Im Jahr 1967 kommt *Das Dschungelbuch* in die Kinos, der letzte Film, bei dem Disney, der 1966 stirbt, selbst mitgearbeitet hat. Unvergeßlich unter den Filmen mit Schauspielern: *Mary Poppins* mit Julie Andrews und Dick van Dyke aus dem Jahre 1964.

Dokumentarfilme. Im Zeichentrickfilm *Bambi* wird der Lebenszyklus eines Hirsches von der Geburt bis zur Brunft dargestellt. Die Vermenschlichung der Tiere ist weniger stark ausgeprägt als sonst, und die Menschen, die vorkommen, sind grausame Jäger. Das Interesse für die Natur, wie sie vermeintlich wirklich ist – während sie aber tatsächlich eben doch durch eine bestimmte Sichtweise verklärt ist – und bei der der Mensch im Mittelpunkt steht, führt nach dem Krieg zu einer explosiven Entwicklung von Dokumentar- und Naturfilmen wie *Seal Island* (1949), *Das Bibertal* (1950) und *Die Wüste lebt* (1953).

TRICKFILMZEICHNER UND PRODUZENT

"Aber was machen Sie, Herr Disney?
Sehen Sie, manchmal komme ich mir selbst wie eine kleine Biene vor.
Ich fliege von einer Seite des Studios zum anderen,
sammle den Pollen ein und stimuliere alle ein bißchen."

R. Schickler

Trickfilme gab es schon vor Disney. Aber er macht eine Kunstform daraus, der er formale Entwicklung und gekonnten Ausdruck verleiht. Er ist ein Entdecker und großer Koordinator von Talenten, Regisseur und Produzent zugleich. Außerdem vertreibt er ab 1953 mit Buena Vista seine Produkte selbst. In Teamarbeit, die Jahre dauern kann und ungeheure Investitionen erfordert, erfindet er Figuren und läßt um sie herum Nebenfiguren und Geschichten entstehen. Er konzentriert sich auf wenige Filme, zahlt leistungs- und talentgerechte Löhne, hält seine Leute zum Besuch der Kunstakademie an, meldet technische Patente an, überprüft mit enormer Sorgfalt Farben und Musik, schafft unter den Nebenfiguren oder Statisten hierarchische Ordnung und organisiert ein Marketing, bei dem jede Figur, jede Geschichte, jede Umgebung und jede Botschaft ausgerichtet ist auf einen ganz bestimmten Teil des Publikums, der sich nicht mit den anderen überschneidet. Er macht Geschichten für Kinder verschiedenen Alters, aber eben nicht nur für sie. Seine unerschöpfliche Phantasie ist eine systematische Bündelung der Phantasie seiner einzelnen Mitarbeiter. Er ist ein Meister der Verschmelzung und schafft es, klassische Musik und Folk, Grausamkeit und Zärtlichkeit, verweichlichten Manierismus und Abstraktes, Darwinschen Determinismus und verträumte Phantasie, Spielerei und Nüchternheit miteinander zu verbinden. Er ist der Ford des Trickfilms. Er schafft einen neuen Anthropomorphismus, "vermenschlicht" die Fauna und die Flora, die die Städter nicht mehr kennen, läßt eine Idylle entstehen, in der Mensch und Natur auf verschiedenen Ebenen miteinander kommunizieren können, und achtet stets peinlich genau darauf, daß jedes Detail so realistisch wie möglich ist. Er ist der Filter zwischen seinen Mitarbeitern und dem Publikum, dem er schmeichelt und das er beherrscht, indem er ihm Tierfiguren vorsetzt, welche bestimmte Menschentypen verkörpern, aufrecht gehen, lebhafte Augen und einen ausdrucksvollen Blick haben und so gekleidet sind, daß sie konkret und genau definiert sind.

7

1941 1942 **1943** 1944 1945 1946 1947 1948 1949 1950 1941 1942 **1943** 1944 1945 1946 1947 1948 1949 1950 1941 1942 **1943** 1944 1945 1946 1947 1948 1949 1950 1941

6

8

9

1) Walt Disney im reiferen Alter.
2) Disney mit seinen Mitarbeitern vor dem Studio in den goldenen Zeiten von Mickymaus. Vor jedem Mitarbeiter auf dem Boden eine kleine Mickymaus-Figur.
3) Dumbo, der süße kleine fliegende Elefant, der alle zum Lachen bringt.
4) Der Tanz der Schornsteinkehrer auf den Dächern von London aus *Mary Poppins* von Robert Stevenson (1905-86). Ub Iwerks sorgte hier für die Spezialeffekte.
5) Ub Iwerks (1901-71), der als der genialste Mitarbeiter Disneys angesehen wird und mit dem zusammen er Mickymaus entwickelte. Von 1930-40 arbeitet Iwerks auf eigene Rechnung, doch dann kehrt er wieder zu Disney zurück, wo er für die technischen Tricks und Spezialeffekte verantwortlich ist (für die er beispielsweise auch in Alfred Hitchcocks *Die Vögel* von 1963 sorgt).
6) Die tanzenden Pilze, eine reizende Erfindung für *Fantasia*.
7) Die sieben Zwerge aus *Schneewittchen*.
8) Schneewittchen und die Waldtiere, die genauso berühmt wurden wie die Tiere Dornröschens und die Grille in *Pinocchio*.
9) Bambi, das schüchterne kleine Hirschkalb, wirft aus der sicheren Position zwischen den Beinen der Mutter einen Blick auf die Welt.

ANNE FRANK
wird in ihrem Versteck in Amsterdam entdeckt und verschleppt

Anne Frank wird 1929 als Tochter einer bürgerlichen Familie in Frankfurt am Main geboren. Als die Judenverfolgung in Deutschland beginnt, flüchtet die Familie nach Holland, wo sie in Amsterdam untertaucht. Sie werden von Bekannten von 1942-44 in einer kleinen geheimen Wohnung versteckt, versorgt und beschützt. In Holland gibt es seit dem 16. Jahrhundert eine Gemeinschaft gebildeter, wohlhabender Juden. Unter der NS-Besatzung organisiert man eine Widerstandsbewegung, die Hollands Königin Wilhelmina (1880-1962) von London aus steuert. Viele Holländer verstecken und helfen Juden, so gut sie können, und bringen sich damit selbst in Gefahr. Nicht immer funktioniert der Schutz, denn es gibt zahlreiche Denunzianten. Wie viele andere Juden auch wird die Familie Frank entdeckt. Ihre Mitglieder werden in verschiedene Konzentrationslager verschleppt, Anne und ihre Schwester nach Bergen-Belsen. Außer dem Vater Otto Frank kommen alle um. Er entschließt sich später, das Tagebuch, das seine Tochter Anne in ihrem Versteck in einem Amsterdamer Speicher geschrieben hat, in gekürzter Fassung zu veröffentlichen.

2

3

8 1949 1950 1941 1942 1943 **1944** 1945 1946 1947 1948 1949 1950 1941 1942 1943 **1944** 1945 1946 1947 1948 1949 1950 1941 1942 1943 **1944** 1945 1946 1947 1948 1

1

"So wie auf diesem Foto möchte ich immer aussehen. Dann könnte es sogar passieren, daß ich eines Tages nach Hollywood komme."

Kommentar zum hier abgebildeten Foto Nr. 2 im Tagebuch von Anne Frank (Eintrag vom 18. Oktober 1942)

Das Tagebuch der Anne Frank. In dem Versteck in Amsterdam führt Anne Frank ihr Tagebuch. Auf holländisch beschreibt sie die kleinen Ereignisse eines Lebens, eingeschlossen in vier Wände, ihre Gedanken. Sie flüchtet sich nicht aus der Realität. Sie versucht nicht, Erzählungen oder Gedichte zu schreiben. Sie schreibt wie jedes x-beliebige Mädchen in jeder x-beliebigen Situation. Ihre Gedanken sind erfrischend normal. Und sie möchte als junge Frau in der Blüte ihrer Entfaltung sie selbst bleiben. Davon läßt sie sich weder von Angst noch Schmerz noch von Entbehrungen abbringen.

Schreiben. Sofort nach seiner Veröffentlichung 1947 wird Annes Tagebuch ein Riesenerfolg. Unter so vielen Tagebüchern von Hauptdarstellern jener Zeit – seien es nun Schergen, Helden oder Opfer – erscheint das eines gewöhnlichen Opfers als etwas Außergewöhnliches. Es bewegt die Welt tief. In der Folge werden daraus Theaterstücke, Radiosendungen und Filme gemacht. Unbemerkt blieb lange, daß Anne durch ihr Schreiben nicht nur ihr Leid gemildert hat, sondern auch ein Beispiel für die Überlegenheit der Kultur über die Barbarei geliefert hat. Schreiben macht frei.

Antisemitismus. Der Antisemitismus ist nicht etwas, das sich auf den deutschen Nationalsozialismus beschränkt hätte oder seine Wurzeln nur in der Geschichte des heidnischen Römischen Reiches hätte. Er ist eine Begleiterscheinung der christlichen Kultur. In der jüngeren Geschichte gibt es einige Antisemiten unter den Vertretern der Aufkärung, insbesondere Voltaire. Johann Fichte (1762-1814) schreibt über die Juden: "Ihnen die Bürgerrechte zu geben ist nur unter einer Bedingung möglich: wenn man ihnen in einer einzigen Nacht den Kopf abhauen und durch einen anderen ersetzen würde." Als Stalin stirbt, gibt er zuvor noch den Befehl, eine große Säuberung unter den Juden vorzunehmen.

DER HOLOCAUST

Ursprünglich bezeichnete das Wort Holocaust das Opfern eines Tieres, das zuerst getötet und dann vollständig verbrannt wurde, zu Ehren eines Gottes. Im Tempel von Jerusalem praktizierten die Juden täglich solche Brandopfer. Später wird dieses Wort von vielen für den nach dem Einmarsch in Polen 1939 verübten Völkermord am jüdischen Volk übernommen, der von den Nationalsozialisten verübt, aber nicht ohne die Hilfe anderer möglich gewesen wäre. Er unterscheidet sich auch deswegen von anderen Greueltaten der jüngeren Geschichte, weil er auf Gesetzen beruht. Diese wurden vom Dritten Reich zwischen 1933-35 und vom Königreich Italien 1938 verabschiedet. Die Massenvernichtung erfolgt vor allem in den Konzentrations- und Vernichtungslagern, durch Schwerstarbeit, Hungernlassen, Folter, medizinische und chirurgische Experimente, Erschießen und Vergasen. Die wichtigsten Lager sind: in Deutschland Bergen-Belsen, Buchenwald, Flossenbürg, Dachau, Neuengamme, Ravensbrück und Sachsenhausen; in Österreich Mauthausen; im Elsaß Natzweiler; in der Tschechoslowakei Theresienstadt; in Polen Auschwitz, Belzec, Kulmhof (Chelmno), Majdanek, Stutthof, Treblinka; in Italien Fossoli, Gries, Trieste San Sabba. Ab 1936 hat die SS die Aufsicht über die Lager. 1944 sorgen 35.000 Mitglieder der SS-Einsatzgruppen und 10.000 Soldaten, unterstützt von Häftlingen (meist aus der Gruppe der "Volksschädlinge", Gewohnheitsverbrecher und Geisteskranke, gewählt), für die Verwirklichung der "Endlösung". Jeder Häftling trägt ein Zeichen auf der Brust: ein rotes Dreieck für die politischen Häftlinge, eine rosa Dreieck für die Homosexuellen, ein lila Dreieck für die Geistlichen und die Kriegsdienstverweigerer, ein schwarzes für die Volksschädlinge, ein grünes für die "Gewöhnlichen" und ein doppeltes gelbes Dreieck (Davidstern) für die Juden. Da die meisten Unterlagen von den Tätern vernichtet wurden, kann nur geschätzt werden wie viele Opfer es gab: Es waren wohl etwa zehn Millionen (samt Zigeunern, Polen und Russen), davon sechs Millionen Juden und eine Million Kinder.

4

5

6

7

8

9

1948 1949 1950 1941 1942 1943 **1944** 1945 1946 1947 1948 1949 1950 1941 1942 1943 **1944** 1945 1946 1947 1948 1949 1950 19

1) Einige Seiten aus dem Tagebuch der Anne Frank. Für die erste veröffentlichte Ausgabe hat Otto Frank jegliche Kritik an den Eltern und jedes Wort herausgestrichen, das dem Ansehen seiner Tochter hätte schaden können. Mit einiger Wahrscheinlichkeit war das allerdings ein Fehler, denn Märtyrer und Heilige wirken meist vorbildlicher, wenn sie nicht so perfekt geraten sind.
2) Foto aus dem Tagebuch der Anne Frank.
3) Das Haus an der Prinsengracht, das der Familie Frank als Versteck diente.
4) Millie Perkins im Film *Das Tagebuch der Anne Frank* (1959) von George Stevens (1904-75), dem Regisseur, der die Befreiung des Konzentrationslagers Dachau und die Einnahme von Hitlers "Adlernest" bei Berchtesgaden durch die daran beteiligten amerikanischen Truppen filmte.
5) Deutschland 1938. Beginn des Boykotts von Juden betriebener Geschäfte, wie Hollywood ihn sich vorstellt.
6) Propagandaplakat der SA: Die dargestellten Juden und Priester flehen die Braunhemden um Gnade an.
7) Warschauer Ghetto 1941. Ein Mädchen, das zur Verteilung des Judensterns eingeteilt wurde.
8) Konzentrationslager Bergen-Belsen 1945. Zwei kleine Opfer.
9) Warschauer Ghetto 1942. Abgemagerter Junge beim Betteln.

HO TSCHI-MINH
ruft die Demokratische Republik Vietnam aus

Ho Tschi-minh, "der nach Erleuchtung Strebende", ist das Pseudonym eines Mannes mit einer Biographie, die einem Epos gleicht, und dessen Name und Geburtsjahr (1890 oder 1892) unklar sind. Man weiß nur, daß er in Annam geboren und sein Vater entweder armer Dorfschullehrer oder kleiner Beamter am kaiserlichen Hof ist. 1917 ist Ho Tschi-minh in Paris in die Liste der Arbeiter aus den französischen Überseegebieten eingeschrieben. Geschichte macht er zum ersten Mal 1919, als er bei der Friedenskonferenz zu Versailles eine Petition für die Befreiung des vietnamesischen Volkes vorlegt. Beim Kongreß der französischen Sozialisten 1920 in Tours gründet er mit anderen die KP Frankreichs. Als er zum Kongreß chinesischer Bauern nach China geschickt wird, bleibt er als Übersetzer am russischen Konsulat in Kanton, wird ins Gefängnis geworfen, befreit und geht dann ins Exil nach Siam, von wo aus er Attentate in Indochina organisiert, sowie eine Revolte, den kommunistischen Aufstand in Nord-Annam. Daraufhin wird er aus Siam ausgewiesen und in Hongkong verhaftet. Wieder auf freiem Fuß, sucht er in der Sowjetunion Zuflucht, aber 1938 ist er bei Mao in Yenan. Die Nationalchinesen nehmen ihn gefangen, und danach organisiert er die Guerilla in Indochina. Dazu gründet er die Vietminh (Befreiungsbewegung) und führt den Kampf der Volksfront für die Unabhängigkeit Indochinas an. 1945 ruft er die Demokratische Republik Vietnam aus und wird ihr Präsident.

2

5

42 1943 1944 **1945** 1946 1947 1948 1949 1950 1941 1942 1943 1944 **1945** 1946 1947 1948 1949 1950 1941 1942

1

3

4

1946-54. 1946 unterzeichnet Ho Tschi-minh das französisch-vietnamesische Abkommen, das Vietnam zum freien Staat innerhalb der indochinesischen Union erklärt, die Teil der französischen Union ist. Aber Papier ist geduldig, und nach der Bombardierung Haiphongs durch die Franzosen (1946) bricht ein langer Krieg zwischen Fankreich und Vietnam aus. Ho Tschi-minh hat zwei ausgezeichnete Mitarbeiter: Pham Van-dong (geb. 1906) und Vo Nguyen Giap (geb. 1910). General Giap erringt 1954 den entscheidenden Sieg über die Franzosen und zwingt Frankreichs sozialistischen Premierminister Pierre Mendès-France (1907-82), dem Indochina-Krieg mit dem Genfer Abkommen ein Ende zu bereiten, was jedoch von Süd-Vietnam und den USA durch ihre Intervention vereitelt wird.

1956-75. In Erwartung einer landesweiten Wahl wird Vietnam 1954 in zwei Zonen geteilt. Im Süden mit der Hauptstadt Saigon wird 1955 die rechtsgerichtete Republik Süd-Vietnam ausgerufen, die die USA unterstützen. Im Jahre 1960 bildet sich die Nationale Befreiungsfront ("Vietcong"), die auf die Unterstützung der Volksrepublik in Hanoi zählt. Daraufhin bricht der Krieg zwischen Nordvietnam und Südvietnam aus. Von den Vietnamesen blockiert und angesichts pazifistischer Strömungen im eigenen Land beteiligen sich die USA ab 1973 an Friedensgesprächen, die 1976 zur Gründung eines gesamtvietnamesischen Staates führen.

Andere Führer. Der Weg des Sozialismus Ho Tschi-minhs unterscheidet sich von anderen. Als Mengistu Haile Mariam 1974 mit 35 Jahren zusammen mit anderen Militärs dem tausendjährigen Kaiserreich von Äthiopien ein Ende bereitet, ersetzt er es durch eine persönliche Diktatur, die unterdrückend und imperialistisch ist. Marschall Josip Brosz Tito zwingt Jugoslawien ein an seine Person gebundenes kommunistisches Regime und vor allem die serbokroatische Vorherrschaft auf.

SOZIALISMUS NATIONALER PRÄGUNG

*"Der Kampf muß bis zum Sieg weitergeführt werden,
auch wenn dieser Krieg zwanzig Jahre oder mehr dauern wird."*

Ho Tschi-minh, Juli 1966

Ho Tschi-minh ist gebildet und kosmopolitisch. Während seiner Haft in China schreibt er ein Gefängnistagebuch in klassischer chinesischer Versform. Er spricht viele Sprachen und lehnt die Rolle des Ideologen ab. Als echter Mann der Linken, Sozialist und Komintern-Funktionär, schließt er sich 1935 den Richtlinien des Komintern-Kongresses an. Die Vietminh ist eine Volksfront. Als die Bauern 1955-56 beginnen, Widerstand gegen die Kollektivierung im Rahmen der Landreform zu leisten, legt er das Amt des Ministerpräsidenten nieder und wird Generalsekretär der Arbeiterpartei. Sein Kommunismus lehnt sich an Marx und Lenin an. Er vergöttert Stalin nicht, verurteilt ihn aber auch nicht, er respektiert Mao, versucht ihn jedoch so selten wie möglich zu Besuch zu haben. "Onkel Ho", wie ihn das Volk nennt, verabscheut die Marionettengeneräle in Saigon, die Prostituierten und Zuhälter der Amerikaner, die Grundbesitzer und Geschäftsleute, die sich im Krieg bereichern. Doch er ist nicht grausam. Er strebt einen Fortschritt und eine Industrialisierung an, die sich in die patriarchalische, ländlich geprägte Gesellschaft einfügen, ohne sie zu spalten. Sein großes Ziel ist Bildung für alle. Für Bao Dai, der 1925 als Zwölfjähriger Kaiser von Annam wird, 1945 abdankt, von den Franzosen 1949 wieder auf den Thron gesetzt und 1955 erneut abgesetzt wird, empfindet Ho Tschi-minh nur Verachtung, keinen Haß. Ho ist hart, entschlossen und mutig und bei seinen Mitarbeitern äußerst beliebt. Vom Volk wegen seiner Sanftmut verehrt, stirbt er 1969 in Hanoi. Er hat einen Kult um seine Person verboten und für die Einheit der Linken, den Frieden und den gegenseitigen Respekt von Regierung und Volk, von Tradition und Modernisierung gekämpft.

6

8

7

9

1) Tours 1920. Der junge Ho Tschi-minh beim Gründungskongreß der KP Frankreichs.
2) Ho Tschi-minh als Präsident von Nord-Vietnam.
3) 1966. Präsident Ho Tschi-minh, gefolgt von General Vo Nguyen Giap, beim Besuch eines militärischen Ausbildungslagers.
4) 1954. Der reiche, entmachtete Bao Dai, Kaiser von Annam und später von Vietnam, bei einem Aufenthalt an der Côte d'Azur.
5) Süd-Vietnam 1967. Ein Camp der amerikanischen Marines mitten im schier endlosen Dschungel.
6) 1947. Ho und Giap mit anderen Mitgliedern der militärischen und politischen Führung während des Krieges gegen die Franzosen.
7) 1969. *Portrait Ho Tschi-minhs*, gemalt von Renato Guttuso, Parteichef der KP Italiens und einer der bekanntesten Vertreter des internationalen sozialistischen Realismus.
8) März 1968. Tote Vietcong. Im Hintergrund patrouillieren amerikanische Marines außerhalb des Wehrdorfs Khe Sanh.
9) Paris 1968. Pierre Mendès-France, der sozialistische Premierminister Frankreichs, der 1954 den Indochina-Krieg beendete.

RITA HAYWORTH

spielt die Hauptrolle in *Gilda*

Margarita Carmen Cansino wird 1918 in New York in eine spanische Familie von Tänzern hineingeboren, so daß sie das Tanzen zu Hause lernt. Bereits 1935, zu Beginn ihrer Karriere, in *Dantes Inferno*, tritt sie als Starlet auf, das Aufsehen erregt. 1941, im Remake des Valentino-Films *König der Toreros* stellt Regisseur Rouben Mamoulian ihr zwei bildschöne Schauspieler zur Seite: Tyrone Power und Linda Darnell (1923-65). 1944 dreht sie mit Gene Kelly *Es tanzt die Göttin*, in *Gilda* spielt sie Seite an Seite mit Glenn Ford. 1948 macht sie Orson Welles (1915-85), Regisseur und ihr damaliger Ehemann, im Film *Die Lady von Shanghai* zur Blondine. Ab 1949 sieht man sie kaum bei öffentlichen Auftritten, da sie durch ihre Ehe mit dem Prinzen Ali Khan, dem ältesten Sohn des Multimillionärs Aga Khan von den ismaelitischen Schiiten, Prinzessin geworden ist. Aber ihr Comeback mit dem melancholischen Film *Fegefeuer* (1953) von Curtis Bernhard, in dem sie zwei herrliche Lieder singt und dazu tanzt, ist ein Triumph. Ihre von der Zeit gezeichnete, sanftere Schönheit läßt die Herzen dahinschmelzen. Die Filme *Pal Joey* (1957), *Getrennt von Tisch und Bett* (1958), *Sie kamen nach Cordura* und *Sensation auf Seite 1* (1959) sind Beispiele ihrer großen schauspielerischen Fähigkeiten. Mit *Die Goldfalle* (1966) und *Road to Salina* (1970) beginnt der Stern der Hayworth zu sinken. Sie stirbt im Mai 1987.

1

3

2

4

Andere weibliche Stars. Ihre große Rivalin, was Schönheit und Anmut betrifft, ist Ava Gardner (1922-90), die auch als Liebesgöttin Hollywoods oder "das schönste Tier der Welt" bezeichnet wird. Und da ist Lauren Bacall, eine gefragte Schauspielerin von eleganter Erscheinung. Aufregend und vornehm ist die exotische Gene Tierney (1920-91), geistreich und lebhaft die bezaubernde Veronica Lake (1919-73). Etwas verlebt wirkt die Schönheit Hedy Lamarrs, Jahrgang 1915 wie Maria Felix, die großartige Brünette, der Star des mexikanischen Films.

Die Männer. Die Venus des Atomzeitalters ist kein Vamp. Als das Genie Orson Welles sie heiratet (1943-47), ist sie der leuchtendste Stern Hollywoods. Wie Marilyn erwartet sie von ihrem Ehemann Kultiviertheit, Schutz und eine brillante Intelligenz. Sie bekommt von ihm ein Töchterchen, Unverständnis und nach der Scheidung einen Film, in dem er sie fix und fertig macht. 1948 heiratet sie Ali Khan: Er ist der prominenteste Mann der gehobenen Gesellschaft. Auch mit ihm hat sie eine Tochter. Aber der Prinz ist ein Gott der mondänen Gesellschaft, und Rita bleibt gerne zu Hause im Kreise ihrer Lieben. Nach der Scheidung von ihm geht sie zum Film zurück. In ihren letzten Filmen tauchen neben ihr wunderschöne, athletische Mädchen auf. Es wird gemunkelt.

Ein Stern sinkt. Mit Welles hat die Hayworth zu trinken gelernt, nach der Scheidung von Ali Khan fängt sie wieder damit an. Es ist ein einsames Laster, denn sie läßt sich nicht zu Exzessen in der Öffentlichkeit hinreißen. Zuletzt nimmt sie für Geld an Banketten und Festen teil. Mancher merkt dabei, daß sie bisweilen etwas seltsam und abwesend ist und ins Torkeln kommt. Die Venus des Atomzeitalters ist schwer krank. Aber es ist nicht der Alkohol, sondern die Alzheimer-Krankheit, an der sie stirbt.

DIE VENUS DES ATOMZEITALTERS

Es ist nicht sicher, wer Rita Hayworth zuerst Venus des Atomzeitalters nannte, die Presseabteilung ihrer Filmgesellschaft oder die amerikanischen GIs am Ende des Zweiten Weltkriegs, der mit dem Abwurf der Atombombe am 6. August 1945 auf Hiroshima und der makabren Wiederholung des Ganzen auf Nagasaki beendet wurde. Der Sinn ist klar: Die Schönheit der Rita Hayworth ist feurig und explosiv, und Rita ist eine Bombe der Weiblichkeit. Sie ist weder hochmütig noch abweisend, sondern im Gegenteil reserviert, und wenn sie sich wohl fühlt, fröhlich und herzlich. Ihre Schönheit ist berückend. Alles an ihr glänzt: ihre rotbraunen Haare, ihre Augen und ihr hinreißender Mund mit den makellosen Zähnen. Ihre langen Beine und wohlgeformten Arme, die kräftigen, eleganten Hände, ihr schöner, nicht zu üppiger Busen, ihre breiten, aber nicht kantigen Schultern sowie ihre perfekte Rücken- und Beckenpartie machen sie zu einer Schönheit sondergleichen, die beim Tanzen den Zauber der Verführung schlechthin verkörpert. Kritiker behaupten, sie hätte einen tiefen Haaransatz und enthaare sich die Stirn. Sie sagen auch, sie sei keine große Schauspielerin. Derlei Kritik kommt vor allem aus den von Nazis besetzten Ländern Europas, wo ihre Filme nicht gezeigt werden. Nach Gilda *beweist sie, daß sie eine exzellente Schauspielerin ist. Ihr schönes, offenes Gesicht, ihr aufrichtiger, direkter Blick und ihre starke südländische Ausstrahlung sind für ihre letzten Filme noch einmal prägend. Rita Hayworth ist sympathisch. Marilyn Monroe wird sie nicht nur im Tanzen und Singen nachahmen: Sie ist kleiner, hat hellere Haare und eine hellere Haut, und ihr wird es gelingen, ebenso sympathisch zu wirken, allerdings auch auf Frauen. In der Geschichte des Films ist Rita Hayworth ein Fixstern.*

5

6

1947 1948 1949 1950 1941 1942 1943 1944 1945 **1946** 1947 1948 1949 1950 1941 1942 1943 1944 1945 **1946** 1947 1948 1949 1950 1941 1942 1943 1944 1945 **1946** 1947

7

8

1) 1950. Margarita Cansino, jetzt Rita Hayworth, posiert auf Wunsch Harry Cohns von der Columbia-Filmgesellschaft für den Modefotografen George Hoyningen-Huene.
2) Gene Kelly und Rita Hayworth in *Es tanzt die Göttin* (1944) von Charles Vidor. 1941 und 1942 drehte die Hayworth zwei Filme mit Fred Astaire (1899-1987), Hollywoods größtem Tänzer. Beachtlich auch ihre tänzerischen Leistungen in *Die Königin vom Broadway* (1942).
3) Orson Welles mit Rita Hayworth als Blondine in *Die Lady von Shanghai*.
4) 1934. Rita als junges Mädchen, als sie noch als Flamenco-Tänzerin auftrat.
5) 1953. Rita Hayworth als Sadie Thompson in *Fegefeuer*.
6) 1946. Rita Hayworth bei ihrem Tanz in *Gilda*, bei dem sie raunend *Put the Blame on Mame* singt. *Gilda* ist ein Meisterwerk Charles Vidors (1900-59), mit dem er durch die Atmosphäre einer Spielhölle in Buenos Aires die Themen Besessenheit und Delirium in Hollywood einführt.
7) 1941. Tyrone Power und Rita Hayworth in *König der Toreros*.
8) Ein Bild der Venus des Atomzeitalters auf einem B24-Bomber mit dem Spitznamen "Flamin' Mamie".

"Jetzt da sie tot ist, muß ich mich bemühen, sie zu vergessen. Das Wichtigste ist, zu wissen, wie man gut altert."

Orson Welles in der Rolle des Michael O'Hara in *Die Lady von Shanghai*

CHARLES DE GAULLE

verläßt die Regierung und legt den Grundstein für den Gaullismus

Charles André Joseph Marie de Gaulle wird 1890 als Sohn einer katholischen Familie aus dem niederen Adel geboren. Er besucht eine Jesuitenschule, dann die Militärakademie Saint-Cyr. Im Ersten Weltkrieg kämpft er in dem von Henri Philippe Pétain (1856-1951) befehligten Regiment und gerät 1916 in Gefangenschaft. 1924 erscheint sein erstes wichtiges Buch, *La discorde chez l'enemi*. Als Generalstabsoffizier wird er 1932 Sekretär des Obersten Verteidigungsrats. Er veröffentlicht Artikel über den Einsatz von Panzern, die ihm den Respekt Paul Reynauds (1878-1966) eintragen und die Feindschaft anderer Mitglieder des Stabes: 1936 muß er den Verteidigungsrat verlassen. Nach Kriegsbeginn befehligt er die Panzerbrigade der 5. Armee und wird einige Zeit danach General. 1940 ernennt man ihn zum Unterstaatssekretär für Nationale Verteidigung: Er soll die Beziehungen zu London pflegen. Am 17. Juni fliegt er von London nach Paris und kehrt aus Protest über die neue Regierung Marschall Pétains sofort um. Von England aus ruft er per Radio die Franzosen zum Widerstand auf. Er ist Chef des freien Frankreichs, wird im Oktober 1940 Vorsitzender des Verteidigungsrats des Kolonialreichs in Brazzaville (Kongo), im Juni 1941 Chef des Französischen Nationalkomitees (CNF) in London, im April 1943 in Algier einer der Anführer des Französischen Komitees der Nationalen Befreiung (CFLN) und im Mai 1944 Regierungschef der provisorischen Regierung der französischen Republik. Am 25. August 1944 zieht er in das befreite Paris ein. Im Juli 1945 kommt es zum Bruch mit den Kommunisten, und ein halbes Jahr später scheidet er aus der Regierung aus. Am 15. April 1947 gründet er das Rassemblement du Peuple Français (Sammlungsbewegung des französischen Volkes), die Keimzelle des Gaullismus.

1

4

2

3

5

Das Lothringer Kreuz. Im besiegten Frankreich, das von einer Regierung der Kollaboration unter Marschall Pétain entehrt wird, erhebt de Gaulle stolz das Lothringer Kreuz, Symbol Jeanne d'Arcs, und führt den Widerstand gegen die Deutschen an. Zuzeiten unterstützt von Engländern und Russen, mißtrauisch beäugt von den USA, ruft er Politiker, Intellektuelle und Adlige, die nichts mit der neuen Regierung zu tun haben wollen, auf, sich ihm anzuschließen. Mit den edlen, einfachen Worten seiner Radioansprache erobert er die Herzen all derer, die mit Stolz Franzosen sind. Sein Glaube an den Sieg steckt an. Er ist ehrlich, beruft sich auf die Vergangenheit, haßt das Oberflächliche und blickt über den Horizont der Gegenwart hinaus.

Seine Reisen. 1958-59 reist de Gaulle viel ins Ausland, in die französischen Kolonien, nach Südamerika, Kanada und in andere Länder Europas. Seine eindrucksvolle, feierlich anmutende Gestalt, sein vorurteilsfreies, offenes Auftreten und seine profunden geschichtlichen und geographischen Kenntnisse hinterlassen überall tiefen Eindruck von der Größe, dem Mut und der Würde Frankreichs. Mit ihm beginnt Paris wieder zur Hauptstadt der europäischen Kultur zu werden.

DER GAULLISMUS

*"Kein Jahrhundert ist vergangen,
ohne daß die Welt mehrmals von abscheulichen Kriegen
heimgesucht worden wäre,
Leider ist die Geschichte der Menschen
auch die Geschichte ihrer Waffen."*

Charles de Gaulle

Der gallikanische Katholik, Republikaner und Antikommunist de Gaulle ist ein Mann der demokratischen Rechten und ein General des Friedens. Eine autoritäre, effizient arbeitende Regierung und die nationale Einheit sind ihm wichtig; dagegen verabscheut er Mittelmäßigkeit und die Korruption des parlamentarischen Systems. Er will einen Staatschef, der die Regierung führt und sich den Wählern verpflichtet fühlt. Aufgrund des Militärputsches in Algier 1958 ruft ihn Staatspräsident Coty zurück, und das Parlament wählt ihn zum Premierminister. Er legt die neue Verfassung der V. Republik, die dem Präsidenten außerordentliche Macht gibt, zur Volksabstimmung vor. Im Dezember 1958 wird er zum Präsidenten gewählt. 1961 folgen der Offiziersputsch in Algier und ein Attentat auf ihn. 1962 erneut ein Attentat. Wieder wird er zum Präsidenten gewählt, diesmal durch Direktwahl. 1963 legt er ein Veto gegen den Beitritt Großbritanniens, in dem er einen Satelliten der USA sieht, zur EWG ein. 1964 erkennt er die Volksrepublik China an.

7

6

44 1945 1946 **1947** 1948 1949 1950 1941 1942 1943 19

47 1948 1949 1950 1941 1942 1943 1944 1

8

9

Mit Deutschland unterhält er freundschaftliche Beziehungen. 1965 verurteilt er die Intervention der USA in Santo Domingo und später ihr militärisches Eingreifen in Vietnam. Im Verhältnis zur UdSSR und zu anderen kommunistischen Staaten kommt es zu einer deutlichen Annäherung, denn er träumt von einem Europa vom Atlantik bis zum Ural. 1965 wird er wiedergewählt. Es folgen der Austritt der französischen Streitkräfte aus der NATO, die Verurteilung Israels für den Sechstagekrieg 1967 und die Verabschiedung eines Gesetzes, das die Beteiligung der Arbeitnehmer an den Unternehmensgewinnen vorschreibt. Dann die Maiunruhen 1968: Aufgrund der Unfähigkeit der Regierung nimmt de Gaulle die Sache in die Hand und schlägt eine Neuwahl vor: Sie führt zu einer Niederlage der Linken. Am 28. April 1969 bringt ihm die Abstimmung über eine Regional- und Senatsreform eine Niederlage, und er tritt zurück. Frankreich aber ist wiederhergestellt und hat seine eigene Atomstreitmacht.

Europäische Kultur. De Gaulle ist ein Mann, der Ordnung liebt und in der Wirtschaftspolitik – die nicht gerade seine Stärke ist – eine liberale, fortschrittliche Linie vertritt. Schon bald spürt er, daß die Welt von der angloamerikanischen Massenkultur überrollt wird. Er kämpft für die Werte der europäischen Kultur: die Tradition der romanischsprachigen Länder, die französische und deutsche Moderne und eine offene Zukunft für die slawischen Völker. Er kultiviert bei allen Gelegenheiten das gute Französisch.

1) Paris. Charles de Gaulle in seinem Büro im Elysée-Palast. Durch die Fernsehansprachen aus seinem Büro wurde der Präsident auch bei der jüngeren Bevölkerung bekannt.
2) Charles de Gaulle im Exil in London.
3) Deutschland 1962. De Gaulle mit Bundeskanzler Adenauer.
4) De Gaulle an der Militärakademie Saint-Cyr.
5) Algier. Rede Präsident de Gaulles vor einer großen Menschenmenge.
6) Januar 1943. Konferenz von Casablanca. Von links: General Henri-Honoré Giraud (1879-1949), der bis 1943 neben de Gaulle Präsident des Komitees der Nationalen Befreiung war, US-Präsident Franklin D. Roosevelt, de Gaulle und Winston Churchill.
7) London, 18. Juni 1940. De Gaulle bei seiner von der BBC ausgestrahlten berühmten Rundfunkansprache, mit der er seine Landsleute erfolgreich zum Widerstand aufrief.
8) Begräbnis Präsident de Gaulles (1970).
9) Titelseite einer neueren Taschenbuchausgabe mit großer Auflage des De-Gaulle-Buches *Le fil de l'épée et autres écrits*.

LE CORBUSIER
veröffentlicht sein Modulor genanntes Proportionssystem

Charles-Édouard Jeanneret wird 1887 in La Chaux-de-Fonds im Schweizer Jura geboren. Dort geht er auch ersten Kunststudien nach. Er reist nach Italien, Frankreich und Deutschland, wo er Peter Behrens kennenlernt. Die Schrecken des Krieges und das Durcheinander der avantgardistischen Strömungen flößen ihm jene Liebe für die Ordnung ein, die geduldige Suche, die stets ein Teil von ihm sein wird. Die Bilder, die er malt, signiert er mit seinem richtigen Namen, doch als Architekt nennt er sich Le Corbusier. 1921 eröffnet er ein schönes Architekturbüro in Paris, 1922 stellt er beim Pariser Herbstsalon seinen Entwurf für eine Stadt mit drei Millionen Einwohnern vor, 1924 entwirft er Reihenhäuser für Handwerker. Der "Plan Voisin", das neue Stadtplanungsmodell für Paris, und der Ausstellungsbau "L'Esprit Nouveau" entstehen 1925. Er entwirft öffentliche Gebäude wie den Völkerbundpalast in Genf, den Verwaltungsbau "Centrosojus" und den Palast der Sowjets in Moskau. Darüber hinaus ruft er internationale Kongresse über moderne Architektur ins Leben. Die Wallfahrtskirche Notre-Dame-du-Haut (1952-55) in Ronchamp mit ihren weichen, geschwungenen Räumen und ihren ansprechenden Formen erscheint vielen neben den fast zeitgenössischen Formen der Unité d'Habitation in Marseille wie eine Rückentwicklung gegenüber der Strenge der modernen Architektur, deren wichtigster Vertreter vielleicht Le Corbusier ist. Dieser bleibt bis zu seinem Tod im Jahre 1965 auf der Höhe seines Ruhms.

1

2

45 1946 1947 **1948** 1949 1950 1941 1942 1943 1944 1945 1946 1947 **1948** 1949 1950 1941 19 … 1946 1947 **1948** 1949 1950 1941 1942 1943 1944 1945

3

4

5

Brutalismus. Wer in den sechziger Jahren das Schweizer Haus (1930-32) in der Cité Universitaire in Paris besuchte, konnte feststellen, daß es herunterkommen, grau und staubig aussah. Die von Le Corbusier bevorzugten Materialien nutzen sich rasch ab. Die Strenge seiner Linien verliert sich und wird getrübt von Baufälligkeit des Gebäudes. Nicht anders bei der Unité d'Habitation in Marseille, deren architektonische Sprache von den Kritikern damals des Brutalismus bezichtigt wurde. Tatsächlich wurde der "Brutalismus" eine neue Stilrichtung der Architektur. Mit der Secondary School in Hunstanton (Norfolk, 1951-54) schaffen Peter und Alyson Smithson einen Bau, bei dem Bauweise, Material und technische Installationen unverhüllt bleiben, ohne jede Ausschmückung.

Verzerrtes Verständnis. In der zweiten Hälfte des 20. Jahrhunderts werden die Konzepte der rationalistischen Architektur und des Hauses als Wohnmaschine von profitorientierten Immobilienfirmen und der Bauindustrie aufgegriffen, nur um Millionen von Gebäuden zu schaffen, die rein funktional, schon dagewesen, ohne jeden Schmuck und ohne Harmonie der Proportionen sind, und bei denen sie soviel wie möglich am Material sparen. Für Bauindustrie und Immobilienfirmen ist dies die moderne Architektur.

Der Maler Le Corbusier. Sein Leben lang war Le Corbusier betrübt, weil er als Maler nicht als genauso bedeutend angesehen wurde wie als Architekt und Städteplaner. Von diesem Urteil hat sich die Kritik freilich nicht abbringen lassen.

DER MODULOR

1) Le Corbusier.
2) Ansicht der Wallfahrtskirche Notre-Dame-du-Haut in Ronchamp.
3) *Charles-Édouard Jeanneret* (Le Corbusier), Selbstportrait, Aquarell von 1917.
4) Axonometrie der Le-Corbusier-Stiftung in Paris. Le Corbusiers Forschung erstreckt sich auch auf die Analyse des Materials und der Einbausysteme, mit dem Ziel, durch eine rationellere Organisation kürzere Bauzeiten zu erreichen.
5) Auteuil 1923. Le Corbusier und Pierre Jeanneret: Wohnzimmer der Villa des Bankiers Raoul La Roche.
6) Gesamtansicht des Entwurfs für eine Stadt mit drei Millionen Einwohnern, ein klassisches Beispiel für die städtebaulichen Konzepte Le Corbusiers aus den zwanziger Jahren.
7) Le Corbusier und Pierre Jeanneret: Ansicht der Villa Savoie in Poissy (1929-31).
8) Die berühmte Unité d'Habitation Le Corbusiers in Marseille, ein vielgeschossiger Wohnkomplex für 1.500 Personen. Die Betonpfeiler, auf denen das Gebäude ruht, der Dachgarten und die umlaufenden Balkonbänder sind klassische Elemente des Stils, den Le Corbusier in jenen Jahren entwickelt.
9) Graphische Darstellung des Modulors. Im Vordergrund sein Erfinder.

Mit dem Modulor bringt Le Corbusier seine utopistischen Betrachtungen über Architektur und Städtebau zu einem krönenden Abschluß. Vorangegangen waren La ville radieuse *(1935) und sein Purismus-Manifest* Après le cubisme *(1918), in dem er zusammen mit dem Maler Amédée Ozenfant (1886-1966) rationale und geordnete Kunst frei von Gefühlen fordert. Der Modulor ist ein von ihm entwickeltes Proportionssystem, das auf der Statur, der Struktur und den Bewegungen eines 175 cm großen Menschen beruht, der als Modul für die Zimmer, die Gebäude und die Stadt dient, die für ihn gebaut werden. Der neue Wohnhaustyp, dem der Modulor zugrunde liegt, ruht auf Betonpfeilern, hat einen freien Grundriß, besteht aus den Grundbaustoffen Zement, Eisen und Glas, besitzt umlaufende Fensterbänder, einen Dachgarten und dient als "Wohnmaschine", wie Le Corbusier es nennt (so die von ihm in Marseille 1947-52 erbaute "Unité d'Habitation" für 1.500 Menschen). Wenn genügend Platz vorhanden ist, kann dasselbe architektonische Projekt beliebig oft wiederholt werden, um so die "Ville radieuse" oder die Stadt als Lebensmaschine entstehen zu lassen. Auf diesen Ideen aufbauend, hatte Le Corbusier bereits in den dreißiger Jahren seine Vorschläge zur Neugestaltung von Paris, Rio de Janeiro, São Paolo, Algier und Stockholm vorgelegt. Le Corbusier ist überzeugt, daß sich die angestrebte Harmonie in der Industriegesellschaft verwirklichen läßt und daß damit die ideale Stadt entstehen kann, in der der einzelne und die Gemeinschaft, Mensch und Technik, Privatsphäre und öffentlicher Raum in Einklang gebracht werden können.*

8

9

1948 1949 1950 1941 1942 1943 1944 1945 1946 1947 **1948** 1949 1950 1941 1942 1943 1944 1945 19… 47 **194…**

6

7

"Der höchste Genuß des menschlichen Geistes ist die Wahrnehmung von Ordnung, und die größte Befriedigung ist es, an dieser Ordnung mitzuarbeiten oder teilzuhaben."

Le Corbusier und Ozenfant im Manifest *Après le cubisme*, 1918

KONRAD ADENAUER
wird erster Bundeskanzler der Bundesrepublik Deutschland

Konrad Adenauer wird im Januar 1876 als Sohn einer bürgerlichen Familie in Köln geboren. Jung tritt er der (katholischen) Zentrumspartei bei. Er arbeitet in der Stadtverwaltung und ist 1917-33 Oberbürgermeister von Köln. Ihm verdankt die Stadt Bebauungsplan, neuen Hafen, Neugründung der Universität, das große Stadion, Idee und Bau des Messegeländes. Zwischen 1920 und 1933 ist Adenauer sogar Mitglied und Präsident des preußischen Staatsrats. Als Gegner des Nationalsozialismus wird er 1933 all seiner Ämter enthoben und in der Folge zweimal verhaftet. Auf Anregung der Alliierten wird er 1945 erneut Oberbürgermeister von Köln. Er gehört zu den Gründern der CDU und wird 1949 zum ersten Bundeskanzler der Bundesrepublik Deutschland gewählt. Eine große Stütze hat er in seinem Wirtschaftsminister Ludwig Erhard (1897-1977), der später Vizekanzler und 1963 selbst Kanzler wird. Die politischen Ziele Adenauers sind die Souveränität Deutschlands, dessen Wiedervereinigung und seine Einbindung in Europa. Die Pariser Verträge von 1954 schränken die militärische Besatzung durch die Alliierten ein, und 1955 tritt die Bundesrepublik der NATO bei. 1957 wird Adenauer als Kanzler bestätigt, 1963 tritt er zurück, und 1967 stirbt er.

3

1

2

1944 1941 1942 1943 1944 1945 194**49** 1950 1941 1942 1943 1944 1945 1946 1947 1948 **1949** 1950 1941 1942 1943 1944

5

Berlin. Die einstige Hauptstadt Berlin ist fast ein halbes Jahrhundert lang Symbol der Teilung Deutschlands. Vom 24. Juni 1948 bis zum 12. Mai 1949 sperrt die Sowjetunion alle Verbindungen mit dem Westen – die Berlin-Blockade. Von den USA und der Bundesrepublik wird "die längste und bedeutungsvollste Brücke unseres Jahrhunderts" eingerichtet, die Luftbrücke, über die die Stadt mit dem Nötigsten versorgt wird. Über sie werden insgesamt 2.323.738 Tonnen Waren eingeflogen, bis die Blockade endet. Am 13. August 1961 beginnt die DDR, die Mauer zu errichten, durch die West- von Ostberlin getrennt wird.

Das Saarland. Seit dem Mittelalter ist die Herrschaft über die Grenzregionen Elsaß, Lothringen und das Saarland ein Zankapfel zwischen Frankreich und Deutschland. Das Saarland gilt als strategisch wichtig, da es eine hohe Industrialisierung und große Kohlevorkommen aufweist. Beim Wiener Kongreß (1815) Preußen zugesprochen, wird es mit dem Versailler Vertrag (1919) für 15 Jahre unter die Verwaltung des Völkerbunds gestellt, wobei die Kohlengruben an Frankreich fallen. Durch die Volksabstimmung 1935 kehrt es zum Deutschen Reich zurück. 1945 wird es erneut von Frankreich besetzt, und seit 1957 gehört das Saarland zu Deutschland.

Die letzten Jahre. Ein Verdienst Adenauers ist, daß er die Beziehung zu Frankreich auf einer Ebene ehrlicher Freundschaft aufgebaut und die Einigung Europas gefördert hat. Es ist Adenauer, ein Mann der Vergangenheit und eines geordneten und kapitalistischen Deutschlands, der seinem Land in der Welt wieder Achtung verschafft. Aber als Präsident Eisenhower einen Dialog mit Moskau in die Wege leitet, macht der alte Kanzler eine peinliche Figur. Der Vater der neuen Bundesrepublik wird unter einem Vorwand zum Rücktritt gedrängt.

DER WIEDERAUFBAU

In der Bundesrepublik Deutschland steigen die Investitionen von 21 Milliarden Mark im Jahr 1952 auf 44 Milliarden im Jahr 1959. Im gleichen Zeitraum wächst das Bruttosozialprodukt von 97,2 auf 247,1 Milliarden Mark. Das sind Werte des Wirtschaftswunders, das gefördert wird durch beeindruckende finanzielle Hilfeleistungen von seiten der USA (3,9 Millarden Dollar von 1948-52), durch eine Industrie, die im Krieg weit weniger beschädigt wurde als die Städte selbst, durch ein Heer an billigen Arbeitskräften, von denen allein drei Millionen aus Ostdeutschland und weitere acht Millionen von östlich der Oder-Neiße-Linie in die Bundesrepublik strömen, weiter durch Beschränkung des Konsums, durch Übernahme amerikanischer Modelle für den Wiederaufbau der Städte, der Industrieanlagen und der öffentlichen Verkehrsnetze. Die Grundsätze der freien Marktwirtschaft werden von Erhard auch gegen den linken Flügel der CDU durchgesetzt. Der amerikafreundlich eingestellte Adenauer verfolgt eine klare Linie. Als entschiedener Antikommunist ist er der beliebteste Bündnispartner des US-Außenministers John Foster Dulles (1888-1959). Im Jahr 1956 verbietet das Bundesverfassungsgericht die Kommunistische Partei Deutschlands (KPD), die 1953 bei der Bundestagswahl 610.000 Stimmen erhielt. Auch eine kleine rechtsradikale Partei wird verboten, aber 1953 vertraut Adenauer Staatssekretär Hans Globke das Innenministerium an, einem ehemaligen Nationalsozialisten und "Experten für Judenfragen". Nach einem Protokoll aus dem Jahr 1949 ist Adenauer antimilitaristisch eingestellt, aber er sorgt für den Aufbau der Bundeswehr, wünscht sich, daß sie mit Atomwaffen ausgerüstet wird, und unterstützt die NATO. Sein Ziel ist die internationale Gleichberechtigung Deutschlands und die Wiederherstellung seiner vollen Souveränität.

8

7

9

6

"Ich erkläre hiermit meinen festen Willen, das bundesdeutsche Territorium einzuhalten und mich mit allen Mitteln dafür einzusetzen, einen Wiederaufbau von Streitkräften jeglicher Art zu verhindern."

Protokoll vom 22. November 1949, das Adenauer zusammen mit den Hohen Kommissaren der Alliierten unterzeichnete

1) Ascona, März 1956. Bundeskanzler Adenauer während eines Kurzurlaubs.
2) Teilansicht Kölns, 1935.
3) Tel Aviv, Mai 1966. Adenauer in andächtiger Haltung in der Krypta der Yad-Vashem-Gedenkstätte für die Opfer der nationalsozialistischen Judenvernichtung.
4) "Keine Experimente!" Wahlplakat für Adenauer von 1957. Es ist offensichtlich, welche Wähler der Kanzler damit anspricht.
5) Berlin 1963. Willy Brandt verleiht in seiner Eigenschaft als Regierender Bürgermeister Konrad Adenauer die Ehrenbürgerwürde der Stadt Berlin.
6) Paris, Juli 1962. Adenauer mit de Gaulle im Elysée-Palast.
7) Rhöndorf, Dezember 1965. Adenauer liest aus seinen Memoiren. Sie sind nicht weniger enttäuschend als die Memoiren anderer großer Staatsmänner, die sich ebenso zurückhaltend äußern wie er.
8) Paris, Dezember 1957. Adenauer beim Abendessen mit Tochter Lotte (zu seiner Rechten) und seiner Sekretärin im Hotel Bristol.
9) Berlin, August 1961. Ein französischer Offizier beobachtet den Bau der Mauer von der Westberliner Seite aus.

DWIGHT EISENHOWER
wird zum Oberkommandierenden der NATO-Streitkräfte ernannt

Dwight David Eisenhower wird 1890 als Sohn einer armen puritanischen Familie in Texas geboren. Er studiert an der Militärakademie von West Point und ist im Ersten Weltkrieg Ausbilder einer Panzereinheit. Als Major wird er 1929 nach Washington gerufen, um bei der Ausarbeitung eines Mobilmachungsplans für die Industrie mitzuarbeiten. 1933 ernennt ihn Generalstabschef Douglas MacArthur (1880-1964) zu seinem persönlichen Assistenten. Nach Kriegseintritt Japans im Jahr 1941 wird er zu MacArthurs Stellvertreter und kurz danach Chef des Operationsbüros und Brigadegeneral. 1942 überträgt man Eisenhower das Oberkommando über die US-Truppen in Europa. Er wird Oberbefehlshaber der alliierten Invasionstruppen in Nordafrika und übernimmt nach dessen Befreiung das Kommando für die Landung auf Sizilien und die Streitkräfte, die Italien zur bedingungslosen Kapitulation zwingen. Danach wird ihm die Koordination der Landung in der Normandie und aller militärischen Handlungen übertragen, die zur Kapitulation der Deutschen an der Westfront führen. Von 1945-47 ist er Generalstabschef der US-Streitkräfte in Europa, 1948 Rektor der Columbia University und 1950-52 erster Oberkommandierender der NATO-Streitkräfte.

2

4

4 1945 194 1943 1944 1945 1946 1947 1948 1949 **1950** 1941 1942 1943

1

3

Präsident. Eisenhower ist nach dem Krieg der populärste Mann der Vereinigten Staaten. Deshalb bieten ihm die Republikaner 1952 zum zweiten Mal an, ihn als Präsidentschaftskandidaten aufzustellen. Er nimmt an und obsiegt. Als erster republikanischer Präsident nach zwanzig Jahren verkündet er das Ende der Politik des New Deals, beendet den Koreakrieg und setzt deutliche antisowjetische Akzente in der Politik, indem er die NATO durch die Schaffung des Südostasien-Pakts (SEATO) 1954 stärkt, dem die USA, Großbritannien, Frankreich, Australien, Neuseeland, die Philippinen, Pakistan und Thailand angehören, und der Taiwan durch finanzielle Hilfen gegen Rot-China unterstützt.

Friedensvermittler. Nach seiner Wiederwahl 1956 gelingt es Eisenhower nicht, Sozialreformen zu verhindern, die die demokratische Mehrheit im Kongreß anstrebt. Er sorgt dafür, daß eine Begegnung mit Chruschtschow in Camp David (1959) zustande kommt, welche jedoch infolge des U2-Zwischenfalls (Abschuß eines amerikanischen Aufklärungsflugzeugs über der Sowjetunion) nicht die gewünschte Entspannung im Verhältnis zur UdSSR bringt. Mit einem Hilfsprogramm von einer Milliarde Dollar greift er in Lateinamerika ein. Nach Ende seiner Präsidentschaft verabschiedet er sich von seinem Land mit einer Warnung vor den Gefahren, die dem Frieden durch den "Komplex der Rüstungsindustrie" drohe, der soviel Macht habe, daß er die Poltik der USA bestimme.

Dulles. John Foster Dulles (1888-1959), Außenminister von 1953 bis 1959, ist ein Mann, der der CIA nahesteht, dem 1947 gegründeten Zentralamt des amerikanischen Geheimdienstes, das auch in

DAS ATLANTISCHE BÜNDNIS

*"Wir sind keine Heiligen.
Wir wissen, daß wir Fehler machen,
aber unser Herz schlägt für die gerechte Sache."*

Präsident Eisenhower bei seinem Besuch in Chile, 1960

Am 4. April 1949 gründen die USA, Kanada, Island, Großbritannien, Frankreich, Belgien, Dänemark, Italien, Luxemburg, Norwegen, die Nie-derlande und Portugal den Nordatlantik-Pakt (NATO), wobei "die Parteien vereinbaren, daß ein bewaffneter Angriff gegen eine von ihnen ... als bewaffneter Angriff gegen alle angesehen werden wird". Die zwölf Signatarmächte verpflichten sich im Kriegsfall zu gegenseitigem militärischem Beistand, "um die Sicherheit im nordatlantischen Gebiet wiederherzustellen und aufrechtzuerhalten". Später treten der NATO dann noch Griechenland, die Türkei, die Bundesrepublik Deutschland und Spanien bei, während Frankreich 1966 aus der NATO ausschert, da es seine Truppen nicht dem alliierten Oberkommando unterstellen will, das stets die USA innehaben. Erster NATO-Oberbefehlshaber wird General Eisenhower, der wegen seines überragenden Organisationstalents, das er bereits im Zweiten Weltkrieg im Mittelmeer und an der europäischen Westfront bewiesen hat, und seiner Fähigkeiten als Vermittler ausgewählt wird. Doch das atlantische Bündnis ist kein Pakt zur Verteidigung des Atlantischen Ozeans, sondern vielmehr ein antikommunistisches Bündnis einer Gruppe von Staaten, die Angst vor dem sowjetischen Expansionismus haben und die Führungsrolle der USA akzeptieren. So geschieht es denn auch, daß Moskau als Reaktion auf diesen Schritt den Warschauer Pakt (14. Mai 1955) zwischen der Sowjetunion, Polen, Bulgarien, Rumänien, der Tschechoslowakei, der DDR und Albanien (das 1968 wieder austritt) gründet. Nach dem Zusammenbruch der Sowjetunion löst sich der Warschauer Pakt auf, während der NATO auch ehemals kommunistische Staaten beitreten und der genaue Zweck des atlantischen Bündnisses unklar wird. Es besteht die Gefahr, daß die NATO zu einer Mini-UNO wird, die im wesentlichen die Position der USA vertritt.

5

7

8

1947 1948 1949 **1950** 1941 1942 1943 1944 1945 1946 1947 1948 1949 **1950** 1941 1942 1943 1944 1945 1946 1947 ... 45 1946 194

6

die US-Politik während des kalten Krieges eingreift, etwa durch Unterstützung rechtsgerichteter Putsche in Amerika und Asien, möglicherweise auch in Afrika und Europa. Die Bundesämter, so CIA bis 1975 und FBI, spielten häufig verdeckt die Rolle einer aggressiven dritten Macht neben dem Präsidenten und dem Kongreß.

1) Der junge Eisenhower mit seiner Frau.
2) 6. Juni 1944. General Eisenhower mit Fallschirmjägern vor ihrem Aufbruch in die Normandie.
3) Eisenhower mit General Patton an der französischen Front.
4) 1944. General Eisenhower bei einer Frontinspektion in Europa. Hinter ihm General Montgomery.
5) Eisenhower grüßt huldvoll die Menschenmenge bei seiner Reise in die türkische Hauptstadt Ankara.
6) Präsident Eisenhower bei einem Gespräch mit Pandit Nehru, dem Premierminister Indiens und Führer der bündnisfreien Länder der Dritten Welt.
7) Richard Nixon, einstmals Eisenhowers Vizepräsident (1952-60), als er bei der Bestattung des ehemaligen Präsidenten 1969 eine feierliche Rede hält. Er wird 1968 zum Präsidenten gewählt und setzt zuverlässig die Entspannungspolitik fort, die die letzte Periode der Präsidentschaft Eisenhowers kennzeichnete. 1974 muß Nixon wegen des Watergate-Skandals zurücktreten.
8) Camp David, April 1961. Präsident Kennedy berät sich mit Eisenhower während der Kubakrise. Dieses Foto von Paul Vathis wurde mit dem Pulitzerpreis ausgezeichnet.

1951 1960

Maria Callas

Evita Perón

Nikita Chruschtschow

Ernest Hemingway

Jawaharlal Nehru

Nasser

Elvis Presley

Pelé

Marilyn Monroe

Jean-Paul Sartre

Nach dem Zweiten Weltkrieg ersteht Europa wieder aus den von zwei Weltkriegen hinterlassenen Trümmern und muß die oft bittere Erfahrung machen, daß nichts mehr so ist wie früher. Trotz zerbombter Städte und vieler Todesopfer sind Deutschland und Italien nicht von der politischen Bildfläche verschwunden, sondern erholen sich zusehends. Auch das bis 1955 von den Alliierten besetzte Österreich entwickelt sich zu einer sorgenfreien Demokratie. Große Probleme gibt es dagegen in Großbritannien, wo die Grundnahrungsmittel noch lange rationiert bleiben und das Ausscheiden aus dem Kreis der Großmächte als sehr schmerzlich empfunden wird. In Frankreich vollzieht sich die Entkolonialisierung wegen des unentschlossenen Vorgehens der ständig wechselnden Regierungen und der engen Verflechtung mit den Kolonien in einem quälend langsamen Prozeß. Jenseits der Pyrenäen, in Spanien und

Als am Nil der gigantische Assuan-Hochdamm errichtet wird, drohen die herrlichen Felstempel von Abu Simbel für alle Zeit unter den Fluten zu verschwinden. Doch in einer bis dahin beispiellosen internationalen Hilfsaktion werden sie Stein für Stein versetzt und bleiben so der Nachwelt erhalten.

Portugal, regt sich nichts. Im Europa östlich des Eisernen Vorhangs durchbricht ab und zu der Ruf nach Freiheit die verordnete Ruhe. Durch den Krieg ist Sowjetrußland zur Supermacht aufgestiegen. Diesen Einfluß spielt es nun in viel stärkerem Ausmaß als zuvor in Asien aus und zeigt sich entschlossen, auch in Afrika und Lateinamerika politisch einzugreifen. Überall wird wiederaufgebaut oder neu gebaut, oft so umsichtig wie bei dem riesigen Assuan-Hochdamm am Nil, bei dessen Planung in den Jahren 1955-60 man die Rettung der herrlichen Felstempel von Abu Simbel vorsah, indem man sie ”höherlegte, um ihre Überflutung durch die Wasser des Stausees zu verhindern. Auch im Weltraum tut sich einiges, wo inzwischen die ersten Weltraumraketen der UdSSR fliegen, die die Vereinigten Staaten im Wettlauf um die Eroberung des Weltalls überrundet und dadurch bei ihren Rivalen Sorgen und Angst ausgelöst haben.

1951
1960

Der Bauarbeiter ist der Mann der Stunde, denn in den fünfziger Jahren werden die geschichtsträchtigen europäischen Städte wiederaufgebaut. Aus Trümmern erstehen originalgetreue Nachbauten von Kirchen, historisch wertvollen Häusern und Brücken. Und überall entstehen neue Gebäude, Plätze und Strassen.

Anläßlich des Todes von André Gide (1869-1951), der 1947 den Nobelpreis erhielt, wird daran erinnert, daß er in *Die Verliese des Vatikans* die Geschichte eines Jungen erzählt, der grundlos einen Mann umbringt: Dieser sinnlose Akt steht einerseits für den zweifachen kollektiven Selbstmord Europas (1914-18 und 1939-45) und beschreibt andererseits den Drang des einzelnen nach völliger Handlungsfreiheit bis hin zum Verbrechen.

1

3

1| Das Living Theatre. 2| Julius und Ethel Rosenberg. 3| Der Flugzeugträger *Enterprise*. 4| Laika an Bord des *Sputnik II*.

2
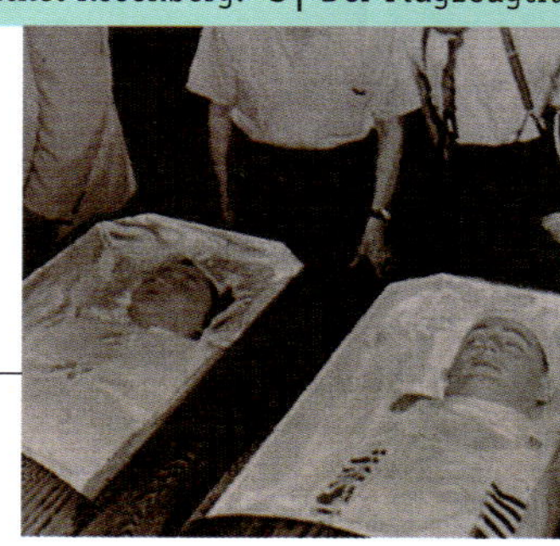

Das leidenschaftliche Verlangen sich auszudrücken ist in den fünfziger Jahren ausgeprägt. Es sind die Jahre neuer Avantgarden in der bildenden Kunst, der Musik, der Literatur, im Theater, im Kino und in der Architektur. Es sind die Jahre der Freiheit, so zu leben, wie es einem gefällt – ob man nun der Musicbox zuhört, mit der Vespa herumfährt, den Kinsey-Report über das Sexualverhalten der Frau (1953) liest oder sich fragt, ob man die Antibabypille kaufen soll. Die Welt ist wieder jung, und man begnügt sich nicht mehr mit Petting.

Winston Churchill, Prophet des kalten Krieges, kommt 1951 mit 77 Jahren noch einmal an die Macht. 1953 wird General Eisenhower Präsident der USA, im selben Jahr stirbt Stalin ("der Stählerne"). Im Mai 1958 wird de Gaulle mit der Rettung des Vaterlands beauftragt.

In den USA beginnt der Ausschuß für "unamerikanische Umtriebe" unter dem Vorsitz von Joseph McCarthy seine Jagd auf Kommunisten; zu den Opfern zählen auch berühmte linke Intellektuelle. Trotz der Gnadengesuche von Pius XII., Einstein und Russell wird 1953 in Sing-Sing die Todesstrafe an Julius und Ethel Rosenberg vollstreckt, die wegen Atomspionage verurteilt wurden.

Im August gibt Georgi M. Malenkow bekannt, daß auch die UdSSR die Wasserstoffbombe besitzt. Die Angst vor dem Atomkrieg geht während des ganzen Jahrzehnts um und beschleunigt den Rüstungswettlauf. Als Wunderwaffen gelten atomgetriebene Waffen, weil sie einen außergewöhnlich großen Aktionsradius haben. Als die Sowjetunion 1957 *Sputnik I* und *II* (mit dem Hund Laika an Bord) in eine Erdumlaufbahn bringt, befürchtet man im Westen, daß es sich in Wirklichkeit um von Interkontinentalraketen ausgesetzte Spionagesatelliten handelt. Doch einige Ereignisse mildern die Spannungen: So klagt der Generalsekretär der KPdSU beim XX. Parteitag (1956) Stalin (nach dessen Tod) schrecklicher Verbrechen an, und im November 1960 wird der junge John F. Kennedy zum Präsidenten der USA gewählt.

4

5

6

7

8

9

5| Jonas E. Salk. 6| Muhammed Mossadegh. 7| *Die Schlacht um Algier* von Gillo Pontecorvo. 8| Der Weg in die europäische Einheit. 9| Alcide de Gasperi.

Positive Neuerungen gibt es auch auf dem Gebiet der "friedlichen Wissenschaften", wobei vor allem in den Geisteswissenschaften und in der Medizin wie mit der Entwicklung des ersten Impfstoffs gegen Kinderlähmung durch Jonas Salk im Jahr 1953 große Fortschritte zu verzeichnen sind.

Schnelle Fortschritte machen auch die Kolonien auf ihrem Weg in die Unabhängigkeit. Zum Scheitern verurteilt sind dagegen die Versuche des iranischen Ministerpräsidenten Mohammed Mossadegh (1881-1967), im Jahr 1951 die Erdölindustrie zu verstaatlichen und innenpolitisch den Schah in die Knie zu zwingen. Der Iran wechselt in der Folge von der britischen in die amerikanische Machtsphäre.

Im Jahr 1951 wird der Friedensvertrag mit Japan unterzeichnet, das seine Ansprüche auf Sachalin, die Mandschurei, Taiwan und Korea aufgibt und seine Souveränität zurückerhält. Mit der Ablösung von Douglas MacArthur, dem Oberbefehlshaber der amerikanischen Streitkräfte im Pazifik, wird die Gefahr eines Atombombeneinsatzes gebannt, und 1953 wird in Nordkorea der Waffenstillstand besiegelt.

Im Juli 1954, nach der katastrophalen Niederlage von Dien Bien Phu, entscheidet sich Frankreichs Ministerpräsident Pierre Mendès-France, mit einem Waffenstillstandsabkommen einen Schlußstrich unter den Indochina-Krieg zu setzen, und die USA erklären die Region zu ihrem Interessengebiet. Frankreich und Großbritannien werden durch das Vorgehen der USA und der UdSSR gestoppt: Sie ordnen den sofortigen Rückzug ihrer Truppen vom Suezkanal an, der vom ägyptischen Regierungschef Nasser – der 1952 König Faruk ins Exil geschickt hat – verstaatlicht wird. Im Jahr der Suez-Krise, 1956, sieht sich auch die Sowjetunion mit Problemen konfrontiert: Nach dem Arbeiteraufstand in Ost-Berlin 1953 revoltieren nun auch die Arbeiter im polnischen Posen, und in Ungarn erhebt sich das ganze Volk.

Während Tunesien und Marokko die Unabhängigkeit verlangen, bricht in Algerien ein blutiger Krieg zwischen Regierung, Algeriern und Vertretern der französischen Kolonialmacht aus. 1959 wird der kubanische Diktator Batista von der Guerilla gestürzt, und Fidel Castro wird Regierungschef.

Europa macht sich auf den Weg zur Einheit: 1951 entsteht die Montanunion (für Kohle und Stahl), dann die Euratom und durch die Römischen Verträge 1957 der gemeinsame Markt, die EWG. Mitglieder sind die Benelux-Länder, Frankreich, die Bundesrepublik und Italien.

MARIA CALLAS

läßt den Mythos der Oper wiederauferstehen

Maria Kalogeropoulos (1923-77) wird in New York als Tochter einer kleinbürgerlichen griechischen Einwandererfamilie geboren. Sie hat eine Schwester, in die die Mutter ihre Hoffnungen auf einen sozialen Aufstieg setzt. Als die Eltern sich trennen, ziehen die drei Frauen nach Athen. Die Mädchen studieren Musik. Maria legt den Konservatoriumsabschluß im Fach Klavier ab und findet in der spanischen Sopranistin Elvira de Hidalgo (1892-1980) eine ausgezeichnete Gesangslehrerin. Sie ist ein plumpes Mädchen mit einer unvollkommenen Stimme, die rauh oder guttural sein kann und dunkel-verhangene Bereiche hat. Aber sie besitzt einen eisernen Willen und eine erstaunliche Lust zu lernen, die sie nie verlassen wird. 1947 kommt sie nach Italien und singt in der Arena von Verona eine eindrucksvolle Gioconda. Sie begegnet dem Dirigenten Tullio Serafin (1878-1968), dem vielleicht bedeutendsten Stimmenarchitekten des 20. Jahrhunderts. Mit Verdis *Sizilianischer Vesper* wird sie an der Mailänder Scala 1951 zur Diva. Jahrelang feiert sie an Opernhäusern der Welt triumphale Erfolge, dann folgt ein rasches Ende. Die Callas, inzwischen eine schöne Frau von höchster Eleganz, gibt nur noch Konzerte und Recitals. Auch von der Liebe enttäuscht, zieht sie sich am Ende ganz zurück. Nach ihrem plötzlichen Tod in Paris entsteht der Mythos, der sie bis heute mit unverändertem Glanz umgibt.

1

3

6

1958 1959 1960 **1951** 1952 1953 1954 1955 1956 1957 1958 1959 1960 **1951** 1952

2

5

4

Die Männer. "Die Callas" ist zwar egozentrisch, aber als Griechin möchte sie einen Mann zum Lieben und Geliebtwerden an ihrer Seite haben. In den Jahren ihres Aufstiegs ist das der Gatte G. B. Meneghini, ein alternder Ziegelfabrikant, von dem sie sich dann scheiden läßt. Zu ihren engsten Freunden gehören zwei große Tenöre, der schöne Franco Corelli und Giuseppe Di Stefano, beide 1921 geboren. Befreundet ist sie auch mit dem Schriftsteller Pier Paolo Pasolini (1922-75), der der Callas 1969 die Titelrolle in seinem Film *Medea* gibt. Aber der von vielen Frauen geliebte Pasolini ist homosexuell. Die große Liebe scheint der griechische Großreeder Onassis zu sein, der die Beziehung zu ihr aber abrupt abbricht und eine andere heiratet.

Die anderen. Die entschiedene Gegnerschaft zwischen Anhängern der Callas und solchen von Renata Tebaldi (geb. 1922) läßt den Starkult um die großen Soprane wiederaufleben. Magda Olivero und Antonietta Stella entziehen sich diesem Gesellschaftsspiel. Andere treten auch im täglichen Leben als Primadonnen auf. Unsterblich werden Birgit Nilsson, Joan Sutherland, Leyla Gencer und Montserrat Caballé.

Allein. In ihren Briefen beharrt die Callas auf ihrer Einsamkeit, auf der Unfähigkeit, die Frau und die Künstlerin in sich in Einklang zu bringen. Dennoch behaupten nach ihrem Tod Tausende, sie hätten die "Primadonna assoluta" gekannt und seien ihr freundschaftlich verbunden gewesen. "Die Callas" wird zum Mythos des wiederentdeckten Belcanto. Mit ihrer tragischen Maske und der hageren Gestalt wird sie auch zum weiblichen Mythos.

DIE PRIMADONNA

Sie hat eine Stimme, die durch die Vielfalt der Klangfarben, die virtuose Phrasierung, den Umfang von fast drei Oktaven, die Beweglichkeit und Präzision außergewöhnlich ist. Und vielleicht ist es gerade das nicht ganz reine Timbre, das ihrem Gesang solch außerordentliche Durchschlagskraft verleiht. Sie tritt als leichter und auch als dramatischer Sopran mit Alt-Effekten auf und knüpft mit ihrer Atem- und Phonationstechnik an den Belcanto des 19. Jahrhunderts an. So wird sie zur Wegbereiterin für die "Renaissance des Belcanto". Sie setzt auch die Wiederbelebung in Vergessenheit geratener Opern durch, wie etwa Cherubinis Medea *und Rossinis* Der Türke in Italien. *Zu ihrem persönlichen Repertoire gehören von Rossini:* Der Barbier von Sevilla, Armida; *von Bellini:* Norma, Die Puritaner, Die Nachtwandlerin; *von Donizetti:* Lucia di Lammermoor, Anna Bolena; *von Verdi:* Aida, La Traviata, Der Troubadour, Macbeth, Don Carlos; *von Wagner:* Tristan und Isolde, Die Walküre, Parsifal; *von Puccini:* Tosca, Turandot. *Das ist erstaunlich viel, aber nicht einmal alles. Schallplattenaufnahmen von ihr gibt es nur wenige. Der Mythos der Primadonna lebt vor allem von den Erzählungen derjenigen, die sie einmal hören oder sehen. Es wird gesagt, ihr schauspielerisches Können entspreche der Virtuosität ihres Gesangs. Ihre moderne, auf das Wesentliche konzentrierte Bühnenpräsenz betont noch die Qualität der stimmlichen Ausführung und die Akkuratesse der Musikerin. Die Kompromißlosigkeit der Künstlerin führt zu heftigen Auseinandersetzungen hinter der Bühne und zu Beifallsstürmen im Saal. Die Oper begeistert fortan wieder ein breites Publikum und erobert die Herzen Unzähliger.*

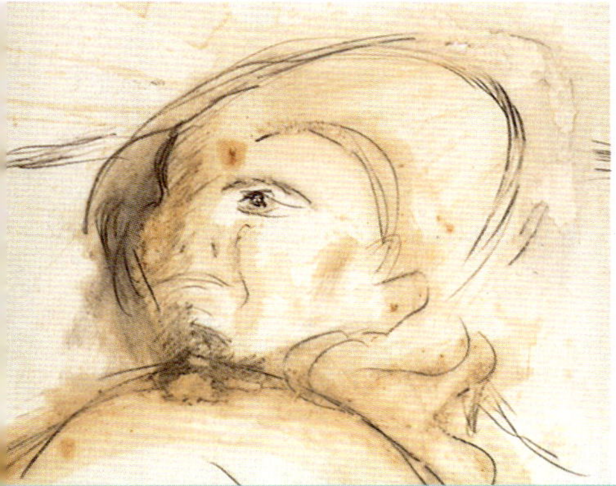

7

9

1955 1956 1957 1958 1959 1960 **1951** 1952 1953 1954 1955 1956 1957 1958 1959 1960 **1951** 1952 1953 1954 1955 1956 1957 1 … 53 1954 1

8

10

"Die Callas ist sanft und zeigt nicht die Krallen.
Sie tut einfach ihre Pflicht,
arbeitet und ist nie zufrieden mit dem, was sie tut.
Deshalb wird mir Hochmut nachgesagt, aber das stimmt nicht."

Maria Callas

1) Die Callas in einer Aufführung von *Turandot* unter Leitung von Nino Sanzogno 1948 im Opernhaus La Fenice in Venedig.
2) Ein von den Kostümbildnern der Mailänder Scala für Maria Callas entworfenes Gewand für die Aufführung von *Anna Bolena*. Im Fundus der Scala werden die Kostüme der Callas wie Reliquien aufbewahrt. Für Ausstellungen zu Ehren der Sopranistin, die stets Kultcharakter haben, werden sie bisweilen verliehen.
3) Ulisse Sartini: Maria Callas.
4) Die Fassade des Teatro alla Scala in Mailand (Giuseppe Piermarini, 1775-78).
5) Eine Luftaufnahme der Arena von Verona (1. Jh. n. Chr., Opernaufführungen seit 1913).
6) 1969. Die Callas als Medea in einer Zeichnung Pier Paolo Pasolinis.
7) Hotel Waldorf Astoria in New York, 1957. Die Callas erscheint in einem ägyptisch anmutenden Kostüm auf einem Maskenball. Der Schmuck ist echt, aber eine Leihgabe des Sammlers Harry Winston.
8) Die Hände von Maria Callas beim Klavierspielen. Auf der Bühne setzte sie die Hände mit dem Geschick der erfahrenen Schauspielerin ein.
9) Plakat für die Premiere der *Norma* am 12. Januar 1952 in der Scala. Mit der Callas treten zwei weitere große Sänger auf: Ebe Stignani als Adalgisa und Nicola Rossi Lemeni als Oroveso.
10) Paris 1960. Maria Callas beim Abendessen mit Aristoteles Onassis, mit dem sie am Ende

EVITA PERÓN

verabschiedet sich aus der Politik und wird zum Mythos

María Eva Duarte wird 1919 bei Buenos Aires geboren. Aus ärmlichen Verhältnissen arbeitet sie sich rasch hoch und wird eine erfolgreiche Hörspielsprecherin und Schauspielerin. Sie lernt General Juan Domingo Perón (1895-1974) kennen und wird 1943, im Jahr des von ihm geführten Putsches, seine Gefährtin. Perón wird Kriegs- und Arbeitsminister, bald darauf auch argentinischer Vizepräsident. 1945 heiratet er Evita, seine verläßlichste Ratgeberin. Gemeinsam organisieren sie viele der in die Städte abgewanderten Arbeiter (die "Descamisados", also Hemdlosen) gewerkschaftlich und nehmen jene Unternehmer für sich ein, die der alten Oberschicht des Land- und Geldadels den Rang ablaufen wollen. Am 9. Oktober 1945 wird Perón als Sympathisant des Faschismus verhaftet, aber durch den von Evita organisierten Generalstreik der Descamisados nach einer Woche wieder freigelassen. Bei der Wahl 1946 erhält ihre Partei die absolute Mehrheit, und durch Gründung der peronistischen Einheitspartei wird auch die Wahl von 1951 gewonnen. Evita, faktisch Ministerin für Arbeit, Gesundheit und Erziehung und zur Bekämpfung des Kommunismus im Bund mit der Kirche, ist die zweitwichtigste politische Kraft des Regimes und des Landes. Sie stirbt im Sommer 1952 an einem Tumor.

5

3

1

56 1957 1958 1955 1956 1957 1958 1959 1960 1951 **1952** 1953 1954 1955 1956 1957 195 1956

2

4

Ein Wahlplakat. Evita unterstützt ihren Ehemann, ohne ihn in den Schatten zu stellen. Auf einem Wahlplakat aus dem Jahr 1951 betrachtet eine elegante Dame ein Röntgenbild, auf dem folgende Diagnose vermerkt ist: "Höhere Gehälter – Sportstadien – Sozialgesetze – Zugang zum Bildungswesen – Polikliniken – Ferienzentren ...". Darüber ist zu lesen: "Schaut diese Diagnose genau an!" Und unten: "Gibt es jemanden im Land, der Perón nichts zu verdanken hat?"

Mutterschaft. Evita war kein Kind wohlhabender Eltern und hat selbst keine Kinder. Doch setzt sie sich aus aufrichtigem Interesse und mit großem Erfolg für die Sache der Mütter und Kinder ein. Sie überwacht die Durchführung des von ihr ins Leben gerufenen umfassenden Alphabetisierungsprogramms. Sie verhilft Frauen zu kostenloser ärztlicher Schwangerschaftsbetreuung, sorgt in den Städten für kostenlose Kinderkrippen und Kindergärten sowie kostenlosen Schulbesuch. Außerdem können sich Kinder und Alte umsonst behandeln lassen.

Allgegenwärtig. Evita gründet die Eva-Perón-Stiftung und stattet sie reichlich mit staatlichen Zuschüssen aus. Sie verteilt Kleidung und Lebensmittel an die Notleidenden. In der Provinz La Pampa wird ein neu gebildeter Bezirk nach Evita benannt, die versucht, gegen die Macht der Großgrundbesitzer anzugehen. Darüber hinaus unterstützt die Stiftung Gauchos.

Der Kult. Sofort nach Evitas Tod bemühen sich religiös orientierte Argentinier

DER PERONISMUS

1) Juli 1950. Das Präsidentenehepaar verläßt die Casa Rosada, unterwegs zu einem Besuch des Opernhauses Teatro Colón.
2) Buenos Aires, November 1996. An einer Mauer im Stadtviertel La Boca ist auf Wahlplakaten immer noch die lange verstorbene Evita abgebildet.
3) Eine Aufnahme von Evita Perón im Vatikan, inmitten der Würdenträger des päpstlichen Hofs. Pius XII. empfängt sie mit den höchsten Ehren, die im allgemeinen katholischen Königinnen vorbehalten sind.
4) Ein von der peronistischen Partei organisiertes Straßenfest in Santiago del Estero, einer Kleinstadt wie viele andere auch. Mit Tanz, Bier und Asado (gegrilltem Fleisch) soll das Volk bei Laune gehalten werden.
5) Eva Duarte als junge Ehefrau des Generals Juan Domingo Perón.
6) Buenos Aires, 6. August 1952. Eine riesige Menschenmenge gibt Evita Péron auf der Avenida de Mayo das letzte Geleit.
7) März 1973. Sieger der Präsidentenwahlen ist H. Campora, der Peróns Rückkehr vorbereitet. Evitas Bild ist dabei die beste Werbung.
8) Evita Perón bei Gewerkschaftsverhandlungen inmitten von Bergarbeitern. Argentinien besitzt riesige Vorkommen an Mineralien, Erdöl und Erdgas.

Das politische Programm des Peronismus ist nationalistisch. Es ist gegen das parlamentarische System gerichtet, klassenübergreifend und katholisch geprägt. Die Sozialpolitik hat korporative und demagogische Züge, aber im Gegensatz zum Faschismus werden wichtige Maßnahmen zugunsten der Arbeiter ergriffen, so daß die Gewerkschaften zu einem Machtfaktor werden, auf dessen Unterstützung sich das Regime bei Krisen verlassen kann und mit dem sich auch die stete Putschbereitschaft des Militärs weitgehend unter Kontrolle halten läßt. Zusätzlich gibt es Maßnahmen zugunsten der nationalen Industrie, die zur wirtschaftlichen Unabhängigkeit des großen und an Bodenschätzen reichen Argentinien beitragen. Schwachstellen des Peronismus sind die Diktatur und die verfassungsfeindliche Grundhaltung, die nicht nur die Demokratie und jede politische Diskussion blockieren, sondern durch die

7

8

959 1960 1951 **1952** 1953 1954 1955 1956 1957 1958 1959 1960 1951 **1952** 1953 ... 1958 1959 1

6

große Macht wichtiger Amtsinhaber Korruption auf allen Verwaltungsebenen und in der Regierung fördern. Hinzu kommen eine Tendenz zur Verschwendung und die allzu bedeutsame Rolle der Streitkräfte. Tatsächlich sind es schließlich auch die Streitkräfte, die in der Zeit vor Evitas tödlicher Erkrankung ihre Kandidatur als Vizepräsidentin verhindern, denn deren radikales Eintreten für soziale Gerechtigkeit ("justicialismo"), ihr Einfluß auf die Gewerkschaften und auf die mittleren Berufsstände sowie ihre Beziehungen zu kompromißlos nationalistischen Staaten, auch solchen, die eine konservative und autoritäre Politik betreiben, bedrohen die Rolle des argentinischen Militärs.

um ihre Seligsprechung. Während der ersten und zweiten Phase des Peronismus ist der Evita-Kult eine Staatsangelegenheit (der General wird 1973 nach dem Sieg der Peronisten bei der Präsidentschaftswahl aus Madrid zurückgeholt und erneut Präsident; bei seinem Tod wird seine dritte Frau, ebenfalls Schauspielerin, Präsidentin). Ein 1952 verabschiedetes Gesetz schreibt vor, daß alle Lehrer eine Medaille mit ihrem Bild tragen müssen. Jeden Tag beginnt der Unterricht mit der Hymne an Evita. In jeder Stadt und jedem Dorf, sogar in jedem öffentlichen Gebäude gibt es eine Statue oder ein Bildnis Evitas.

"Das Volk weint aus tiefstem Schmerz.
Evita, die Märtyrerin der Arbeit, geht in die Unsterblichkeit ein."

Todesmeldung auf der Titelseite der Tageszeitung *Democracia*, 1952

1953

CHRUSCHTSCHOW
wird Erster Sekretär des Zentralkomitees der KPdSU

Nikita Chruschtschow wird 1894 in Kalinowka bei Kursk in der Ukraine geboren. Seine Eltern sind Kleinbauern. Er ist zunächst Schlossergeselle, dann Mechaniker und Bergmann. 1918 tritt er in die KP ein. Der stramme Stalinist wird 1935 in Moskau Erster Parteisekretär und sorgt bei den großen Säuberungswellen im Kaukasus für deren rücksichtslose Durchführung. 1938 übernimmt er dieselbe Aufgabe in der ukrainischen Parteiorganisation und wirkt dort bis 1949. Ab 1939 ist er außerdem Mitglied des Politbüros in Moskau, und ab Oktober 1941 führt er in der Ukraine eine Partisanentruppe an. 1949 ruft man ihn nach Moskau, wo er die Leitung der Landwirtschaftspolitik übernehmen soll. Da er die Funktionsmechanismen der KPdSU ausgezeichnet kennt, gehört er zum Kreis von Stalins möglichen Nachfolgern. Bereits im September 1953 löst er Georgij Malenkow im Amt des Ersten Sekretärs des Zentralkomitees ab und schaltet den Innenminister und Chef des Sicherheitsdienstes, Lawrentij Berija, aus. 1955 setzt er Marschall Nikolaj Bulganin an Malenkows Stelle als Ministerpräsident ein. Seit Stalins Tod hat kein sowjetischer Herrscher soviel Macht besessen wie Chruschtschow. Dennoch wird er 1964 seiner Ämter enthoben. Er stirbt 1971 als unbehelligter Pensionär.

1

2

4

7 1958 1959 1960 1951 1952 **1953** 1954 1955 1956

1951 1952 **1953** 1954 1955 1956 1957 1958

3

Die Wirtschaft. Die von Stalin 1948 verkündeten Erfolge waren das Ergebnis der Ausbeutung von Arbeitskräften und der Wirtschaft der Satellitenstaaten. Durch den fünften Fünfjahresplan (1951-55) wird die UdSSR zur zweitwichtigsten Industriemacht der Welt, allerdings in erster Linie wegen des Aufschwungs in der Schwerindustrie. Problemfälle sind nach wie vor Landwirtschaft und Viehzucht, und die Bauern bleiben arm und unzufrieden. Chruschtschow leitet die Urbarmachung großer Flächen bisher ungenutzten Landes und den sechsten Fünfjahresplan in die Wege, beides ohne Erfolg, wie sich schon 1957 zeigt. Das Präsidium wählt ihn daher (mit elf gegen sieben Stimmen) ab, aber das Zentralkomitee setzt ihn erneut in sein Amt ein. Nach der – unblutigen – Ausschaltung von Malenkow, Molotow, Kaganowitsch und Schukow aus allen ihren Ämtern beginnt 1958 die diktatorische Alleinherrschaft Chruschtschows, die erst Mitte der sechziger Jahre endet.

Die Welt. 1955 beschließt die UdSSR den Rückzug ihrer Truppen aus Österreich, das ein neutraler Staat werden soll. 1956 nähert sich Ägypten der Sowjetunion an, und in der Suez-Krise müssen sich die verbündeten israelischen, französischen und englischen Truppen auf Druck der beiden Supermächte hin zurückziehen. 1957 verbessern sich die Beziehungen zwischen China und der UdSSR als Folge der gegenseitigen Anerkennung. 1958 erklärt Chruschtschow: "Wir würden gern wieder mit unseren Verbündeten aus der Zeit des Krieges anstoßen. Wir wollen friedliche Lösungen." Und 1959 sagt der amerikanische Vizepräsident Nixon: "Es kommt darauf an, trotz aller zwischen uns bestehender Unterschiede Bereiche zu finden, in denen eine Zusammenarbeit im Dienste des Friedens möglich ist." Am 1. Mai 1960 teilt Chruschtschow mit, daß ein Spionageflugzeug vom Typ U2 über sowjetischem Territorium abgeschossen und der amerikanische Pilot gefangengenommen wurde. Daraufhin scheitert die Gipfelkonferenz in Paris.

Der Sturz. 1960 schließt sich Fidel Castro dem Lager der UdSSR an. Chruschtschow entsendet sowjetische Raketen zu Kubas Verteidigung und zieht sie 1962 auf den Druck Kennedys wieder zurück, nachdem die USA erklärt haben, auf eine bewaffnete Intervention in Kuba zu ver-

DER REVISIONISMUS

Nach Unruhen in der Tschechoslowakei und dem blutig niedergeschlagenen Aufstand vom 17. Juni 1953 in Ostberlin verspricht Malenkow einen Ausbau der Konsumgüterindustrie zur Verbesserung der Lebensqualität. Am 3. Juni 1955 bekennen sich die Führer der sowjetischen Staaten in Belgrad zum Prinzip der Nichteinmischung in innere Angelegenheiten und legen so den seit 1948 bestehenden Zwist zwischen der UdSSR und Jugoslawien bei. Mit der Vereinbarung wird formal das Recht anerkannt, verschiedene Wege zum Sozialismus zu verfolgen. In seinem offiziellen Bericht verkündet Malenkow beim XX. Parteitag der KPdSU (14.-25. Februar 1956) die Rückkehr zum Leninismus. In einem geheimen Bericht indes werden der Persönlichkeitskult um Stalin und seine Verbrechen dargestellt.

Chruschtschow zufolge gilt es, Exzesse einzudämmen und nicht das Machtgefüge zu verändern. Infolge der durch die "Entstalinisierung" geweckten Hoffnung kommt es in Polen zu Massenstreiks. Chruschtschow fliegt nach Warschau und bringt Wladyslaw Gomulka an die Macht, der nach seiner Entlassung aus stalinistischer Haft den seit drei Jahren ebenfalls inhaftierten Kardinal Wyszynski freiläßt, um in den Dialog mit der Kirche zu treten. Doch alle Illusionen zerstieben durch das sowjetische Vorgehen in Ungarn. Dort haben Aufständische Imre Nagy als Ministerpräsidenten eingesetzt. Als dieser den Austritt Ungarns aus dem Warschauer Pakt erklärt, marschieren die Truppen der Warschauer-Pakt-Staaten, vor allem aber der Sowjetunion, in Ungarn ein. Anfang November 1956 bricht der ungarische Widerstand zusammen.

5

951 1952 **1953** 1954 1955 1956 1957 1958 1959 1960 195 … 1960 1951 19

8

6

7

9

"Es war Stalin, der den Begriff des 'Volksfeindes' geprägt hat. Verhaftungen und Massendeportationen sowie Hinrichtungen ohne vorherigen Prozeß schafften ein Klima der Unsicherheit und der Angst bis hin zur Verzweiflung."

Nikita Chruschtschow, Geheimbericht des XX. Parteitags der KPdSU, 1956

zichten. Ab 1962 verschlechtert sich das Verhältnis zu China zusehends, Rumänien beharrt auf einer eigenständigen Politik, und die sowjetische Wirtschaft befindet sich in einer Krise. Chruschtschows Politik einer schrittweisen Erneuerung ist gescheitert.

1) Leonid Breschnew 1958 in Moskau. 1960 macht ihn Chruschtschow zum Vorsitzenden des Obersten Sowjets.
2) Ostberlin, August 1957. Chruschtschow grüßt bei einem Staatsbesuch die Menge.
3) New York, 20. September 1960. Nikita Chruschtschow umarmt Fidel Castro.
4) Wien, Juni 1961. Chruschtschow in freundschaftlichem Gespräch mit John F. Kennedy.
5) Moskau, 10. Mai 1960. Ein schadenfroher Chruschtschow zeigt die Fotos des US-Piloten Francis Powers, der mit seinem Aufklärungsflugzeug vom Typ U2 über sowjetischem Territorium abgeschossen wurde.
6) Tschechoslowakei, 30. August 1964. Chruschtschow spricht bei einer Massenkundgebung. Neben ihm steht Alexander Dubcek, damals Erster Sekretär der slowakischen KP.
7) Moskau, Juni 1963. Chruschtschow auf dem Roten Platz inmitten "seiner" Kosmonauten.
8) Kiew, November 1943. Nikita Chruschtschow, sowjetischer Truppenbefehlshaber in der Ukraine, spricht mit den Menschen in der bombardierten Stadt.
9) Ägypten 1964. Chruschtschow grüßt als Staatsgast Nassers die Menschenmenge in Alexandria.

ERNEST HEMINGWAY

erhält den Nobelpreis für Literatur

1

Einer der beliebtesten Schriftsteller des 20. Jahrhunderts wird 1899 in Illinois geboren. Als Freiwilliger des Roten Kreuzes und Journalist kommt Ernest Hemingway gegen Ende des Ersten Weltkriegs nach Europa, genauer gesagt nach Italien. 1921 veröffentlicht er seine erste Erzählung, *Oben in Michigan*. Der Romantiker und Freigeist, der es geschickt versteht, an seinem Image und damit am eigenen Ruhm zu arbeiten, ist in der Folgezeit an allen Orten anzutreffen, an denen Weltbewegendes geschieht. Er hält sich im Paris der "Lost generation" – wie Gertrude Stein sie nannte – auf, in der Stadt also, in der von jeher große Künstler-, Musiker- und Schriftstellerkarrieren begonnen haben. Hemingway ist während des Bürgerkriegs in Spanien und als Revolutionstourist in der Welt unterwegs, fühlt sich aber auch im Havanna der Spielhöllen und Bordelle für reiche Nordamerikaner ausgesprochen wohl. Ansonsten gibt er sich überall dort den für einen "Macho" typischen Vergnügungen hin, wo diese besonders aufsehenerregend und blutig sind: dem Stierkampf, der Großwildjagd und der Tiefseefischerei in Mexiko, Spanien, Kenia, den Rocky Mountains und der Karibik; auch an wüsten Trinkgelagen von der Côte d'Azur bis Venedig, von London über Pamplona bis New York nimmt er gern und oft teil. Unterdessen knüpft er Kontakte zu wichtigen Persönlichkeiten, und er schreibt: Reportagen, Kurzgeschichten und lange Erzählungen sowie Romane. Er stirbt 1961 im heimatlichen Idaho durch einen von eigener Hand ausgelösten Gewehrschuß.

1 1952 1953 **1954** 1955 1956 1957 1958 1959 1960 1951 1952

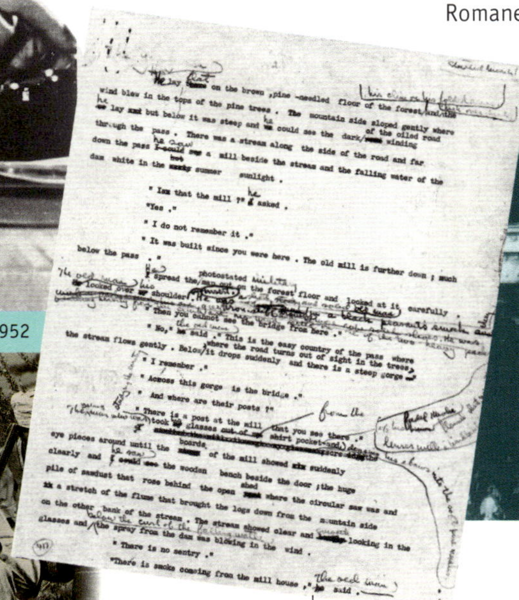
wind blew in the tops of the pine trees. The mountain side sloped gently where he lay but below it was steep and he could see the dark of the oiled road winding through the pass. There was a stream along the side of the road and far down the pass he saw a mill beside the stream and the falling water of the dam white in the hot summer sunlight.

"Is that the mill?" he asked.

"Yes."

"I do not remember it."

"It was built since you were here. The old mill is further down; much below the pass."

He spread the photostated military map out on the forest floor and looked at it carefully.

"Then you cannot see the bridge from here."

"No," the old man said. "This is the easy country of the pass where the stream flows gently. Below where the road turns out of sight in the trees it drops suddenly and there is a steep gorge."

"I remember."

"Across this gorge is the bridge."

"And where are their posts?"

"There is a post at the mill that you see there."

eye pieces around until the boards of the mill showed suddenly clearly and he saw the wooden bench beside the door; the huge pile of sawdust that rose behind the open shed where the circular saw was and a stretch of the flume that brought the logs down from the mountain side on the other bank of the stream. The stream showed clear and smooth looking in the glasses and the spray from the dam was blowing in the wind.

"There is no sentry."

"There is smoke coming from the mill house," the old man said.

3

4

2

5

Die Werke. Zu Hemingways bekanntesten Werken zählen: *Fiesta* (1926), *In einem anderen Land* (1929), *Tod am Nachmittag* (1932), *Die grünen Hügel Afrikas* (1935), *Haben und Nichthaben* (1937), *Wem die Stunde schlägt* (1940), *Über den Fluß und in die Wälder* (1950).

Der Vielgeliebte. Hemingways Prosa hat seit den dreißiger Jahren ganze Generationen von Schriftstellern begeistert. Hollywood hat viele seiner Werke mit großem Aufwand verfilmt, so *In einem anderen Land* (1932), *Wem die Stunde schlägt* (1943), *Haben und Nichthaben* (1944), *Rächer der Unterwelt* (als *The Killers*, 1946), *Schnee auf dem Kilimandscharo* (1952). Berühmte Schauspieler wie Gary Cooper, Gregory Peck, Errol Flynn, Spencer Tracy, Ingrid Bergman, Susan Hayward und Ava Gardner haben seine Figuren auf der Leinwand dargestellt.

Die anderen. Hemingway fand auf der ganzen Welt mehr Leser als andere, nicht weniger bedeutende amerikanische Schriftsteller wie etwa William Faulkner (1897-1962) oder Ezra Pound (1885-1972). Gewiß wurde Hemingway mehr gelesen und geliebt als die großen Autoren Luigi Pirandello (1867-1936), Marcel Proust (1871-1922), James Joyce (1882-1941) und Franz Kafka (1883-1924).

Das Juwel. Unter allen Werken Hemingways fand selbst der ihm am wenigsten gewogene Kritiker noch eine literarische Kostbarkeit, nämlich *The First 49 Stories* aus dem Jahr 1938. Darin findet die Erfahrung des Tragischen in der Gewalt, dem Kampf auf Leben und Tod und der Reinheit der Jugend ihren knappen und formal perfekten sprachlichen Ausdruck, der weit von allen selbstgefälligen Manierismen entfernt ist.

DER JOURNALIST

Hemingway schreibt stets über die Gegenwart, die Natur, die Stadt und den Menschen. Seine Figuren sind bürgerlich, und seine Helden gehören zu den kleinen Leuten, die um ihr Überleben oder für die Freiheit kämpfen. Oft agieren seine Hauptfiguren in gefährlichen Extremsituationen einer gewalttätigen Welt. Meistens sind sie ungebildet und drücken sich einfach aus. Die Literaturkritik schreibt Hemingway wenn nicht die Erfindung, so zumindest die Vervollkommnung des "realistischen Dialogs" und die Gabe der treffsicheren Wahl des richtigen Worts zu sowie die Fähigkeit, durch Konzentration aufs Wesentliche eine starke erzählerische Spannung zu erzeugen und den geschilderten Ausschnitt atmosphärisch dicht zu beschreiben. So lesen sich denn auch seine Werke wie Reportagen, und mancher stellt erst ganz am Schluß mit Erstaunen fest, ein kleines Meisterwerk gelesen zu haben. Aufgrund dieser Eigenschaften, seines Nomadenlebens und der Vorliebe für Erfahrungen in Grenzsituationen sehen viele in diesem Schriftsteller den Meister der journalistischen Prosa in unserem Jahrhundert, in dem der Einfluß der Medien ein früher kaum vorstellbares Ausmaß angenommen hat. Aber Zeit, Gewohnheit und übersteigerter Ehrgeiz können auch das zuverlässigste Handwerkszeug abnutzen. Mit der Erzählung Der alte Mann und das Meer *will Hemingway 1952 einen neuen* Moby Dick *schreiben, hundert Jahre nach dessen Erscheinen. Doch in einem totalen Verriß dieses Buchs weist Dwight Macdonald darauf hin, daß die aufdringliche "Selbstbeweihräucherung" in* Der alte Mann und das Meer *"in krassem Gegensatz zu der knappen, sich jederzeit aufs Wesentliche beschränkenden Erzählweise steht, die den jungen Hemingway berühmt gemacht hat".*

7

1954 1955 1956 1957 1958 1959 1960 1951 1952 1953 1954 1955 1956 1957 1958 195… 952 1953 19…

6

8

9

"Nicht nur mit der Literatur,
sondern auch und vor allem mit einer
subjektiv-parteiischen Auswahl der vorgestellten Handlungsweisen
wollte er das Monument seiner eigenen psychologischen Größe
untermauern."

Alberto Moravia

1) Sun Valley, Dezember 1939. Hemingway bei der Arbeit an *Wem die Stunde schlägt*.
2) Torin Thatcher, Ava Gardner und Gregory Peck in *Schnee auf dem Kilimandscharo* (1952) von Henry King nach Hemingways gleichnamigem Roman.
3) Eine Manuskriptseite von *Wem die Stunde schlägt*. Hemingways Stil entwickelt sich auch durch geduldige mehrmalige Überarbeitung des Texts.
4) 1944. Hemingway inspiziert die "Siegfriedlinie" (im Ersten Weltkrieg von den Deutschen in Frankreich angelegte Verteidigungslinie). Links von ihm General Charles T. Lanham.
5) Hemingway ist auch im Alter noch auf Entdeckungsreise.
6) Die *Pilar*, Hemingways für die Tiefseefischerei ausgestattetes Boot.
7) Ingrid Bergman und Gary Cooper in Sam Woods *Wem die Stunde schlägt* (1943).
8) Cooper und Helen Hayes in Frank Borzages *In einem anderen Land* (1932) nach dem Roman von Hemingway. Der Autor war mit den Verfilmungen seiner Bücher nicht zufrieden, vielleicht weil er darin die Zurschaustellung seiner ureigensten Gedanken sah.
9) Kuba 1961. Ernest Hemingway mit Fidel Castro.

JAWAHARLAL NEHRU

macht Indien zu einem blockfreien Staat

Der spätere Schöpfer des modernen Indiens wird 1889 in Allahabad am Ganges geboren. Seine Familie gehört einer hohen Kaste an. Sein Vater Motilal ist ein führender Vertreter der Kongreßpartei. Von 1905-10 studiert Nehru in Harrow und Cambridge. 1918 tritt er der Kongreßpartei bei. Er nimmt an Gandhis Kampagne des zivilen Ungehorsams teil und sitzt von 1921 bis 1923 im Gefängnis. 1923 wird er Generalsekretär der Kongreßpartei. Als multikulturell geprägter, toleranter und pragmatischer Politiker, dem Gandhis ethisch-mystische Spekulationen fremd sind, tritt er für die Bauern- und Gewerkschaftsbewegung ein und wird 1930 Vorsitzender der indischen "Trade Unions". Als sich Gandhi 1934 formal aus der Politik zurückzieht, wird Nehru Führer des Nationalkongresses. 1940-41 erneut für 13 Monate inhaftiert, leitet er danach die Delegation der Kongreßpartei bei den Verhandlungen mit den Vertretern der englischen Kolonialmacht, wird aber von August 1942 bis Juni 1945 interniert. 1946 bildet er die indische Interimsregierung, führt die Verhandlungen über die Machtübergabe mit dem englischen Vizekönig Lord Mountbatten und verkündet die Unabhängigkeit Indiens. Am 15. August 1947 wird er Premierminister und bleibt es bis zu seinem plötzlichen Tod im Mai 1964 in Neu-Delhi.

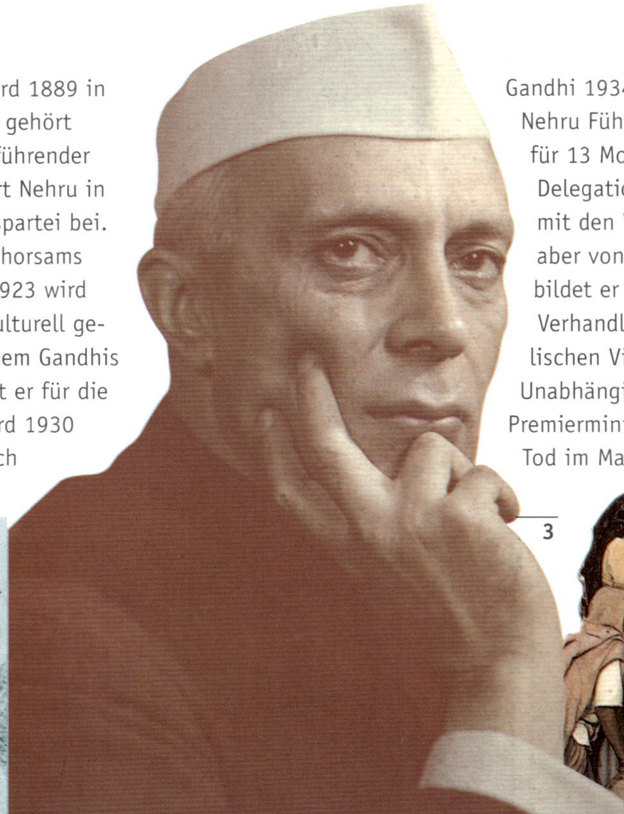

3

1

6

9 1960 1951 1952 1953 1954 **1955** 1956 1957 1958 1959 1960 1951 1952 1953 1954 **1955** 1956 1957 1958 1959 1960 1951 1952 1953 1954 **1955** 1956 1957 1958 1959 1

2

4

5

Die indische Union. Indien ist ein riesiges und enorm vielfältiges Land. Es hat eine Fläche von 3.287.263 Quadratkilometern, voraussichtlich eine Milliarde Einwohner im Jahr 2000, 25 Bundesstaaten und sieben Unionsterritorien; dort gibt es zwei offizielle Sprachen und weitere neun, die von mehr als zehn Millionen Indern gesprochen werden, dazu sieben Hauptreligionen. Man ermittelt für den Januar mittlere Temperaturen, die nach Angaben der elf größten Wetterstationen von 9,7 bis 26°C reichen, und jährliche Niederschlagsmengen zwischen 660 und 6226 mm. Das Gebiet war nur unter der englischen Herrschaft in einem einzigen Reich vereint. Der Premierminister besitzt umfassende Macht, die weniger auf die Verfassung zurückgeht als vielmehr auf die von Nehru begründete Art der Amtsführung.

Kriege. Der Religionsstreit, dessetwegen sich der indische Subkontinent heute in drei Staaten aufgliedert, und die Grenzkonflikte im Himalaja-Gebiet lösen Kriege aus, die Konfliktpotential für die ganze Welt enthalten, für die sich aber in westlichen Ländern niemand zu interessieren scheint. Im chinesisch-indischen Grenzkonflikt fängt China 1962 durch seinen Übergriff auf indisches Gebiet einen Krieg an und gewinnt ihn. Indien greift 1965 Pakistan im Grenzstreit um Kaschmir an und überschreitet 1971 erneut die pakistanische Grenze, um Bangladesch in seinem Streben nach Unabhängigkeit zu unterstützen. In beiden Fällen siegt Indien.

Die Politikerfamilie. Nehrus Tochter Indira Gandhi (1917-84) wird 1959 Vorsitzende der Kongreßpartei und 1966 Premierministerin. Nachdem sie ab 1975 die absolute Macht im Staat besessen hat, tritt sie infolge ihrer Wahlniederlage im Jahr 1977 zurück. Ab 1980 ist sie bis zu ihrem gewaltsamen Tod im Jahr 1984 erneut Premierministerin. Ihr Nachfolger wird ihr Sohn Rajiv Gandhi. Er tritt 1989 zurück und wird 1991 – wie seine Mutter – von einem religiösen Fanatiker ermordet wird.

DIE BLOCKFREIEN

Der westlich gebildete Nehru regiert ein riesiges Land mit unzähligen Dörfern, großer Armut und vielen Reichtümern, mit einer sich entwickelnden Industrie und einem gewaltigen Netz von Verkehrsverbindungen zu Wasser und zu Lande, auf Schienen und auf Straßen. Es hat wachsende bürgerlich-städtische Führungsschichten, eine einzigartige kulturelle Tradition, angesehene Universitäten und sehr wenige, aber gute Krankenhäuser. Wie jeder Inder aus der Oberschicht steht Nehru Großbritannien mißtrauisch und feindselig gegenüber, bewundert aber gleichzeitig seine Größe: Indien soll Mitglied des Commonwealth werden. Er weiß, daß sein Land im Falle eines dritten Weltkriegs in einer besonders gefährdeten Region liegt, und ist sich bewußt, daß es als Land der dritten Welt gilt. So regt er als geschickter Diplomat bei der Konferenz von Bandung auf Java 1955 den Zusammenschluß "blockfreier Staaten" an. Dazu gehören neben Indien etwa das von Sukarno regierte Indonesien, das Ägypten Nassers und Titos Jugoslawien. Diese Länder sind entgegen ihren Bekundungen durchaus nicht gleich weit von den beiden Machtblöcken entfernt. Vielmehr verfolgen sie, zumindest ihrem Selbstverständnis nach, einen jeweils eigenen Weg zum Sozialismus, der sich von dem der Sowjetunion (oder Chinas) erheblich unterscheidet. Ihre Sympathien gelten eher der Sowjetunion, von der sie Wirtschaftshilfe verlangen und annehmen, während die USA sich eher auf konservativere Länder der dritten Welt verlassen: 1955 sind das der Irak, die Türkei, Pakistan, der Iran, die Philippinen oder Thailand. Nach der Revolution auf Kuba schließen sich auch mittel- und südamerikanische Länder den Blockfreien an. Mehr und mehr suchen seither Länder der dritten Welt ihren eigenen Weg zwischen den zwei großen Machtblöcken.

7

8

9

*"Die Unabhängigkeit. Indien: eine Nation, ein Wunder.
Ein Staat, entstanden aus Gandhis Utopie und Nehrus Intuition."*

Amartya Sen

1) 14. August 1947. Nehru verkündet nach langem Kampf die Unabhängigkeit Indiens. Neben ihm steht der Vizekönig, Lord Mountbatten von Burma, auf den Stufen zum Thron die Vizekönigin.
2) Indira Gandhi (rechts) mit ihrem Vater Jawaharlal Nehru.
3) Pandit ("Der Weise", Titel brahmanischer Gelehrter) Nehru. Im Gegensatz zu Gandhi war Nehru trotz seiner Bildung und kosmopolitischen Einstellung ein leidenschaftlicher Nationalist.
4) Präsident Eisenhower bei einem Staatsbesuch zwischen dem Präsidenten und dem Vizepräsidenten Indiens.
5) Indien 1947. Nehru zwischen Vizekönig Mountbatten und dessen Frau, in die er verliebt gewesen sein soll – was zudem angeblich auf Gegenseitigkeit beruhte.
6) Frauen am Brunnen in einem indischen Dorf.
7) Eine Straße in Varanasi (Uttar Pradesh), einer der wichtigsten heiligen Städte.
8) Hilfsarbeiter im Binnenhafen von Cochin (Kerala), wo früher die Niederlassung der holländischen Handelskompanie in Indien war.
9) Personen und Waren werden in Cochin im Südwesten Indiens mit Stocherkähnen transportiert, denn ein modernes Straßennetz ist nicht vorhanden.

1956

NASSER
verstaatlicht den Suezkanal

Gamal Abd el-Nasser wird 1918 geboren. Der junge Mann kleinbürgerlicher Herkunft studiert an der Militärakademie in Kairo. Er kämpft als Berufsoffizier im Krieg um Palästina 1948-49 gegen Israel und wird zum Oberst befördert. Wie andere Angehörige der Streitkräfte geht er in die Politik, wobei er auch mit den ägyptischen Fundamentalisten gegen die laizistische Unmoral und Verschwendung am Hofe König Faruks (1920-65) vorgeht. 1952 gehört er zu den Anführern des "Komitees der freien Offiziere", die den König absetzen und ins Exil schicken. Staatschef wird General Ali Mohammed Nagib (1901-84), eine recht undurchsichtige und der Vergangenheit zugewandte Figur. Am 13. November 1954 enthebt ihn Nasser aller Ämter und übernimmt selbst als "Rais", als Führer der Revolution, die Macht im Staat. 1956 wird er nach der Volksabstimmung über eine neue Präsidialverfassung zum Staatspräsidenten gewählt und übt das Amt bis zu seinem Tode aus. Als während der Suez-Krise im Oktober und November desselben Jahres englische und französische Truppen Port Said und die Israelis die Sinai-Halbinsel besetzen, unterstützen die USA und die UdSSR Ägypten und sorgen für den Abzug der feindlichen Soldaten. Damit bleibt der von Nasser verstaatlichte Suezkanal in ägyptischer Hand. Am 28. September 1970 stirbt der Staatschef an einem Herzinfarkt. Der Beisetzungszeremonie wohnen 19 Staatschefs bei, und 46 Personen sterben im Gedränge der Menschenmenge, die sich um die Nasser-Moschee in Kairo versammelt hat.

1

3

53 1954 1955 1957 1958 1959 1960 1951 1952 1953 1954 1955 **1956** 19

5

2

Der Suezkanal. Er stellt nicht nur die Verbindung zwischen Indischem Ozean und Mittelmeer her, sondern er ist vor allem auch eine sichere Einnah-mequelle für den, der die Schiffahrt auf dem Kanal kontrolliert. Zudem handelt es sich um einen wirklichen Einschnitt zwischen Afrika und Asien, das Symbol für die Bedeutung des einflußreichsten islamischen Staates der Alten Welt. "Der dritte Weltkrieg hat begonnen", erklärt Nasser bei Beginn der Suez-Krise 1956. Zwar hat er damit unrecht, jedoch besiegelt die von den USA und der UdSSR durchgesetzte Lösung des Konflikts den Untergang Frankreichs und Großbritanniens als Kolonialmächte.

Sechs Tage. Am 5. Mai 1967 sperrt Nasser den Golf von Akaba für die Israelis. Am 1. Juni wird in Israel Moshe Dayan (1915-81) Verteidigungsminister. Und am Morgen des 5. Juni beginnt Israel den Krieg. In sechs Tagen besetzt es strategisch wichtige Gebiete Jordaniens und Syriens sowie in Ägypten die ganze Sinai-Halbinsel.

Sadat. Mohammed Anwar as-Sadat (1918-81) ist der designierte Nachfolger Nassers und spätere Rais.

4

Nachdem er schon 1952 Nasser bei seinem Staatsstreich unterstützt hat, gehört Sadat fortan zu dessen engsten Mitarbeitern und fungiert als hochgeschätzter politischer Berater. Allerdings ist er dem Westen stärker zugewandt als Nasser. Er führt Ägypten 1973 in den Jom-Kippur-Krieg, den einzigen Krieg gegen Israel, den die islamischen Länder am Ende nicht verlieren, und bereitet später die in Camp David (1978) und Washington (1979) geschlossenen Abkommen mit Israel vor, die im wesentlichen die Rückgabe der Sinai-Halbinsel an Ägypten vorsehen und dennoch die Verschwörung islamischer Fundamentalisten auslösen, welche Sadat dann ermorden lassen.

DIE ÄRA NASSER

1) Kairo 1952. Die Anführer der republikanischen Revolution. General Nagib, der den Staatsstreich durchgeführt hat, schwenkt seine Mütze. Rechts von ihm steht Oberst Nasser.
2) Präsident Nasser.
3) Kairo 1970. Einige der zum Staatsbegräbnis zusammengekommenen Politiker neben einem Porträt Nassers. Von links: König Hussein von Jordanien, der tunesische Ministerpräsident Ladgham Bahi, der französische Premierminister Jacques Chaban-Delmas, der äthiopische Kaiser Haile Selassi I. und der Staatspräsident von Zypern, Erzbischof Makarios III.
4) Blick auf den Nasser-See (neuer Stausee des Assuan-Hochdamms) von den Tempeln von Philae aus.
5) Ein im Krieg 1967 von einem Querschläger getroffenes Bild Nassers in einem Café im Hafen von Suez.
6) Assuan. Die Einweihung des Staudamms feiernde Menschen mit einem Plakat, das Sadat zeigt, und im Hintergrund ein Wandbild Nassers.

7) Eine Demonstration in Israel gegen Präsident Nasser.
8) Während der Suez-Krise 1956 nehmen Israelis in der Kanalzone ägyptische Panzer und Kriegsgerät in Besitz.
9) 1. Oktober 1970. Das Staatsbegräbnis Präsident Nassers in Kairo.

7

Nasser, der 1956 den Islam als Staatsreligion anerkennt, betreibt eine Politik revolutionärer Veränderungen mit dem Ziel, das bisherige Herrschaftssystem zu zerschlagen. Anstelle des Bündnisses zwischen der alten Mamelucken-Aristokratie, dem grundbesitzenden Bürgertum und der Welt der Banken und des Handels, in der eine kleine Führungsgruppe levantinischer Geschäftemacher das Sagen hat, sollen das Militär, die Behörden, Professoren und einflußreiche Journalisten die Politik bestimmen und die entrechteten Bauern und Kleinstädter bis hinauf zum Sudan, der kurzfristig zum Herrschaftsbereich König Faruks gehört hatte, von Armut und Abhängigkeit befreien. Nasser will nicht die Besonderheit des ägyptischen Volks innerhalb der arabischen Welt

8

1956 1957 1958 1959 1960 1951 1952 1953 1954 1955 1

1955 195

6

9

herausstreichen. Sein Traum ist es, die Vereinigte Arabische Republik zu schaffen, aus Ägypten und aus anderen islamischen Staaten des Mittel-meerraums oder des Nahen Ostens. Sein Anliegen ist es, diese Staaten auf den Weg zu einer wirklichen Unabhängigkeit von den Kolonialmächten zu führen, und dazu fordert er immer wieder Unterstützung von der UdSSR an, deren "Experten" er jedoch des Landes verweist. Nachdem er Mittel für die Verwirklichung mehrerer Großprojekte erhalten hat, geht er zu beiden großen Machtblöcken auf Distanz und schließt sich dem Lager der "blockfreien Staaten" an, zusammen mit anderen großen Staatsmännern wie Nehru und Josip Broz Tito. Auch im Verhältnis zu Israel ist die Position Ägyptens zumeist ausgesprochen heikel und Nassers Politik daher oft widersprüchlich. Bei seinem unerwartet frühen Tod im Alter von 52 Jahren nimmt die Welt Abschied von einem der bedeutendsten Staatsmänner seiner Zeit.

"Die Kolonialherrschaft schadet sowohl den Machthabern als auch den von ihnen Regierten."

Gemeinsame Erklärung von Nasser, Nehru und Tito am 16. Juli 1956

1957

ELVIS PRESLEY
wird in der ganzen Welt als König des Rock 'n' Roll gefeiert

Elvis Aron Presley wird im Januar 1935 in Tupelo (Mississippi) geboren. Sein Vater ist ein neunzehnjähriger Lastwagenfahrer und seine Mutter eine kleine Angestellte. In seiner Jugend ist er arm. Doch er ist ein guter Junge, hört gern Country-Musik und Blues, versucht sich auch selbst schon einmal darin. Bei seinem dreizehnten Geburtstag reicht das Geld nicht für ein Fahrrad, und so bekommt er eine Gitarre geschenkt. 1948 zieht seine Familie nach Memphis (Tennessee) um. Elvis besucht die High School bis 1953. Seine Eltern bemängeln seine Vorliebe für schreiende Farben bei der Wahl seiner Kleidung, durch die er überall auffällt. Er singt bei Schulfesten und entwickelt nach und nach seinen eigenen Stil. Mitten in seiner Arbeit als Lastwagenfahrer hält er eines Tages vor dem Memphis Recording Service und nimmt für vier Dollar seine erste Schallplatte auf. Der Produzent Sam Phillips hört ihn und nimmt ihn im Frühling 1954 unter Vertrag. Elvis' erstes "offizielles" Konzert in der Stadt ist ein durchschlagender Erfolg. Für 40.000 Dollar tritt Phillips Presley im November 1955 an die Plattengesellschaft RCA ab. Im Januar 1956 erscheint die Single mit *Heartbreak Hotel* auf der A- und *I Was The One* auf der B-Seite. Mit einer Million verkaufter Platten ist sie Elvis' erster großer Erfolg. Durch sechs Auftritte in der Show der Dorsey Brothers bei CBS wird er zu einem in den ganzen USA bekannten Star.

2

3

54 1955 1956 **1957** 1958 1959 1958 1959 1960 195

1953 1954 1955 1956 **1957** 1958 1959 1958

1

Der Erfolg. Er spielt von 1956 bis 1973 in 33 Filmen (und 1981 *This Is Elvis*); von April 1956 bis Juli 1977 erscheinen 62 LPs, von März 1956 bis April 1967 29 EPs (Auskoppelungen aus anderen Platten mit vier Titeln) und von Juli 1954 bis Juni 1977 mehr als hundert Singles. 1961 hat er 86 Millionen Platten verkauft, und 1966 besitzt er 64 goldene Schallplatten. Lange Zeit verdient er etwa 20 Millionen Dollar jährlich.

Der Schauspieler. Mehrere Jahre lang gibt Presley keine Konzerte, sondern dreht Filme, deren Soundtracks dann als Schallplatte erscheinen. Fast ausnahmslos handelt es sich dabei um bestenfalls mittelmäßige Filme mit Inhalten, die es dem Zuschauer leichtmachen, sich mit dem Hauptdarsteller zu identifizieren. Elvis ist weder ein guter Schauspieler noch ein begnadeter Tänzer. Doch steigert er sich zu Höchstleistungen, wenn er zu singen beginnt, dabei das Mikrofon samt Ständer aus seiner Verankerung reißt und damit herumwirbelt, die Gitarre an sich zieht und sie wieder freiläßt, zum Rhythmus des Schlagzeugs in die Knie geht, die Hüften kreisen läßt und im Takt mit Armen und Schultern zuckt. So machten es vor ihm nur Schwarze, allerdings nicht vor der Kamera.

Frauen. Im Mai 1967 heiratet er Priscilla Beaulieu, und im Februar des folgenden Jahres wird beider Tochter Lisa Marie geboren. 1973 lassen sie sich scheiden. Bei seinen etwa hundert Konzerten jährlich trifft Elvis junge Frauen, die er und seine Mitarbeiter, die "Mafia von Memphis", dann zu ihren laufend stattfindenden Partys einladen.

Graceland. Goldene Gewänder, ein Cadillac mit Bauteilen aus massivem Gold sowie Graceland, der Palast am Elvis Presley Boulevard in Memphis: In diesem Ambiente lebt – wenn er nicht gerade auf Tournee durch die USA ist – der junge Mann, der nun keine wirklichen Freunde mehr hat und auf seinem Bett sitzend neue Stücke auf der Gitarre probiert. Ins Ausland kommt er lediglich während seines Militärdienstes 1958-60 in Deutschland. Am späten Abend des 15. August 1977 spielt er fünf Stunden hintereinander Tennis auf dem privaten Platz in Graceland. Er stirbt am nächsten Tag gegen drei Uhr nachmittags – und wird binnen kurzer Zeit zum Mythos.

ROCK 'N' ROLL

1) Presley in *Love me Tender* (*Pulverdampf und heiße Lieder*, 1956) von Robert D. Webb, dem ersten seiner 33 Filme.
2) Ein Foto von Elvis aus der Fernseh-Show *Aloha from Hawaii*, die eineinhalb Milliarden Menschen in 40 Ländern sahen.
3) 1992. Für die Touristen in Memphis beginnt das "Elvis Weekend".
4) Presley bei einem Konzert. Typisch sind Haltung, Kleidung (der geöffnete Hemdkragen ist über das Revers der Jacke geschlagen) und Frisur (Koteletten, halblange pomadisierte Haare und die in die Stirn fallende Tolle).
5) Das Originalplakat von *Girl Happy* (*Kurven-Lilly*, 1965) von Boris Sagal.
6) Memphis, 14.-16. August 1997. Zur Wiederkehr von Presleys Todestag tragen die Besucher von Graceland sein Bild auf T-Shirts, Mützen, Taschen, Kopftüchern und selbst auf der Haut.
7) Oktober 1957. Presley singt im Pan Pacific Auditorium in Los Angeles *Hound Dog*. Dazu trägt er eine seiner aufsehenerregenden Jacken aus Goldlamé.
8) Memphis, 14.-16. August 1997. Scharen von Fans kommen zum Gedenken an seinen Todestag nach Graceland.

4

Er hat einen Stimmumfang von zweieindrittel Oktaven. "Kein anderer Künstler hat die Popmusik so stark beeinflußt wie er", sagt der Musikwissenschaftler Henry Pleasants. Das Repertoire ist vielfältig. Seine englische Version von O sole mio *kann sich durchaus hören lassen und wird millionenmal verkauft. Rockige Stücke in fetzigem Rhythmus wechseln sich mit Country-Balladen ab. Woher nahm er diese Stücke, und welche Vorbilder hatte er? Oft wird in diesem Zusammenhang Dean Martin genannt. Hinzu kommen Country und Bluegrass, weißer und schwarzer Gospel sowie Anleihen bei der italienischen Oper. Bei aller Vielfalt der Stücke bleiben die Genauigkeit der Ausführung und der Stil konstant, so daß sich außer den Hintergrundgeräuschen fast kein Unterschied zwischen Studioaufnahmen und Live-Mitschnitten erkennen läßt. Sein Gesang ist von atemberaubender Körperlichkeit, wie sonst wohl nur noch bei der großartigen französischen Sängerin Edith Piaf (1915-63). Durch das Zusammenspiel von Stimme, Körper und Bewegung erregt der Rockstar großes Aufsehen. Seit seinen ersten großen Konzerten haben Elvis' Auftritte eine unmittelbare, sexuell stark stimulierende Wirkung auf die Fans, namentlich die weiblichen, was damals noch als unerhört galt. "Mein erster öffentlicher Auftritt ... Ich spielte, und alle kreischten und begannen, sich hin und her zu bewegen ... Mein Manager meinte, das liege daran, daß ich die Beine im Rhythmus bewegte ... Ich ging zu einer Zugabe hinaus, und je mehr ich mich in Knien und Hüften wiegte, um so mehr tobte das Publikum." "Elvis the Pelvis" brachte das Publikum zum Toben.*

7

51 1952 1953 1954 1955 1956 **1957** 1958 1959 1958 1959 1960 1951 ... 1956 **1957** 1958 1959 1958 1959 1960 1951 1952 1953 1954 1955 1956 **1957** 1

5

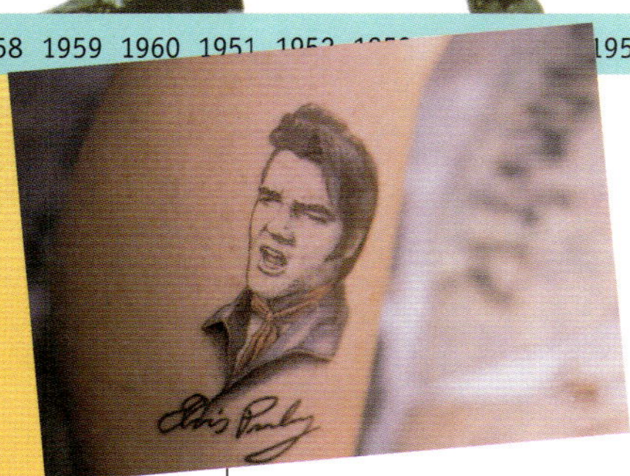
6

8

"Presley hatte kein Recht dazu, sich bei einem Auftritt, der landesweit im Fernsehen übertragen wurde, wie ein Sexbesessener aufzuführen."

Jackie Gleason nach der Dorsey Brothers Show

PELÉ wird mit Brasilien Fußball-Weltmeister

Edson Arantes do Nascimento kommt im Oktober 1940 in einem Haus aus wiederverwendeten Backsteinen in einem Dorf im brasilianischen Bundesstaat Minas Gerais zur Welt. Sein Vater ist zwar arm, aber er ist "Dondinho", ein lokaler Fußballheld. Der Profi-Fußballer strebt einen zweiten Job an, etwa als Helfer im Krankenhaus, den er zehn Jahre später auch erhält. Edson, genannt Dico, zieht im Alter von vier Jahren mit seiner Familie nach Baurú im Bundesstaat São Paulo. Er arbeitet als Schuhputzer am Bahnhof. "Die Armut", schreibt er später, "ist ein Unglück, das den Menschen deprimiert, ihn entmutigt und das Leben vergiftet." Mit acht Jahren geht er zur Schule, die er sechs Jahre besucht. In dieser Zeit nennt man ihn erstmals Pelé, ein Name ohne besondere Bedeutung, aber mit gutem Klang, wie ihn Fußballer in Brasilien erhalten, wenn sie sich einen Ruf erspielt haben. Mit barfüßigen Straßenkindern spielt er in der Mannschaft "Siebenter September". Im Alter von zwölf Jahren gewinnt er mit der "Amériquinha" das Turnier der Fußballjugend von Baurú und einen Preis von 36 Cruzeiros. In der brasilianischen Jugendnationalmannschaft trifft er auf den Trainer und Ex-Nationalspieler Valdemar de Brito. Dieser holt ihn 1956 zum Klub Santos. Es ist der Anfang einer langen Reihe von Siegen, die in drei Titeln als Weltmeister (1958, 1962 und 1970) gipfelt, begleitet von insgesamt 1280 Toren und einer Karriere, die ihn wegen seiner Erfolge, seiner Ausgeglichenheit und Klugheit auf der ganzen Welt immer beliebter werden läßt.

1

3

5

1955 1956 1957 **1958** 1959

2

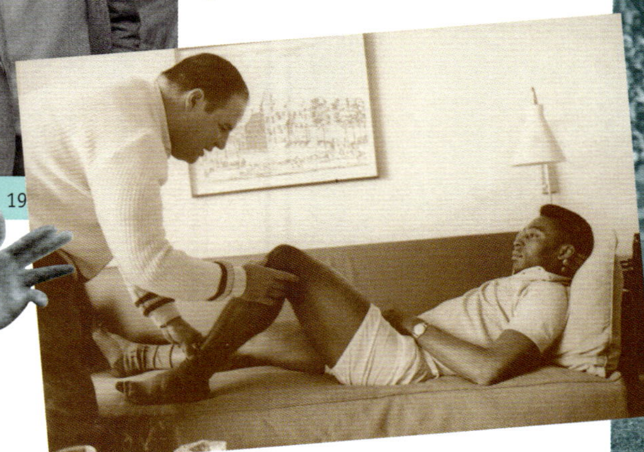
4

Der Weltsport. 1901 gibt es in England bereits seit längerer Zeit den nationalen Fußballverband, und zum Meisterschaftsendspiel kommen 110.000 Zuschauer; 1905 gibt es fast 10.000 Vereine. Auch anderswo ist der Fußball weit verbreitet: 1889 entstehen in Holland und Dänemark nationale Verbände, 1893 in Argentinien, 1894 in Frankreich, 1895 in der Schweiz, 1898 in Italien, 1900 in Uruguay, 1902 in der Tschechoslowakei, 1904 in Deutschland und Österreich, 1912 in Rußland und 1914 in Brasilien.

Neue Fußballänder. Ab den sechziger Jahren wird der Fußball durch die wachsende Mobilität in der Arbeitswelt, die Wanderungswellen und das Fernsehen auch in Ländern populär, in denen er bis dahin keine Rolle gespielt hat. Bei der alle vier Jahre stattfindenden Weltmeisterschaft schlagen sich Korea (1966), Marokko (1970), Zaire (1974), Algerien (1982), Kamerun (1990) und Jamaika (1998) mit beachtlichem Erfolg. Freilich bleibt es dabei, daß sich weder Japan noch die USA für Fußball interessieren, obwohl versucht wird, ihm zumindest in den USA mehr Bedeutung zu geben.

Die magische 10. Entsprechend dem herkömmlichen System trägt der halblinke Stürmer, ein vorgezogener Mittelfeldspieler, das Trikot mit der Nummer 10. Mit Pelé wird die 10 zu einer magischen Zahl, denn er ist weder reiner Mittelfeld- noch reiner Angriffsspieler, sondern derjenige, der für andere improvisiert oder selbst die gefährlichsten Bälle spielt. Die "10" tragen später in ähnlicher Rolle Gianni Rivera, Diego Maradona, Arthur Zico, Michel Platini und Ronaldo. In der Zeit nach Pelé zieht es ein großer Spieler wie Johan Cruyff vor, auf seinem Trikot die "14" statt der "10" zu tragen.

DER FUSSBALLER

"Er ist in 88 Ländern gewesen, hat zehn Könige,
fünf Kaiser, 70 Präsidenten und 40 weitere Staatschefs,
darunter zwei Päpste, kennengelernt.
Kein anderer auf der Welt war Ehrenbürger von mehr Städten und Ländern."

Robert Fish

Pelé ist der wohl beste Spieler in der Geschichte des Fußballs. Er ist beidfüßig, doch seine Stärke liegt im rechten Fuß; auch zeichnet er sich durch Kopfballstärke und überragende Technik aus. Er ist exakt bei Eckbällen und reaktionsschnell im Torraum. Beim Dribbling verzichtet er auf unnötige Schnörkel und besticht ansonsten durch Wendigkeit und Ballsicherheit. Kurz gesagt verkörpert er das, was man unter einem kompletten Fußballer versteht. Mit zunehmendem Alter spielt er immer öfter in der Spitze und wandelt die Funktion der Nummer 10 nachhaltig. Als Ehemann und Vater führt er ein solides Leben: Er ist durch und durch Profi und macht den Fußballer zu einem hochgeschätzten Athleten und Menschen. 1975 verläßt er Brasilien, um für Cosmos New York zu spielen – wie er selbst angibt, auch deshalb, um in den USA Anhänger für den Sport zu gewinnen, dem er alles verdankt und der ihm wichtiger als alles andere ist. Pelé weiß aber mit seinem Talent und seinem Reichtum hauszuhalten, und obwohl er hohe Werbeeinnahmen erzielt, tut er für Geld nicht alles.

Seine dunkle Haut fällt in Brasilien nicht weiter auf, da das Land dem Rassismus keinen Vorschub leistet. Doch setzt er seine Hautfarbe bewußt ein, um das ursprünglich "englische Spiel", das in England einst Sport der vornehmen Oberschicht war, zu einem möglichst internationalen zu machen. Sein Spiel – und das anderer brasilianischer Spitzenfußballer wie Garrincha, Vavá, Didí – ist fast immer fair und von solcher Eleganz, Phantasie und Spielfreude, daß es alle mit großer Teilnahme und Begeisterung verfolgen. Auch als er nicht mehr an Länderspielen teilnimmt, bleibt er ein Star und wird gar zum Mythos. Man achtet ihn wie sonst nur wenige ehemalige Sportler, von denen hier zumindest Sir Stanley Matthews erwähnt sei, der mit 18 Jahren zum ersten Mal in der englischen Nationalelf spielte.

6

8

1958 1959 1960 1951 1952 1953 1954 1955 1956 1957 1957 1958

7

9

1) Santos 1971. Pelé, Würde ausstrahlend, in seinem Büro als Generaldirektor der Bank von Campina Grande.
2) Pelé in einer Aufnahme, die das Herz des Fußballfreundes höher schlagen läßt. Er ist nicht sehr groß, sogar von eher unscheinbarer Gestalt, ein ganz durchschnittlicher Schwarzer. Seinen Ruhm verdankt er einzig und allein seiner hervorragenden Leistung.
3) München, Februar 1966. Péle mit seiner Frau Rosemary Cholby, einer Weißen, während der Hochzeitsreise.
4) In einem Zimmer des Hilton-Hotels überläßt Pelé seine unbezahlbaren Beine den Händen eines Masseurs.
5) Der nicht mehr ganz junge Pelé bei einem Spiel gegen die Corinthians.
6) Cannes, Mai 1977. Pelé beim Gitarrenspiel während eines Interviews zu dem Film *Pelé, Pelé*, für den er die Musik komponiert hat.
7) Pelé mit Diego Maradona: zwei ihrer Persönlichkeit nach völlig verschiedene südamerikanische Fußballstars. Im Gegensatz zu seinem brasilianischen Kollegen liebt der argentinische Spieler Maradona Starrummel und große Gesten und macht sich oft unbeliebt.
8) Mexiko-Stadt. Pelé in abwartender Haltung auf dem Spielfeld.
9) Juli 1966. Ein Bild mit Seltenheitswert von Pelé im Tor.

MARILYN MONROE

dreht *Manche mögen's heiß*

Norma Jean Baker (oder Mortenson) wird 1926 in Los Angeles geboren. Die uneheliche Tocher einer Alkoholikerin wächst in Waisenhäusern und Pflegefamilien heran. Es heißt, sie sei im Alter von sieben Jahren vergewaltigt worden. Mit knapp 18 wird sie Fotomodell. 1946 läßt sie sich nach wenigen Wochen von dem betuchten James Dougherty scheiden. Das Starlet hat 1950 zwei kleine Rollen, in *Asphalt-Dschungel* von John Huston und in *Alles über Eva* von Joseph Mankiewicz. Im Jahr 1953 kommt sie groß heraus: Sie dreht *Niagara* von Henry Hathaway, *Blondinen bevorzugt* von Howard Hawks und *Wie angelt man sich einen Millionär?* von Jean Negulesco. Unter der Regie von Billy Wilder spielt sie in zwei unvergeßlichen Komödien: *Das verflixte siebte Jahr* (1955) und *Manche mögen's heiß* (1959). Dazwischen ist sie in *Bus Stop* von Joshua Logan (1956) zu sehen. 1957 dreht sie *Der Prinz und die Tänzerin* mit Laurence Olivier (1907-89) als Regisseur und zweitem Hauptdarsteller. 1960 folgt *Machen wir's in Liebe* von George Cukor und 1961, wieder von John Huston (1906-87), *Misfits – nicht gesellschaftsfähig*. Kurz nach Beginn der Dreharbeiten zu *Something's Got to Give* (unvollendet) von George Cukor stirbt sie unter ungeklärten Umständen im Schlaf in der Nacht zum 5. August 1962 in Brentwood.

1

2

56 1957 1958 19… 1954 19…

3

4

Die Männer. Ihr zweiter Ehemann ist Joe Di Maggio, Jahrgang 1914, Baseballchampion der New York Yankees. Dieser geradlinige und praktisch veranlagte Mann kann nicht verstehen, warum seine Frau so unsicher ist. Ihr dritter ist der 1915 geborene Schriftsteller Arthur Miller. Statt ihr zu Bildung und Reife zu verhelfen, benutzt er sie nur und bringt sie aus dem Gleichgewicht. Marilyn ist überzeugt, die Erwartungen, die man in eine große Schauspielerin setzt, nicht zu erfüllen. Sie spricht bei der von Lee Strasberg geleiteten Schauspielschule vor, übernimmt aber glücklicherweise nicht seinen überladenen Stil. Angeblich hat sie während der Dreharbeiten zu *Machen wir's in Liebe* (1960) ein Verhältnis mit Yves Montand, einem großzügigen Mann, der aber mit einer starken Frau, Simone Signoret, verheiratet ist.

Der rätselhafte Tod. War es Selbstmord, ein Unfall oder Mord? Es ist bekannt, daß sie von Schlaftabletten abhängig war, und sie soll getrunken haben. Sie soll auch die Geliebte der Kennedy-Brüder John und Robert gewesen sein. In Anbetracht ihrer Labilität und des Lebensstils des Kennedy-Clans mag das so gewesen sein. Marilyn soll in jener Nacht telefonisch einen mächtigen Mann um Hilfe gebeten haben – nur sei statt Hilfe jemand mit dem Auftrag gekommen, sie zum Schweigen zu bringen.

Alt, aber sehenswert. Die alten Filme mit Marilyn werden immer wieder im Fernsehen gezeigt, und Videokassetten damit verkaufen sich gut. Bemerkenswert ist, wie sie sich in *Alles über Eva* neben Anne Baxter und Bette Davis (1908-89), einer der besten Schauspielerinnen Hollywoods, in einer winzigen Nebenrolle eigenen Raum erobert. Viele erinnern sich an ihre schlagfertigen Bemerkungen in den Komödien und an einige ihrer Liedtexte: *"Diamonds are a Girl's Best Friends"*.

Zu ihrer Zeit. In den USA bringt Mattel die Barbie-Puppe auf den Markt, die für Millionen Mädchen und Mütter zum Kultobjekt wird. In Frankreich stirbt 1959 der 1922 geborene Schauspieler Gérard Philipe. Es ist auch das Todesjahr Billie Holidays, die 1915 geboren wurde. Albert II. von Belgien ehelicht Paola Ruffo von Kalabrien, und Farah Diba heiratet Mohammed Resa Pahlewi (1919-1980), den Schah von Persien (1941-79).

DAS SEXSYMBOL

5

"Was trägt die Monroe, wenn sie schlafen geht?" "Einen Hauch Chanel No. 5". Dieser Werbegag stützt sich auf das gängige Image der Monroe und ist orientiert daran, daß die Stars der Hollywood-Produktionen nicht länger männermordende Vamps zu sein haben, sondern sexy sein sollen. Sie ist ein "Sexsymbol", und so bezeichnet man von nun an auch Filmstars, die wie die Monroe Sexappeal besitzen und gleichzeitig ans Herz appellieren, wie die scheinbar zerbrechlichen und noch ein wenig kindhaften Montgomery Clift (1920-66) und James Dean (1931-55) oder, in unseren Tagen, Leonardo Di Caprio. Angesichts ihrer mittelgroßen Statur und ihrer blonden Haare könnte einem gar zu vergeistigten Schüler des Verhaltensforschers Konrad Lorenz beim Betrachten von Marilyns Konturen ein Hündchen in den Sinn kommen, das Zärtlichkeit und Beschützerinstinkt auslöst. Aber natürlich auch die Begierde aller Männer: Marilyns Kurven sind üppig genug, auch wenn sie nicht an das von Mae West (1892-1980) verkörperte Leitbild vieler Frauen heranreichen, die 1926 mit Sex einen Skandal ausgelöst hatte und so hinreißend komische Vamps darstellte, daß sie zusammen mit Rita Hayworth zu Marilyns Vorbild wurde. Wie Rita zieht Marilyn – im Gegensatz etwa zu ihrer europäischen Rivalin Brigitte Bardot (geb. 1934) – die Sympathien auf sich und begeistert auch Frauen, ohne ein an-drogyner Typ zu sein. Wie die West ist Marilyn intelligent und besitzt eine sichere schauspielerische Intuition, an der sie beharrlich weiterarbeitet. Ihre Filmtexte sind genauso unschuldig und kokett wie ihr Blick, scheinbar gutgemeint und komisch, aber im Grunde durchschaut sie alles.

1) Die ganz junge Monroe als Pin-up-Girl auf dem Titelbild der ersten Ausgabe des *Playboy*, das sie buchstäblich über Nacht zum Star machte.
2) Filmplakat von John Hustons *Asphalt-Dschungel* (1950) mit Sterling Hayden und Louis Calhern. Obwohl Marilyn neben zwei herausragenden Darstellern in einer kleinen Nebenrolle die Unsympathische spielt, gelingt es ihr, sich zu profilieren.
3) Plakat für den Film *Niagara* (1953) von Henry Hathaway (1898-1985). Die weibliche Hauptrolle spielt die dunkelhaarige Jean Peters, doch auch die schauspielerische Leistung der Monroe ist bemerkenswert.
4) Laurence Olivier mit der Monroe in *Der Prinz und die Tänzerin* (1957) von Olivier.
5) Die Monroe in *Das verflixte siebte Jahr* (1955) von Billy Wilder.
6) Anne Baxter, Bette Davis, Marilyn Monroe und George Sanders in *Alles über Eva* (1950) von Joseph Mankiewicz.
7) Ein ganzes Schaufenster voll mit Gesichtern Marilyn Monroes.
8) Marilyn mit Tony Curtis und Jack Lemmon in Frauenkleidern in Billy Wilders umwerfender Komödie *Manche mögen's heiß* (1959) .
9) Mai 1953. Das Titelblatt von *Life* zeigt die Monroe und Jane Russell in *Blondinen bevorzugt* von Howard Hawks.

7

6

8

9

"Wach auf, Marilyn, es ist Zeit.
Du mußt nach New York fliegen."

Telefonischer Weckauftrag von Marilyn für sich selbst vom Abend vor ihrem Tod.

JEAN-PAUL SARTRE

veröffentlicht die *Kritik der dialektischen Vernunft*

Jean-Paul Sartre (1905-80), ein junger Pariser aus bürgerlichem Hause, studiert an der École Normale Supérieure und kommt als Stipendiat nach Berlin (1933-34), wo er sich mit der Phänomenologie Edmund Husserls (1859-1938) und der Philosohie des jungen Martin Heidegger (1889-1976) befaßt. Er kämpft im Zweiten Weltkrieg und wird Kriegsgefangener. Wie die Denker der Aufklärung schreibt er seine Gedanken in Essays, Romanen, Theaterstücken und journalistischen Texten nieder. Mit seiner Lebensgefährtin, der Schriftstellerin Simone de Beauvoir (1908-86), Maurice Merleau-Ponty und anderen gründet er 1945 die Zeitschrift *Les temps modernes*. Später unterstützt er die *Libération*, die Zeitung der Linken, und 1980 diktiert er dem *Nouvel Observateur* sein ethisches Testament. Von Ende der vierziger Jahre bis 1968 ist er treibende Kraft der Künstlerszene von Saint-Germain-des-Prés. Er ist überzeugter Weggenosse der Kommunisten. Im Alter bezieht er eine antisowjetische Position und wendet sich dem Maoismus zu. Schließlich löst er sich ganz vom Marxismus und vertritt eine auf Brüderlichkeit und Solidarität gegründete Ethik.

1

3

5

1955 1956 1957 1958 1959 **1960** 1951 1952 1953 1954 1955 19

57 1958 1959 **1960** 1951 1952 1953 1954 1955

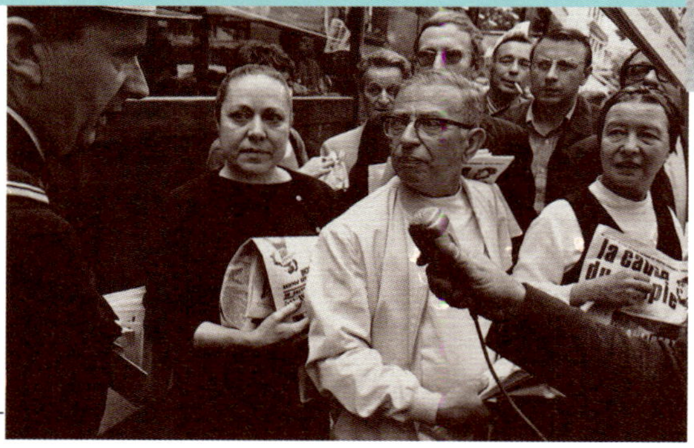

2

4

Die Schriften. 1964 wird er Nobelpreisträger für Literatur, nimmt den Preis aber aus politischen Gründen nicht an. Die am häufigsten übersetzten Prosawerke sind *Der Ekel* (1938), die Erzählungen in *Die Mauer* (1939) und der Zyklus *Die Wege der Freiheit* (1945-49). Bekannte Theaterstücke sind etwa *Die Fliegen* (1943), *Geschlossene Gesellschaft* (1945) und *Die schmutzigen Hände* (1948). Als wichtigste philosophische Werke gelten *Das Sein und das Nichts* (1943), *Situationen*, eine Sammlung schon veröffentlichter Essays, und *Die Kritik der dialektischen Vernunft,* eine Auseinandersetzung mit dem Strukturalismus. Zudem schreibt er unzählige Manifeste, Artikel, Essays zu gesellschaftlichen, philosophischen, moralischen und politischen Themen.

Die Freunde. Sartres Freunde sind vor allem seine Kommilitonen an der École Normale, wie der Philosoph und Soziologe Raymond Aron (1905-83), ein Freund de Gaulles und Leitfigur der französischen Liberalen, und der Philosoph Maurice Merleau-Ponty (1908-61), ein bedeutender Wissenschaftler auf dem Gebiet der Phänomenologie, mit dem er sich am Ende über die Beurteilung des sowjetischen Modells zerstreitet.

Existentialisten. Zumindest ihrem Lebensstil nach sind Tausende junger Leute im Nachkriegseuropa Existentialisten. Die jungen Männer und Frauen tragen schwarze Sweater und Hosen, rauchen "Gitanes", hören Platten von Georges Brassens (1921-81) und Juliette Gréco (geb. 1926), lesen Gedichte von Jacques Prévert (1900-77). Sie schweigen viel und trinken Pastis und Rotwein gegen Ekel und existentielle Angst. Sie lieben Paris – obwohl sie nie dort waren.

Die Kinder jener Generation. Die Kinder dieser jungen Leute demonstrieren dann ab Mai 1968 gegen gesellschaftliche Auslesemechanismen und wollen

Victor: "Warum singt man, wenn die Bomben fallen?"
Sartre: "Wenn du singst, gewinnst du deine Freiheit wieder ganz zurück, und die Freiheit ist in diesem Moment viel stärker als der Tod."

DIE ANGST

Nach Heidegger liegt das Wesen des Daseins, also des Menschen, in seiner Existenz. So begründet der Philosoph mit Sein und Zeit *(1927), ohne es zu wissen, den Existentialismus des 20. Jahrhunderts. Die unüberwindbare Begrenztheit des Menschen taucht bei den Existentialisten, gerade bei Sartre, als hellsichtige Angst wieder auf. In* Das Sein und das Nichts *beschreibt Sartre die Problematik des menschlichen Seins als unauflösbare Spannung zwischen dem "Für-sich" (dem Bewußtsein) und dem "An-sich" (nämlich dem, dessen sich eben dieses Bewußtsein bewußt ist). Das Streben des Menschen zielt darauf, beides in Übereinstimmung zu bringen. Da das jedoch unmöglich ist, ist der Mensch dazu verurteilt, frei zu sein. Diese Freiheit und ein Verantwortungsgefühl, die beide als absolut zu verstehen sind, rufen die Angst hervor. In seiner* Kritik der dialektischen Vernunft *richtet Sartre seinen Existentialismus stärker auf die Analyse der Gesellschaft aus und bezieht den Marxismus als den "unumstößlichen Horizont unserer Zeit" ein. Aussage Sartres ist es, daß das Leben Angst und Ekel vor dem eigennützigen Verhalten der Bourgeoisie auslöst und daß die Angst zum Kampf um Freiheit führen kann. Er sagt am 15. März 1974: "Die Revolution wird in dem Moment beginnen, in dem die Mehrheit sich gegenüber der sie unterdrückenden Minderheit ihrer Situation soweit bewußt wird, daß sie die eigene Stärke in ihrer ganzen Tragweite begreift." Für die jungen Linken ist zu diesem Zeitpunkt die Angst bereits aus der Mode, die Revolution aber nicht.*

6

9

10

1958 1959 **1960** 1951 1952 1953 1954 1955 1956 1957 1958 1959 **1960** 1951 1952 1953 1954 1955 1956 1957 1958 1959 **1960**

7

8

statt dessen die Phantasie an die Macht bringen (*Die Imagination* war einer der ersten Essays Sartres). Wieder ist der Philosoph auf ihrer Seite: gegen Krieg in Algerien und in Vietnam, für den Frieden, gegen die Kommunistische Partei, für die Maoisten. In seinem Engagement bei Demonstrationen und an der Sorbonne rückt er immer weiter nach links. "Ich war für die Studentenbewegung ... Doch im Grunde", räumt er 1974 ein, "verstand ich die Leute nicht." Bald aber steht Sartre in seinem Kampf für die Linke allein. Die Ära des Existentialismus ist zu Ende.

1) Ein Plakat mit der Aufschrift: Mai 68, der Beginn eines langen Kampfes.
2) Sartre, in Begleitung von Simone de Beauvoir, wird verhaftet, als er die verbotene Zeitung *La voix du peuple* verteilt.
3) Paris 1966. Sartre auf einer bekannten Aufnahme von Henri Cartier-Bresson, dem großen Fotografen des "entscheidenden Augenblicks".
4) Paris, 19. April 1980. Mehr als 30.000 Menschen sind zu Sartres Beisetzung auf den Friedhof von Montparnasse gekommen.
5) Simone de Beauvoir, Jacques Laurent Bost, Jean Cau, der Skandalschriftsteller Jean Genet (1910-86) und Sartre entspannen sich in einem Pariser Café.
6) Sartre und seine Lebensgefährtin Simone de Beauvoir sitzen während einer Auslandsreise in einem Café.
7) 1979. Das italienische Staatsfernsehen RAI zeigt *Die schmutzigen Hände* in der Regie von Elio Petri, mit Marcello Mastroianni und Giuliana De Sio.
8) Eine Studentendemonstration im Pariser Mai 1968. Gut zu erkennen sind die von den jungen Linken verehrten "Väter der Revolution" jener Jahre.
9) 1. Mai 1968. Sartre an der Sorbonne. Erst viel später gibt der Philosoph zu, daß die Studenten alles andere als begeistert über seinen Auftritt reagierten, weil sie darüber erbost waren, daß er als Star präsentiert wurde.
10) Sartre gibt in der Menschenmenge ein Interview.

1961 1970

Rudolf Nurejew

Johannes XXIII.

John F. Kennedy

Cassius Clay

Helena Rubinstein

Die Beatles

Ernesto "Che" Guevara

Aristoteles Onassis

Neil Armstrong

Andy Warhol

Im Westen steigt die Zahl der Schüler und Studenten an Gymnasien und Hochschulen. Die Arbeitslosigkeit ist extrem niedrig, und die Zahl der in der Landwirtschaft tätigen Bevölkerung geht immer weiter zurück. Die Arbeitszeit in der Industrie wird verkürzt. In vielen Ländern, nicht nur in sozialistischen und kommunistischen, ist der Staat Eigentümer von Betrieben. Die soziale Sicherheit ist durch Renten und Pensionen, Gesundheitsversorgung und kostenlose oder erschwingliche Schulbildung gesichert. Das Auto ist ein verbreitetes Konsumgut. Man macht immer länger Urlaub und verbringt ihn nicht zu Hause, sondern fährt fort. Immer mehr Menschen wohnen im eigenen Häuschen, das bequem sein soll, mit einem schönen Badezimmer, Möbeln in modernem Industriedesign, Plattenspieler, Fernseher und Elektrogeräten. Letztere stellen eine Befreiung für die Frau dar, aber eben nur von be-

Twiggy, berühmtes Fotomodell der sechziger Jahre, ist der Prototyp der schlanken Frau, die ihre Weiblichkeit und ihr Wohlgenährtsein (und damit mittelbar ihren Wohlstand) nicht durch üppige Kurven beweisen muß.

stimmten Arbeiten. Die Gehälter für Hausangestellte steigen, und das Kleinbürgertum kann sich keine "Perle" in Festanstellung mehr leisten. Dafür wollen Frauen andere Freiheiten: Mädchen möchten nicht länger unter Aufsicht der Familie stehen, Frauen nicht länger vom Willen des Familienoberhaupts abhängen und auf niedere Arbeiten beschränkt bleiben: gleiches Gehalt für gleiche Arbeit, gleiche Berufschancen! Sie wollen sich von allem frei machen, besonders auch von der Doppelmoral und dem traditionellen Verhaltenskodex, der besagt, daß "er" dies und jenes darf, und "sie" nicht. Als die 68er-Unruhen ausbrechen, kommt es vielen wie eine Explosion der Freude und der Jugend vor. Zweifellos sind sie auch das: Frieden, Gerechtigkeit und Phantasie scheinen in greifbare Nähe zu rücken. Man macht sich Gedanken darüber, welche Rolle die Menschen spielen sollen, wenn die Arbeit weniger für alle ausreichen soll.

1961
1970

Die Parole heisst Konsum. Konsum-Denken ist "in". In der westlichen Gesellschaft schaffen Millionen einstiger Arbeiter den Aufstieg ins Bürgertum und sorgen dafür, dass sich dessen Mentalität und Verhalten ändert. Der erreichte Wohlstand führt zu einem Rückgang der Sparneigung und zum Zurschaustellen dessen, was man hat. Statussymbole werden zu einem Hauptmerkmal dieses Jahrzehnts.

1961 fliegt der Russe Jurij Gagarin als erster Mensch in einer Raumkapsel um die Erde. Zu jener Zeit gibt es in den meisten Ländern fast für jeden einen Arbeitsplatz, obwohl Maschinen bereits viele Arbeiter ersetzen.

Die elektronischen Rechner sind noch riesige Geräte, aber bereits in ihrer zweiten Generation. 1961 läßt die Regierung der DDR die Berliner Mauer errichten, die den Verkehr zwischen Ost- und Westberlin verhindert. 1964 erhält der Baptistenpfarrer Martin Luther King, der für die Gleichstellung der farbigen Amerikaner kämpft, den Friedensnobelpreis. Vier Jahre später wird er ermordet. In Italien kommt es 1969 zum Blutbad auf der Piazza Fontana in Mailand, und es gibt merkwürdige Fehler und Verirrungen bei der ergebnislosen Suche nach den Drahtziehern.

In den fortschrittlichen Ländern der westlichen Welt steigt der Konsum, allem voran der Enregiekonsum, in schwindelerregende Höhen. Riesige Gas- und Öl-Pipelines, die über Berge und durch öde Gegenden führen, werden gebaut, aber auch Superöltanker. 1967 endet die Havarie des Tankers Torrey Canyon im Meer vor der Küste Cornwalls in einer Umweltkatastrophe.

1

2

3

4

1| IBM-Großrechner 7070. 2| Ölpipeline durch Wüstengebiet. 3| Kinder in Biafra. 4| Suharto.

Die Überschwemmungen in Florenz und Venedig von 1966 erschüttern die Kulturliebhaber der Welt, und die Jugend Europas eilt zu Hilfe. Umweltschutz wird zu einem Thema. Ein Medikament ruft, wenn es während der Schwangerschaft von der werdenden Mutter eingenommen wird, schwere Mißbildungen beim Kind hervor: Contergan. Hingegen erreicht die Chirurgie einen neuen Gipfel: In Südafrika pflanzt Dr. Christiaan Barnard 1967 einem alten Mann das Herz einer jungen Frau ein. Der Patient überlebt nur 18 Tage, doch ein großer Schritt auf dem Gebiet der Organverpflanzungen ist getan. Das Wachstum der Weltbevölkerung nimmt ein beängstigendes Ausmaß an. Papst Paul VI. reagiert darauf mit der Enzyklika Humanae vitae, in der das Verbot empfängnisverhütender Mittel bekräftigt wird. 1963 wird US-Präsident John Kennedy ermordet, nachdem er sich energisch auf die Seite der für ihre Bürgerrechte kämpfenden Neger gestellt und die Kuba-Krise zu einem guten Ende geführt hatte. Ein Jahr später wird Chruschtschow im Rahmen einer Verschwörung abgesetzt. Zwischen 1960 und 1966 entstehen in Afrika 32 neue Staaten: Die Entkolonialisierung schreitet rasch voran. De Gaulle beendet 1962 den Algerienkrieg, indem er das Land in die Unabhängigkeit entläßt und die Führer der OAS, der terroristischen Geheimorganisation französischer Armeeangehöriger und nationalistischer Algerien-Franzosen, verhaften läßt.

5

8

9

6

7

10

5| Protestplakate im Mai '68. **6|** Blumenkinder. **7|** Buttons aus den Sechzigern. **8|** Werbeplakat für *Uhrwerk Orange*. **9|** Entlaubter Urwald in Südvietnam. **10|** Die Concorde.

Grausame Machtkämpfe erschüttern die neuen Staaten: Im Kongo, dem heutigen Zaire, löst der Streit um belgische Interessen einen blutigen Sezessionskrieg um Katanga (1960-63) aus, bei dem Ministerpräsident Lumumba (1925-61) umgebracht wird und UNO-Generalsekretär Dag Hammarskjöld bei einem "Flugzeugunglück" ums Leben kommt. In Nigeria fordert der Kampf um die Ablösung Biafras (1967-70) Millionen Tote. Asien erlebt Krieg zwischen Indien und China um die Grenzregion im Himalaya sowie zwischen Indien und Pakistan um Kaschmir. In Indonesien gibt es einen Putsch, nach dem Präsident Sukarno (1901-70), ein Mann der gemäßigten Linken, 1966 von dem gewinnsüchtigen General Suharto entmachtet wird, der bis zu den Unruhen von 1998 Staatspräsident bleiben wird.

Im China Maos beginnt 1966 die Kulturrevolution. Im Westen hat kaum jemand eine wirkliche Vorstellung davon, und viele glauben sogar, daß es dabei keinen einzigen Toten gegeben habe.

Das Jahrzehnt beginnt mit den Beatniks in Jeans und Blousons. Unter der Oberfläche gärt eine umstürzlerische Gewalttätigkeit, die von Anthony Burgess in dem Buch Uhrwerk Orange (1962) gut dargestellt wird. Es geht weiter mit dem Minirock Mary Quants und Courrèges', den Plastikkreationen von Paco Rabanne und dem Chic von Yves Saint-Laurent und Pierre Cardin.

Ende dieses Jahrzehnts entfalten sich Jugendprotest und Studentenaufstände in der 68er-Bewegung mit nie dagewesener Gewalt: Der Mai '68 in Paris ist die Zeit der Kommunen, Clogs, Joints und bunten Kleider.

Als aktueller Kultroman gilt Hundert Jahre Einsamkeit (1967, dt. 1970) von Gabriel García Márquez und als Kultfilm 2001: Odyssee im Weltraum von Stanley Kubrick, der 1969 in die Kinos kommt. 1968 findet in Woodstock das legendäre Hippie-Festival statt.

Aber nicht überall hat man Grund zum Feiern. 1967 ergreift in Griechenland eine der grausamsten Rechtsdiktaturen überhaupt die Macht, und 1968 zerschlagen sowjetische Panzer mit Unterstützung der übrigen Staaten des Warschauer Pakts den "Prager Frühling". Der Vietnamkrieg dauert an, obgleich die USA unter dem Druck der öffentlichen Meinung in der ganzen Welt und der Jugendlichen im eigenen Land das Bombardement sowie den Abwurf von Napalmbomben und Entlaubungsmitteln eingestellt haben.

1961

RUDOLF NUREJEW
ersucht in Frankreich um politisches Asyl

Rudolf Nurejew wird 1938 in der Nähe von Irkutsk in Sibirien geboren und studiert Volkstanz. Erst 1955 kommt er an die Ballettschule des Kirow-Theaters in Leningrad, das für die Pflege der zaristischen Theatertradition bekannt ist. Drei Jahre später ist er bereits Solotänzer und ein Star, dessen Interpretationen von *La Bayadère*, *Dornröschen* und *Giselle* Aufsehen erregen. Er besitzt ein Gesicht, dessen feingeschnittene Nase mit den mongolischen Gesichtszügen kontrastiert, einen athletischen Körper, kräftige, nicht allzu lange Beine, was für jeden Tänzer von Vorteil ist, dazu ein Gesicht und Hände, die großer Ausdrucksstärke fähig sind. Er zeigt einen kraftvollen und edlen Tanzstil, der durch Virtuosität fasziniert. Bei einem Gastspiel in Paris 1961 feiert er einen grandiosen Erfolg und ersucht daraufhin seiner Karriere wegen um politisches Asyl. Dann tritt er zunächst dem Ballett des Marquis de Cuevas bei und bekommt danach einen Gastspielvertrag auf Dauer mit dem Royal Ballet in London, wo die glänzende Margot Fonteyn (1919-91) tanzt, die unumstrittene Königin des englischen Balletts. Er tanzt auch mit anderen Balletttruppen und mit den besten Ballerinen der damaligen Zeit, etwa mit Carla Fracci (geb. 1936), der unvergleichlichen Diva des italienischen Ballettanzes im 20. Jahrhundert. Nurejew stirbt 1993 an Aids.

1

2

3

Reform. "Diese Art 'gymnastischer Akrobatik', die im Publikum des 19. Jahrhunderts soviel Begeisterung hervorgerufen hat", so Gillo Dorfles, "kann uns heute im Vergleich zur Intensität des Ausdrucks einer Pina Bausch oder einer Martha Graham nur noch lächerlich vorkommen. Des Museumscharakters des großen klassischen Ballettrepertoires werden sich viele Choreographen in dieser oder jener Weise in der zweiten Hälfte des 20. Jahrhundert bewußt. Zu denen, die interessante neue Choreographien für das traditionelle Repertoire vorschlagen, gehört Nurejew mit *La Bayadère* (1963), *Schwanensee* (1964) und *Der Nußknacker* (1967). Aus seiner Arbeit mit Martha Graham entsteht die Neuschöpfung *Lucifer* (1975).

Andere Medien. Nurejew tritt auch im Fernsehen auf, und seine *Giselle* (1962) hat außergewöhnlichen Erfolg. Darüber hinaus versucht er sich mit zwei nicht besonders gelungenen Filmen, *I am a Dancer* (1972) und *Valentino* (1977).

Zur selben Zeit. Es stirbt der zeitgenössische französische Schriftsteller Louis-Ferdinand Céline (geb. 1894), der zwar faschistische und nihilistische Ansichten vertritt, aber einer der innovativsten Erzähler dieses Jahrhunderts ist. In Paris wird das Modehaus des Couturiers André Courrèges eröffnet, der die Kollektion "Balenciaga" entwirft, in der die vielleicht schönsten Abendkleider dieses Jahrhunderts kreiert werden. In den USA stirbt der große Architekt Eero Saarinen (geb. 1910). Posthum wird der Friedensnobelpreis dem UN-Generalsekretär Dag Hammarskjöld (geb. 1905) verliehen, der kurz zuvor bei einem rätselhaften Flugzeugabsturz im Kongo ums Leben kam. Der französische Regisseur Alain Resnais stellt nach dem Drehbuch von Alain Robbe-Grillet den Film *Letztes Jahr in Marienbad* fertig.

SOLOTÄNZER

Ein Star, Solotänzer oder eine "Primaballerina assoluta" zu werden ist der Traum aller Jungen und Mädchen, die sich dazu entschlossen haben, sich der harten Disziplin einer Ballettschule zu unterwerfen und die tägliche stundenlange Arbeit und Mühe auf sich zu nehmen, die bis zum Ende der Tanzkarriere niemals aufhört. Seit dem 19. Jahrhundert spielt die Primaballerina im mondänen Leben eine Hauptrolle, erhält Spitzengagen und berückende Geschenke. Männer steigen nur selten in den Olymp des Balletts auf. Eine der wenigen Ausnahmen ist der Italiener Enrico Cecchetti (1850-1928), Ballettmeister und Gründer der russischen Schule und zwischen 1910 und 1918 Tänzer bei den "Ballets Russes". Auch im 20. Jahrhundert hat der Spitzentanz zunächst vor allem weibliche Stars mit außergewöhnlicher künstlerischer Ausdrucksstärke zu bieten (Anna Pawlowa, die Preobrajenska, Ida Rubinstein, Galina Ulanowa), doch daneben scheinen viele Frauen deutlich zu spüren, daß eine radikale Reform des klassisch-romantischen Balletts bevorsteht. Sie sind auch als Choreographinnen prägende Persönlichkeiten des freien Tanzes (Ausdruckstanz) und des modernen Balletts. Wegweisend wirken hier die mythische Isadora Duncan (1878-1927), die große Martha Graham (1894-1991) und die gebildete Katherine Dunham (geb. 1914), allesamt Amerikanerinnen, sowie die geniale Pina Bausch. Die männlichen Solotänzer, die häufig auch große Choreographen sind, entfalten ihren Einfluß vor allem in der modernen Ballettszene des 20. Jahrhunderts: Die brillantesten sind Vaclav Nijinskij (1889-1950), Michel Fokine (1880-1942), Léonide Massine (1896-1979) und Serge Lifar (1905-86), alles Russen. Nurejew ist der einzige, der, auch dank der zu seiner Zeit zur Verfügung stehenden Medien, die Herzen aller berührt hat: in der Blüte seiner Jugend mit der unwiderstehlichen Kraft seines Talents, später dann mit der zurückhaltenden Traurigkeit der letzten, schmerzlichen Jahre.

1) Nurejew beim Schminken.
2) Nurejew bei der Probe mit Carla Fracci.
3) London 1973. Nurejew in *Der Prinz der Pagoden*. Die Eleganz und Präzision seiner oftmals akrobatischen Darbietungen sind unvergleichlich.
4) Nurejew in der Züricher Oper in seiner Choreographie von *Manfred*.
5) London 1965. Nurejew in *Prinz Igor*.
6) Paris, Juni 1974. Nurejew bei einer Aufführung im "Palais des Sports".
7) Paris 1974. Rudolf Nurejew mit der großen Tänzerin des modernen Balletts, Carolyn Carlson, in *Tristan*.
8) London, März 1963. Nurejew mit Margot Fonteyn in *Marguerite and Armand* von Frederick Ashton im Royal Opera House. Sie stellen eines der außergewöhnlichsten klassischen Tanzpaare des 20. Jahrhunderts dar.

5

4

6

9) Eine überaus packende Aufnahme des großen Solotänzers Rudolf Nurejew, die kurze Zeit vor seinem allzu frühen Tod entstand und den für ihn typischen, ausdrucksvollen Stil offenbart.

9

"Seine Kunst und die starke Ausstrahlung seiner Persönlichkeit haben ihn zum Zentrum der Publikumsbegeisterung gemacht, so daß ein wahrer Personenkult um ihn entstand."

Renée Mandl

7

8

JOHANNES XXIII.

eröffnet das Zweite Vatikanische Konzil

Angelo Giuseppe Roncalli wird 1881 als Sohn einer Bauernfamilie in Sotto-il-Monte (Bergamo) geboren. Er studiert zunächst am Diözesanseminar, dann am römischen Seminar und erhält 1904 die Priesterweihe. Im Ersten Weltkrieg ist er Unteroffizier im Sanitätsdienst, später Militärseelsorger. Als Sekretär des Bischofs von Bergamo wird er 1921 von Benedikt XV. nach Rom gerufen, der ihm die Verantwortung für die Propagandakongregation für Italien überträgt. 1925 wird er Erzbischof und reist als Gesandter im päpstlichen diplomatischen Dienst nach Bulgarien, wird 1935 päpstlicher Legat und Verwalter in der Türkei und Griechenland, 1944 Nuntius von Paris. 1953 folgt die Ernennung zum Kardinal und Patriarchen von Venedig. Beim Tod Pius' XII. begibt er sich mit den anderen Kardinälen ins Konklave und geht am 28. Oktober 1958 überraschend als Papst Johannes XXIII. daraus hervor. Drei Monate später gibt er, möglicherweise auf Studien beruhend, die noch Pius XII. in Auftrag gegeben und dann hintangestellt hat, die Einberufung eines vatikanischen Konzils bekannt, des zweiten der katholischen Kirche, das er am 11. Oktober 1962 im Petersdom feierlich eröffnet. Nicht einmal ein Jahr darauf, am 3. Juni 1963, stirbt er an Magenkrebs.

3

1

2

967 1968 1969 1970 1961 **1962** 1963 1964 1965 1966 1967 1968 1969 1970 1961 **1962** 1964 1965 1966 1967 1968 1969 1970 1961 **19**

Tradition. Die römische Kirche übernimmt kaiserlichen Pomp und benützt ihn als Zeichen ihrer Erhabenheit, um Transzendenz zu vermitteln und die Heiligkeit der eigenen Stellung zu unterstreichen. Papst Johannes XXIII. lockert den Laienteil des päpstlichen Hofstaats auf, löst alte Bande zu den Herrschern in Rom. Verwandte adelt er nicht. Doch er benutzt die Tiara, den päpstlichen Tragstuhl, die Fächer und die Schweizergarde. Er liebt den alten Prunk, das Gold und den Weihrauch, denn er weiß, daß diese Dinge einfachen Leuten etwas über Gott und das Paradies, über Gnade und Vergebung Gottes sagen. Er ist ein römischer Papst, der Erfahrung in byzantinischen Riten hat.

Arbeit. Auch als er schon krank ist, arbeitet der alte Papst froh und heiter. Er ist ein eiserner Organisator des Konzils, dessen zentrale Kommission er selbst leitet. Er bremst die, die zuviel verändern wollen, und ermutigt jene, die Angst vor Veränderungen haben. Darüber hinaus beteiligt er sich an der Arbeit der allgemeinen Kongregationen. Er lädt nichtkatholische Beobachter als Gäste ein. Unter den Experten sind auch einige Frauen. Jemand wagt die Voraussage, daß er das Ende des Konzils nicht erleben wird. Er antwortet darauf mit Hinweis auf die göttliche Vorsehung.

Menschlichkeit. Johannes XXIII. bricht eine jahrhundertealte Tradition, indem er in Gesellschaft von so manchem Gast zu Abend ißt. Stets sind es leichte, feine Speisen, bisweilen wird sogar eine Zigarre geraucht. Der Papst wehrt sich gegen einen Hof, an dem Intrigen verfangen. Er regt Beobachtungen, vertrauliche Mitteilungen und Meinungen von außen an. Er ergreift Maßnahmen, ohne gleich den Kirchenbann zu verhängen. Er beginnt die Organe der Kurie umzustrukturieren und reformiert die päpstlichen Hochschulen. 1963 erhält er den Balzan-Friedenspreis.

4

5

"Wichtig wäre es, die Substanz des menschlichen und christlichen Denkens und Lebens wieder mit neuen Werten und neuem Glanz zu erfüllen."

Johannes XXIII.

DAS VATIKANISCHE KONZIL

Johannes XXIII. ist ein weiser Gelehrter und ein ausgezeichneter Diplomat. Er zeigt Standhaftigkeit, natürliche Umgangsformen und ehrliche Achtung vor anderen Menschen. Lange hat er weit von Rom gelebt, er kennt die Schwierigkeiten der Weltkirche und die Schwächen der römischen Kurie, die auch auf dem 1870 aufgelösten Ersten Vatikanischen Konzil mit der Verkündung des päpstlichen Unfehlbarkeitsdogmas gründen. Im Frühjahr 1959 bestätigt Johannes XXIII. die Verurteilung der politischen Allianz zwischen katholischen und kommunistischen Parteien, zeigt aber Respekt gegenüber den Ansichten der Bolschewiki und den Staaten des Ostblocks. Er glaubt an die göttliche Vorsehung und kündigt das Zweite Vatikanische Konzil in der Hoffnung an, dadurch die Organisation seiner Kirche verbessern zu können. Er erneuert die Liturgie und drückt die unveränderlichen Glaubens- und Moralgrundsätze in modernisierter Form aus, eröffnet einen ökumenischen Dialog mit den anderen christlichen Kirchen und mildert dadurch die Verunsicherung und Zweifel vieler Gläubiger. Papst Johannes XXIII. ist ein Bewahrer und ein Mann, der das Leben liebt und Vertrauen in die Menschen hat. Dies trägt ihm bei Katholiken und Nichtkatholiken die Bezeichnung der "gute Papst" ein. In seiner 1961 veröffentlichten Enzyklika Mater et magistra *sind große Neuerungen in bezug auf die Sozialdoktrin der katholischen Kirche enthalten, doch kommt darin die Solidarität mit der Welt der Armen zum Ausdruck. Ohne die Macht führender Persönlichkeiten des Vatikans, die Pius XII. nahestanden, zu beschneiden, überträgt er Kardinälen und anderen innovativen Prälaten, die an der Durchführung des Vatikanischen Konzils beteiligt sind, große Verantwortung.*

9

8

6

7

1) Paris 1953. Ausgestattet mit dem ihm von den Königen von Frankreich überlieferten Recht setzt Präsident Vincent Auriol in der Nähe des Elysée-Palastes dem päpstlichen Nuntius, Monsignore Roncalli, die Kardinalsmütze auf.
2) Vatikan 1962. Papst Johannes XXIII. leitet im Petersdom zu Rom persönlich eine Sitzung des Zweiten Vatikanischen Konzils, das für ihn von größter Bedeutung war.
3) Offizielles Foto von Johannes XXIII. mit der traditionellen Papstkrone.
4) Vatikan, 11. Oktober 1962. Der Papst im Tragstuhl, umgeben von Kardinälen und Vertretern des Kirchenstaats, begibt sich zur Eröffnung des Zweiten Vatikanischen Konzils in den Petersdom.
5) Vatikan 1961. Der Papst bei einer Audienz mit Königin Elisabeth II., dem Oberhaupt der anglikanischen Kirche.
6) Venedig 1953. Feierlicher Einzug des neuen Patriarchen Kardinal Roncalli.
7) Imbersago (Como) 1965. Die Statue von Johannes XXIII. in der Nähe der Wallfahrtskirche Madonna del Bosco.
8) Vatikan 1958. Ein Moment des feierlichen Konsistoriums im Petersdom zu Ehren des neuen Papstes.
9) Bild von Johannes XXIII. zwischen anderen Souvenirs an einem Stand in Venedig.

1963

JOHN F. KENNEDY

US-Präsident seit 1961, wird in Dallas ermordet

John Fitzgerald Kennedy (1917-63) wird in Massachusetts als Sohn einer Familie irischer Herkunft geboren, die in jüngerer Zeit im Baugeschäft zu Reichtum gekommen und für ihren Ehrgeiz bekannt ist. 1940 schließt er in Harvard ab und kommandiert 1941 als Marineoffizier im Pazifik ein kleineres Schiff, das aber versenkt wird. Vom Krieg trägt er am Rücken eine Verletzung davon, die ihm stets Schwierigkeiten bereiten wird. Sein ältester Bruder fällt im Krieg, so daß sich die ehrgeizigen Erwartungen der Eltern auf ihn konzentrieren. 1946 wird er Abgeordneter des Repräsentantenhauses und 1953 Senator. 1956 schreibt er das Buch *Profiles in Courage* und erhält dafür den Pulitzerpreis. Er heiratet Jacqueline, ein attraktives Mädchen, das nach europäischem Bild erzogen wurde und dessen Eltern in der Welt der Reichen und Schönen von Neuengland etwas zählen. Kennedy gewinnt die Präsidentschaftswahl 1961 knapp gegen den republikanischen Kandidaten, den noch amtierenden Vizepräsidenten Richard Nixon. Er ist Präsident der USA von Januar 1961 bis zum 22. November 1963, dem Tag seiner Ermordung bei einem Vorwahlkampfbesuch im texanischen Dallas. In weniger als drei Jahren hat er das Image der USA durch seinen begeisterten Einsatz für die Ideale des Aufbruchs in eine bessere Zukunft und der sozialen Gerechtigkeit aufpoliert.

1

2

1963 … 68 1969 1970 1961 1962 **1963** 1964 1965 1966 1967 1968 1969 1970 1961 1962 19

3

Seine Regierungsmannschaft. Er holt Intellektuelle, Manager und junge Leute in seinen Mitarbeiterstab. Außenminister wird Dean Rusk, ehemaliger Vorsitzender der Rockefeller-Stiftung. Verteidigungsminister ist Robert McNamara, früherer Vorstandschef des Ford-Konzerns, Arbeitsminister Arthur Goldberg, UN-Botschafter Adlai Stevenson und Justizminister Robert Kennedy (1925-68).

Ein Dorn im Auge. Kuba unter Castro ist zwar nicht kommunistisch, aber wie viele andere lateinamerikanische Länder wehrt es sich gegen die Einmischung der USA. Im April 1961 mißlingt in der Schweinebucht die Landung in Florida lebender exilkubanischer Rebellen, die Diktator Batista nachtrauern und für die Invasion vom Geheimdienst der USA mit Waffen ausgestattet wurden.

Die Kuba-Krise. Die UdSSR ist so "großzügig", Kuba mit Beratern, Technikern und Raketenbasen auszustatten. Das löst im Oktober 1962 die Kuba-Krise aus. Präsident Kennedy veranlaßt die Blockade aller kubanischen Häfen. Chruschtschow lenkt ein und holt Raketen und Abschußanlagen wieder ab. Noch im August 1961 hat er beim Bau der Berliner Mauer Härte gezeigt.

Der Kennedy-Clan. Die Kennedys stehen sich sehr nahe. Es heißt, die Männer seien Frauenhelden und gewalttätig, was sich bisweilen auch bestätigt. Für Hollywood scheinen sie ein Faible zu haben: Der Patriarch Joseph liebte die göttliche Gloria Swanson (1899-1983), die Söhne liebten die Monroe, und eine Tochter heiratet Peter Lawford. Sie sind Emporkömmlinge: Joseph war Botschafter in

HOFFNUNG

Kennedy appelliert an seine Landsleute, die Herausforderungen einer veränderten Welt als Chance einer "New Frontier" (Neuen Grenze) anzunehmen. Nach der Eroberung des Westens, den Sozialreformen F. D. Roosevelts, dem Sieg über den Faschismus und der Festigung der Führungsrolle der USA in der westlichen Welt, stellt der jüngste US-Präsident aller Zeiten die Grundwerte der Demokratie vor, für die er zu kämpfen gedenkt. In seinem Plan "Allianz für den Fortschritt" (August 1961) kündigt er finanzielle Unterstützungen für Lateinamerika in Höhe von 20 Milliarden Dollar über einen Zeitraum von zehn Jahren an. Im Rahmen der Bildung eines Friedenskorps will er geschulte, junge, freiwillige Helfer in die Entwicklungsländer schicken. Es gelingt Kennedy, Mindestlöhne, Pläne zur staatlichen

"Fliegen wir zusammen zu den Sternen, erobern wir die Wüsten, rotten wir Krankheiten aus, erforschen wir die Tiefen des Ozeans und ermutigen wir die Künste und den Handel."

Aus der Antrittsrede Präsident John F. Kennedys.

5

1965 1966 1967 1968 1969 1970 1961 1962 **1963** 1964 1965 1966 1967 1968 1969

4

Förderung von Schulen und kostenlose medizinische Versorgung für alte Menschen durchzusetzen. Auch bringt er ein breit angelegtes Programm zur gesetzlichen Gleichstellung rassischer Minderheiten auf den Weg. Gegenüber rassistisch orientierten US-Bundesstaaten schöpft er seine Macht als Präsident voll aus. 1960-61 sind Jahre wirtschaftlicher Rezession. In der letzten Periode seiner Amtszeit setzt Kennedy daher zur Steigerung der Investitionen erhebliche Steuerkürzungen durch. Nahezu jeder seiner Vorschläge wird von seinen Anhängern begeistert aufgenommen. Millionen von Frauen und Männern glauben an seine Zuversicht ausstrahlende Führung, hin zu einer neuen Grenze der Gerechtigkeit und des Friedens zwischen Menschen und Völkern. Man atmet den Geist der sechziger Jahre.

London, drei Söhne werden Mitglieder des Senats, John heiratet die Schwester einer (ehemaligen) Durchlaucht.

Wanted. Auf dem Plakat, das vor Kennedys verhängnisvollem Besuch in Texas auftaucht, steht unter seinem Bild: "Dieser Mann wird gesucht wegen Verrats an den Vereinigten Staaten ..., weil er die Souveränität der USA der UNO unterstellt hat, die von den Kommunisten kontrolliert wird, weil er die von den Kommunisten inspirierten Rassenunruhen unterstützt und gefördert hat ..."

6

7

CHICAGO DAILY NEWS

PRESIDENT IS KILLED

Texas Sniper Escapes; Johnson Sworn In

Story Begins on Next Page

1) Die vertrauliche Art, in der John F. Kennedy mit seinem Publikum spricht.
2) Paris, Juni 1961. Präsident Kennedy und Präsident de Gaulle beim feierlichen Gedenken an die französischen Kriegsgefallenen.
3) November 1960. Familienfoto der Kenedys in ihrem Haus in Hyannis Port, Massachusetts: die Eltern Joseph und Rose; hinter John steht Robert, später, 1968, als aussichtsreicher Präsidentschaftskandidat ebenfalls ermordet; auf dem Sofa sitzend der Schwager Ted und Johns Frau Jacqueline, die Kennedy vereinzelten Gerüchten zufolge nach einer Scheidung geheiratet haben soll.
4) 1960. Mit Frau und Tochter.
5) R. und K. Bowen ersetzen auf diesem Foto siegreicher Marines im Pazifik die amerikanische Flagge durch eine Rose und machen so daraus ein pazifistisches Poster.
6) Drei Szenenfotos aus dem Dokumentarfilm, den Abraham Zapruder bei der Ermordung Kennedys in Dallas/Texas drehte. Die Ermordung ist bis heute nicht restlos aufgeklärt.

1966 1967 1968 1969 1970 1961 1962 **1963** 1964

8

7) Ein Foto der Präsidentenlimousine nach dem Attentat auf dem Titelblatt einer amerikanischen Zeitschrift.
8) Martin Luther King (1929-68), unermüdlicher Vertreter des Antirassismus, spricht am 28. August 1963 vor einer Menschenmenge in Washington. Nach ihm spricht Kennedy, der den Kampf gegen den Rassismus selbst mit der Armee führt und zwei Gouverneuren von US-Bundesstaaten die Kontrolle über die Staatspolizei entzieht. Es geht um die Bürgerrechte der Schwarzen, namentlich das Recht, die Universität zu besuchen. Auch King wird 1968 in Memphis ermordet.

1964 CASSIUS CLAY

wird Weltmeister der Berufsboxer im Schwergewicht

Nach seinem Großvater, der noch Sklave war, Cassius getauft, wird Clay 1942 in Louisville, Kentucky, geboren. Er ist fürs Boxen geboren. Sein Trainer erzählt später, daß er jede Woche den Stil wechselte und neue Techniken erfand. Mit 18 Jahren ist Clay 1,90 m groß und hat bislang all seine Amateurkämpfe gewonnen. Bei den Olympischen Spielen in Rom gewinnt er 1960 die Goldmedaille im Halbschwergewicht. Schon zuvor und immer danach sagt er von sich: "Ich bin der Stärkste, ich bin der Größte, ich bin der Schönste." Das "Millionaire Syndicate" von Louisville stellt ihm jedes Jahr 50.000 Dollar zur Verfügung, damit er sich ganz dem Boxsport widmen kann. 1964, mit 22 Jahren, trifft er auf den schwarzen Schläger Sonny Liston und nimmt ihm den Weltmeistertitel im Schwergewicht ab. Die Revanche 1965 dauert ganze zwei Minuten und zwölf Sekunden. Clay ist zum Kampf erschienen und hat verkündet, er heiße jetzt Muhammad Ali und sei Muslim. Zwischen 1965 und 1967 trifft er auf mehrere Herausforderer: Floyd Patterson, George Chuvelo, Henry Cooper, Brian London, Ernie Terrell und Zora Volley. Bei jedem von ihnen gibt er genau an, in welcher Runde er ihn ausschalten wird, und lenkt das Match so, daß er recht behält. Clay hat die Gabe, seinen Kampf nach den Möglichkeiten des Gegners zu gestalten. Dazwischen macht er sich über ihn lustig, demütigt und provoziert ihn. Viele hassen ihn dafür. Im April 1967 wird er zum Kriegsdienst einberufen und verweigert ihn. Er ist schon jetzt der erste Schwarze, der auch von vielen Weißen bewundert wird.

1

68 1969 1970 1961 1962 1963 **1964** 1965 1966 196

2

3

4

5

Sein Comeback. Es vergehen 43 Monate der Untätigkeit, ehe der Oberste Gerichtshof der USA Muhammad Ali wieder in seine Rechte einsetzt. 1970 bestreitet er erfolgreich zwei Kämpfe. 1971 geht er gegen Joe Frazier zu Boden, der darauf nach Punkten gewinnt. Später nimmt Weltmeister Foreman Alis Herausforderung an. Der Kampf findet 1974 in Kinshasa (Zaire) statt, in einem Land, aus dem die Vorfahren vieler amerikanischer Sklaven stammen. Man spricht vom Kampf des Jahrhunderts. George Foreman ist acht Jahre jünger als der Herausforderer, der auf der Hut ist und Foreman sich fünf Runden lang austoben läßt, ehe er zu reagieren beginnt und ihn kurz nach Beginn der achten Runde k. o. schlägt. Damit ist er wieder Weltmeister.

Sein Tänzeln. Der Boxkampf Liston-Clay wird 1964 direkt auf riesige Leinwände in vielen Kinosälen übertragen: Clay "tänzelt und boxt wie ein Affe". Aber wichtiger ist für den Boxfan die Tatsache, daß Wiederholung und Zeitlupe Gelegenheit bieten, das unglaubliche Tänzeln Clays um den jeweiligen Gegner zu beobachten, seine flinke Beinarbeit, die unter Schwergewichtlern nicht ihresgleichen hat. Wie ein Matador weicht er aus, läßt die Gewalt des Gegners ins Leere hinein explodieren. Seine eigenen Schläge sind präzise, hart und so schnell, daß man manchmal nur nach nochmaliger Betrachtung der Aufzeichnung den entscheidenden Schlag erkennt.

Seine Strategie. Das Repertoire an Beschimpfungen, eindeutigen Gesten, Voraussagen und Beleidigungen, mit dem Cassius Clay seinen Gegner psychologisch traktiert, so daß der sich unterlegen vorkommt, wird auch "Strategie der Demoralisierung" genannt. Clay ist kein widerwärtiges, vulgäres Großmaul: Er ist ein intelligenter Mann, der sich Bildung durch Lektüre aneignet, ein vernünftiger Denker, der in erster Linie mit Köpfchen kämpft. Um so grausamer erscheint da das Leiden, das ihn im Alter heimsucht: die Alzheimersche Krankheit.

FARBIGE AMERIKANER

Muhammad Ali ist der Überzeugung, daß alle Menschen frei sind. Und daß Gott jedem seinen Weg zeigt, auf dem er zur Erleuchtung findet. Und Mohammed zeigt ihm den Weg nach Afrika, in das Land der größten Boxer der Welt, wo er den Boxkampf populär machen kann. Er ist gegen den Krieg und verweigert den Kriegsdienst, weil er nicht nach Vietnam geschickt werden will. 1967 erklärt Clay, er als Schwarzer werde keine Asiaten töten, nur um den Weißen einen Gefallen zu tun. Daraufhin wird ihm seine Zulassung als Berufsboxer und damit der Weltmeistertitel entzogen. Außerdem wird er zu Gefängnis und sechs Millionen Dollar Strafe verurteilt. Die Rache der Weißen, die an der Macht sind und ihn möglicherweise durch das Einziehen zum Kriegsdienst treffen wollten, mag sich auch darauf gründen, daß er an der Seite von Malcolm X (1925-65), einem vorbestraften Führer der radikalen schwarzen Bürgerrechtsbewegung, den Black Muslims beigetreten ist, die die ethische Unterlegenheit der weißen Christen vertreten, die ihrer Ansicht nach gewalttätig und unmoralisch sind. Clay ist anders als viele andere große schwarze Boxer: Er ist weder ein gehorsamer "Onkel Tom" wie Floyd Patterson, noch ein Snob, der die Weißen imitiert, wie der große Sugar Ray Robinson, auch keine Kanaille wie Liston oder Tyson. Er ist eine Person von höchster Menschlichkeit, mit einem ausgeprägten Gerechtigkeitssinn. Die schwarzen Amerikaner, die sich seit den dreißiger Jahren mit ihrer Musik und ihrem Tanz als "Volk" und seit den fünfziger Jahren als Filmschauspieler durchgesetzt haben, wollen aufgrund ihrer Kultur, ihrer Begabungen und der Würde ihres Volkes als Personen ernst genommen werden. Clay verurteilt die Schwarzen, die die Weißen nachahmen. Von ihm lernen die armen Schwarzen, was Hoffen und Handeln heißt.

"Ein Mann, der die gesamte Geschichte des Boxens dominiert, als ob das Schicksal gewollt hätte, daß der Boxsport sich ihn als höchste Verkörperung auserwählt und er diese Verkörperung angenommen habe."

Alex Philolenko

7

8

1970 1961 1962 1963 **1964** 1965 1966 1967 1968 1969 1970 1961 1962 1963 **1964** 1965 1966 1967 1969 1970 1961 1962 1963 **1964** 1965 1966 1967 1968 1969 1970

9

6

1) Die Kinder Cassius Clays: Hana, Samilla, Rasheda, Laka, Maymay und Muhammad.
2) Cassius Clay im Flugzeug. Er liebt es, sich beim Lesen des Korans und anderer religiöser oder politischer Bücher fotografieren zu lassen.
3) Eine eindrucksvolle Nahaufnahme des Sportlers Cassius Clay.
4) New York. 8. Dezember 1971. Clay schlägt Oscar "Ringo" Bonavena.
5) Las Vegas, 16. Februar 1978. Clay wird von Leon Spinks im Kampf um den Weltmeistertitel im Schwergewicht geschlagen.
6) 1965. Malcolm X bei einer öffentlichen Versammlung. Noch im selben Jahr wird er ermordet.
7) Miami Beach 1964. Der Herausforderer Clay schlägt Liston in der siebten Runde.
8) Houston, 7. Februar 1967. Kampf zwischen Clay und Ernie Terrell, den Clay gewinnt, womit er seinen Titel verteidigt.
9) Clay weicht blitzschnell aus (nochmals beim Kampf vom 25. Februar 1964 gegen den großartigen Sonny Liston). Clay ist erst 22.

HELENA RUBINSTEIN

stirbt reich und berühmt in Paris

Helena Rubinstein, die Frau hinter dem heute weltbekannten Markenzeichen HR, wird 1882 in der damaligen polnischen Hauptstadt Krakau als erste von acht Töchtern eines rührigen Kunsthändlers und -Sammlers geboren. Sie wächst in einem reichen Haushalt auf. Bücher haben es ihr angetan, und sie möchte Medizin studieren. Doch sie kann kein Blut sehen und den Geruch von Desinfektionsmitteln nicht ausstehen. Von der Mutter hat sie gelernt, wie man ein großes Haus verwaltet, und vom Vater hat sie Weltgewandtheit und Geschäftssinn geerbt. Die Stabilität der Familie und die ihrer Freundschaften geben ihr Selbstbewußtsein und Optimismus. Nach einer unglücklichen Liebe macht sie sich auf nach Australien zu ihren Cousins. Dort setzt das Klima der Haut der Frauen zu, so daß sie die Hautcreme der Brüder Lykusky, die in ihrer Familie immer benutzt wurde, in größeren Mengen bezieht und ein Geschäft daraus macht. Daraufhin kehrt sie nach Europa zurück, und studiert Kosmetologie. Danach kehrt sie nach Australien zurück, eröffnet Filialen und baut ihre Firma aus. Sie erfindet Produkte und testet sie lange, bevor sie sie auf den Markt bringt. Sie ist ein Organisationstalent, und das Geld fließt in Strömen. Und mit dem Geld kommt bald der Ruhm.

2

59 1970 1961 1962 1963 1964 **1965** 1966 1967 1963 ... 1961 1962 1963 1964 ... 19

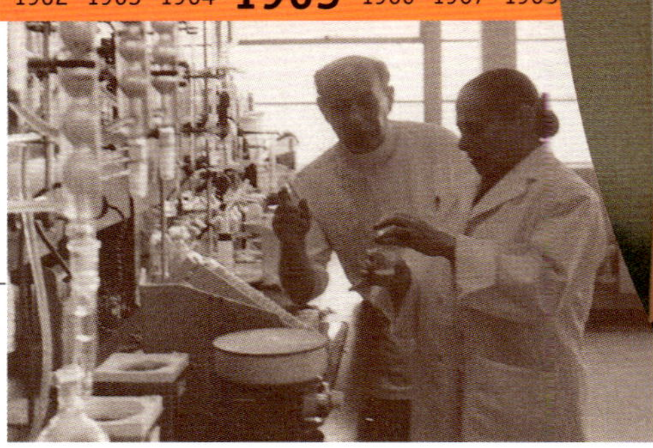

1

3

Körperpflege. Letztlich tut Helena Rubinstein nichts weiter, als ein x-beliebiges Unternehmen zu gründen. Aber auch wenn es erst nicht so aussieht, steckt einer der großen Mythen des 20. Jahrhunderts dahinter: der Mythos der Körperpflege und des körperlichen Wohlbefindens. Helena ist eine der ersten, die die Bedeutung der richtigen Ernährung, von Gymnastik, Lebensweise und Vorbeugung gegen den körperlichen Verfall in voller Tragweite begreift. Für Helena Rubinstein ist die Schönheit das Ergebnis von Vorsicht, Wille und Hartnäckigkeit: Schönheit ist innere Disziplin, die von Kosmetik gefördert wird. Sie ist kein Selbstzweck. Sie stellt die richtige Seinsweise in einer Welt dar, in der wir die Verpflichtung haben, die Schönheit in all ihren Formen zu fördern.

Kunst. Helena Rubinstein sammelt Kunstgegenstände, kauft Skulpturen und Gemälde. Viele ihrer Freunde sind Künstler, Schriftsteller und Dichter. Aber sie widmet derlei Vergnügungen kaum Zeit. Sie läßt nicht zu, daß ihr persönliches Image das ihrer Produkte überdeckt.

Eau de France. Ein Rezept von Helena Rubinstein gegen Falten: 32 Gran Weihrauch pulverisiert (Olibanum), 32 Gran Benzoeharz pulverisiert, 32 Gran Gummiarabikum pulverisiert, 48 Gran Süßmandeln pulverisiert, 16 Gran Gewürznelken, 16 Gran Muskatnuß und 8 Unzen geruchlosen Alkohol.

Andere Kosmetikmarken. Mit der Zeit kommen auch andere wichtige Kosmetikmarken auf. Max Factor wird durch die "Schminke der Diven" des Stummfilms von Hollywood bekannt. Elizabeth Arden macht sich später durch ihre Schönheitssalons in allen größeren Städten einen Namen. Und das Image von Guerlain, einer alten französischen Parfümdynastie, beruht hauptsächlich auf ausgezeichneten Parfüms.

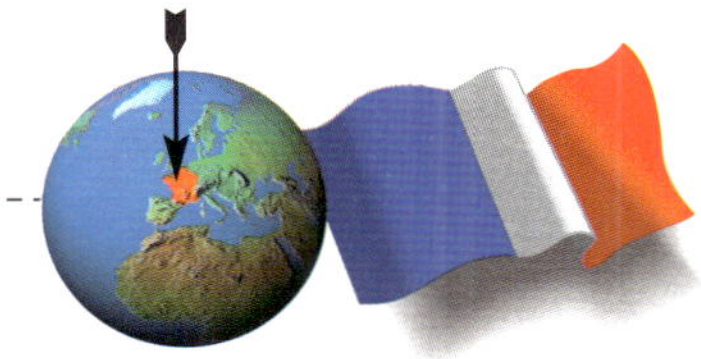

BEAUTY, BEAUTÉ, SCHÖNHEIT

Von Australien aus besucht Helena Rubinstein mehrmals Europa und läßt sich dann in London nieder. Als Firmensitz wählt sie den Palast des Marquess of Salisbury, des damaligen Premierministers, den sie umbaut und nach ihrem Geschmack einrichtet. London ist eine Weltstadt, in der die High Society Außenseiter meidet. Aber zur damaligen Zeit ist es auch der Luxustempel in einem Weltreich des Luxus. Helena arbeitet wie ein Tier und lebt wie eine Dame. Sie heiratet einen berühmten Literaten und bekommt zwei Söhne von ihm. Sie hat nichts dagegen, die Rolle der Frau zu spielen, aber nicht ohne ihr Schönheitsunternehmen. Ihr gelingt es, das Interesse auch der anspruchsvollsten Damen zu wecken, sie beliefert Majestäten und königliche Hoheiten. Im Ersten Weltkrieg haben Königinnen und Kaiserinnen Spezialkuriere, die sie mit den Produkten Helena Rubinsteins versorgen. Deren Kommentar: "Die Kriege kommen und gehen, aber die Schönheit muß ewig halten." Doch die Hauptstadt der Schönheit ist Paris, die weiblichste Stadt der Welt, ein Ort, wo die Frau "jolie laide" (hübsch häßlich) sein kann: Es genügt, wenn sie die traditionelle Koketterie beherrscht, das spielerische, etwas aggressive Verhalten, darauf bedacht, anderen zu gefallen. Später schreibt Helena Rubinstein: "Ich kam, sah und blieb." Dennoch eröffnet sie einen Schönheitssalon in New York, einen weiteren in Chikago. 1930 hat sie bereits mehr als 3000 Mitarbeiter. Millionen von Dollar gehen durch ihre Hände. Sie erweitert ihre Produktpalette durch immer neue Artikel, deren Essenzen, Kräuter und Balsame sie selbst zusammenstellt. Sie klagt darüber, daß ihr die Hände weh tun. Nach dem Zweiten Weltkrieg erobert ihr Imperium neue Märkte. Als Helena Rubinstein 1965 stirbt, wird über sie wie über eine Königin geschrieben. Sie hat ohne jeden Zweifel einen erheblichen Beitrag zur Neuerschaffung des Mythos der Schönheit und des Wohlbefindens im 20. Jahrhundert geleistet.

4

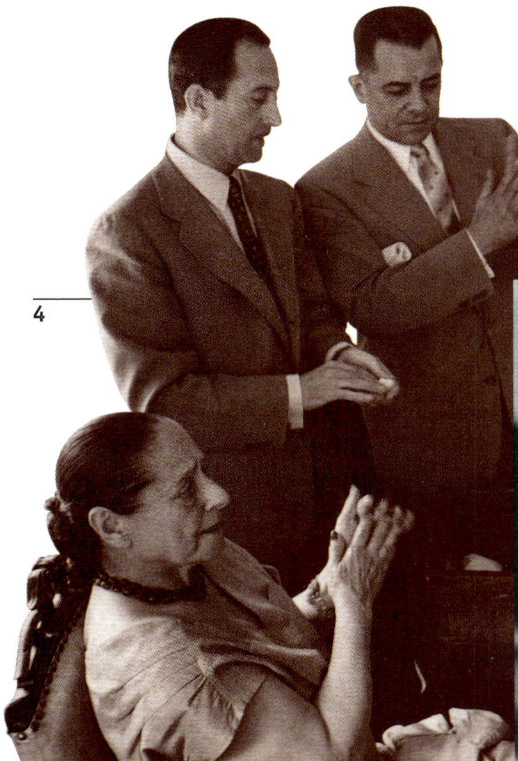

5

6

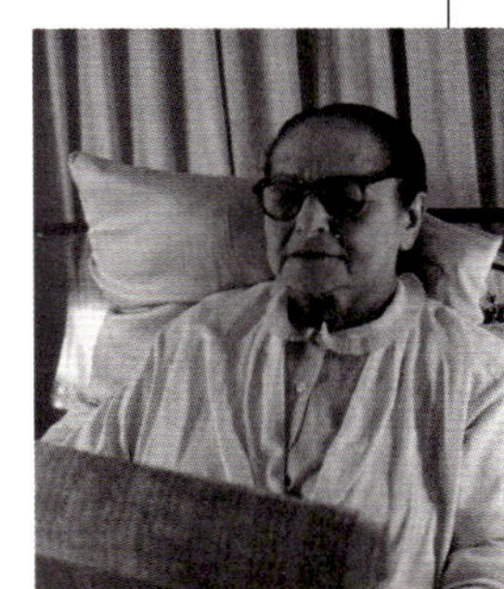

1963 1964 **1965** 1966 1967 1968 1969 1970 1961 19

963 1964 **1965** 1966 1967 1968 1969 1970 1961 1962 196

1) Helena Rubinstein bei der Arbeit mit einem ihrer Chemiker im Labor der Fabrik auf Long Island.
2) Madame Rubinstein in einem ihrer Häuser mit einem Kleid im indischen Stil. Sie ist keine schöne Frau im klassischen Sinne und hält sich nur wenig an die Mode. Am liebsten kleidet sie sich nach ihrem eigenen Geschmack.
3) Werbeanzeigen für die Kosmetikartikel Marke Helena Rubinstein in amerikanischen, englischen und französischen Zeitschriften.
4) Helena Rubinstein mit zwei Manager ihrer Marketing-Abteilung. Sie verlangt viel von ihren Mitarbeitern, ist aber auch äußerst großzügig, wenn sie ihnen vertraut. Viele haben sie bis heute als außergewöhnliche Frau in Erinnerung behalten.
5) Helena Rubinstein beim Testen eines neuen Augenbrauenstifts.
6) Helena Rubinstein ruht sich aus, indem sie die Börsenseiten einer Tageszeitung durchsieht. Als ausgezeichnete Firmenchefin, die jeder Kleinigkeit Beachtung schenkt, hat sie gelernt, sich in erster Linie auf sich selbst zu verlassen.

"Von schönen Dingen umgeben zu sein ist genauso wichtig für die geistige Gesundheit wie die Fähigkeit, andere aufgrund des eigenen Äußeren anzuziehen."

Helena Rubinstein

DIE BEATLES
geraten auf dem Gipfel ihres Erfolgs in die Krise

Ende 1957 spielen und singen die Gitarristen John Lennon (1940-80) und Paul McCartney (geb. 1942) zusammen im *Cavern*, einem Jazz-Club in Liverpool, ihrer Heimatstadt. 1958 holt Paul noch einen Freund hinzu, George Harrison (geb. 1943), ebenfalls Gitarrist. Die Jungs finden Arbeit in Hamburg, im *Indrah* und anderen Lokalen. Sie nennen sich in Anlehnung an den Beat (den gleichmäßigen Grundschlag der Rhythmusgruppe) *The Beatles*. 1962 finden sie in Brian Epstein einen genialen Manager, und im August stößt ein neuer Schlagzeuger mit dem Künstlernamen Ringo Starr (geb. 1940) zu ihnen. Ihre ersten beiden Singles *Love Me Do* und *Please, Please Me* erscheinen, und ein Jahr später wird ihr erstes Album, ebenfalls *Please, Please Me* betitelt, ein großer Erfolg in Großbritannien. 1963 plaziert sich *With the Beatles* als ihr erstes Album auf Platz 1 der britischen Hitparade. 1964 machen sie ihre erste US-Tournee, lösen die "Beatlemania" aus und drehen ihren ersten Film: *A Hard Day's Night*. Sie werden in Madame Tussauds Wachsfigurenkabinett aufgenommen. 1965 entsteht ihr zweiter Film: *Help!* (*Hi-Hi-Hilfe!*) Königin Elisabeth II. verleiht ihnen den Orden "Member of the British Empire", worauf mehrere andere Träger ihren Orden zurückgeben. Danach geht es auf Welttournee, und *Yesterday* wird in den USA fünf Millionen Mal über Radio und Fernsehen übertragen und in der Folge von 2.500 Interpreten aufgenommen. Ab 1966 entwickelt jeder der vier eine Solokarriere, die Beatles aber bestehen bis zum April 1970 weiter.

2

4

1

3

Triumphales Ende. Im Jahre 1967 wird das sensationelle Album *Sergeant Pepper's Lonely Hearts Club Band* veröffentlicht. Die Beatles singen live *All You Need Is Love*, das über Satellit 400 Millionen Menschen am Fernseher sehen. Danach machen sie einen Kurs in transzendentaler Meditation bei dem Guru Maharishi Mahesh Yogi. Ihr Manager Brian Epstein stirbt. Daraufhin gründen die Beatles die Plattenfirma Apple und drehen den Spielfilm *Yellow Submarine* (1968). Im Frühjahr 1970 verkündet Paul McCartney seinen Austritt aus der Gruppe. Das ist das Ende der Beatles.

John Lennon. Der Komponist, Sänger, Gitarrist und Keyboarder John Lennon ist sicherlich der intellektuellste der Beatles. 1969 heiratet er die äußerst ehrgeizige japanische Musikerin und Künstlerin Yoko Ono, was maßgeblich zur Auflösung der Gruppe beiträgt. John tritt danach zusammen mit ihr und der Gruppe *Plastic Ono Band* auf. Doch die Ergebnisse sind im Vergleich zur Musik der Beatles nicht der Erwähnung wert. In New York, wo das Ehepaar wohnt, wird John 1980 am Central Park von einem Verrückten ermordet.

Swinging London. Die Jugendlichen kleiden sich im Stile Eduards VII. und in tausend andere phantasievolle Gewän-

DIE POPMUSIK

1) Die Beatles mit Freunden und ihrem Guru in Indien.
2) Gruppenfoto der Beatles auf dem glanzvollen Höhepunkt ihres Erfolgs. Ohne große Ausbildung kehren sie der Tradition den Rücken und haben den Mut, neue Formen auszuprobieren, ohne Angst davor, durchzufallen oder sich lächerlich zu machen. Ihr Glück und ihr Talent sorgen dafür, daß sie damit recht behalten.
3) 1994. 30 Jahre danach. Beatles-Graffiti in Hollywood.
4) Riesige Plakate von den Beatles anläßlich ihres Gastspiels in Tokio.
5) Die Beatles in Kostümen, die dem Elisabethanischen Zeitalter nachempfunden sind. Einige der Verkleidungen und der lustigen Possen der vier Jungs aus Liverpool haben etwas vom Geist der *Lustigen Weiber von Windsor*.
6) Die "alternden" Beatles mit Geheimratsecken strahlen nicht mehr ganz soviel jugendlichen Leichtsinn aus wie acht Jahre davor, am Anfang ihrer Karriere.
7) Trauernde Fans nach dem tragischen und unerwarteten Tod John Lennons.
8) Das wie ein Happening anmutende Plattencover von *Sergeant Pepper's Lonely Hearts Club Band* von den Beatles aus der unbeschwerten Zeit der Blumenkinder.
9) Die Schlichtheit der frühen Jahre prägt das Cover von *Please, Please Me*
10) Das Album *Yellow Submarine* enthält die Filmmusik zum gleichnamigen flott-fröhlichen Zeichentrickfilm.

8

9

10

5

"Popular music" oder einfach "Pop" ist im Englischen die Bezeichnung für volkstümliche, populäre Musik ganz allgemein. Pop ist nicht dasselbe wie Folk, eine Musik, die stärker in der kulturellen Tradition eines Landes oder einer Volksgruppe verwurzelt ist, und auch nicht dasselbe wie Country, der Volksmusik aus ländlichen Gebieten. Hingegen zählt der Rock in seinen vielfältigen Ausprägungen zur Popmusik. Der Begriff Pop kommt in den sechziger Jahren verstärkt auf, und Pop wird in jener Zeit auf englisch gesungen, denn London ist in den Sechzigern das Zentrum aller Moden für die europäische Jugend. Außerdem ist Englisch seit den dreißiger Jahren und noch mehr in der Nachkriegszeit weltweit die Sprache des Jazz und so bekannter angloamerikanischer Musiker wie Bing Crosby und Frank Sinatra (ab 1940). Schlagermusik ist im allgemeinen stärker landesspezifisch geprägt als Popmusik und wird von allen Altersstufen gehört. Pop ist hingegen die Musik des jungen Amerikaners oder all derer, die die amerikanischen Jugendlichen nachahmen wollen. Dennoch sind es die englischen Beatles, die den Pop mit ihrer Beatmusik von Liverpool aus schier explodieren lassen. Die Beatles stellen die perfekte Synthese der Popmusik dar: eine Musik, die von einer Band gespielt wird, bei der die Rollen und die kompositorischen und ausführenden Elemente fließend ineinander übergehen und die rhythmischen Elemente mit größter Sorgfalt gepflegt werden. Ein Markenzeichen der Beatles ist darüber hinaus ihre immense melodische Vielfalt, die im Pop sehr selten ist, und ihr besonderer jugendlicher Charme, der in gewisser Weise typisch ist für die Arbeiter der alten britischen Manufakturstädte.

961 196 1965 **1966** 1967 1968 1969 1970 1961 1962 1963 1964 1965 **1966** 1967 1968 1969 1970 1961 1962 1963 196

6

7

der, Mädchen tragen Miniröcke nach dem Vorbild Mary Quants, die Nächte werden zum Tag gemacht in den belebten In-Vierteln, auf den Straßen voll von jungen Leuten, die Bier trinken, zu Gitarrenklängen singen und Joints rauchen wie die amerikanischen Schriftsteller der Beatgeneration in den fünfziger Jahren. Hier trifft sich in diesen Jahren ganz Europa. Und als Souvenir nimmt man sich dann gerne mal ein Album von den Beatles mit nach Hause.

"Keiner von uns hat sich je Gedanken
über solche Dinge wie die Zukunft gemacht.
Es gab gute und schlechte Abende bei den Tourneen.
Die einzige Unterhaltung bestand darin, uns abends zu treffen,
um zusammen Gras oder ähnliches Zeug zu rauchen."

Ringo Starr

1967

CHE GUEVARA
wird in Bolivien ermordet

Ernesto Guevara de la Serna wird 1928 in Rosario (Argentinien) als Sohn einer bürgerlichen Familie geboren, die ihm ein Medizinstudium ermöglicht. Argentinien ist zu jener Zeit ein wohlhabendes Land Südamerikas, dessen Reichtum auf Landwirtschaft und Viehzucht beruht. Die Faszination des mexikanischen Bauernaufstands ist noch lebendig. Guevara verläßt das peronistische Argentinien, reist nach Mexiko, Ekuador und Costa Rica und wird Mitarbeiter des demokratischen Präsidenten von Guatemala, Jacobo Arbenz Guzmán. Der von der CIA organisierte Putsch zwingt ihn zur Flucht. Er schließt sich jenen Kubanern an, die infolge der Diktatur Fulgencio Batistas, die von 1952 bis 1959 dauern sollte, ins Exil gehen mußten. Nachdem er mit Raul und Fidel Castro auf Kuba gelandet ist, kämpft er von 1957-59 in der Guerilla im Südosten der Insel in der Sierra Maestra gegen den Diktator. Am Arroyo del Infierno tötet er zum ersten Mal einen Menschen. Castro ruft ihn in seine Führungsriege. 1959 nehmen die Revolutionäre Havanna ein, und Che Guevara wird zunächst Präsident der kubanischen Nationalbank, dann Industrieminister. Aber Macht allein befriedigt ihn nicht. Am 3. Oktober 1965 gibt Castro bekannt, daß sein Freund Che auf die kubanische Staatsbürgerschaft verzichte. Danach taucht dieser überall dort auf, wo eine Revolution droht. Bis die diktatorische Regierung Boliviens von einem toten Revolutionär im Dschungel von Waucakakwazu berichtet. Man schreibt den 9. Oktober 1967. Der tote Mann ist Che Guevara.

1

1964 1965 1966 **1967** 1968 1969 1970 1961 1962 1963 1964 1965 1966 **1967** 1968 1969 19

2

3

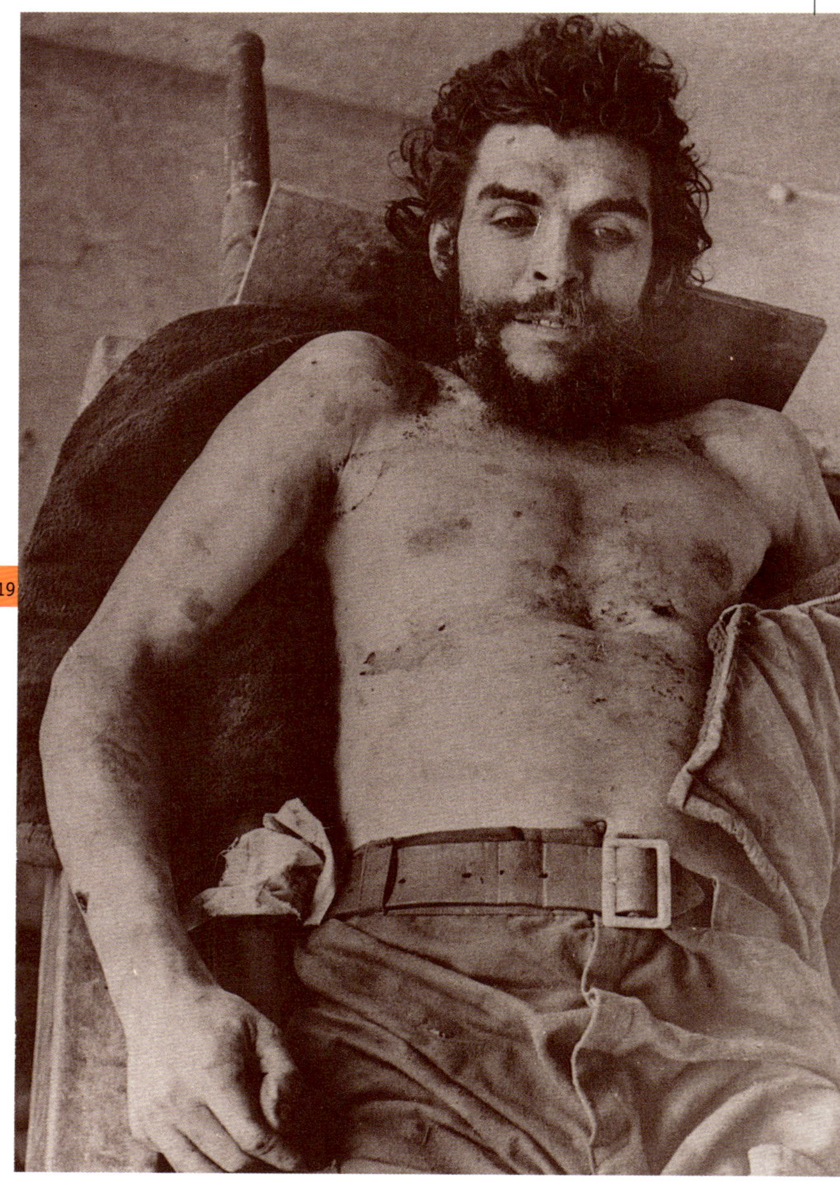

Die Welt bewegen. 1964 unternimmt Che Guevara eine Reise in sozialistische Länder, die für seine Botschaft der Freiheit am empfänglichsten sind, und wird dort wie ein Staatsmann und Held empfangen. Seine Reise führt ihn nach China, Afrika und Algerien. Sein Traum ist es, Kräfte zu sammeln, um Tausende von Revolutionen zu entfachen.

Seine Schriften. Che Guevara schreibt Briefe sowie geschichtliche und theoretische Essays, die er weltweit veröffentlicht. 1966 werden in Paris *La guerre de guérilla* und *Le socialisme et l'homme à Cuba* veröffentlicht. Posthum erscheint 1968 in London *Reminiscences of the Cuban Revolution*. In Deutschland erscheint 1968 sein *Bolivianisches Tagebuch*, sowie *Guerilla – Theorie und Macht* und *Venceremos! Wir werden siegen!*

Am Vorabend der 68er Bewegung. Guevara stirbt mit 39 Jahren, von Elend

"Ich habe mir geschworen, nicht aufzuhören,
bevor ich diese kapitalistischen Blutsauger nicht am Boden zerstört sehe.
Ich möchte mich weiter perfektionieren,
um ein echter Revolutionär zu werden."

Der junge Che Guevara zu seiner Tante Beatriz

DER GUERILLERO

Die neuere Geschichte Lateinamerikas beginnt mit dem Unabhängigkeitskampf gegen Spanien. Im Krieg von 1898 nehmen die USA Spanien unter anderem die Philippinen und Kuba ab und machen daraus faktisch US-Kolonien. 1903 organisiert der damalige US-Präsident Theodor Roosevelt (1858-1919) eine kleine Revolution in Panama, durch die er das Land von Kolumbien löst, worauf er durch sein Gebiet den Panamakanal bauen läßt. Zwischen 1910 und 1928 wird Mexiko von einer Reihe bürgerkriegsähnlicher Unruhen erschüttert. Wichtigster Anlaß sind dabei die Latifundien, auf deren Land die Tagelöhner Anspruch erheben. Große Bedeutung erlangen im Kampf gegen die putschenden Präsidenten die heute legendären Anführer Pancho Villa (1877-1923) und Emiliano Zapata (1879-1919). Die Ausdehnung der US-Pflanzungsgesellschaft "United Fruit Company" bringt eine neue Form des Kolonialismus nach Mittel- und Südamerika, der den Staaten Monokulturen mit verheerenden Auswirkungen aufzwingt. Der junge Che Guevara nennt die United Fruit Company in seinen Schriften eine Blutsaugerin, deren Macht schrecklich sei. Der einzig mögliche Protest gegen den Kapitalismus ist für ihn der Guerillakampf. So wird er, ein radikaler Ideologe und ein schöner, gebildeter Mann, der unter Asthma leidet, aber mutig und nicht machthungrig ist, zum Prototypen des Guerilla-Anführers, der bereit ist, sein Leben für die Rechte der Gedemütigten und Wehrlosen zu opfern. Auch durch die ungeklärten Umstände seines Todes (bei dem Verrat im Spiel gewesen sein mag) konnte er später gerade unter Jugendlichen zu einer Leitfigur, ja einem zeitgenössischen Heiligen idealisiert werden.

5

6

1967 1968 1969 1970 1961 1962 1963 1964 1965 1966 **1967** 1968 1969 1970 1961 1962 1963 1964 1965 1966 **1967** 1968 1969 1970 1961 1962 1963 1964 1965 1966 **19**

4

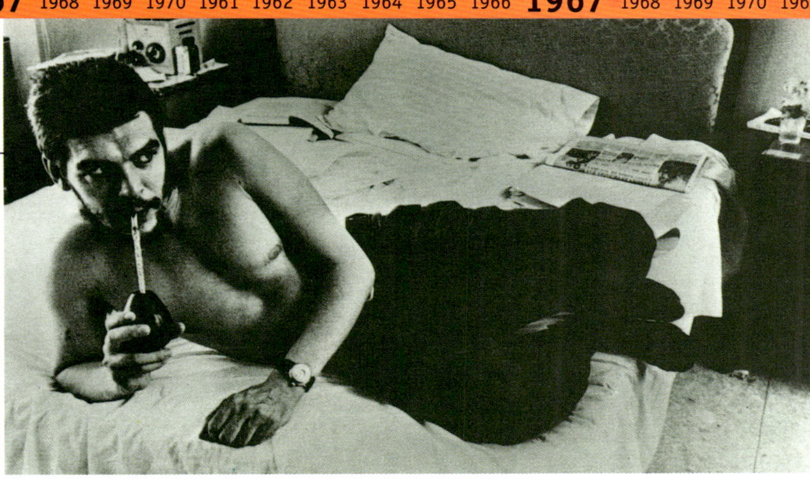

7

8

umgeben, unter "Campesinos", die von Armut und Angst vor den Militärs abgestumpft sind. Das Jahr darauf ist 1968. Von Berkeley bis zur Sorbonne trägt man sein Bild auf Buttons, T-Shirts, Plakaten. Bis heute findet man Che-Poster neben anderen Märtyrern der ewigen Jugend, wie James Dean oder Elvis Presley.

Zur selben Zeit. Hollywood ist in der Krise, Fernsehfilme und -serien sind gefragt: Die Jahre von *Bonanza* (NBC, 1962-73, mit 440 Folgen) und *Raumschiff Enterprise* (NBC, 1. Serie, 1966-69) sind da. Im Juni bricht im Nahen Osten der Sechstagekrieg aus, bei dem der israelische Verteidigungsminister Moshe Dayan (1915-81) die ägyptische Sinai-Halbinsel einnimmt und Gebiete in Syrien und Jordanien besetzt. In Griechenland beginnt die Diktatur der Obristen (1967-74).

1) Mexiko. Guevara mit Universo Sánchez, bevor er sich der Guerilla gegen Batista in Kuba anschließt.
2) Ganz links Che Guevara, neben ihm Fidel Castro. Eine improvisierte Versammlung des Generalstabs während des Guerillakampfes in der Sierra Maestra .
3) Vallegrande (Bolivien), 10. Oktober 1967. Nahaufnahme des toten Guerilleros: Es ist Che Guevara.
4) Che Guevara beim Ausruhen und Trinken von Mate, einem in vielen südamerikanischen Ländern verbreiteten teeähnlichen Getränk.
5) Ein grafisch zur Ikone verwandeltes Bild Che Guevaras. Noch heute gibt es bisweilen Che-Poster als Beilage in Jugendzeitschriften.
6) Kuba. Che bei einer Rundfunkansprache.
7) 1966. Che Guevara wird bei seiner Ankunft im Kongo von den höchsten Würdenträgern empfangen.
8) Demonstration von Jugendlichen in irgendeiner Stadt der westlichen Welt. Das Bild Che Guevaras ist eines der wichtigsten Leitbilder linker Parteien.

ARISTOTELES ONASSIS
heiratet die Witwe Präsident Kennedys

Aristoteles Onassis wird 1906 als Sohn einer griechischen Händlerfamilie in Smyrna (heute Izmir) geboren. Smyrna ist eine geschäftige Hafenstadt in Anatolien, mit einem griechischen, einem jüdischen und einem armenischen Viertel sowie einem türkischen unweit des alten Schlosses. 1918 zählt es 300.000 Einwohner, davon 110.000 Griechen mit ausgeprägtem Nationalbewußtsein. In der Stadt sind die Verkehrssprachen Griechisch und Italienisch, und im Londoner Vertrag, mit dem Italien bewegt werden soll, 1915 in den Ersten Weltkrieg einzutreten, wird Italien für den Fall des Sieges diese Region versprochen. Bei der Pariser Friedenskonferenz 1919 wird jedoch Griechenland ermächtigt, das Gebiet zu besetzen. Während der türkischen Erhebung unter Atatürk werden die Griechen aber versprengt, und die Region wird wieder von Türken eingenommen. Das griechische Viertel Smyrnas wird angezündet und geplündert. Die Überlebenden wandern aus. Onassis ist einer von ihnen.

In den USA baut er aus dem Nichts ein Imperium auf. Es gibt viele dunkle Kapitel in seiner Biographie. In den Fünfzigern wird er als Reeder durch Öltransport reich. Er heiratet Tina Livanos, die einer großen Reederfamilie entstammt, gründet eine Luftfahrt-gesellschaft und besitzt Unmengen an Immobilien. Er ist der griechische Reederei-Magnat. Zwischen New York, London, Paris und Monte Carlo führt er ein Leben großen Stils. Bei seiner letzten Hochzeit vermählt er sich mit Jacqueline, der Witwe Präsident Kennedys. Der Ehevertrag soll die Anwälte steinreich gemacht haben.

2

3

2 1963 1964 1965 1966 1967 **1968** 1969 1970 1961 … 1962 1

1

4

"Griechenland besitzt eine der wichtigsten Handelsflotten der Welt, die sich hauptsächlich aufgrund der skrupellosen Initiative von Reedern wie Niarchos und Onassis entwickeln konnte."

Silvio Paolucci

Die Phanarioten. Seit dem 16. Jahrhundert entsteht im Osmanischen Reich eine neue Schicht, die der Phanarioten. Ihr Name geht auf den Stadtteil Phanar (Leuchtturm) im Konstantinopel jener Tage zurück, und die meisten von ihnen haben griechische Vorfahren. Es sind rührige Händler, die Schiffahrt betreiben und Verbindungen zu den großen Häfen Venedig und Alexandria unterhalten. Phanarioten sprechen viele Sprachen und kommen den türkischen Machthabern zupaß, als die gezwungen sind, sich gegenüber der Welt zu öffnen. So werden Phanarioten Dolmetscher bei der Hohen Pforte und Landesfürsten in den Donauprovinzen. Aus ihren Reihen kommen die klangvollen Namen, die die Seele des griechischen Freiheitskampfes ausmachen.

Die Macht des Aufsehens. Die amerikanische Zeitschrift *Forbes* veröffentlicht regelmäßig eine Liste der reichsten Personen der Welt. Unter den Reichsten der Welt gibt es bekannte und unbekannte. Von den Bekannten machen die Medien meist viel Aufhebens, beschreiben ihre Hobbys, ihre Lieben und Geschichten, die den Kinokomödien der fünfziger Jahre entstammen könnten. Über die Angelegenheiten anderer, solcher, die wirklich zählen, berichtet man nur sporadisch und dann meist, wenn alles vorüber ist.

Die Macht des Schweigens. Männer und Frauen mit sehr viel Macht haben Sinn für das Schweigen. Auch sie reisen im Jet umher, doch nutzen sie die VIP-Lounges auf den Flughäfen. Sie sind an mondänen Orten, noch bevor sie in jedermanns

DER JET-SET

1) 1948. Aristoteles Onassis mit seiner ersten Frau, Tina Livanos.
2) New York 1954. Onassis in seinem Büro in der Madison Avenue.
3) 1954. Einer der Öltanker aus der Flotte des mächtigen Griechen.
4) 1956. Der schon etwas betagte Winston Churchill mit Onassis, seinem stets aufmerksamen Gastgeber.
5) Orly 1997. Ein Airbus der Olympic Airlines, der griechischen Luftfahrtgesellschaft, die von Anfang an im alleinigen Besitz der Familie Onassis ist.
6) 1968. Die Yacht *Christina*, der schimmernde Palast von Aristoteles Onassis, vor Anker vor seiner Insel Skorpios.
7) Monte Carlo 1956. Onassis bei einem Maskenball. Die Sensationsreporter hielten alle seine Auftritte in den Tempeln des Jetsets auf Bildern fest.
8) Onassis-Denkmal auf Skorpios: Kommentar überflüssig.
9) Athen, Juli 1969. Onassis mit Jacqueline bei einem Empfang in einem Restaurant in Glyfáda zur Feier des 40. Geburtstags seiner Ehefrau.

7

5

5 1966 1967 **1968** 1969 1970 1961 1962 1963 **1968** 1969 1964 1965 1

8

6

9

Munde sind. Sie reisen kaum noch, sie lassen reisen. Sie schreiben nur wenig, sie lassen schreiben. Sie benutzen diskret diskrete Kommunikationsmittel. Wenn wir ihnen begegnen würden, würden wir sie nicht bemerken. Sie kennen die tausend Stufen der Machtleiter genau. Zu keinem Zeitpunkt befinden sie sich auf einer niedrigeren Stufe als nötig. Aus diesen und anderen Gründen gelingt nur selten ein wirklicher Einblick in die Welt der wirklich Mächtigen.

Wie es unter großen Reedern gerade Mode ist, kauft sich Onassis eine Insel: Skorpios. Über Frauen ist Onassis verwandtschaftlich mit den anderen Helden der griechischen Hochfinanz verbunden (den Familien Niarchos und Livanos). Wie ein moderner Odysseus der Freizeit schippert er im Mittelmeer mit seiner Yacht herum, auf die er die Mächtigen der Welt einlädt, vor allem die vergangener Zeiten. Er geht eine Verbindung zu Maria Callas, der Diva des Belcanto, ein, doch als er merkt, daß sie, wenn sie nicht mehr singt, nicht sein Niveau hat, läßt er sie fallen. Dagegen heiratet er Jacqueline, das Idol des Kennedy-Kults, und läßt sich von Sensationsreportern mit ihr fotografieren. Über die griechischen Magnaten sind schändliche Gerüchte im Umlauf: Es soll ermordete Ehefrauen, auf tragische Weise aufmüpfige Kinder und Inzest geben. Onassis verliert seinen Erben Alexander unter tragischen Umständen, doch sein eigenes Image wird das eines griechisch-amerikanischen Autokraten. Als er im Alter von 75 Jahren stirbt, hinterläßt er alles seiner Tochter Tina. Die Witwe protestiert, aber am Ende herrscht Ruhe. Tina heiratet irgendeinen Russen, bekommt eine Tochter und stirbt jung. Die Regenbogenpresse, die ihr Geld mit dem Klatsch über den Jet-set macht, unterscheidet nicht zwischen denen, die wirklich dazugehören, und jenen, die eher aus Versehen hineingeraten sind. Oft kennt diese "Presse" nicht einmal die Namen der wirklich Mächtigen, und fast immer hat sie keine Ahnung von den wirklichen Zusammenhängen. Onassis aber ist zeitlebens einer, über den sie schreiben kann.

NEIL ARMSTRONG

betritt als erster Mensch den Mond

Neil A. Armstrong wird 1930 in Ohio geboren, wird Ingenieur (wie Juri Gagarin), heiratet und hat zwei Kinder. 1962 tritt er als Zivilist in die NASA ein, und 1966 ist er Besatzungsmitglied von *Gemini 8*, dem ersten bemannten Raumschiff, das in einer Erdumlaufbahn an ein anderes Raumfahrzeug andockt. Zwei Jahre später besteigt er die Raumkapsel *Apollo 11*, die die ersten Menschen auf den Mond bringen soll. Zweiter von drei Astronauten an Bord ist der Luftwaffenoberst Edwin Aldrin aus New Jersey, Jahrgang 1930, der am Massachusetts Institute of Technology Himmelsmechanik studiert hat. Pilot von *Apollo 11*, ebenfalls 1930 geboren, ist Michael Collins. Er hat an der Militärakademie von West Point studiert und ist bereits mit der Raumkapsel *Gemini 10* geflogen. Der Start der auf eine *Saturn-5*-Trägerrakete montierten *Apollo 11* erfolgt von Kap Kennedy aus, das später hartnäckig Cape Canaveral genannt wird. In der Nacht des 20. Juli (amerikanischer Zeit, früher Morgen des 21. Juli in Europa) steigt Neil Armstrong die Leiter hinunter und hinterläßt den ersten Abdruck seines Stiefels im Mondstaub. Die halbe Menschheit sieht es auf den Fernsehschirmen. Armstrong sagt jene Worte, die er sich für diesen Moment lange zurechtgelegt hat: "Ein kleiner Schritt für einen Menschen, ein großer Schritt für die Menschheit!"

1

3

3 1964 1965 1966 1967 1968 **1969** 1970 1961 1962 1963 1964 … 66 1967 1968 **1969** 1970 1961 1962 1963 1964 1965

2

Erste Schritte. Die russische Technologie versetzt die Welt in Staunen, als sie am 4. Oktober 1957 den ersten künstlichen Erdsatelliten, *Sputnik 1*, in eine Erdumlaufbahn bringt. Er wiegt 83,6 kg und braucht 95 Minuten, um die Erde einmal zu umkreisen. Am 3. November 1957 schießt die Sowjetunion *Sputnik 2* nach oben, der mehr als 500 kg wiegt und die Hündin Laika an Bord hat, die sechs Tage überlebt, eben solange Sauerstoff im Satelliten ist. Damit ist bewiesen, daß ein Säugetier im Zustand der Schwerelosigkeit überleben kann.

Aufbruch zum Mond. Am 13. September 1959 zerschellt eine sowjetische Rakete auf der Mondoberfläche und mit ihr eine Funkeinheit, die während des Fluges für die Wissenschaftler auf der Erde wichtige Daten aufzeichnet. Die sowjetische Regierung verkündet, daß der Mond keine Kolonie irgendeines Staates werden dürfe. Im darauffolgenden Oktober fotografiert die sowjetische Raumsonde *Lunik 3* die uns abgewandte Seite des Mondes und überträgt die Bilder zur Erde.

Der erste Mensch im Weltall. Am 12. April 1961 umkreist der sowjetische Major Juri Gagarin (1934-68) mit der Raumkapsel *Wostok 1* die Erde auf einer elliptischen Bahn im Abstand von 175 bis 327 km. Als die Welt davon erfährt, wird es als wissenschaftlich-technische Sensation aufgenommen.

Schatten des Krieges. Wernher von Braun schätzt, daß die sowjetische Raumfahrttechnik der amerikanischen um etwa fünf Jahre voraus ist. Die Leistungsfähigkeit der russischen Langstreckenraketen ist enorm. Man sieht in den künstlichen Erdsatelliten vor allem Spionageinstrumente. Der gewaltige Fortschritt, der in der sowjetischen Raumfahrttechnik zum Ausdruck kommt, löst in der NATO alles andere als Begeisterung aus.

4

DIE MONDLANDUNG

Wir können nicht sagen, wann der Mensch zum ersten Mal bemerkt hat, daß der Mond als Sichel am Himmel steht und Nacht um Nacht wächst, voll wird, abnimmt und verschwindet – doch nur, um tags darauf wiederzukehren. Noch wissen wir, wann der Mensch angefangen hat, die Zeit in "Monden" zu messen. Hingegen wissen wir, daß in manchen Kulturen die dem Mond zugeordnete Gottheit, männlich ist (wie auch der Mond selbst in der deutschen Sprache), während sie in den griechischen Mythen weiblich, wenn auch noch jungfräulich und von dunklem Zauber umgeben ist. Im Vollmond haben die Menschen verschiedener Epochen und Kulturen unterschiedliche Dinge gesehen. Aber schon in früher Zeit wurde unser Trabant als eine "Erde" betrachtet. Von Luciano di Samosata (2. Jahrhundert) und Ludovico Ariosto (1474-1533) bis zu Cyrano de Bergerac (1619-1655) siedelten Schriftsteller dort Reisegeschichten oder phantastische Reiche an. Eine wenigstens optische Annäherung gelang Galileo Galilei (1564-1642) im Jahre 1609. Mit dem Fernrohr, das er nach holländischen Vorbildern konstruierte, sah er die Mondoberfläche stark vergrößert und beschrieb detailliert Meere und Erhebungen. Der große italienische Dichter Giacomo Leopardi (1798-1837) bezeichnete den Mond als umherirrende, einsame, unzugängliche Erde. Als Armstrong 1969 auf ihm landet, ist der Mond zu einem zugänglichen Himmelskörper geworden.

5

7

968 **1969** 1970 1961 1962 1963 1964 1965 1966 1967 1968 **1969** 1970 ... 1965 1966

6

8

"Auf dem Mond ist für den Menschen eigentlich nichts zu holen."

Wernher von Braun

1) Armstrong, Collins und Aldrin auf einem offiziellen Foto der NASA. Die Leitung der NASA hat damals Wernher von Braun.
2) 20. Juli 1969. Der erste Fußabdruck eines Menschen auf dem Mond.
3) Mond, 20. Juli 1969. Armstrong salutiert vor der US-Flagge, die er zuvor in den Boden gesteckt hat.
4) 12. April 1961. Der erste Kosmonaut in seiner Raumkapsel *Wostok 1*, ehe er damit in eine Erdumlaufbahn geschossen wird.
5) 16. Juli 1969. Der Start der *Saturn-5*-Trägerrakete, mit der *Apollo 11* in den Weltraum befördert wird.
6) Flugzeugträger Hornet, Pazifischer Ozean, 24. Juli 1969. Präsident Nixon verfolgt mit offensichtlicher Begeisterung die Bergung der Raumkapsel *Apollo 11*.
7) Juli 1969. Die Erde aus der Sicht von *Apollo 11* aus einer Entfernung von 160.000 km.
8) Houston, Juli 1969. Aldrin und Armstrong in der Kantine des Raumfahrtzentrums.

ANDY WARHOL

dreht den Untergrund-Kultfilm *Trash*

Andrew Warhola (1928-87) wird in Pittsburgh geboren und studiert am Carnegie Institute of Technology Kunst. Er arbeitet als Werbegrafiker und versucht sich schon Anfang der fünfziger Jahre als Maler. Ab 1952 malt er für den Schriftsteller Truman Capote (1924-84), den Kenner und Kritiker der Schickeria, und ab 1964 stellt sich Warhols außerordentlicher internationaler Erfolg ein: Einzelausstellungen in New York bei Leo Castelli, dem Kunsthändler, der die Massenkunst "erfindet" (Der oft verwendete englische Begriff "pop art" stammt von dem englischen Kritiker Lawrence Alloway), und bei Sonnabend in Paris. 1966-67 stellt er in den Museen für moderne Kunst in Philadelphia, Amsterdam, Stockholm, Chikago, Paris

2

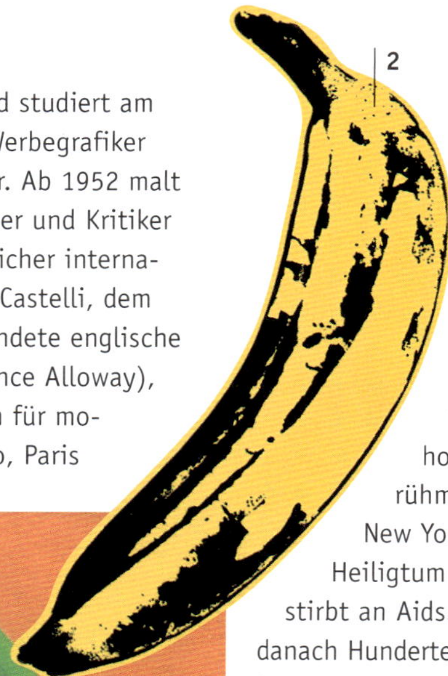

und London aus. Warhol ist wohl der berühmteste Vertreter der Pop-art. Er bereist die Welt und betrachtet sie schweigend durch den Sucher seines Kameraobjektivs. Auch für den Film arbeitet er viel. Er ist reich, einflußreich und homosexuell. Seine weltberühmte "Fabrik" (The Factory) in New York ist das unumschränkte Heiligtum der Underground-Kultur. Er stirbt an Aids. In seinem Haus finden sich danach Hunderte von Geschenken, die er sich bei seinen Reisen um die Welt gekauft hat. Die Päckchen sind nicht einmal ausgepackt.

3

Andy Warhol

962 1963 19 **1970** 1961 1962 1963 1964 1965 1966 1967 1968 1969 **1970** 1961 1962 1963

1

"Vielleicht werden die zukünftigen Generationen Andy richtig schätzen können, den heiligen Prostituierten der Kunstgeschichte, der die Aufmerksamkeit eines Publikums passiv akzeptierte, das den Künstler kauft statt seiner Werke."

Barbara Rose

4

Seine Freunde. Nach Warhols Tod tauchen aus allen Ecken Leute auf, die sich seine Freunde nennen. Die "Factory" war wie ein offener Hafen für viele junge Leute. Einige schließen sich der Gemeinschaft an und werden Warhols Mitarbeiter. Unbeständig und überwiegend durch gemeinsamen Drogengenuß und komplexe Haßliebe miteinander verbunden, tragen Paul Morrissey, Birgit Polk, Joe Dallesandro, Billy Linich, Gerard Malanga und Jed Johnson auf unterschiedliche Weise zu Warhols Arbeit bei. Doch Dreh- und Angelpunkt ist seine Mutter.

Die anderen Großen. Andere wichtige Vertreter der amerikanischen Pop-art führen ein weniger "trendyhaftes" Leben. Roy Lichtenstein (geb. 1923) kommt vom abstrakten Expressionismus her und wird durch seine überdimensionalen Vergrößerungen von Comic strips und Meisterwerken der Vergangenheit

UNDERGROUND

1) *Selbstportrait*, 1967. Siebdruck auf Acryl auf Leinwand.
2) Die berühmte Banane, die Andy Warhol für das Cover der Schallplatte *The Velvet Underground & Nico* 1967 entwarf, welche er auch selbst produzierte.
3) Ein Blechschild mit Elvis I und II, 1964, Aluminium und Siebdruck auf Acryl auf Leinwand.
4) Joe Dallesandro und Jane Forth in einem Szenenfoto aus *Trash*, dem 1970 von Paul Morrissey und Warhol gedrehten Film.
5) *200 Campbell's Soup Cans* und davor *Campbell's Soup Can With Can Opener*. Die Maße sind gleich: Beide Werke von 1962, Siebdruck auf Acryl auf Leinwand, sind 183 cm hoch.
6) *Marilyn-Diptychon*, 1962. Zwei Acryl-Tafeln, Siebdruck auf Leinwand.
7) Oben *Muhammad Ali* (Cassius Clay), 1977, und *Grace Jones*, 1986. Unten *Roy Lichtenstein*, 1976, und *Mao* 1973. Alle Siebdruck auf Acryl auf Leinwand.
8) *Vote McGovern*, 1972. Ausschnitt, Papierdruck. Das abgebildete Gesicht ist das Richard Nixons, der bei der Präsidentschaftswahl 1972 gegen den demokratischen Gegenkandidaten George McGovern wiedergewählt wurde.

6

Die Pop-art ("popular art") ist eine künstlerische Bewegung der sechziger Jahre, die die Fundamente des internationalen Kunstverständnisses erschüttert. Es hat im 20. Jahrhundert bereits vorher berühmte Künstler aus den USA gegeben, so Man Ray (1890-1976) und Jackson Pollock (1912-56); aber die Pop-art (die ursprünglich eher englisch ist) entwickelt sich in den USA und kostet gleich eine Stange Geld. Darüber hinaus ist sie eine gegenständliche Kunstrichtung, bei der das Alltägliche und Banale im Mittelpunkt steht, die sich oft mit Techniken der Werbegrafik ausdrückt. Alle können sie ansehen und glauben, sie zu verstehen. Von den Vertretern der Pop-art hat Warhol wahrscheinlich den dauerhaftesten Erfolg und den größten Einfluß auf Technik und Stil der Massenmedien. Seine Kunst ist radikal und dandyhaft. Die Techniken, die er für seinen künstlerischen Ausdruck verwendet, sind unpersönlich, kalt und industriemäßig wie seine Fotomontagen, Siebdrucke in vielfacher Reihung und Bilderserien. Seine Motive sind die Massenidole von Film, Fernsehen und Werbung: die Stars der Leinwand, wie Marilyn Monroe, Marlon Brando und Liz Taylor, die Musikstars, wie Elvis Presley und Grace Jones, die Stars der Politik, wie etwa Nixon und Mao, die Stars der Fertiggerichte, wie Campbells Dosensuppe, "die Mona Lisa des 20. Jahrhunderts", die Katastrophen des Alltags, wie Rassenkrawalle, Autounfälle, elektrische Stühle, oder die Klischees des Banalen, wie Blumen. Jedes Objekt wird aufgenommen, reduziert, farblich verändert und vervielfältigt wie bei einer eiskalten, automtisch erstellten Reportage, die dekorativ, schreiend grell und auf tragische Weise geckenhaft ist. Themen der Filme sind Drogen, Nacktheit, sexuelle Vielfalt, Ablehnung der Städte oder auch bloßes Abweichen von der Norm im Stil der Underground-Kultur.

8

5

7

berühmt. Robert Rauschenberg (geb. 1925), hat seine Wurzeln im Neo-Dadaismus und bekommt bei der Biennale von Venedig 1964 den großen Preis für Malerei verliehen. Der Bildhauer Claes Oldenburg (geb. 1929) ist berühmt für seine Skulpturen und riesigen Darstellungen von Speisen. Tom Wesselmann (geb. 1931) setzt sich durch seine Serie der *Great American Nudes* als klischeeartig vereinfachte Aktdarstellung durch.

Der Erfolg. Warhols Erfolg hat großen Einfluß auf die westliche Welt. Es kommt sogar zu einem Bruch zwischen amerikanischen und europäischen Künstlern. Zwar verstehen sich alle neuen Tendenzen als linksgerichtet, nur möchte die Kunst- und Kulturszene der USA jetzt auch einmal die Nase vorne haben.

Zur selben Zeit. 1970 sterben zwei Nobelpreisträger für Literatur: der große britische Mathematiker, Moralist und Pazifist Bertrand Russell (geb. 1872) und der französische Schriftsteller François Mauriac (geb. 1885). In Osaka wird die Weltausstellung eröffnet, bei der die Wirtschaftsmacht und der Reichtum Japans offen zutage treten.

1971
1980

MARLON BRANDO

STATUEN VON RIACE

KONRAD LORENZ

WILLY BRANDT

JUAN CARLOS I.

DIE TERRAKOTTA-ARMEE

BOKASSA

GOLDA MEIR

RUHOLLAH KHOMEINI

RONALD REAGAN

Der Farbfernseher erobert die westliche Welt. Es ist in, ein Ferienhaus zu besitzen. Kleidung, Autos, Möbel, Spielzeug, Haushaltsgeräte ... alles muß vorhanden sein und nach Möglichkeit eine renommierte Marke tragen. Der Konsum scheint kein Ende nehmen zu wollen. Da veröffentlicht 1972 der "Club of Rome", ein Zusammenschluß internationaler Wissenschaftler, seinen Bericht *Die Grenzen des Wachstums*. Es ist eine Bestandsaufnahme unserer Welt, wie sie ist. Und es steht schlecht um sie: Die Erde kränkelt, für die nahe Zukunft werden Umweltkatastrophen vorausgesagt. Die Auftraggeber der Studie und das Forschungsinstitut, das sie durchgeführt hat – das in tadellosem Ruf stehende Massachusetts Institute of Technology –, sind beide den Wirtschaftsmächten, auf die der Industrie- und Konsumboom zurückgeht, eng verbunden: Um

so erschütternder ist das Ergebnis des Berichts. Im Dezember 1973 verkündet die Organisation erdölexportierender Länder (OPEC) eine drastische Preiserhöhung für Rohöl: Fossile Brennstoffe sind nicht unerschöpflich. Auch die Selbstreinigungskraft der Natur ist es nicht: 1976 entweicht eine lebensbedrohliche Dioxinwolke aus dem Werk eines Chemiekonzerns in Seveso in der Lombardei. 1978 erleidet der Öltanker *Amoco Cadiz* Schiffbruch vor der Küste der Bretagne. 1979 geschieht der GAU im Atommeiler auf Three Mile Island in Pennsylvania. Der erreichte Wohlstand und der einhergehende Konsumrausch bedrohen nun unübersehbar die Gesundheit der Erde und – langfristig gesehen – das Leben auf unserem Planeten. Die veränderten Lebensbedingungen beginnen, erst in Europa, dann auf der ganzen Welt, die politische Landschaft tiefgreifend umzuformen.

Eine Ölpest ungeahnten Ausmaßes verwüstet 1978 die Küste der Bretagne, nachdem der Tanker *Amoco Cadiz* unweit der Küste auf Grund gelaufen ist. 220.000 Tonnen Rohöl fließen ins Meer und vernichten den Lebensraum für Pflanzen und Tiere auf viele Jahre hinaus. Unzählige Tiere sterben in einem zähen, schmierigen Ölfilm

1971

1980

DAS JAHRZEHNT DER SCHEICHE. DEMOGRAPHISCHE UND POLITISCHE ZWERGE ENTPUPPEN SICH ALS WIRTSCHAFTLICH MÄCHTIGE RIESEN, DIE ÜBERALL IMMENS VIEL KAPITAL INVESTIEREN. REIN STATISTISCH IST 1975 DAS EINKOMMEN EINES BÜRGERS DER VEREINIGTEN ARABISCHEN EMIRATE DOPPELT SO HOCH WIE DAS EINES BÜRGERS DER VEREINIGTEN STAATEN VON AMERIKA.

Die Wahl 1971 vertieft in Pakistan die Spaltung zwischen dem westlichen Teil des Landes mit der Hauptstadt Lahore und dem kleineren, östlich von Indien liegenden Teil Bengalen. Der Zwist zwischen Premierminister Zulfikar Ali Bhutto (1928-1979) und seinem Gegner im Osten, Mujibar Rahman, wird durch die militärische Intervention des Präsidenten Yahya Khan verschärft. Eine gewaltige Völkerwanderung von Bengalen nach Indien beginnt. Daraufhin greift Indien Pakistan an. Schließlich wird der bengalische Teil als neuer Staat Bangladesch unabhängig. Bhutto wird 1977 abgesetzt, sein Nachfolger, General Zia ul-Haq, läßt ihn erhängen. Die Entspannung zwischen NATO und Warschauer Pakt sowie zwischen USA und China macht Fortschritte, doch in Washington demonstrieren Hunderttausende gegen den Krieg in Vietnam. In den USA darf demonstriert werden. Anderswo nicht. Die Washington Post enthüllt die Watergate-Affäre: Einbruchsaktion von Mitarbeitern Präsident Nixons während des Wahlkampfes 1972 in das Hauptquartier des demokratischen Kandidaten E. McGovern. Erst als es nicht mehr zu vermeiden ist, legt Nixon am 8. August 1974 sein Amt nieder, um wenigstens für seine Partei die Macht zu retten. Der Stil politischer Auseinandersetzung nimmt immer verheerendere Formen an.

1

3

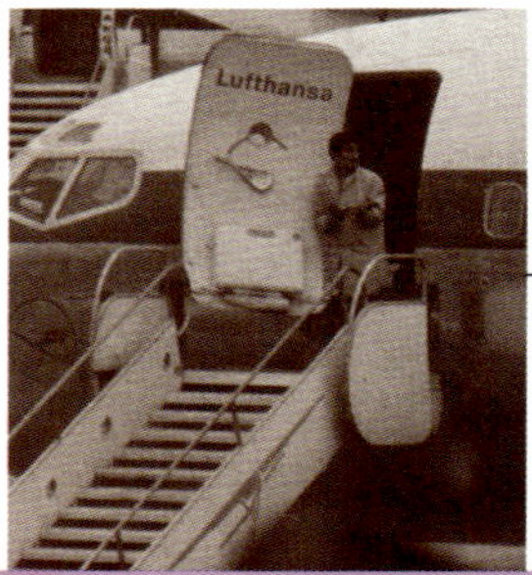

1| Demonstration gegen den Vietnamkrieg. 2| Prinz Bernhard. 3| Palästinensische Terroristen. 4| Andreas Baader.

2

Der internationale Waffenhandel drückt namhafte Persönlichkeiten ins Rampenlicht, als heraus kommt, daß Lockheed nicht nur mit guten Worten für den Absatz seiner Maschinen geworben hat. In Holland wird gar Prinzgemahl Bernhard der Bestechlichkeit bezichtigt.

Im Nahen Osten rumort der unerklärte Krieg. Palästinenser werden von hier nach da gescheucht und von eigenen Glaubensgenossen auf brutale Weise umgebracht. Sie finden kein Land, wo sie sich niederlassen können, viele werden zu Terroristen. Der Libanon brennt. 1979 schafft es der US-Präsident Carter, zumindest zwischen Ägypten und Israel Frieden zu stiften.

Nach einem Militärputsch in Chile wird der sozialistische Diktator Salvador Allende 1973 ermordet. Eine grausame Militärdiktatur entsteht 1976 in Argentinien. Dagegen führt der unblutige Militärputsch (die "Nelken-Revolution") Portugal 1974 zur Demokratie, Mosambik und Angola zur Unabhängigkeit. 1974 Putsch auch in Äthiopien: Haile Selassie, der 225. König der Könige, wird abgesetzt und eine grausame Diktatur errichtet.

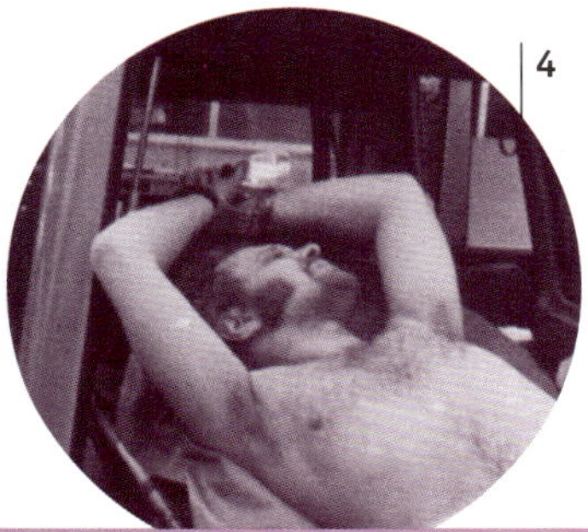

4

5

Flugzeuge werden von islamischen Terroristen entführt und der Terror wächst auch in Europa. In Nordirland entbrennt der Glaubenskonflikt immer heftiger. Der Verleger Feltrinelli stirbt beim Versuch, eine Bombe auf einem Hochspannungsmast anzubringen, und lenkt nach dem Massaker in einer Mailänder Bank von 1969 die Aufmerksamkeit erneut auf den Terrorismus in Italien. 1972 töten palästinensische Terroristen während der Olympischen Spiele in München israelische Athleten.

In den Jahren 1971-77 endet der Terror der linken Baader-Meinhof-Gruppe im Gefängnis von Stammheim, die unter anderem den Mord an dem Arbeitgeberpräsidenten Hanns-Martin Schleyer begangen hat; mehrere ihrer Mitglieder nehmen sich in der Haft das Leben.

6

Die "Roten Brigaden" entführen und ermorden 1978 in Rom Aldo Moro, den Vorsitzenden der Christdemokraten Italiens. Zwei Jahre später verüben Terroristen der äußersten Rechten einen grauenvollen Anschlag am Hauptbahnhof von Bologna, der mehrere Menschen das Leben kostet.

Greueltaten auch im privaten Leben. 1971 dringen Charles Manson und drei Anhängerinnen seiner Teufelssekte in die Villa des Regisseurs Roman Polanski ein und töten dessen Frau Sharon Tate. 1973 entführt in Italien die Camorra den reichen Erben Paul Getty III., amputiert ihm ein Ohr, und fordert Lösegeld. 1975 wird der Regisseur Pier Paolo Pasolini am Stadtrand von Rom auf brutalste Weise ermordet. Die Hintergründe bleiben auf Dauer ungeklärt.

Im Dschungel von Guyana begehen 1978 neunhundert religiösem Wahn verfallene Anhänger einer kalifornischen Sekte gemeinschaftlich Selbstmord.

7

8

Tod des Dichters und Denkers Ezra Pound (1885-1972) und des Philosophen Martin Heidegger (1889-1976). Beide waren eine Zeitlang dem Nationalsozialismus zugeneigt gewesen.

Mitte 1976 stirbt René Goscinny (1927-1976), Vater der gallischen Helden Asterix und Obelix, die von Uderzo zeichnerisch verewigt wurden und die in einer fröhlichen Comic-Serie bezeugen, wie die alten, wenn auch dummen und furchtsamen Römer es trotz allem schafften, die Welt von Portugal bis Mesopotamien zu erobern.

Der Nobelpreis für Wirtschaft geht 1976 an Milton Friedman, Berater des Diktators Pinochet und überzeugter Befürworter des freien Marktes, der großen Einfluß auf rechte Politiker in England und den USA ausübte.

9

5| Das Staatsbegräbnis Aldo Moros. 6| Paul Getty III. 7| Eine Sekte löscht sich in Guyana selbst aus. 8| Ezra Pound. 9| Obelix. 10| Das Centre Pompidou.

10

1977 wird in Paris das Centre Pompidou eröffnet, ein Bau neuen Stils mit Museums- und Kultureinrichtungen.

Umberto Eco veröffentlicht 1980 sein Buch *Der Name der Rose*, das zu einem der größten Erfolge in der Literatur der letzten Jahrzehnte wird.

MARLON BRANDO
feiert eine triumphale Wiederkehr

Buddy Brando wird 1924 in Omaha, Nebraska, geboren, als Sohn einer Laienschauspielerin, die später dem Alkohol verfällt, und eines kleinen Chemieunternehmers, dessen Namen er annimmt. Widerstrebend besucht er die High School und wird in eine Militärakademie gesteckt, von der er 1943 kurz vor dem Abschluß verwiesen wird. In New York schreibt er sich an der Schauspielschule Erwin Piscators ein, der von seinem Schüler sagt: "Er weiß immer instinktiv, was er tun muß." 1946 wird seine Interpretation eines Stücks von Jean Cocteau von Publikum und Kritikern regelrecht verrissen, aber 1947 erlebt er unter der Regie Elia Kazans einen der größten Theatererfolge aller Zeiten: Er spielt Stanley Kowalski in *Endstation Sehnsucht*, eine Rolle, die er 1951 für die Leinwand an der Seite Vivien Leighs (1913-1967) erneut spielen wird. 1950 verläßt Brando die Bühne und spielt in Laslo Benedeks Film *Der Wilde*, in dem er erstmals den unbeugsamen Einzelgänger gibt, als der er zum Mythos wird. *Julius Cäsar* (1953, mit Brando als Mark Anton) und Kazans *Die Faust im Nacken* (1954, Brando als Hafenarbeiter) zählen zu den Meisterwerken der Filmgeschichte. Danach indes scheint die Zeit des großen Erfolges bereits vorüber zu sein. Tatsächlich aber muß das Publikum nur eineinhalb Jahrzehnte warten, ehe sich Brando mit mehreren Kassenschlagern endgültig unter die lebenden Legenden Hollywoods spielt.

3

2

75 1976 1977 1

3 1974 1975 1976 1977 1978 1979 1980 **1971** 1972 197

1

4

"Kein Schauspieler der Filmgeschichte wußte seinen Körper mit einem derart feinen Sinn für Ausdruckskraft zu nutzen wie er"

René Jordan

Ab den fünfziger Jahren gibt es neben Erfolgreichem wie *Sayonara* (1957) und *Die Meuterei auf der Bounty* (1962), wo er wie Clark Gable vor ihm den Fletcher Christian spielt, etliche Pleiten: *Schwere Jungs und leichte Mädchen* (1955), in dem auch Frank Sinatra und die große Jean Simmons sehr schlecht abschneiden; *Das kleine Teehaus* (1956); *Die jungen Löwen* (1958) mit Maxmilian Schell und Montgomery Clift; *Der Mann in der Schlangenhaut* (1960) mit Anna Magnani; *Noch hänge ich nicht* (1960), ein Pfusch, in dem er auch Regie führte.

Ein bescheidener Erfolg. Für einen Regisseur ist es nicht leicht, ein Meisterwerk mit einem Hauptdarsteller wie Brando zu schaffen. In den sechziger Jahren gelingt es dem Hollywood-Star, in einer Reihe anspruchsvoller Rollen zu glänzen, wobei er die Endgültigkeit seiner eigenen Jugendrollen bloßlegt, und die von ihm dargestellten Figuren auf ähnliche Art und Weise verzerrt wie Francis Bacon in seiner Malerei. In *Der häßliche Amerikaner* (1963) spielt Brando einen glücklosen US-Botschafter, in *Zwei erfolgreiche Verführer* (1964) verfremdet er mit David Niven einige seiner eigenen Darbietungen der Vergangenheit, und in John Hustons *Spiegelbild im goldenen Auge* (1967) mit Liz Taylor spielt er einen homosexuellen Offizier von quälendem, hoffnungslosem Wahn.

Im Alter. Obwohl Brando privat nicht vom Glück verfolgt ist, gelingt es ihm – mit seiner Zivilcourage im Kampf gegen Rassendiskriminierung und Krieg – weiter auf sich aufmerksam zu machen. Mit den Kassenschlagern *Der Pate* von Francis Ford Coppola und *Der letzte Tango in Paris* mit Maria Schneider – immer wieder auch als Skandalfilm bezeichnet –

KINDLICHER MACHO

Eine nicht sonderlich große, sportliche, untersetzte Figur mit einem schönen Gesicht, entstellt durch einen Nasenbeinbruch, den er sich bei einer Rauferei mit Bühnenarbeitern zuzieht. Der junge Brando ist neurotisch und äußerst schüchtern. Er hat aber starken Sex-Appeal, und er versteht es, seine Regungen körperlich auszudrücken, wie es sonst nur Säuglinge können. Seine Verschlossenheit ist so extrem, daß sie vielen Regisseuren erhebliche Probleme bereitet. Als Hauptdarsteller weigert sich Brando unentwegt, seine schauspielerische Kunst der seiner Mitspieler anzupassen, was aber Voraussetzung ist, um einem Drehbuch die künstlerische Einheit zu verleihen, die die Größe eines Films ausmacht. Nur in der Rolle des Mark Anton spricht er so, wie es nur große Schauspieler können, statt wie sonst einfach "gemurmelte Gedanken" von sich zu geben. Durch Brandos Kunst wird die physische Darbietung, voller unpassender Posen und ausweichender Gesten zur Personifizierung des nicht anpassungsfähigen rebellischen jungen Mannes, der Aufsehen erregt, dabei aber weiß, daß er sich immer wieder auf einen Punkt der Unangreifbarkeit zurückziehen kann. Dieser machoartige und kindliche Brando wird in der ganzen Welt zum Erfolg: Die Kritiker sind überwiegend auf seiner Seite, er wird zum Kassenfüller, ihn muß man nachahmen. Sein Abbild James Dean (1931-1955) ist sogar noch schweigsamer als er. Al Pacino und Robert De Niro machen es Brando nach, ebenso fast alle Schauspieler, die aus dem Actors' Studio kommen – ausgenommen die raffinierteren wie Karl Malden und Dustin Hoffman. Brando, dessen Vorbild Montgomery Clift (1920-1966) war, wird schließlich von Millionen junger Männer nachgeahmt, die sich Brandos Auftreten und Gestik aus dem Film Der Wilde *zu eigen machen.*

5

1976 1977 1978 1979 1980 **1971** 1972 1

8

1972 1973 1

9

6

7

schafft Brando Anfang der Siebziger ein großes Comeback. Mit den Jahren werden seine jetzt fettleibige Figur, sein kahler Kopf und das vom Unglück im Alter gezeichnete Gesicht zu Zeichen eines selbstzerstörerischen Manierismus. In Coppolas *Apocalypse Now* (1979) spielt er erneut den verbitterten Einzelgänger, dessen Ähnlichkeit mit dem privaten Marlon Brando nicht zu übersehen ist.

1) 1954, Hollywood. Marlon Brando und Grace Kelly erhalten den Oscar als beste Hauptdarsteller.
2) 1954. Brando in *Die Faust im Nacken* von Elia Kazan. Für seine Rolle als Terry Malloy bekommt er einen Oscar und wird auch bei den Filmfestspielen in Cannes als bester Schauspieler ausgezeichnet.
3) 1950, New York. Brando ist vor seiner Filmkarriere bereits ein erfolgreicher Theaterschauspieler.
4) 1941, New York. Orson Welles, James Light und (rechts) Erwin Piscator.
5) 1953. Brando als Mark Anton in der berühmten Rede vor der Leiche des ermordeten Kaisers, im Film *Julius Cäsar* von Joseph L. Mankiewicz (1909-1993).
6) 1952. Brando in *Viva Zapata!* einem der ergreifenderen Filme Elia Kazans.
7) 1972. Brando in *Der Pate* von Francis Ford Coppola. Aus Protest gegen die Verletzung der Rechte der Indianer durch die USA lehnt Brando den Oscar für seine schauspielerische Leistung ab.
8) 1954. Brando in der Titelrolle von *Der Wilde* unter der Regie Laslo Benedeks (1907-1992), eines sehr gebildeten ungarischen Regisseurs.
9) 1951. Brando und Vivien Leigh, mit herausragender darstellererischer Leistung in Elia Kazans *Endstation Sehnsucht* nach dem Drama von Tennessee Williams.

STATUEN VON RIACE

Eine archäologische Sensation taucht auf

Wir schreiben den 16. August 1972. Ungefähr 200 Meter vor der Küste von Riace in Kalabrien – unweit der einstigen äolischen Kolonie Caulonia - entdeckt der Taucher Stefano Mariottini zwei überdimensionale männliche Aktfiguren aus Bronze. Sofort ist klar, daß es sich hierbei um griechische Kunstwerke aus dem 5. Jahrhundert v. Chr. handelt, wobei die Wissenschaftler weder wissen, ob es sich um Abbilder echter Helden oder um symbolische Figuren handelt, noch welchem Künstler sie zuzuordnen sind. Also wird die 205 cm große Figur mit dem wallenden Haar "A", und die andere, 197 cm große Figur "B" genannt. Erst 1998 stellt Paolo Moreno eine überzeugende These vor: Es sind, so sagt er, Tideo, von Agelada dem Jüngeren, und Anfiarao, von Alkamenes dem Älteren, um das Jahr 450 v. Chr. für die Gruppe der Sieben in Theben und für die Agora von Argos gegossen. Während die Aktfiguren selbst fast vollständig erhalten sind, fehlen Helme, Schilder und Lanzen, die vermutlich aus Silber waren. Nach einer ersten Restaurierung werden die prachtvollen Funde gleich im Archäologischen Museum in Florenz und – ausnahmsweise – im Quirinalspalast, dem Amtssitz des italienischen Präsidenten in Rom, ausgestellt.

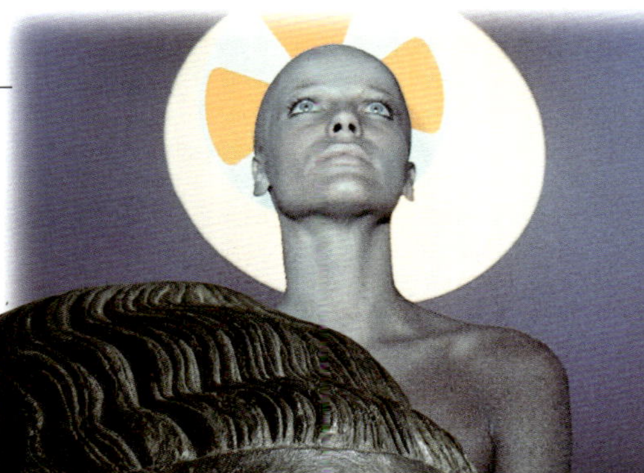

1

2

3

4

5

"Diese prachtvolle Statue stellt Ageladas Botschaft an seine Schüler dar: So holt sich Miron das Geheimnis, Phidias den Sinn und Polyklet die Kraft des Lebens 'aus dem Atemhauch, der der Bronze entspringt'."

Paolo Moreno

Nacktheit. Blasse Erinnerungen an griechische Männlichkeit, die auch Jünglinge zum Mittelpunkt der Sexualität machte, werden geweckt, und in Gottheiten wie Zeus und Apollo findet sich die mythische Quelle der geheimnisvollen Sinnlichkeit, die Statuen wie die Bronzefiguren von Riace ausstrahlen. In einer Zeit, in der einer athletischen Figur eine übersteigerte Bedeutung beigemessen wird, erlangt männliche Schönheit über die Unterschiede der Geschlechter hinweg Gewicht. Frauen streben sie an, entsagen ihrer ureigenen weiblichen Schönheit, widmen sich der athletischen Körperkultur. Der androgyne Typ ist gefragt: Ob Mann oder Frau, weiß niemand genau – eine undefinierbar sinnliche Figur also, wie die griechischer Jünglinge.

Performance. Den Körper zur Schau stellen, selbst unter Folter: Sadomasochismus erlangt Bedeutung und wird zu einem immer wieder auftauchenden Ele-

DER KÖRPERKULT

Menschen, die die Bronzefiguren von Riace in Florenz oder in Rom bewundert haben oder sie im Archäologischen Museum in Reggio Calabria sehen, sind von ihrer Schönheit begeistert. Sie sind sich der kulturellen und wirtschaftlichen Bedeutung dieser Funde bewußt. Auch sind sie von den Bildern davon, die im Fernsehen gezeigt werden, fasziniert und verfolgen mit Interesse die seit Jahren in der Presse geführte wissenschaftliche Debatte, die die Bronzefiguren ausgelöst haben. Diese Menschen leben allerdings auch in einer Zeit, in der vor allem Jugendliche viele Stunden mit Sport, zum Beispiel mit Gymnastik, Tanz, Aerobic, Kampfsport oder Bodybuilding, verbringen, mit anderen Worten: ihrem Körper viel Zeit widmen. Die Kleidung gewinnt überragende Bedeutung, muß aber selbstverständlich von namhaften Modemachern stammen: Es ist fast undenkbar, Kleidung ohne Marke zu tragen. Kopf, Gliedmaßen und Oberkörper müssen "geschmückt" sein, egal ob mit Juwelen, Modeschmuck, Piercing, Tätowierungen, Frisur, Narben oder aufdringlichen Farben. Aber das "Nackte" im erotischen und narzißtischen Sinne (anziehend also und gleichzeitig selbstbefriedigend) interessiert besonders, auch wenn es mit masochistischen oder entstellenden Praktiken verbunden ist. Trends solcher Art sind häufig angelsächsischer Herkunft. Was auch für die Idole

1972 1973 1974 1975 1976 1977 1978 1979 1980 1971 **1972** 1973 ... 1980 1971 **1972** 1973 1974 1975 1976 1977 1978

gilt: der hagere Typ einer Jane Fonda (geb. 1937; Barbarella 1968); der dunkelhäutige Typ der unweiblichen Grace Jones, die in der Rolle als Bond-Girl berühmt wurde; oder der dunkelhäutig-magersüchtige Typ des Fotomodells Donayle Luna, den Regisseure wie Carmelo Bene und Federico Fellini begehrten. Vorwiegend sind es aber männliche Idole mit vom Bodybuilding geprägten Figuren in der Art Arnold Schwarzeneggers (geb. 1947) und Sylvester Stallones (geb. 1946), die das Vorbild für ein Heer namen- und persönlichkeitsloser Nachahmer abgeben.

6

7

8

9

1) 1972. Donayle Luna in *Salomé* unter der Regie Carmelo Benes (geb. 1937). Der magersüchtige Körper des Models eignet sich für die Rolle.
2) Der Kopf der Bronzefigur "A" von Riace. Laut Paolo Moreno: Tideus, geschaffen von Agelada.
3) Rückenansicht der Bronzefigur "A" von Riace.
4) Frontansicht der Bronzefigur "B" von Riace. Laut Paolo Moreno: Anfiarao, geschaffen von Alkamenes.
5) Halbprofil der Bronzefigur "B" von Riace.
6) 1985. Sylvester Stallone in *Rambo II* von G. P. Cosmatos. Mit den Hauptfiguren in *Rocky* und *Rambo* setzt Stallone den muskelspielenden Schauspielertyp durch. *Rocky I* wird sogar noch mit drei Oscars ausgezeichnet.
7) Frontansicht der Bronzefigur "A" von Riace.
8) 1998. Schaudarbietung eines Bodybuilding-Paares.
9) 1982. Arnold Schwarzenegger in der Hauptrolle des Films *Conan, der Barbar* von John Milius. 1975 beendet er seine überaus erfolgreiche Bodybuilding-Karriere und wird Schauspieler. Mit noch größerem Erfolg auf der ganzen Welt.

ment in den Arbeiten zahlreicher Künstler der Avantgarde. Künstler der Postmoderne lassen sich wieder von klassischen männlichen und weiblichen Aktfiguren inspirieren. Was das Thema "halbnackt" anbelangt, so spielt hier die Mode insbesondere für Abendkleidung eine Rolle. Nach Jahrzehnten immer gleicher Travestieshows ist nun auch der Männerstriptease gefragt: Auch der Mann ist nun Objekt sexueller Begierde geworden!

Dominanz. Aus dem zweiten Viertel des 5. Jahrhunderts v. Chr. stammt die herrliche, in Mozia entdeckte Marmorfigur eines riesigen Jünglings mit einem hauchdünnen Umhang. In den siebziger Jahren wurde diese Statue weltweit bekannt, sie erlangte aber nie den Ruhm der Bronzefiguren von Riace. Dies mag damit zusammenhängen, daß die bärtigen Figuren von Riace quasi Sinnbilder einer übersteigerten Dominanz sind, die in einer Zeit, in der Menschen kaum Gelegenheit hatten, vollkommene geistige Reife zu erlangen, Ehrfurcht und Bewunderung gleichermaßen einflößten.

KONRAD LORENZ

wird mit dem Nobelpreis für Physiologie und Medizin ausgezeichnet

In Wien 1903 geboren, zeigt Konrad Zacharias Lorenz bereits in jüngsten Jahren Anzeichen jener besonderen Faulheit, die es ihm, wie er später sagt, ermöglicht, stundenlang "dazuhocken", so daß die Tiere, die er beobachten will, ihn nicht mehr wahrnehmen und sich natürlich verhalten. Seine Aufmerksamkeit gilt lange den Dohlen, jenen Schwarmvögeln, über die er seine ersten Studien veröffentlicht. Erfolgreich studiert er Biologie an der Columbia University in New York. In Wien promoviert er 1928 in Medizin und 1933 in Philosophie. Im Jahr 1937 wird er Dozent für vergleichende Anatomie und veröffentlicht eine Studie, in der er den verschiedenen Theorien über das instinktive Verhalten der Tiere seine eigene These über vererbte Verhaltensweisen gegenüberstellt. Ab 1940 lehrt Lorenz vergleichende Psychologie, und von 1943 an verwendet er den Begriff der Ethologie – die bis dahin ausschließlich als Wissenschaft vom Verhalten der Tiere verstanden wird – auch für den Menschen im Sinne einer domestizierten Spezies. 1951 bekommt er einen Ruf ans Münchner Max-Planck-Institut, wo er ab 1961 das Institut für Verhaltensphysiologie leitet. 1973 erhält er gemeinsam mit dem Holländer Nikolaas Tinbergen und dem Österreicher Karl von Frisch den Nobelpreis für Medizin und Physiologie. Im gleichen Jahr übernimmt er auch die Leitung der Abteilung für Tiersoziologie am Institut für vergleichende Verhaltensforschung in Wien. Konrad Lorenz stirbt 1989.

2

3

1

4

5

Tiere. Die Verhaltensforschung oder Ethologie führt zu einem neuen Verständnis des Tierreichs, denn sie läßt praktisch ohne kulturelle Vorurteile das Konzept von Einzelwesen und Gruppe – vergleichbar mit Individuum und Gesellschaft – auf die Tierwelt übertragen. So stellt die Verhaltensforschung fest, daß manche Gattungen, etwa die Primaten, nicht nur Dinge erfinden können, sondern darüber hinaus auch in der Lage sind, ihre Fähigkeiten an ihre Artge-nossen weiterzugeben. Weiter zeigt die Verhaltensforschung, daß viele Tiere eine komplexe Gefühlswelt besitzen, die über reine Sexualität und auf Verwandtschaft beruhende Handlungen hinausgeht. Unser Wissen über die Selbstlosigkeit von Tieren untereinander ist ebenso Ergebnis der Verhaltensforschung wie alles, was uns heute über Ähnlichkeiten und Unterschiede im Verhalten von Mensch und Tier bekannt ist.

Ökoethologie. Sehr wichtig ist heute die Erforschung des gemeinschaftlichen Verhaltens der Tiere in ihrer Umwelt, mit dem sich die Ökoethologie beschäftigt. Durch die Ergebnisse dieser wissenschaftlichen Disziplin können beispielsweise systematische Vergleiche zwischen tierischem und menschlichem Verhalten auch im Hinblick auf bestimmte Umwelteinwirkungen gezogen werden.

Holland. Nikolaas Tinbergen und die "holländische Schule" haben mit gezielten Experimenten vor Ort verschiedene Verhaltensmuster erforscht und konnten beobachten, welche Bedeutung die Kommunikation der Tiere in deren natürlichem Lebensumfeld für das Überleben der jeweiligen Art hat.

Zwischen Krieg und Ritus. Die Ethologie stellt fest, daß manche Tierarten zwar mit äußerst gefährlichen Waffen wie Krallen oder Stoßzähnen ausgestattet sind, diese aber aufgrund eines angeborenen Hemmnisses nur rituell be-

ETHOLOGIE

1) 1967. Eine ausdrucksstarke Großaufnahme von Konrad Lorenz.
2) Ein Dohlenschwarm. Die Ethologie hat sich früh mit dem Gemeinschaftsleben dieser Vögel beschäftigt.
3) Konrad Lorenz vor seinem Aquarium. Die Beobachtung des Stichlings, eines kleinen Fisches, schenkte der Verhaltensforschung erste wichtige Erkenntnisse.
4) 10. Dezember 1973, Stockholm. Karl Gustav XVI. überreicht Konrad Lorenz den Nobelpreis für Physiologie und Medizin.
5) Lorenz geht unbekümmert mit seinen Gänsen spazieren.
6) Ethologisch gerecht: Ein nackter Mann und ein nackter Hund in San Gregory , Kalifornien.
7) Eine Lachmöwe.
8) 1969. Lorenz beobachtet, wie seine Gänse ihm nachschwimmen.
9) Ein Gorilla mit seinem Jungen. Dank der Verhaltensforschung neigen heute viele gebildete Menschen dazu, Tiere – vor allem Säugetiere – als verwandte Wesen einer anderen Gattung zu betrachten.

7

Die Ethologie, die in den dreißiger Jahren ins Leben gerufen wurde, befaßt sich mit dem Verhalten von Tieren, die allein und in der Gruppe leben, von der Geburt bis zur Fortpflanzung. Sie analysiert das instinktive und das erlernte Verhalten der Tiere, als Einzelwesen und als Teil einer Gemeinschaft, sei es im Kampf ums Überleben, sei es bei der Paarung bis hin zur Aufzucht der Jungen, sei es bei der Verteidigung des Reviers. Ferner beobachtet sie das Verhalten von elterlichen und jungen Tieren in den verschiedenen Entwicklungsstadien sowie das Verhalten von Mitgliedern einer Familie der gleichen Art. Die verschiedenen Formen von Machtkampf oder Revierverhalten werden, sowohl im Labor als auch in der freien Natur, untereinander und mit denen ähnlicher Arten verglichen. Konrad Lorenz erforschte das Verhalten zahlreicher Tierarten. Seine Gans Martina machte er zum Star. Lorenz verdanken wir wichtige Erkenntnisse im Bereich der Verhaltensforschung und der vergleichenden Physiologie, vor allem die Unterscheidung zwischen angeborenem und erlerntem Verhalten sowie die Wechselwirkung von Angeborenem und Erlerntem in der Prägungsphase. In dieser sich unmittelbar an die Geburt anschließenden Zeitspanne, in der das junge Tier besonders empfänglich auf Reize der Außenwelt reagiert, wird sein künftiges Verhalten geprägt. Verhalten nämlich ist das Ergebnis von Erbgut in Verbindung mit Kulturgut, jenem Kulturgut, das einem Tier, vermittelt von Artgenossen oder durch eigene Erfahrungen, zuteil wird. Deutlich wird dies beispielsweise in Konrad Lorenz' Studie über die Aggressivität der Tiere im Vergleich mit der der Menschen.

8

6

9

*"Die beste Morgengymnastik für einen Forscher ist es,
jeden Tag voe dem Frühstück
eine Lieblingshypothese über Bord zu werfen."*

Konrad Lorenz

nutzen. So verteidigt ein Damhirsch seinen Harem zwar, indem er sein Geweih gegen das seines Nebenbuhlers stößt, er bedroht aber nicht dessen Flanke, was lebensbedrohlich wäre. Ein im Zweikampf besiegter Wolf ergibt sich, legt sich nieder und bietet dem Stärkeren als Zeichen der Unterwerfung seinen ungeschützten Hals, womit dieser zufriedengestellt ist und sich zurückzieht.

1974

WILLY BRANDT

tritt als Kanzler zurück

1

Herbert Frahm wird 1913 als Mitglied einer sozialdemokratischen Arbeiterfamilie in Lübeck geboren. Schon in jungen Jahren interessiert er sich für Politik. 1931 verläßt er die SPD und tritt in die noch weiter linksgerichtete SAP ein. Bei Hitlers Machtergreifung ändert er seinen Namen und heißt von nun an Willy Brandt. Im Auftrag der SAP fährt er nach Oslo. Abgesehen von einigen Missionen in Berlin lebt er zwölf Jahre lang mit norwegischem Paß in Schweden, Norwegen und Spanien, wo er auf der Seite linker Parteien kämpft und als Journalist arbeitet. Als Pressereferent der norwegischen Militärmission in Berlin nimmt er nach Kriegsende die deutsche Staatsangehörigkeit wieder an und wird erneut Mitglied der SPD. Er ist überzeugt, daß die Sozialdemokratische Partei vor Übergriffen der Kommunisten geschützt werden muß, daß die USA gute Arbeit für die Freiheit Deutschlands leisten und daß der Nordatlantikpakt dem Land zugute kommt. Auf dem Parteitag in Bad Godesberg distanziert sich die SPD vom Marxismus-Leninismus, und Willy Brandts Aufstieg beginnt: 1957-66 Bürgermeister von Westberlin, 1964-87 Bundesvorsitzender der SPD, Freund John F. Kennedys während der schwierigsten Phase der deutsch-amerikanischen Beziehungen, 1966-69 Vizekanzler und Außenminister der großen Koalition, ab 1969 Bundeskanzler in der sozialliberalen Koalition. 1974 legt er die Kanzlerschaft nieder, weil er persönlich die Verantwortung für die Existenz des DDR-Spions Günther Guillaume übernimmt.

3

71 1972 1973 **1974** 1975 1976 1977 1978 1979 1980 1971 1972 1973 **1974** 1975 19

2

4

5

In der Welt. Es sind Vermutungen laut geworden, daß ein Machtkampf innerhalb der SPD hinter der Guillaume-Affäre gesteckt hat. Nach seinem Rücktritt erhält Brandt den Friedensnobelpreis, bleibt Vorsitzender der SPD und wird an die Spitze der Sozialistischen Internationale gewählt. So führt er die von ihm selbst eingeleitete Ostpolitik und die Bestrebungen zur Demokra-tisierung kommunistischer Parteien fort. Willy Brandt stirbt am 8. Oktober 1992 als einer der angesehensten Männer der Welt.

Die Linken. Während Brandts Amtszeit als Kanzler ist ein Wiederaufleben der extremen Linken in ganz Europa festzustellen. Terroristische Vereinigungen machen sich immer niederträchtiger bemerkbar, wobei Geheimdienste diverser Staaten eine undurchsichtige Rolle spielen. Im Juni 1972 verhaftet die Polizei in der Bundesrepublik Deutschland einige Mitglieder der Terroristengruppe, die Andreas Baader und Ulrike Meinhof ins Leben gerufen haben, darunter auch Holger Meins, Jan Carl Raspe und Gudrun Ensslin. Zahlreiche Verbrechen werden im Namen des Terrorismus begangen, woraufhin repressive Gesetze am Rande der Verfassungswidrigkeit eingeführt werden. 1976-77 nehmen sich mehrere Terroristen in deutschen Gefängnissen das Leben, worin aus der Ferne zahlreiche Linke Mord sehen wollen.

Langfristig. Die Auswirkungen der Ostpolitik Brandts sind in historischen Dimensionen zu sehen. Erst spät wurden in Deutschland die Folgen des Zweiten Weltkrieges zur Kenntnis genommen. Mit der Bereinigung der Ost-West-Beziehungen nimmt die Ostpolitik all denjenigen den Wind aus den Segeln, die auf den kalten Krieg zwischen UdSSR und USA gebaut hatten: Geheimdiensten, Diktatoren, Spekulanten. Die Lage in Europa und auf der ganzen Welt ändert sich: Die angebliche "rote Gefahr" kann nicht länger als Alibi für verfehlte, rückwärtsgerichtete Politik herhalten.

OSTPOLITIK

Als die Kommunisten im Osten Deutschlands 1961 die Mauer errichten, um die Flucht in die Freiheit zu verhindern, ist Willy Brandt Bürgermeister von Berlin. Brandts Reaktion ist wie immer nüchtern und klar: Er ist der Auffassung, daß Deutschland aus zwei Staaten besteht. Brandt, ehemaliger Außenminister des CDU-Bundeskanzlers Kurt Kiesinger, erhält von FDP-Außenminister Walter Scheel beachtliche Unterstützung. Und er ist als erster sozialdemokratischer Bundeskanzler der Nachkriegszeit zugleich der erste Staatsmann aus der Bundesrepublik, der einem Regierungschef aus der DDR als seinesgleichen gegenübertritt (im März und im Mai 1970). Im Verlaufe eines dreitägigen Besuchs in Moskau unterzeichnet er am 12. August 1970 den Moskauer Vertrag, ein Gewaltverzichtsabkommen mit der Sowjetunion. Am 7. Dezember besiegeln die Bundesrepublik Deutschland und Polen den Warschauer Vertrag zur Normalisierung ihrer diplomatischen Beziehungen: Die bestehende deutsch-polnische Grenze wird anerkannt, und der Kanzler spricht öffentlich ein Reuebekenntnis gegenüber den "Kindern Israels" aus. Im Dezember 1972 verkündet Walter Scheel in Peking, daß die diplomatischen Beziehungen mit Maos China wieder aufgenommen werden. Im November unterzeichnet man in Bonn den Grundlagenvertrag, der die Beziehungen zwischen Bundesrepublik und DDR neu regelt. Die Ergebnisse der Politik Willy Brandts, seine Worte und sein Handeln beeindrucken die ganze Welt zutiefst: Sie werden als Beleg dafür aufgefaßt, daß die Mehrheit der Deutschen die Folgen des Zweiten Weltkrieges hinnimmt, und man beginnt zu hoffen, daß der eiserne Vorhang sich allmählich heben könnte. Durch seinen Stolz, seine Würde und seinen Mut erringt Willy Brandts Deutschland neues Ansehen in der Welt.

7

8

974 1975 1976 1977 1978 1979 1980 1971

75 1976 1977 1978 1979 1980 1971 1972 1973 197

6

9

"Es sind die schlechtesten Deutschen nicht,
die unruhig werden,
wenn sie des Nachts an Deutschland denken."

Willi Brandt

1) Willy Brandt im Zenit seiner formalen Macht.
2) 1. Mai 1959, Westberlin. Der Regierende Bürgermeister der geteilten Stadt nimmt an Feiern zum Tag der Arbeit teil.
3) 8. Juni 1973, Jerusalem. Willy Brandt, eingerahmt von Premierministerin Golda Meir und dem israelischen Präsidenten Ephraim Katzir.
4) 1958, New York. Der Bürgermeister von Westberlin spricht vor der UNO. Aufgrund seiner ausgeprägten, aber aufrichtig bekannten Überzeugung ist Willy Brandt bereits zur geschätzten und weltweit angesehenen Persönlichkeit geworden.
5) Willy Brandt besucht Leonid Breschnew, um auf die Entspannung der deutsch-sowjetischen Beziehungen hinzuwirken.
6) Dezember 1976, Madrid. I. Kongreß der PSOE (Sozialistische Arbeiterpartei Spaniens). Links Pietro Nenni, rechts Willy Brandt und Felipe González.
7) 7. Dezember 1970, ehemaliges Ghetto in Warschau. Bundeskanzler Brandt kniet im Gedenken an die 500.000 Opfer der nationalsozialistischen Rassenpolitik, die dort um 1943 ums Leben kamen. Eine Geste, die später an anderer Stelle ebenso niveaulos wie unglaubwürdig kopiert wird.
8) 1967, Bukarest. Willy Brandt bei einem Staatsbesuch in Rumänien. Rechts der kommunistische Diktator Nicolae Ceausescu (geb. 1918, im Dezember 1989 mit seiner Frau Elena hingerichtet).
9) 1958, Berlin. Brandt in einer der vielen Ruinen der Stadt, deren Wiederaufbau noch Jahrzehnte in Anspruch nehmen wird.

JUAN CARLOS I.
ist König von Spanien

Juan Carlos de Bourbon erblickt 1938 als Sohn des in der Verbannung lebenden spanischen Königs das Licht der Welt. Der Konflikt zwischen seinem Vater, dem rechtmäßigen Thronerben, und dem Diktator Franco ist ungelöst. Don Juan Graf von Barcelona ist ein demokratisch denkender, konservativer Mann, der harte Worte gegen das Franco-Regime richtet, was ihm der "Caudillo" Franco nie vergessen wird. Doch Franco, der selbst nur einen gierigen Schwiegersohn hat, wünscht sich auch einen würdigen Erben. Also erwählt er den jungen Juan Carlos als seinen Nachfolger und läßt ihn nach Spanien kommen. Dieser unterwirft sich strenger Ausbildung an Militärakademien, daneben unterrichten ihn Hauslehrer in Sprachen, Tanz, Sport, Erdkunde, Geschichte, spanischem und internationalem Recht und vielem anderem. In seiner Privatresidenz in der Zarzuela darf er eine kleine Garnison unterhalten. 1955 ernennt ihn Franco formell zu seinem Nachfolger, 1960 wird er als Anwärter auf den spanischen Thron anerkannt. 1961 verlobt sich Juan Carlos mit Sophia Prinzessin von Griechenland, die darob ihren orthodoxen Glauben ablegt. 1962 heiraten die beiden in Athen, aus ihrer Ehe gehen vier Kinder hervor. Dann, 1971, ruft Franco Juan Carlos zu einer Art Mitregentschaft an seine Seite. Als Franco 1974 schwer erkrankt, übergibt er seinem Nachfolger provisorisch die Staatsgeschäfte, und am 30. Oktober 1975 wird Juan Carlos zum Staatsoberhaupt erklärt. Am 22. November, zwei Tage nach Francos Tod, besteigt er den Thron Spaniens.

3

4

9 1980 1971 1972 1973 1974 **1975** 1976 1977 1978 1979

1

2

5

Ein Drama. Als Isabella II. 1833 den Thron besteigt, beginnt für die spanische Krone eine krisenhafte Zeit. Der Onkel Don Carlos, der Sohn und sogar der Enkel fechten Isabellas Thronfolge mit allen Mitteln an. 1868 verzichtet sie zugunsten ihres Sohnes Alfons XII. auf den Thron. Der König aber befindet sich im Exil und kehrt erst 1875, nach Madrid zurück. Er stirbt 1885 und hinterläßt Alfons XIII. als Thronerben unter der Regentschaft der Mutter Maria Christina von Habsburg-Österreich. Dieser heiratet Viktoria Eugenia von Battenberg, Tochter der englischen Prinzessin Beatrice. Unter der Herrschaft Alfons' XIII. verliert Spanien die Antillen und die Philippinen im Krieg gegen die USA.

Alfons XIII. Gutaussehend, galant und abenteuerlustig, wird dieser König von allen Seiten unter Druck gesetzt: auf der einen Seite von Sozialisten, Anarchisten und Republikanern, die nicht seine Leute sind, auf der anderen von Militaristen und Reaktionären. Von 1923 bis 1930 unterstützt er die Diktatur Primo de Riveras. Als die Demokratie wieder eingeführt wird, verbannen ihn die Republikaner. Er stirbt 1941 in Rom. Seine beiden erstgeborenen Söhne sind Bluter, der vierte stirbt nach einem Autounfall, und der dritte – nach dem Ableben des Königs also der rechtmäßige Thronerbe – ist Juan Graf von Barcelona. Auch seine Familie wird von einer Tragödie ereilt, als der junge Juan Carlos seinen Bruder beim Spiel mit einem Revolver tötet.

Die Bourbonen. In Juan Carlos' Adern fließt das Blut der Bourbonen, eines der bedeutendsten Königshäuser Europas. Seine Mutter ist Maria de las Mercedes von Bourbon-Sizilien; seine Urgroßmutter Maria Christina ist Urenkelin einer spanischen Infantin; auch seine Ururgroßeltern, Isabella II. und Francisco de Asis, stammen von den Bourbonen ab.

KÖNIG DES VOLKES

Juan Carlos I. will König des Volkes sein und die Monarchie in Spanien stabilisieren, und so fordert er ein friedliches Zusammenleben zwischen den Nachkommen der Märtyrer des Franco-Regimes und den Hinterbliebenen der Opfer der kommunistischen Gewaltherrschaft. Der König lehnt eine eigene Partei ab. 1976 übergibt er Adolfo Suárez González, dem ehemaligen Sekretär von Francos Einheitspartei, die Regierungsgeschäfte und ermöglicht den noch lebenden Anführern der Republikaner und der Kommunisten somit die Rückkehr nach Spanien. Er führt das Land zur Annahme der neuen Verfassung und zur demokratischen Wahl von 1977, bei der Suárez die einfache Mehrheit erreicht. Am 23. Februar 1981 aber besetzt Oberstleutnant Antonio Tejero die Cortes, das spanische Parlament, und mehrere hochrangige Offiziere verlangen vom König die Übergabe der Staatsgeschäfte an das Militär. Juan Carlos lehnt ab. Der Staatsstreich fällt aus. Der König bleibt unbeirrbar, und bald verlieren Falange und Linksextremismus an Einfluß; er tritt auch eher zurückhaltend gegenüber dem baskischen Terrorismus auf, unterstützt aber sogar bis zu einem gewissen Grad die Selbständigkeit der historischen Provinzen und sichert die ordnungsgemäße Durchführung freier Wahlen. Spanien wird unter seiner besonnenen Regentschaft zu einem Staat, der in der Welt Geltung hat. Die Modernisierung der Wirtschaft, die bereits in den sechziger Jahren mit einer jährlichen Wachstumsrate von fast sieben Prozent florierte, setzt ihren Aufstieg ungeachtet mancher Höhen und Tiefen fort. Das spanische Königreich ist in ein wichtiges Mitglied der Europäischen Union. Die Infantinnen, die Königstöchter, können Liebesehen mit ehrenvollen Männern eingehen. Königin Sophia erringt beim Volk hohes Ansehen und große Zuneigung. Das Königshaus hat im nun demokratischen Spanien wieder einen festen Platz.

2 1973 1974 **1975** 1976 1977 1978 1979

9

1971 1972 19

6

8

7

"Nach 1975 konnten sich dank der Autorität und des Renommees von Juan Carlos gemäßigte progressive Kräfte durchsetzen."

Giampiero Bordino

1) 22. November 1975, Madrid. Vor der Cortes, dem spanischen Parlament, übernimmt der Infant der Bourbonen mit dem Königstitel Juan Carlos I. formell die Staatsgeschäfte.
2) Madrid. Gipfeltreffen der Europäischen Union: Empfang beim spanischen König und seiner Gemahlin.
3) Juan Carlos I. bei einer offiziellen Zeremonie. Um den Hals trägt er die Insignien des Großmeisters des Ordens vom Goldenen Vlies.
4) Juli 1959, Portofino. Don Juan Carlos steigt aus einer Yacht. Hinter ihm Don Alfonso. Juan Graf von Barcelona Juan Carlos sowie dessen Vettern, den Prinzen des karlistischen Zweigs und von Bourbon-Parma, macht Franco zunächst Hoffnung auf die Thronfolge.
5) 1973, Spanien. Der Caudillo Francisco Franco drückt dem von ihm zur Überraschung vieler ernannten Thronerben Juan Carlos I. von Bourbon die Hand.
6) Juni 1977, Madrid. Familienfoto der spanischen Königsfamilie. Beiderseits des Königs seine Eltern, die Grafen von Barcelona.
7) Barcelona. Der König und die Königin eröffnen das Museum zeitgenössischer Kunst.
8) Madrid. Juan Carlos und seine Gemahlin Sophia mit Papst Johannes Paul II. bei dessen Besuch in Spanien.
9) November 1975, Madrid. Juan Carlos verläßt das Parlament, kurz nachdem er zum König von Spanien erklärt wurde.

DIE TERRAKOTTA-ARMEE
holt die Vergangenheit in die Gegenwart

In gut einem Kilometer Entfernung vom Mausoleum des Kaisers Ch'in Shihuang-ti in Lintong (Shansi) wird 1974 eine große Grube gefunden, in der sich Terrakottastatuen von Kriegern aus der Zeit des Kaisers befinden. Später werden weitere Gräber entdeckt: Die Ausgrabungen dauern bis heute an. Mit der Zeit zeigt sich, daß in jeder Höhle ein Heer Krieger in Kampfordnung begraben wurde. Es handelt sich dabei um bewaffnete Männer mit bronzenen Schwertern, Äxten, Armbrüsten, Bögen, Köchern, Hellebarden, Speeren und Lanzen. Viele Figuren tragen aufwendige Rüstungen. Zu den Funden gehören auch mehrere hölzerne Kriegskarren nebst Pferden. Die Statuen der Männer sind 157-197 cm hoch, die der Pferde 150 cm hoch und 200 cm lang.

Dabei sind die enorm vielfältigen Figuren und Gesichter der Krieger derartig lebensnah gestaltet, daß Experten schon von einem achten Weltwunder gesprochen haben. Hunderttausende von Arbeitern und Hunderte, wenn nicht Tausende von Künstlern müssen wenigstens ein Jahrzehnt lang damit beschäftigt gewesen sein. Eine große Zahl von Öfen dürfte pausenlos gebrannt haben, und riesige Mengen an Ton und Holz waren erforderlich. Allein der Boden des mehr als 25.000 Quadratmeter großen Gesamtkomplexes ist mit rund 250.000 Ziegeln aus gebranntem Lehm bedeckt. Die 500 Pferde, 130 Karren und mehr als 10.000 Mann, darunter Knechte, Schützen, Reiter, Kutscher und – deutlich als solche erkennbar – kaiserliche Generäle, lassen an der Schwelle zum dritten Jahrtausend auf faszinierende Weise ein lange untergegangene Kultur wieder lebendig werden.

1

2

73 1974 1975 **1976** 1977 1978 1979 1980 1971 1972 … 7 1978 1979 1980 1971 1972 1973 1974

3

4

Shihuang-ti. Sein Name war zunächst Zheng, und er war König des Kriegerstaates Ch'in. In den Jahren 230-221 v. Chr. erobert er weitere Königreiche und ernennt sich selbst zum Kaiser von China. Erstmals in der Geschichte wird ein Großteil der Gebiete und Völker Chinas vereint. In seinem Reich führt Ch'in Shihuang-ti einheitliche Maße und Gewichte, eine allgemein gültige Währung und eine für alle Provinzen gleiche Schrift ein. Nach der Vereinigung des Landes versteht es der Kaiser, durch diese Maßnahmen seine Macht zu zentralisieren und damit zu sichern.

Sienyang. Auf einer sechs Kilometer langen und vier Kilometer breiten Fläche entdecken Archäologen Sienyang, den Hauptsitz der Ch'in, der ersten chinesischen Kaiser (221-206 v. Chr.). Es kommen unzählige Bauten aus gestampftem Lehm zum Vorschein. Der Hauptteil eines Monumentalbaus erhebt sich auf einem weitläufigen Sockel mit Treppen, Türen und symmetrisch angeordneten Räumen. Das Mauerwerk und die Treppen sind aus hohlem Backstein, verziert mit Kreisen, Rauten, Phönixen und Drachen. Die meisten Wände sind mit Fresken bemalt und die Dachrinnen mit den typischen wolkenartigen Zeichnungen der Ch'in-Zeit geschmückt.

Die Schönheit. Aus der Bildhauerkunst des Westens kennen wir das prachtvolle Einzelstück, das im Laufe der Zeit in allerlei unterschiedlichen Werkstoffen tausendfach nachgeahmt wird. Um so mehr gerät man beim Betrachten der Terrakotta-Armee in Entzücken: Die lebensnahe Gestaltung, die stimmigen Gesten und Gesichtsausdrücke, die handwerklich perfekte Ausführung und die erhabene Würde der Figuren lassen uns eine Hochkultur des Altertums erahnen.

5

ARCHÄOLOGIE UND GESCHICHTE

Die wissenschaftlichen Methoden der Archäologie in der zweiten Hälfte des 20. Jahrhunderts machen aus ihr, zusammen mit den nah verwandten Disziplinen Paläoanthropologie und Paläobotanik sowie weiteren Hilfswissenschaften, ein unersetzbares und allgemeingültiges Instrument in der Erforschung der Geschichte. Die Funde der Ausgrabungsstätte in Lintong sind von unschätzbarem Wert. Sie beweisen und ergänzen die Bedeutung eines außergewöhnlichen Monumentalbaus, der nur von Satelliten aus als Ganzes zu erkennen ist: der Chinesischen Mauer. Dieses Bauwerk wurde in Teilen von verschiedenen chinesischen Staaten der damaligen Zeit zu ihrer Verteidigung erbaut, nach der Vereinigung Chinas aber läßt Ch'in Shihuang-ti die nördlichen Teile verbinden und die Anlage zu einer über 5.000 Kilometer langen Mauer vollenden, die im Osten bis zur Halbinsel der Provinz Liaoning reicht. Nicht einmal die prächtigen Schanzwerke der römischen Kaiser sind mit diesem Werk zu vergleichen. Ch'in Shihuang-ti veranlaßt sogar die Aushebung des Ling-Kanals, der den Jangtsekiang teils über natürliche Wasserläufe mit dem Perlfluß verbindet. Diese Leistungen bezeugen eine außerordentlich straffe Staatsordnung, wenn sie sogar imstande war, im großen Stile Landschaft zu formen. Dank der in Lintong gefundenen Terrakottastatuen wissen wir nun auch, mit welchen Mitteln der König der Ch'in-Dynastie andere Kriegerstaaten zu unterwerfen vermochte, ehe er sich schließlich zum Herrscher über das gesamte Reich aufgeschwungen hatte: Karren, Pferde, Bögen, Lanzen, Männer, mächtige bewegliche Schutzvorrichtungen und Schlachtordnungen. Durch die Anordnung der einzelnen Statuen in den Gruben, durch diese Ordnung, die die Zeit überdauert hat, ist selbst die Schlachtordnung jener Zeit bis heute erkennbar.

6

8

6 1977 1978 1979 1980 1971 1972 1973 1974 1975 **1976** 1977 1978 1979 1980 1971 1972 19 1975 **1976**

7

9

"Die streng angeordneten Reihen der Statuen sind ein beeindruckendes Zeugnis der eisernen Disziplin, der sich das Heer, mit dem Ch'in Shihuang-ti das Reich vereinen konnte, unterwerfen mußte."

Text im Museum für Chinesische Geschichte, Peking

1) Die Museumshalle, über der Ausgrabungsstätte erbaut, in der die Terrakottastatuen gefunden wurden.
2) Innenaufnahme der Museumshalle. Die gewaltigen Ausmaße der grandiosen Armee und ihre militärisch strenge Anordnung in Reihen sind gut erkennbar.
3) Weitere Innenaufnahme aus anderer Perspektive. Die lebensnahe Ausführung der Figuren ist gerade für jene Zeit außergewöhnlich.
4) Vier Pferde, liegend, als wären sie überrannt worden.
5) Ein liegender Kutscher mit Zügeln in den Händen.
6) Ein überdachter Karren mit Kutscher und Pferden, der schon für sich allein ein prachtvolles Kunstwerk ist.
7) Pferde und Krieger. Aufgrund der perspektivischen Verzerrung erscheinen die Pferde fälschlicherweise größer als die Männer.
8) Detail einer Schlachtordnung. Auffallend sind die unterschiedlichen Gesichter, Waffen und Kleidungsstücke.
9) Weitere Detailaufnahme der Kampfeinheit. Im Vergleich zu lebenden Chinesen sind die Statuen auch in ihrer Größe imposant.

BOKASSA
ernennt sich selbst zum Kaiser der Zentralafrikanischen Republik

Jean-Bedell Bokassa wird 1921 in Bangui geboren, als sein Heimatland noch zu Französisch-Äquatorialafrika gehört. Er meldet sich freiwillig bei den französischen Kolonialtruppen: Für gemeine Bürger ist dies der einzige Weg, sich eine Zukunft zu sichern. 1960 wird das Land unabhängig und heißt nun Zentralafrikanische Republik. 1969 leben hier auf einer Fläche von 622.984 Quadratkilometern ungefähr 2.300.000 Einwohner, 70 Prozent davon Bauern und Analphabeten. Die Provinz Bakouma ist reich an Uran, ansonsten sind in Form von Gold und Diamanten vorwiegend minderer Qualität nur wenige Bodenschätze vorhanden. Es gibt keine Eisenbahn, sondern nur auf einer Länge von einigen hundert Kilometern asphaltierte Straßen; die restlichen Verkehrswege sind nicht immer befahrbar. Die Strecke Kongo-Ubangi ist schiffbar. Nach einem Putsch in der Silvesternacht 1966 ergreift Generalstabschef Bokassa die Macht. Er behängt sich mit Orden und befördert sich zum Marschall. Sein Vorbild ist Napoleon, und schließlich kürt sich Bokassa zum Präsidenten auf Lebenszeit. Mit unsteter Politik und grauenvollen ethnischen Säuberungen errichtet er eine Schreckensherrschaft. 1975 empfängt er den französischen Präsidenten Valéry Giscard d'Estaing (geb. 1926). Er schenkt dem französischen Präsidenten, der ihm Unterstützung zusagt, eine Schatulle voll mit – angeblich – erstklassigen Diamanten.

1

2

3

1 1972 1973 19 1974 1975 1976 **1977** 1978 1979 1980 1971

4

5

Mengistu. 1974 wird Haile Selassie, der König der Könige, abgesetzt, nachdem er sich seinen Traum erfüllt hatte, Eritrea zu erobern, um Äthiopien den Zugang zum Roten Meer zu sichern. Die Staatsgeschäfte übernimmt Oberst Mengistu Haile Mariam. Er ist gleichzeitig Staatspräsident, Regierungschef, Vorsitzender des Provisorischen Militärischen Verwaltungsrats und ab 1984 Generalsekretär der Äthiopischen Arbeiterpartei, die mit Hilfe der Sowjetunion den marxistisch-leninistischen "äthiopischen Kommunismus" einführen soll. Nach dem Krieg mit Somalia 1977-78 im Rahmen des Konflikts um die Provinz Ogaden, den Sezessionskriegen in Eritrea, Tigre und anderen Provinzen, Aufständen gegen die koptische Kirche, Dürre, Hungersnot und Bürgerkriegen wird Addis Abeba 1991 von einer neuen Befreiungsfront eingenommen, die den Diktator zur Flucht zwingt.

Idi Amin Dada. Mit knapp zehn Millionen Einwohnern auf 236.860 Quadratkilometern ist Uganda, das 1962 die Unabhängigkeit erlangte, eine Konföderation von mehreren größeren und kleineren Monarchien. Nach einem Militärputsch am 25. Januar 1971 errichtet Idi Amin Dada als "gewählter" Präsident eine Diktatur, in der die Bürgerrechte außer kraft und jede Aktivität politischer Parteien verboten ist. 1973 übergibt der Diktator die Entscheidungsbefugnis Militärgerichten. Es folgt eine Säuberung der Armee durch eine ihm freundlich gesonnene Einheit. Unzählige Polit- und Massenmorde werden verübt. Nach Zwischenfällen an der gemeinsamen Grenze verfeindet sich Idi Amin mit Tansania, das schließlich Truppen in Uganda einmarschieren läßt. Der Diktator flieht am 11. April 1979, nach Libyen, dann nach Saudi-Arabien.

Ohne Sieg. Ein Triumph des afrikanischen Bonapartismus bleibt aus. Anstelle militärischer Siege findet unter den verschiedenen Völkerstämmen lediglich ein überflüssiges Gemetzel statt. Moderne und gefährliche Waffen führen zu einer äußerst bedenklichen Steigerung der ethnischen Konflikte.

DER AFRIKANISCHE BONAPARTISMUS

Wir schreiben den 4. Dezember 1977: Der Traum eines Mannes wird wahr. Vor der Presse, dem diplomatischen Korps und den laufenden Kameras ernennt sich der auf Lebenszeit gewählte Präsident zum Kaiser Bokassa I. Neben ihm seine Gemahlin, die Kaiserin, und der kaiserliche Thronerbe. Die Zeremonie, die Kostüme, die Worte, die Gesten erinnern alle an die Krönung Napoleons I., sind aber noch prunkvoller. Bokassa wählt Bangui als Amtssitz und setzt seine unstete und grausame Herrschaft fort. Aber die Zeiten und die Interessen ändern sich. Mit französischer Hilfe wird Bokassa 1979 gestürzt, und er flieht ins Ausland. Präsident Dacko wird ins Amt zurückgerufen, nach neuerlichem Putsch aber bald nochmals abgesetzt. Unerwartet kehrt Kaiser Bokassa I. 1986 ins Land zurück, wird aber festgenommen, vor Gericht gestellt und zum Tode verurteilt – erst nachträglich wird die Strafe in lebenslängliche Haft umgewandelt. Bokassa ist zeitlebens eine grelle Erscheinung, wie es in Afrika leider viele gibt. Europas Imperialismus hat das einstige Gefüge Afrikas verzerrt. Einst bestanden die Staaten dort aus Volksstämmen, die ein Land beherrschten, in dem sie in vielen Fällen mit unterworfenen Sklavenstämmen zusammenlebten. Nomadentum und oft blutige Völkerwanderungen gehörten zum Alltag. Einfach mit dem Lineal auf der Karte und entlang der Flüsse zogen dann Europäer die Grenzen ihrer Kolonien, ohne zu berücksichtigen, welche Völker oder Stämme wo lebten. Als sich im 20. Jahrhundert die Kolonialreiche auflösen, hat einzig das Militär die moderne Technik, um die Macht an sich zu reißen. Das tut es in weiten Teilen Afrikas und versucht dann per Putsch und Gegenputsch, die Macht unter sich zu verteilen. Wieder und wieder.

"Für manches unterwentwickelte Land
ist das Geschenk der völligen Unabhängigkeit
so sinnvoll wie ein Rasiermesser
in der Hand eines Kindes."

Lord Beaverbrook

6

9

74 1975 1976 **1977** 1978 1979 1980 1971 1972 1973 1 … 72 1973 1974

7

8

1) Das Bild Bokassas überragt das Volk. Im Laufe seiner Diktatur sammelt er mehr als tausend Medaillen oder Ehrungen – die er sich überwiegend selbst verleiht.
2) Bangui. Bokassa sitzt in Paradeuniform auf dem Thron.
3) Valéry Giscard d'Estaing, französischer Präsident (1974-81), Vorsitzender einer gemäßigten Rechtspartei.
4) 4. Dezember 1977, Bangui. Mit Krone, Szepter und kaiserlichem Gewand stellt sich Bokassa den Fotografen.
5) Bangui. Die Krönungszeremonie: im Vordergrund die ausländischen Gäste, im Hintergrund die zentralafrikanische Elite.
6) Mengistu Haile Mariam stürzt das Reich der Löwen und herrscht lange Zeit als Diktator über Äthiopien.
7) 2. Oktober 1975, New York. Idi Amin Dada, der Präsident Ugandas, spricht vor der UNO. Von allen schwarzafrikanischen Militärdiktatoren war er der ungebildetste und zugleich der grausamste.
8) Ein einem General gewidmetes Plakat während des blutigen Sezessionskriegs (1967-1970) zwischen Nigeria und seiner nach Unabhängigkeit strebenden Ostregion Biafra.
9) 4. Dezember 1977, Bangui. Bokassa I. selbstherrlich auf dem Thron im Schatten des riesigen Kaiseradlers.

GOLDA MEIR
stirbt fern vom politischen Geschehen

Golda Mabovic wird 1898 in Kiew geboren. 1906 wandert sie mit ihrer Familie nach Amerika aus. Sie studiert in Milwaukee (Wisconsin), arbeitet als Bibliothekarin. 1917 veröffentlicht der britische Außenminister Arthur Balfour (1848-1930) eine Erklärung, in der er den Juden eine "Heimat" in Palästina verspricht. Golda geht 1921 dorthin, arbeitet im Kibbuz und in der zugehörigen Fabrik von Marhavia und wird Mitglied der israelischen Arbeiterpartei (Mapai), wo sie auf Sekretariats- und Exekutivebene arbeitet. Ab 1946 ist sie Vorsitzende der politischen Abteilung der "Jüdischen Palästina-Agentur", der Keimzelle des jüdischen Staates, den David Ben Gurion (1886-1973), Mapai-Vorsitzender, 1948 proklamiert. 1948-49 ist Golda israelische Gesandte in Moskau, 1949-56 Ministerin für Arbeit und (bis 1952) für soziale Sicherheit. Von 1956-66 ist sie – nun unter dem Namen Meir – Außenministerin, 1966-68 Generalsekretärin ihrer Partei. Als Nachfolgerin Levi Eschkols wird sie 1969 Ministerpräsidentin. Sie bleibt es bis 1974, als sie vom Jom-Kippur-Krieg überrascht wird. Bis zu ihrem Tod 1978 lebt sie danach zurückgezogen abseits der politischen Bühne.

2

4

1

1972 1973 1974 1975 1976 1977 **1978** 1979 1980 1971 1972 1973 1974 1975 1976 1977 **1978** 1979 1980 1971 197

3

5

Ministerin. Die Außenministerin Golda Meir versteht es glänzend, den sowjetischen Expansionismus im Nahen Osten, der zu den politischen Umwälzungen in Aden und Syrien sowie zur Revolution Ghaddafis in Libyen führt, bis 1966 für eigene Zwecke zu nutzen. Und sie erweist sich den USA gegenüber als deren treueste und vertrauenswürdigste Verbündete im Nahen Osten.

Der Sechstagekrieg. 1967 wird der kompromißlose Moshe Dayan (1915-81) Verteidigungsminister. Am 5. Juni greift Israels Armee als Reaktion auf den durch Nasser erzwungenen Abzug der UN-Friedenstruppe Ägypten an: Innerhalb von nur sechs Tagen erobert Israel nach Zerschlagen der ägyptischen Luftwaffe die Sinai-Halbinsel, die syrischen Golan-Höhen, das arabische Ostjerusalem und das nicht zu Israel gehörige Fünftel Palästinas. Dadurch steigt die Zahl der vertriebenen Palästinenser (vorher schon 1,35 Mio.) um 200.000. Am 22. November 1967 billigen die Vereinten Nationen die UN-Resolution 242: Israel hat sich aus den besetzten Gebieten zurückzuziehen. Aber Israel ignorierte den Beschluß mehr als drei Jahrzehnte lang.

Ministerpräsidentin. Die politische Lage, die Golda Meir von ihrem verstorbenen Amtsvorgänger Levi Eschkol erbt, ist brisant. Waffen für Israel werden aus den USA geliefert, während Ägypten erneut von der UdSSR aufgerüstet wird. Israel bombardiert die Städte entlang des Suezkanals und gibt nichts von den völkerrechtswidrig besetzten Gebieten zurück. Der palästinensische Terrorismus breitet sich immer mehr aus: Unvergessen ist etwa das blutige Attentat bei den Olympischen Spielen 1972 in München. Israel erhöht danach den Druck auf Jordanien, Libanon und Syrien, und siedelt 57.000 jüdische Einwanderer in besetzten Gebieten an (1972-73).

Trügerische Ruhe herrscht, als Ägypten am 6. Oktober 1973 Israel angreift, gefolgt von Syrien. Der große militärische Erfolg Israels bleibt aus, und das allein bedeutet für die islamische Welt einen Sieg. Der US-Außenminister Henry Kissinger setzt eine Einigung unter Berücksichtigung arabischer Interessen durch. Am 4. April 1974 tritt Golda Meir zurück.

FRAUEN UND MACHT

Die sonst nicht bescheidene Emanzipationsbewegung der Frauen im 20. Jahrhundert hat in der Weltpolitik an den Schalthebeln der Macht wenig Spuren hinterlassen. Im Westen gibt es zwar immer noch Königinnen wie die eiserne Wilhelmina der Niederlande (1880-1962), Mutter der Königin Juliana und Großmutter der Königin Beatrix. Kaum Frauen erlangen aber das Amt eines Staatspräsidenten oder Premierministers. Und nur wenige Frauen leiten wichtige Konzerne, und wenn doch, dann meistens Familienunternehmen. In der Regel übergibt die Frau die Macht ihrem Ehemann oder ihrem Sohn, auf jeden Fall einem Mann. Um die Wende zum 20. Jahrhundert gab es mächtige Frauen praktisch nur in der dritten Welt: die äthiopische Kaiserin Zauditu und die verwitwete Kaiserin Tso-Hsi, die ab 1861 China regierte. Im übrigen Asien, wo im Allgemeinen das weibliche Geschlecht eine eher untergeordnete Rolle spielt, erreichen Frauen erst in der zweiten Hälfte des 20. Jahrhunderts Machtpositionen: Sie bekleiden das Amt des Premierministers in Indien, Pakistan und Sri Lanka, und nach dem Untergang von Diktatoren wie Mao Tse-tung, Tschiang Kai-schek und Ferdinand Marcos spielen deren Frauen eine wichtige Rolle in China, in Taiwan und auf den Philippinen. Nach Juan Domingo Peróns Tod übernimmt dessen Witwe, die vorher bereits Vizepräsidentin von Argentinien war, die Staatsführung – freilich nur für kurze Zeit. Im letzten Abschnitt des 20. Jahrhunderts allerdings nehmen immer mehr Frauen männliche Denkweise und auch männliches Gehabe an. Gute Aussichten für das 21. Jahrhundert!

6

7

8

74 1975 1976 1977 **1978** 1979 1980 1971 1972 1973

9

1) 1921, Palästina. Golda Mabovic (auch Meyerson), spätere Golda Meir, bei Bauernarbeit im Kibbuz von Marhavia. Die israelischen Kibbuzim sind landwirtschaftliche Kollektive nach dem Vorbild der sowjetischen Kolchosen. Diese ländlichen Siedlungen finden in der Sowjetunion vor allem nach Inkrafttreten des ersten Fünfjahresplans (1928-1932) Verbreitung. Die demokratische Gleichberechtigung ist das zugrundeliegende Ideal – beziehungsweise die Theorie –, und somit spiegeln die Kibbuzim sozusagen die sozialistische Seele des Zionismus wider.
2) Ein beeindruckendes Portrait von Golda Meir, das sie noch rüstig im Alter zeigt.
3) Juli 1916, Wisconsin. Gruppenfoto von Studenten am jüdischen College von Milwaukee, darunter die junge Golda Meyerson.
4) 1970, Sinai-Wüste. Die Ministerpräsidentin Golda Meir besucht die israelischen Truppen.
5) 1. November 1973, Washington. Golda Meir unterhält sich mit US-Präsident Nixon.
6) Der betagte Ben Gurion in seinem Arbeitszimmer in dem Kibbuz, in dem er lebte.
7) 1970, Sinai. Israels Truppen erweisen der Ministerpräsidentin Golda Meir in Scharm esch-Scheich militärische Ehren.
8) 30. Juli 1978. US-Vizepräsident Walter Mondale während eines Privatbesuchs bei Golda Meir.
9) 1970, Bukarest. Anläßlich eines Staatsbesuchs in Rumänien spricht Golda Meir in der Bima, der Kanzel der Synagoge.

"Bemerkenswert war Golda Meirs Propaganda-Reise in die USA ... Sogar Persönlichkeiten außerhalb von Politik oder Zionismus setzten sich ein, um Israels Anstrengungen zu unterstützen."

F. Cohen

RUHOLLAH KHOMEINI
gründet die Islamische Republik Iran

Ruhollah Mussawi Khomeini wird 1902 in Khomein in Persien, dem heutigen Iran, geboren. Er studiert an der schiitischen Hochschule des Theologen und Juristen Ayatollah Bayeri in Kum und spezialisiert sich in Rechts- und Moralwissenschaften. 1925 besteigt Resa Khan, General der Kosaken, als selbsternannter Schah den Thron und gründet die Dynastie Pahlewi mit dem Ziel, Persien zu modernisieren. Als 1960 der Ayatollah Berugerdi stirbt, wird Khomeini Wortführer der Opposition gegen den neuen Schah Mohammed Resa Pahlewi, der der Korruption, der Trennung von Staat und Kirche und der Unterwerfung unter die USA bezichtigt wird. 1962 wird Khomeini zum Führer aller Ayatollahs gewählt. 1963 wird er verhaftet und ein Jahr später des Landes verwiesen. Khomeinis vom Mystizismus und vom sozialethischen Extremismus geprägte Opposition wird immer starrer, wobei die Zahl seiner Anhänger im Iran stets steigt. 1977-78 erschüttern regierungsfeindliche Demonstrationen das Land. Der Schah und sein Hof verlieren an Ansehen und werden am Ende auch von Adel und Bürgertum fallengelassen. Khomeini wartet indessen in Neuve-le-Château bei Paris den Höhepunkt der Unruhen ab, die er selbst geschürt hat, ehe er unter triumphalen Umständen Einzug in das Land hält, das er in der Folge von Grund auf verändern wird.

4

73 1974 1975

1977 1978 **1979** 1980 1971 1972 1973 1

1

2

5

3

Schiiten und Sunniten. Schiiten sind Moslems, Anhänger der "shi'a" Alis, also der Partei Alis: Sie betrachten sich als Nachfahren Alis, des Vetters Mohammeds und Ehemanns der Prophetentochter Fatima, der zugunsten der ersten Kalifen auf die Nachfolge verzichten mußte, wobei Schiiten die Rechtmäßigkeit des Kalifats stets bestritten haben. Die Schiiten sind in drei Hauptgruppen betont mystischen und esoterischen Glaubens gespalten. Sunniten dagegen sind orthodoxe Moslems, Anhänger der Sunna, des "begangenen Weges". Sie bilden die Mehrheit der Moslems und halten am Vorbild des Propheten und seiner ersten islamischen Gemeinschaft fest.

Islam. In den islamisch-arabischen Ländern ist der Islam die monotheistische Religion mit den meisten Anhängern: in Ägypten, im Sudan, im Maghreb in Nordafrika von Libyen bis Marokko, im Iran, in Aserbaidschan, Tadschikistan, in der Türkei, in Usbekistan, Turkmenistan, Kirgistan, Pakistan, Bangladesch, Malaysia und Indonesien sowie in weiten Gebieten südlich der Sahara. An der Wolga, in Sibirien und Kasachstan, in Indien, auf Sri Lanka, in Birma, auf den Philippinen, im Libanon und am Balkan gibt es weitere Anhänger.

Iran. Die Kultur des Irans hat uralte Wurzeln und starke Verbindungen zum Islam. In der Zeit nach dem Zweiten Weltkrieg wurde das Land, wie auch Israel und Saudi-Arabien, zu einem wichtigen Land der Region, um das sich insbesondere die USA fortgesetzt bemühten – zunächst mit Erfolg. Durch die von Khomeini geschürte Revolution hat sich das Land immer mehr dem palästinensischen Irredentismus und dem libyschen "Führer der Revolution", Muammar al-Gaddhafi, angenähert.

DER ISLAMISCHE FUNDAMENTALISMUS

Von seinen westlichen Verbündeten im Stich gelassen, verläßt der Schah im Januar 1979 das Land, und Ayatollah Khomeini kehrt am 1. Februar zurück: Er wird als Heiliger und Held bejubelt. Nach einer Volksabstimmung ruft Khomeini am 1. April die Islamische Republik aus. Es ist eine politische und ethische Revolution, die einen Umsturz der gesamten Lebensweise bedeutet. Der Staat wird von einem geistlichen Führer (oder einem geistlichen Gremium) geleitet, das die hohen Institutionen des weltlichen Staatsapparats, nämlich den Staatspräsidenten, den Regierungschef und das Parlament, kontrolliert. Khomeini führt den Iran bis zu seinem Tode im Juni 1989, wobei alle Machtpositionen mit Geistlichen besetzt sind. Die 1979 geschürte Kampagne gegen die USA führt zur Affäre um den Überfall auf die US-Botschaft in Teheran, bei der der Staat Iran grundlegende Bestimmungen des Völkerrechts mißachtet. Die 52 verschleppten Geiseln kommen erst im Jahr 1981 wieder frei. Im Verlaufe eines Grenzkonfliktes überfällt der Irak 1980 den Iran. Der fast zehn Jahre währende Krieg gegen den Irak, ein Land mit sunnitischer Mehrheit, verläuft äußerst blutig. Auch sonst greift der islamische Extremismus um sich: Der ägyptische Präsident Sadat fällt ihm zum Opfer, der König von Marokko sowie Palästinenserführer Arafat sind von ihm bedroht, er verleitet die sudanesischen Moslems, ihre Landsleute mit Waffen anzugreifen, er richtet sich gegen die Intellektuellen und die westlich orientierten Frauen Algeriens und überrollt Afghanistan. Überall gibt es grauenvolles Blutvergießen. Zu den Zielen des islamischen Fundamentalismus zählt es, die Macht der Geistlichen zu sichern, Frauen aus dem öffentlichen Leben zu verbannen, die patriarchalische Gewaltherrschaft durchzusetzen, die Trennung der beiden Geschlechter zu sichern, den islamischen Glauben zu verbreiten und den "heiligen" Krieg gegen Ungläubige fortzusetzen.

9

6

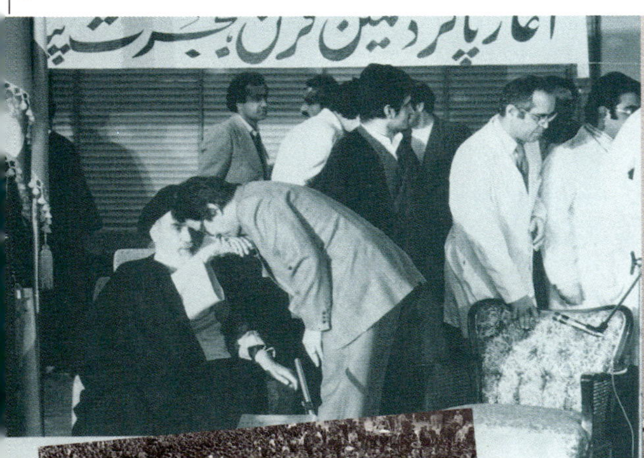

7

8

1975 1976

"Mit seinem hartnäckigen und stetigen Engagement gegen die Diktatur und den Kapitalismus wurde er unweigerlich zum Symbol der islamischen Bewegung."

G. Vercellin

1) Kum. Die Fatima-Moschee in der für die Schiiten heiligen Stadt.
2) Teheran. Die riesige Ikone des Ayatollah Khomeini überragt die fanatischen Menschenmassen.
3) Teheran. Im Vordergrund ein Bild Khomeinis. Im Hintergrund eine singende Gruppe von Häftlingen im Gefängnis von Evin. Erbarmungslos setzt Khomeinis Diktatur die Waffen der Unterdrückung ein.
4) Februar 1979, Teheran. Jassir Arafat im Gespräch mit Khomeini.
5) 7. Juni 1989. Die Massen erweisen Khomeini die letzte Ehre.
6) 1980, Teheran. Als Beweis seiner Ergebenheit küßt der gewählte Präsident Bani-Sadr dem Ayatollah Khomeini die Hand.
7) Juni 1989. Massenansammlung anläßlich der Beisetzung Khomeinis.
8) Auf Militärübungsplätzen werden verschleierte Frauen zu Verfechtern von Khomeinis Revolution gedrillt, obwohl dieser sie radikal aus der Gesellschaft ausschließen will.
9) Teheran. Ahmad, Khomeinis Sohn, auf dem Weg zur US-Botschaft, um die Freilassung einzelner Geiseln, nämlich von Frauen und Schwarzen zu fordern, die von islamischen Geiselnehmern festgehalten werden.

RONALD REAGAN
wird zum Präsidenten der USA gewählt

Ronald Wilson Reagan wird 1911 in einer kleinbürgerlichen Familie in Illinois geboren. Nicht besonders brillant als Schüler, arbeitet er später als Sportkommentator im Hörfunk. Dann erfolgt der Sprung nach Hollywood, wo er als zweitklassiger Schauspieler für Warner Brothers mehr als drittklassige Filme dreht. Mit seinen fortschrittlichen Ideen setzt er sich erfolgreich als Gewerkschafter ein und wird bald Vorsitzender der "Screen Actors' Guild". Als Warner Brothers ihm den Vertrag kündigt, heiratet er die unbekannte Schauspielerin Nancy Davis und lebt mehr schlecht als recht, bis er 1954 für eine anspruchslose Fernsehproduktion engagiert wird, in der er sich als Fürsprecher des fremdenfeindlichen, nahezu reaktionären Kleinbürgertums profiliert. Bei der Präsidentschaftswahl 1964 macht er zum ersten Mal auf sich aufmerksam. 1967 wird er für die Republikaner Gouverneur von Kalifornien. In den siebziger Jahren nimmt er eine gemäßigtere Haltung ein und wird Führer einer verbreiteten konservativen Bewegung. 1980 wird er im Präsidentschaftswahlkampf als republikanischer Kandidat für die Nachfolge Jimmy Carters nominiert. Zweimal hintereinander wählt man ihn zum Präsidenten, ehe er sich 1988 ins Privatleben zurückzieht.

5

3

1

1979 **1980** 1971 1972 1973 1974 1975 1976 1977 1978 1979 **1980** 1971 1972 1973 1974 1975 1976 1977 1978

2

Anschauung. Schon während seiner Amtszeit als Gouverneur von Kalifornien senkt Reagan Steuern und öffentliche Ausgaben, weil, wie er behauptet, staatliche Unterstützung die Armen nur zu Faulheit und Trägheit erzieht. Sein unterschwelliger Rassismus beruhigt viele Weiße. Reagan nimmt Stellung gegen Homosexuelle, Drogensüchtige und Abtreibung. Vor Unterrichtsbeginn in den Schulen gehört nach seiner Meinung das christliche Gebet. Den Obersten Gerichtshof der USA besetzt er mehrheitlich mit politisch rechtsstehenden Richtern. Nicht zuletzt durch seinen Vizepräsidenten Bush, vormals CIA-Chef, hat Reagan beste Beziehungen zu den Mächtigen der Finanzwelt sowie zu den großen konservativen und populären Verlagshäusern, die sein Sieger-Image fördern.

Großer Unterhalter. Während seiner Zeit in Hollywood und in der "Screen Actors' Guild" sowie als kalifornischer Gouverneur versteht es Reagan sehr gut, mit den Medien umzugehen. Seine Begabung liegt darin, die einfachsten Vorstellungen des amerikanischen Volkes wiederholt mit immer gleichen Botschaften anzusprechen, ohne unbedingt die Konsequenzen daraus zu ziehen. In seinen Filmen war er kein großer Schauspieler, aber in seiner Rolle als Präsident großartig: kurze und klare Sätze, einfache und eindeutige Worte, das vertrauenswürdige, gewinnende Gehabe eines rüstigen, lieben Opas. Nach der Niederlage im Vietnam, als harte Drogen, Homosexualität und Aids die Menschen belasten, hören die Bürger der USA beschwichtigende Worte gerne. Reagan bietet sie ihnen.

Krieg der Sterne. Reagans antisowjetische Politik gipfelt in der Planung eines Forschungsprogramms zur Abwehr von Interkontinentalraketen aus dem Weltraum. Die Kosten dieses SDI-Projekts sind immens und nur der Höhepunkt einer

REAGANOMICS

"Wie viele Obdachlose gab es während Reagans Präsidentschaft? März 1980 sind es 125.000, im Januar 1984 sind es 216.000, im August 1984 402.000."

C. Jencks

Die Politik der USA ist in einer glücklichen Lage: Der Dollar ist schon seit Jahrzehnten die Währung der internationalen Wirtschaft. Aus diesem Grunde kann der US-Haushalt ein noch so großes Defizit aufweisen, der Dollar bleibt trotzdem die Weltleitwährung, und im internationalen Geschäft wird vorwiegend in Dollar bezahlt. Also schmiedet Reagan nach dem Vorbild der damaligen britischen Premierministerin Margaret Thatcher große Pläne für ein Ankurbeln der Wirtschaft. Er macht die schon zu Zeiten des "New Deals" durchgeführte Verstaatlichung zu einem großen Teil rückgängig, reduziert die Sozialausgaben des Staates drastisch und verringert die Überwachung von Umweltschutznormen in der Industrie. Er reduziert auch die steuerliche Belastung von Privatpersonen und Unternehmen, um Investitionen zu fördern, was aber zu Lasten der Schwächeren geschieht. 1984 wird der republikanische Präsident in seinem Amt bestätigt. Aber mittelfristig gesehen, zeigen seine Heilmittel wenig Wirkung. Denn anstelle der Investitionen steigt der Konsum, die Armut im Lande nimmt zu, und die ein- und angriffslustige Außenpolitik

6

7

1971 1972 **1980**

8

1980

9

stürzt den US-Haushalt immer mehr in die roten Zahlen. Skandale im Finanzbereich und in der Politik, die zunehmende Eigenständigkeit des Kongresses und das Nachlassen von Reagans persönlicher Energie überschatten die letzte Phase seiner Präsidentschaft, die immer stärker von den Mitgliedern seines Stabes bestimmt wird. Als Reagans Amtszeit endet, ist er aber in der öffentlichen Meinung noch immer ein guter Präsident.

Politik, die eine Übermacht der Sowjets um jeden Preis verhindern will. Moskaus Finanzen reichen schließlich nicht aus, um den Wettlauf unablässigen Aufrüstens länger mitzumachen: 1986 leitet Gorbatschow eine Wende in der sowjetischen Innen- und Außenpolitik ein. Reagan kommt dies gelegen, und eher zufällig kann er Lorbeeren für die Beendigung des 40 Jahre dauernden kalten Kriegs und das Ende der Sowjetunion stalinistischer Prägung einheimsen.

1) Moskau. Unter Lenins Statue an der Moskauer Universität hält Ronald Reagan eine seiner auf Effekt angelegten Reden.
2) Phoenix (Arizona). Arme bei der Armenspeisung.
3) Oktober 1983, Grenada. US-Truppen besetzen die Insel und stürzen die von Kuba unterstützte Regierung.
4) New Hampshire. Ein Schauspieler kandidiert für das Weiße Haus.
5) 1967. Reagan als frisch gewählter Gouverneur von Kalifornien.

6) 1980, Washington. Bei seinem Amtsantritt als amerikanischer Präsident. Ihm gegenüber bringt der scheidende Präsident Jimmy Carter eine Art Lächeln zustande.
7) Der Schauspieler Ronald Reagan samt Pferd in einem seiner austauschbaren Billig-Western, deren Handlung belanglos ist. Dieser stammt von 1951.

8) Beirut. US-Truppen am Flughafen während der internationalen Intervention (1982-83) zur Wiederherstellung des Friedens im Libanon, nachdem Israel 1978 den südlichen Teil des Landes besetzt hatte.
9) 1984. Ronald Reagan und Vizepräsident George Bush feiern mit Anhängern ihre Wiederwahl.

1981

1990

Johannes Paul II.

JR Ewing

Der Heimcomputer

Niki Lauda

Michail Gorbatschow

Andrej Sacharow

Margaret Thatcher

Enzo Ferrari

Akihito

Leonard Bernstein

Schon vor Beginn der achtziger Jahre hatten Filme wie *Easy Rider* von Dennis Hopper und Zabriskie Point von Michelangelo Antonioni ahnen lassen, daß die Hippie-Welt in der zunehmend auf Wettbewerb gerichteten Gesellschaft vor dem Niedergang stand. Der Vietnamkrieg der USA hatte viele Träume der Jugend zerbrechen lassen. Die Verteuerung des Erdöls, die von den OPEC-Staaten, also den Erdöl produzierenden Staaten, ausging, hatte eine anhaltende Krise in den Industrieländern ausgelöst. Das neue Jahrzehnt scheint vor allem die Wirtschaft im Auge zu haben: Zu verzeichnen sind Fortschritte bei der Eroberung von Absatzmärkten durch multinationale Konzerne, die sich in den Industrieländern gebildet haben und in allen Kontinenten Fuß fassen. Mancher findet, daß die Industrie allzu mächtig wird. Arbeiter, die in den Nachkriegsjahren von der Landwirtschaft in die Industrie abgewandert sind, strömen massenhaft in den Dienstleistungs-

November 1989. Ein Soldat der zusammenbrechenden Deutschen Demokratischen Republik schaut durch eine Bresche in der Berliner Mauer, die bis dahin in der ganzen Welt als Symbol für den Eisernen Vorhang stand.

sektor. Die Gesellschaft wird zur Wettbewerbsgesellschaft. Immer mehr Menschen wollen "aussteigen" und greifen zu Drogen – erst zu Heroin, dann zu Kokain. Dadurch entsteht ein regelrechter krimineller Wirtschaftszweig, der sich über die Mafia (die unter verschiedenen Namen in den einzelnen Staaten ein eigenes System bildet) und die militärischen und politischen Machthaber einiger Länder bis in die legale Wirtschaft hinein etabliert und diese beeinflußt. Aids greift als Seuche um sich, zunächst nur unter Drogenabhängigen und Homosexuellen. Im Ostblock, der durch den Krieg in Afghanistan (1979-89) und die Revolutionen des Jahres 1989 erschüttert wird, zeichnet sich der Zusammenbruch ab. Am 9. November 1989 fällt die Berliner Mauer. Das ist das Ende des kalten Krieges. Die Zeichen des Wohlstands erleben einen Boom: Heimcomputer, kurz PC getauft, Mode von der Stange, Auslandsreisen. Die dritte Welt spaltet sich: Der Ferne Osten erlebt einen Wirtschaftsboom; viele andere Gebiete – zum Beispiel Afrika – geraten an den Rand des Zusammenbruchs.

1981

1990

Schwere Krise in der Sowjetunion. Nach 50 Jahren geht der Kalte Krieg zu Ende. Die USA sind auf dem Weg, zur einzigen Supermacht zu werden. Gewaltige Kapitalmengen werden angehäuft, mit denen Unternehmen aufgekauft und gigantische Fusionen verwirklicht werden. Die Macht der Wirtschaft entzieht sich allmählich staatlicher Kontrolle.

Die achtziger Jahre – das Jahrhundert neigt sich dem Ende zu. Der Dirigismus ist überholt, die soziale Sicherheit in den Industrieländern in Gefahr; andere Staaten haben sie nie gehabt. Die großen Auseinandersetzungen des Zeitalters ebben ab: Der Kommunismus siecht dahin, die USA sind die einzig verbliebene Supermacht.

Das Schlagwort: freie Wirtschaft. Wenig Staat, viel Eigenständigkeit der Betriebe, freier Warenverkehr und der Stärkste gewinnt. In Randgebieten des modernen Lebens aber wird aufs neue die Forderung nach Freiheit laut: nationale und persönliche Freiheit, Gedanken-, Rede- und Glaubensfreiheit sowie freie Berufsausübung.

1| Lech Walesa. 2| Yves Montand und Simone Signoret. 3| Giancarlo Giannini und Hanna Schygulla in *Lili Marleen*. 4| Indira Ga

Lech Walesa, Jahrgang 1943, Sohn polnischer Bauern und Elektriker in der Danziger Werft, ein national gesinnter, kirchentreuer Katholik, wird mit dem Segen des Papstes (eines Landsmanns) zur Galionsfigur. Als Gewerkschaftsfunktionär wird er mehrmals verhaftet, im September 1980 aber Präsident der unabhängigen Gewerkschaft Solidarnosz, erhält den Friedensnobelpreis 1983 und wird 1990 Staatspräsident – gerät dann freilich nach und nach ins Abseits. Den Postkommunismus zu lenken ist gar nicht so einfach.

Der Film, die Kunstgattung des Jahrhunderts, gerät in eine Finanzkrise. Es entstehen Kolossalfilme mit neuen, verblüffenden Spezialeffekten. Aber es gibt auch den Weg des Autorenfilms: Rainer Werner Fassbinder (1946-82), deutscher Komödienschreiber und Regisseur, erzählt auf unverblümte und scharfsichtige Weise Geschichten der Zeit; er dreht rasch und mit wenig Aufwand. 1981 wird *Lili Marleen* auch zum Publikumserfolg. Gefeierte Stars sterben, etwa die große Schauspielerin Simone Signoret (1921-1985).

Zwischen den USA und der Sowjetunion kommt es zur Entspannung, die bündnisfreien Staaten verlieren an Bedeutung. Tito ist schon 1980 gestorben. Nun ist Anwar as-Sadat (1918-81) an der Reihe: Der ägyptische Staatspräsident (seit 1970), Friedensnobelpreisträger (mit Menachem Begin) 1978, wird von muslimischen Glaubensbrüdern ermordet. Auch Indira Gandhi (1917-84), die indische Premierministerin (1966-77 und ab 1980), wird von religiösen Fanatikern ermordet. Indonesien ist nun eher eine Provinz in der Machtsphäre der USA. Libyen und sein islamischer Diktator sind am Spiel der Großen nicht beteiligt.

4

Riskant ist auch das Spiel, das dem Ingenieur Yassir Arafat (geb. 1929) eine steile Karriere beschert: Seit 1969 ist er Präsident der Palästinensischen Befreiungsfront. Von extremistischen Kräften des eigenen Lagers bekämpft, für mehrere muslimische Staaten ein Abtrünniger, Oberhaupt eines versprengten Volkes, erreicht Arafat 1988, daß die PLO einem Plan zustimmt, der das friedliche Nebeneinander Israels und eines unabhängigen Palästinenserstaats in dem seit der UNO-Resolution vom November 1947 umstrittenen Gebiet vorsieht.

Ein französischer Philosoph, Jean-François Lyotard (geb. 1924), veröffentlicht 1979 *La condition post-moderne*. Lyotard verwendet dieses in den dreißiger Jahren zuerst im Spanischen verwendete Adjektiv, um damit das Verschwinden der „großen Würfe", also auch der großen ideologischen Perspektiven zu bezeichnen, die unsere Kultur seit dem Illusionismus geprägt haben. Die Wirtschaftswissenschaften hingegen sind einflußreicher denn je. Sie nehmen den Platz ein, der einst der Philosophie, vor allem der Moral, zukam.

Das Attentat auf Ronald Reagan am 30. März 1981 ist das siebte auf einen Präsidenten der USA im 20. Jahrhundert. Der Falkland-Krieg 1982 zwischen Großbritannien und Argentinien ist nur ein weiterer Kolonialkrieg. Aber am Brandenburger Tor feiert man am 3. Oktober 1990 etwas Neues: die Wiedervereinigung Deutschlands.

7

8

Ein Reaktor im Atomkraftwerk von Tschernobyl gerät 1986 außer Kontrolle. Der Unfall macht auf dramatische Weise die Risiken der Atomkraft deutlich. 1989 verwandeln die Machthaber Chinas die großen Studentendemonstrationen für die Demokratie auf dem Tienanmen-Platz in Peking in ein Blutbad. Doch zum Glück gibt es den Sport: Bei den Olympischen Spielen von Los Angeles (1984) geht endgültig der Stern von Carl Lewis auf, der in den Läufen über 100, 200 und 4x100 m sowie im Weitsprung siegt.

5| Yassir Arafat. **6|** Reagan-Attentat, 1981. **7|** Berlin, Brandenburger Tor, 1990. **8|** Carl Lewis. **9|** Der aufgebahrte Leonid Breschnew.

5

6

9

Im November 1982 stirbt Leonid Breschnew (1906-82), seit 1964 Führer und später Despot der Sowjetunion. Er war der schlaue Drahtzieher der Politik in der Supermacht UdSSR, auch der einer vorsichtigen Entspannungspolitik gegenüber den USA. Aber sein Land ist mit ihm alt geworden, unfähig und korrupt, und die Ideale von einst sind leere Schlagworte.

JOHANNES PAUL II.
entgeht auf dem Petersplatz nur knapp einem Attentat

Karol Wojtyla wird 1920 in Wadowice bei Krakau als Sohn einer Familie aus kleinen Verhältnissen geboren. Zunächst ist er Arbeiter und schreibt Gedichte. 1946 wird er Priester und bald Schützling Kardinal Wyszynskis. Im Jahre 1958 wird er Weihbischof, 1964 Erzbischof von Krakau und 1967 Kardinal. Er ist äußerst dynamisch, zeichnet sich durch eine hingebungsvolle Verehrung der Jungfrau Maria aus und unterhält rege Beziehungen zu seinen Kollegen in anderen Ländern. Das Pontifikat seines Vorgängers, des mystischen Johannes Paul I., dauert ganze 43 Tage, in denen er gerade Zeit hat, die feierliche Krönungszeremonie abzuschaffen und auch den majestätischen Plural, in dem der Papst bis dahin über sich selbst sprach. Die Zeit reicht aber nicht, um den restriktiven Führungsstil abzumildern, von dem die Amtsführung Pauls VI. gekennzeichnet war, der den Neuerungen des zweiten Vatikanischen Konzils zaudernd gegenüberstand, unsicher, ob er sich für den Traditionskult der Kurie oder für das Moderne entscheiden sollte. Aus dem zweiten Konklave geht Karol Wojtyla 1978 als erster nichtitalienischer Papst seit 1523 hervor. Er ist den Katholiken in Italien und der Welt noch unbekannt, macht sich jedoch mit großem Elan ans Werk. Durch seine direkte, gütige Art steigt seine Popularität rasch. Am 13. Mai 1981 wird er bei einem nie völlig aufgeklärten Attentat schwer verletzt.

1

2

3

1983 1984 1985 1986 1987 1988 1989 1990 **1981** 1982 1983 1984 1985 19

Kardinäle des Ostens. In der Nachkriegszeit ist die Symbolfigur der verfolgten Kirche in den Ostblockländern der ungarische Kardinal József Mindszenty (1892-1975), der als Gegner des Kommunismus wegen Hochverrats zu lebenslänglicher Haft verurteilt, aber während des Aufstands 1956 befreit wird und bis 1971 im Asyl in der US-Botschaft in Budapest lebt und danach ins Ausland geht. Die ungarische Kirche hatte mit den rechten Regimen der Vergangenheit gemeinsame Sache gemacht. In Polen ist die Kirche seit der Aufteilung Polens im 18. Jahrhundert zwischen Rußland, Preußen und Österreich Symbol des Nationalbewußtseins. Freilich haben sich die Bischöfe nicht als Beschützer der Juden hervorgetan, als diese vom NS-Regime grausam verfolgt wurden. Der Primas von Polen, Stefan Wyszynski (1901-1981), ist sowohl in seiner Heimat als auch in Rom ein einflußreicher Mann.

Petri würdiger Nachfolger. Papst Johannes Paul II. ist sehr aktiv. Er veröffentlicht einen neuen Kodex des kanonischen Rechts, und er reformiert und internationalisiert die römische Kurie. Er ernennt über hundert Kardinäle und nimmt zu Fragen der Ethik, der Theologie sowie zu aktuellen Problemen wie Entführung und Erpressung Stellung.

7

Die Glaubenslehre. Mit dem Präfekten der Kongregation für die Glaubenslehre, Kardinal Joseph Ratzinger, bestätigt der Papst entschlossen die von Pius XII. vertretene Doktrin in bezug auf Empfängnisverhütung, Abtreibung, Scheidung, priesterliches Zölibat und die rigorose Ablehnung von Frauen im Priesteramt. Er verurteilt die Homosexualität und auch den Kapitalismus. Oft ernennt er Bischö-

5

6

4

9

88 1989 1990 **1981** 1982 1983 1984 1985 1986 1987 1988 1989 1990 **1981** 1982 1983 1984 1985 1986 1987 1988 1989 1990 1987 1988 1

8

DER REISELUSTIGE APOSTEL

Als Verantwortlicher für das Attentat auf den Papst wird ein junger rechtsextremer Türke, Mehmet Ali Ağça, verurteilt. Der Hintergründe seines Handelns bleiben aber im dunkeln. Sicher ist, daß schon die Existenz eines Papstes, der vom 25. bis zum 58. Lebensjahr in einem Land des Ostblocks gelebt hat, den katholischen Antikommunismus in Polen, Kroatien, der Tschechoslowakei, Litauen und Ungarn stärkt. Geschickt nutzt Papst Johannes Paul II. die Massenmedien, und diese schenken ihm Aufmerksamkeit, auch weil er eine noch nie dagewesene Figur darstellt. Vor den Augen der halben Welt wird das Leben im Vatikan ausgebreitet: anläßlich einer Vielzahl von Bischofssynoden, anläßlich von Heilig- und Seligsprechungen Hunderter von Menschen, vorwiegend aus dem Kreise von Priestern, Ordensbrüdern und -schwestern. Hinzu kommen zwei außerordentliche Heilige Jahre, aufsehenerregende Zeremonien liturgischen Charakters, die er wieder aufwertet, und die wöchentlichen Audienzen, die er Pilgern gewährt. Bei seinen Besuchen in aller Welt entstehen außergewöhnliche Multimedia-Liturgien, bei denen Bücher, Fotos und Souvenirs verkauft werden und Menschenmassen ihm zujubeln. Die mit hohen Kosten verbundenen Reisen führen ihn in mehr als hundert Länder. In Bologna nimmt er sogar an einem Rockkonzert teil. Das Bild des Papstes, der inzwischen alt geworden ist, ein bißchen humpelt und einen zittrigen Arm hat, aber mutig in die Welt hinausgeht, ist so zu einem Wahrzeichen unserer Zeit geworden.

fe, die in den Diözesen nicht beliebt sind. Er spricht sich gegen die Befreiungstheologie aus und gegen katholische Theologen, die sich nicht streng an die Linie Roms halten, verteidigt die Menschenrechte und wendet er sich gegen Euthanasie und künstliche Befruchtung. Dagegen gesteht er einige der vor langer Zeit von der Kirche begangenen Fehler ein.

1) Vatikan, 13. Mai 1981. Das Attentat auf den Papst.
2) Kuba, Januar 1998. Fidel Castro mit Johannes Paul II.
3) Polen. Der Papst im Gespräch mit General Wojciech Jaruzelski, dem polnischen Ministerpräsidenten (1981-89), dessen Regierung das Ende des Kommunismus in Polen einleitete.
4) Kardinal Joseph Ratzinger.
5) Nicaragua. Der Papst predigt unter dem überlebensgroßen Porträt des Befreiungskämpfers César Augusto Sandino (1893-1934), der der US-amerikanischen Besatzung (1912-33) ein Ende bereitete und die Sandinistische Nationale Befreiungsfront (FSLN) anregte, die 1979 den Sturz Diktator Somozas erreichte.
6) Mexiko. Der Papst nimmt einmal mehr ein Bad in der Menge.
7) Der ungarische Primas, Kardinal József Mindszenty. 1998 spricht der Papst den kroatischen Erzbischof Stepinac selig, der mit den Nationalsozialisten sympathisierte sowie unter Tito verurteilt und inhaftiert wurde.
8) Der polnische Primas, Kardinal Stefan Wyszynski.
9) New York. Schaufensterauslage, zu sehen und aufgenommen während des Besuchs von Johannes Paul II.

"Karol Wojtyla, der Erzbischof von Krakau, wird im Oktober 1978 zum Papst gewählt und wird auch in dieser Rolle in entscheidender Weise dazu beitragen, das Schicksal des polnischen Regimes (und damit aller kommunistischen Länder Europas) zu bestimmen."

G. Bordino

1982

J.R. EWING
erobert Frankreich

Als Star der Fernsehserie *Dallas* erobert John Ross Ewing (mit seinen Initialen kurz J. R. genannt) im Jahre 1982 seinen 59. Markt: das gebildete und geistreiche Frankreich. Die Serie heißt *Dallas* nach der Hauptstadt von Texas, in der die Ölgesellschaft "Ewing Oil" Jock Ewings und seiner Familie ihren Sitz hat. Die Idee dazu hatte David Jacobs, produziert wurde sie von Leonard Katzman in den USA und ausgestrahlt durch CBS vom 2. April 1978 bis zum 3. Mai 1991. Fast alle Darsteller sind drittklassig, ihre Umgebung ist im „Möchtegern"-Stil gestaltet, und das kommt an. Bis zu 85 Millionen Zuschauer sehen die 356 Folgen allein in den USA, aber auch sonst ist die Serie in aller Welt ein Riesenerfolg. Sie wird eine der zehn meistgesehenen Fernsehserien aller Zeiten. Und die Story? Sie beginnt mit einer Art Romeo-und-Julia-Geschichte zwischen zwei Sprößlingen von Erdölmagnaten und tischt in der Folge eine heillose Mischung von Todesfällen, Verbrechen, Haß und Ehebruch, Betrug, Suff, niederträchtiger Berechnung, Liebesgeschichten, Rache, gesellschaftlicher Karriere, sündigen Familienbanden, verschwindenden und wieder auftauchenden Personen und all die anderen Skandalgeschichten der Regenbogenpresse auf, mit einer Vorliebe für alle Arten von Treulosigkeit und Verrat, die den Zuschauer besonders begeistern.

1

5

1989 1990 1981 **1982** 1983 1984 1985 1986 1987

1981 **1982** 1983 1984 1985 1986 1987 1988 1989

2

3

4

Die Anderen. Die amerikanische Industrie hat die Welt überschwemmt mit erfolgreichen Fernsehfilmen , -reihen und Seifenopern; auf einem allerdings trivialeren Niveau hat auch Brasilien sehr gelungene Fernsehfilme (meist für die täglichen Nachmittagssendungen) produziert. Unter den berühmtesten US-Filmen: die Seifenoper *Reich und schön (The Bold and the Beautiful)*, eine Saga der Modeschöpfer Forrester (CBS, ab 3. März 1987); *Dynasty*, eine Serie über die Erdölbosse Carrington, die Konkurrenz zu Dallas, mit einer Frau (gespielt von Joan Collins) in der Rolle des „schönen Biests"; die Serie *Falcon Crest*, bei der es um ein riesiges Weinbaugebiet geht, um das sich die Familie Gioberti mit einer alten Hexe (dargestellt von Jane Wyman, Ex-Gattin von Ex-US-Präsident Reagan) streitet.

Die Mächtigen. Es macht nachdenklich, daß die vielen Millionen Zuschauer in der bescheidenen Farm, in den serienmäßig eingerichteten Wohnzimmern und Büros von Abteilungsleitern, in der provinziellen und geschmacklosen Kleidung der Ewings den Luxus und Chic, in dem die Mächtigen leben, gesehen haben sollen. In den dreißiger Jahren hätte das Publikum das nicht geschluckt: Damals hatte Hollywood noch Regisseure, Drehbuchautoren, Bühnenbildner, Ausstatter und auch Stars, die dem Europa der Diktatoren entflohen und echte Profis waren.

SEIFENOPER

Als eigene Fernsehgattung entwickelt sich aus der Vorabendserie die Seifenoper, von der in erster Linie möglichst viele Folgen produziert werden sollen. In einfacher, aber eigenen Gesetzen folgender Kino-Theater-Fernseh-Sprache erzählt die Seifenoper die Geschichte einer Einzelperson, einer Familie oder einer anderen Gruppe. Anders als in der Fernsehserie, die meist Begebenheiten in einer Gruppe außerhalb der engsten Familie erzählt und in jeder Folge eine abgeschlossene Geschichte bringt, entwickelt die Seifenoper – im Jugendjargon kurz "Soap" in Verknappung des englischen Begriffs "soap opera" – ein Geflecht von Beziehungen zwischen Personen und Ereignissen wie die Romane des 19. Jahrhunderts, vor allem die populären Fortsetzungsromane.

Wie die Fortsetzungsromane gibt auch die erfolgreiche Seifenoper Aufschluß über den Massengeschmack, vor allem wenn sie in vielen Ländern zum Erfolg wird und die Gemüter im globalen Dorf bewegt. In der Seifenoper – die so heißt, weil sie in den USA als Träger der Waschmittelreklame für das Hausfrauenprogramm entwickelt wurde – gibt es keinen dramaturgisch stringenten Spannungsaufbau: Szenen sind scheinbar wahllos aneinandergereiht, beginnen unvermittelt und enden im Nichts. Mehrere Handlungsstränge laufen gleichberechtigt nebeneinander. In Dallas enthält der Kern der Handlung biblische Anklänge: Der „Erzschurke" – der statt des überholten „ersten Liebhabers" die Hauptrolle spielt – ist J.R. (gespielt von Larry Hagman), der seinem Vater gleich „Absalom gegen David" die Macht abjagen will und seinen jüngeren Bruder (Patrick Duffy) nach dem Kain-Abel-Schema verfolgt. Die Ranch Southfork ist der Königspalast, in dem die Intrigen ihren Schauplatz haben; der Tempel, in dem der Kult des Dollars zelebriert wird, ist der Glaspalast der Ewing Oil. Neben Adam, Kain und Abel fehlt auch eine „Mama Ewing" als Eva nicht, wie diese nicht ganz unschuldig. In der Rolle der „Hure von Babylon" lösen sich mehrere Damen ab.

1) Familienfoto der Ewings vor der Pferdekoppel, ohne die eine Ranch unvorstellbar wäre.
2) Larry Hagman alias J. R. auf Werbetour in Rußland.
3) J. R. ist als echter Texaner niemals ohne seinen Hut zu sehen – nicht einmal beim Baden.
4) Übersichtsaufnahme von Dallas, Texas, hinter dem Markenzeichen der Serie.
5) J. R. mit seinem jüngeren Bruder Bobby.
6) Mama Ewing mit ihren beiden „Prachtstücken".
7) J. R. zeigt sich mit Verwandten, Freunden und Feinden in Abendgarderobe.
8) Jock Ewing, der Begründer des Ölimperiums, mit seinem Sohn Bobby und seiner Schwiegertochter Pamela (gespielt von Victoria Principal).
9) Southfork, die Ranch der Ewings. Wie man sieht, ist sie nicht zu vergleichen mit dem Palast des Pressezaren William R. Hearst (1863-1951) oder der Ölmagnaten John D. Rockefeller (1839-1937), Paul Getty (1892-1976) und Muda Hassanal Bolkiah, der ab 1967 sogar Sultan von Brunei ist – und der reichste Mann der Welt, sogar noch reicher als Elisabeth II., Königin von England.

7

8

1982 1983 1984 1985 1986 1987 1988 1989 1990 1981 **1982** 1983 1984 1985 1986 1987 1988 1989 1990 1981 **1982** 1983 1984 1985 1986 1987 1988 1989 1990 1981 **1**

6

„Den Personen von Dallas passieren immer mehr oder weniger dieselben Dinge: der Kampf um Reichtum und Macht, Leben und Tod, Niederlagen, Siege, Ehebruch, Liebe, Haß, Neid, Illusion und Enttäuschung."

Umberto Eco

Das Böse. Der Star der Serie Dallas ist J.R., der Ewing mit dem übelsten Charakter. Er ist scheinheilig, nachtragend, gemein, neidisch, gefühllos und nicht immer siegreich, nicht gerade ein Schönling und etwas schweinisch. Ist es das Böse in Aktion, das die Massen an ihm so faszinierend finden?

9

1983

PERSONALCOMPUTER
sind jetzt für alle da

Der "Personalcomputer" (PC) oder Heimcomputer ist ein Computer, der mit anderen weder Arbeitsprogramme noch Hilfsmittel teilen muß, sondern für den persönlichen Gebrauch einer Einzelperson konzipiert ist. Er kommt 1980 heraus, doch die Idee dazu ist schon viel älter. So wie die von Blaise Pascal erfundene Rechenmaschine als Vorfahre für alle Rechner gilt, so kann man als Urahnen des modernen PC den Mathematiker und Erfinder Charles Babbage (1792-1871) und seine Kollegin, die Mathematikerin Augusta Ada Byron (1815-52), ansehen, die das Funktionsprinzip der digitalen Computer entwickelt haben. Als IBM den ersten PC baut, beginnt sich ein Traum zu erfüllen, den mehrere Informatiker der frühen siebziger Jahre, darunter Steven Jobs (Gründer von Apple) und William "Bill" Gates (heute mit seinem Unternehmen Microsoft Marktführer) zugleich träumten: jedem Amerikaner einen Computer ins Haus zu stellen. Ab den achtziger Jahren verändert der Siegeszug des PC radikal das Leben und die Arbeit von Millionen Menschen, denn bald sind Geräte für jedermann erschwinglich, die die Leistungsfähigkeit des Bordcomputers von *Apollo 11*, die die ersten Menschen zum Mond brachte, bei weitem übertreffen. Zum Beispiel hat allein das Aufkommen des "Desktop Publishing" in Amerika in nur fünf Jahren (1982-87) sechs Millionen neue Arbeitsplätze geschaffen. In jüngster Zeit hat die rasante Entwicklung des Internets die Koppelung der Möglichkeiten der PCs an die schier unbegrenzten Möglichkeiten einer Datensammlung gebracht, die von nahezu allen Informatik-Netzwerken auf diesem Planeten gebildet wird.

2

4

1988 1989 1990 1981 1982 **1983** 1984 1985

1981 1982 **1983** 1984 1985 1986 1987 1988

1

3

IBM. Das Unternehmen IBM wird kurz vor dem Ersten Weltkrieg unter dem Namen Inernational Business Machines Corporation gegründet und verleibt sich 1924 die bereits 1911 gegründete Computing Tabulating Recording ein. Die Grundidee, auf der die IBM Ende der fünfziger Jahre ihren Erfolg aufbaut, ist die „Computer-Familie", bei der eine bestimmte Software auf allen Geräten verwendet werden kann, die mit demselben Prozessortyp arbeiten. 1980 entwickelt IBM den Prototypen des Personalcomputers und bringt das serienreife Gerät im Folgejahr auf den Markt. Innerhalb weniger Monate wird es weltweit zum Standard, auf den sich im wesentlichen noch heute mehr als 100 Millionen Menschen stützen.

Internet. Unter Internet versteht man eine in allen Richtungen offene Verbindung zwischen Computernetzwerken, die es den Anlagen und den von ihnen ausgeführten Programmen ermöglicht, untereinander Informationen auszutauschen. Anfang 1995 sind bereits über 50.000 Netzwerke und fünf Millionen Computer per Internet miteinander verbunden, der monatliche Zuwachs liegt bei neun Prozent. Im Jahr 2001 sollen es 100 Millionen Amerikaner und über sechs Millionen Europäer sein.

Bill Gates. Gemeinsam mit Paul Allen gründet William H. Gates III. 1975 die Microsoft Corporation. Als einer der ersten ahnt er die Zukunft des Heimcomputers voraus. Mit der Vermarktung des Betriebssystems DOS und später von Windows erobert er Millionen Haushalte. Wenn Microsoft zum größten Software-Hersteller aufstieg, so verdankt das Unternehmen dies dem Weitblick des Bill Gates, der es bis heute auch immer wieder verstanden hat, den Kartellbehörden der USA ein Schnippchen zu schlagen.

5

DIE INFORMATIK

Die Informatik ist der Wissenschaftszweig, der sich mit der Planung, der Programmierung und dem Einsatz von Rechenmaschinen beschäftigt – also mit Computern. Als Vater dieser Disziplin wird im allgemeinen der englische Mathematiker Alan Turing angesehen, der in den dreißiger Jahren die Grundlagen dafür erarbeitete. Im Zweiten Weltkrieg entwickelten Turing (damals Professor in Cambridge) und andere Wissenschaftler, aufbauend auf theoretischen Grundlagen, die ersten praktisch verwendbaren Geräte und setzten sie zur Entschlüsselung chiffrierter Nachrichten ein, die der britische Geheimdienst CIC abgefangen hatte. Gewaltige technische Fortschritte, darunter die schier unglaubliche Miniaturisierung der elektronischen Bauteile, führten zu einer rasanten Entwicklung in der Anwendung der Informatik. Es läßt sich schwer ermitteln, wie viele PC-Benutzer es inzwischen weltweit gibt, weil verläßliche Zahlen nur aus den USA vorliegen, während die aus anderen Staaten vorliegenden Angaben nur Näherungswerte darstellen und von Quelle zu Quelle verschieden ausfallen. Die tatsächlichen Werte dürften heute bei mehr als 60 Millionen Benutzern in den USA und über 30 Millionen in Europa liegen. In den neunziger Jahren wurde die Informatik zu einem Bestandteil des Arbeitslebens und ebenso der Freizeit. In den USA ist bereits ein Lexikon mit 9 700 Stichwörtern erschienen, deren Entstehung allein auf die Infor-matik zurückzuführen ist, und im alltäglichen Sprachgebrauch werden allgemein Dutzende von Begriffen verwendet, die es vor dem Auftauchen der Computer nicht gegeben hat – und zwar in den fünf meistgesprochenen Sprachen der Erde.

6

9

1982 **1983** 1984 1985 1986 1987 1988 1989 1990 1981

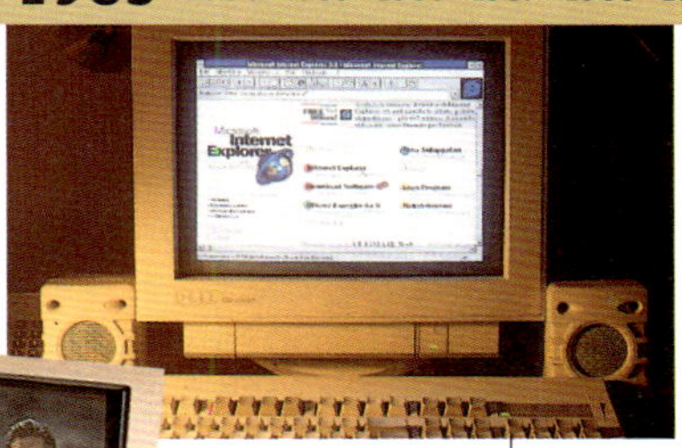

8

7

1) Rom. Computerraum im Flore Internet Café. Bereits vor der Einrichtung des Internets, und nicht nur unter Jugendlichen, verwendete man Computer auch zum Spiel mit Freunden.
2) 1984. Ein Werbebild für den Personalcomputer "Rainbow", das mit eben diesem Computer erzeugt wurde.
3) November 1989, Tokio. Blick in einen Raum der Börse. Der Einsatz der Informatik in der Arbeit und den Büros der Börse hat wie kaum ein anderer Faktor zur fortschreitenden Globalisierung der Finanzmärkte beigetragen.
4) 1989, Yokohama. Schüler der Fuchinobe High School im Computer-Unterricht.
5) April 1992, Fürstentum Monaco. Bill Gates bei einer der unzähligen großen Microsoft-Tagungen, die Jahr für Jahr dafür sorgen, daß die größte Softwareschmiede der Welt nicht in Vergessenheit gerät.
6) Potomac (Maryland). Grundschüler am Computer.
7) Köln. Abbildung aus einem Modekatalog, der auf CD-ROM erscheint.
8) Februar 1997. Homepage, mit einem der beiden gängigsten Browser betrachtet: Microsofts Internet Explorer.
9) 1993, Paris. Ein leistungsfähiges Macintosh Powerbook mit integriertem Modem.

„Manche sagen,
Computer seien besser als Menschen –
aber viel Spaß im Leben haben sie nicht."

Peter Ustinov, Peter Ustinovs geflügelte Worte

1984

NIKI LAUDA

nach sieben Jahren erneut Formel-1-Weltmeister

Niki Lauda wird 1949 in Österreich als Sohn einer traditionsreichen Industriellenfamilie geboren. Für die Schule ist er nicht zu begeistern, wohl aber für Autorennen: Er will unbedingt Rennfahrer werden. Das erlaubt aber seine Familie nicht, die ihn mit allen Mitteln davon abzuhalten versucht. Doch der phlegmatische, genau abwägende, ernste und entschlossene Junge setzt seinen Kopf durch. Er absolviert die übliche Rennfahrerkarriere, fährt erfolgreich in den unteren Wagenklassen für BRM und kommt Ende 1973 zu Ferrari, dessen letzten Sieg bei der Weltmeisterschaft 1964 John Surtees nach Hause gefahren hatte. Teamchef (1973-75) ist dort Luca Cordero di Montezemolo, ein junger Aristokrat, der den Agnellis, den Besitzern des Rennstalls, nahesteht und bereits an Ferrari beteiligt ist. Niki Lauda gewinnt 1974 zwei Formel-I-Rennen und 1975 die Weltmeisterschaft. 1976 ist er schon wieder auf Erfolgskurs, bis zum Großen Preis von Deutschland. Vergebens warnt er davor, daß der Nürburgring als Rennstrecke für die Fahrer zu gefährlich sei. Während des Rennens am 1. August fliegt sein Wagen aus der Bahn, prallt an den Felsen, wird auf die Straße zurückgeworfen, von zwei anderen Autos gerammt und geht in Flammen auf; Lauda wird mit großflächigen Verbrennungen am Kopf, mehreren Knochenbrüchen und schweren inneren Verletzungen ins Krankenhaus gebracht. Er ringt mit dem Tod. In der Nacht erhält er die Letzte Ölung.

2

5

3 1989 1990 1981 1982 1983 **1984** 1985 1986 1987 1988 1 … 1986 1987 1988 1989 1990 1981 1982 1983 **1984** 1985 1986 1987 1988 19

1

3

4

Busineß. Die Formel 1 ist eine internationale Industrie, an der viele mächtige Unternehmen beteiligt sind: die Hersteller von Reifen, Brennstoffen, elektronischen Bordgeräten. Große Konzerne, die Konsumgüter wie Zigaretten oder Getränke herstellen, unterstützen die Rennställe mit Riesenbeträgen, dafür machen die Teams für sie Werbung. Lauda ist ein guter Geschäftsmann und entscheidet selbst über seine Verträge.

Risiko. Lauda hat – wenn auch vergeblich – als einer der wenigen Fahrer in der Geschichte des Automobilrennsports versucht, seine Kollegen zu organisieren, um den "Bossen" die Stirn zu bieten: den Herstellern der Rennwagen, den Besitzern der Teams, den Sportverbänden, den Sponsoren und den Verantwortlichen für die Rennstrecken. Die hohe Bezahlung der Fahrer deckt unnötig hohe Risiken nicht ab. Auch Tennis ist ein Sport, der Millionen einbringen kann, aber nicht so gefährlich. Lauda denkt und handelt rational, daher gilt er vielen als nicht sehr sympathisch.

Und danach? Lauda ist nicht nur Rennfahrer, sondern auch Inhaber einer kleinen, aber keinesfalls unbedeutenden Luftfahrtgesellschaft. Er ist nicht der einzige, der nach einem schweren Unfall wieder Rennen gefahren ist, aber sein Unfall hatte besonders schlimme Folgen. Nuvolari und Fangio, vielleicht auch Ayrton Senna machten es ihren Fans leichter als Lauda – obschon Rennfahrer aus verschiedenen Epochen nie so ganz

DIE COMEBACKS DES CHAMPIONS

„Ich kehre zurück,
um zum drittenmal Weltmeister zu werden."

Niki Lauda, 1982

Nach dem Unfall am 1. August 1976, nach intensiver Behandlung und mehreren Operationen, kehrt Lauda am 10. September zum Training für den Großen Preis von Italien zurück und wird später vierter. Das Rennen ist eine einzige Qual: Der Helm irritiert die Haut, Augen und Lungen machen ihm schwer zu schaffen. Den Titel für 1976 muß er abschreiben, aber 1977 wird er erneut Weltmeister. Im Oktober verläßt er Ferrari und geht zu Brabham. Im Jahre 1979 kündigt er an, daß er sich als Fahrer aus dem Rennsport zurückzieht. Im Verhalten Laudas hat sich bis zuletzt nicht viel geändert. Er ist immer noch ein hervorragender Testpilot und Techniker. Er fährt einen modernen, sauberen Stil, der fast automatisch wirkt, so exakt zielt er auf maximale Leistung und auf Erfolg, ganz ohne überflüssige Kraftakte, ohne Zurschaustellen seiner Fähigkeiten. Außerhalb der Rennstrecke spricht und benimmt er sich wie immer. Nach dem Geheimnis seines Erfolges befragt, antwortet er kurz: „Ich frage mich immer, was ich tun muß, um erster zu werden." Er gibt sich selbst die richtigen Antworten, und dann reicht es zum Sieg. Seine wenigen – und von Treue geprägten – Liebesgeschichten und sein Privatleben schützt er vor Neugierigen erfolgreich durch absolute Unauffälligkeit. Über sein Verhältnis zu den Kollegen und den Teams, für die er fährt, sagt er nur soviel, wie unbedingt sein muß, um nicht unhöflich zu wirken – wenn sich einmal jemand wirklich ein Interview erkämpft. 1982 erklärt der nun 33 Jahre alte Lauda erneut, daß er wieder Rennen fahren will. Bei seinem zweiten Comeback fährt er für McLaren und holt sich im Oktober 1984 seinen dritten Weltmeistertitel. Am 17. August 1985 verabschiedet er sich endgültig vom Rennsport.

6

9

1 1982 1983 **1984** 1985 1986 1987 1988 1989 1990 1981 … 1990 1981 1982 1

7

8

miteinander zu vergleichen sind –, doch keiner war seriöser und weniger auf puren Effekt bedacht als er. Lauda ist einer der wenigen wahrhaft sportlichen Champions des modernen Typs.

1) April 1976. Ein vergnügter Niki Lauda in seinem Salzburger Haus.
2) Niki Lauda. Die Mütze verdeckt einen Teil der von seinem Unfall herrührenden Narben.
3) Niki Lauda auf dem Siegerpodest; neben ihm Alain Prost.
4) März 1977. Lauda präsentiert den Preis, mit dem er als mutigster Sportler des Jahres ausgezeichnet wurde.
5) 1. August 1976, Nürburgring. Die Rennfahrer Merzario, Edwards, Ertl und Lunger haben gerade Niki Lauda aus dem brennenden Autowrack geborgen und am Fahrbahnrand niedergelegt.
6) 1. August 1976. Der ausgebrannte Ferrari Laudas und – daneben – der letzte Wagen, der in ihn hineinraste: der Surtees T 16 des Amerikaners Brett Lunger.
7) Luca Cordero di Montezemolo, der zukünftige Chef des Hauses Maranello, mit Niki Lauda an der Ferrari-Box.
8) 1979. Niki Lauda im Cockpit einer Maschine seiner Fluglinie Lauda Air.
9) 1977. Der Ferrari T2, mit dem sich Niki Lauda seinen zweiten Titel holte. Die sichtbaren Flächen sind auf die Sponsorenmarken aufgeteilt.

MICHAIL GORBATSCHOW

der letzte Generalsekretär der KPdSU

Michail Sergejewitsch Gorbatschow kommt 1931 in dem Dorf Priwolnoje bei Stawropol als Bauernsohn zur Welt. 1955 promoviert er zum Doktor der Rechtswissenschaft und wird nach Stawropol zurückgeschickt, wo er seine politische Laufbahn beginnt. In Moskau wird er 1971 Mitglied im Zentralkomitee der KPdSU, 1978 ZK-Sekretär und Leiter des Landwirtschaftsressorts, 1980 aktives Mitglied des Politbüros. Als der ihm wohlgesonnene Juri Andropow (1914-84), der Leiter des sowjetischen Geheimdienstes, 1982 Breschnews Nachfolger wird, beginnt der steile Aufstieg Gorbatschows, der noch weiter nach oben führt, als der Breschnew-Gefolgsmann Konstantin Tschernenko (1911-85) im Februar 1984 Generalsekretär wird. Auf Vorschlag Andrej Gromykos (1909-89), des großen Diplomaten, wird Gorbatschow Generalsekretär der KPdSU. Beim 27. Kongreß der KP bereitet er einen radikal neuen Kurs vor. 1989 wird er nach Gromykos Tod Staatspräsident der Sowjetunion. 1988 proklamiert er vor der UNO den Übergang von der Ära der Konfrontation auf eine neue Ära internationaler Zusammenarbeit. Er zieht die Rote Armee aus Afghanistan zurück, unterzeichnet Abrüstungsabkommen mit Reagan und Bush, sucht eine Annäherung an China und gibt das Machtstreben der UdSSR in Afrika auf. Er unterstützt die Reformer in den Ländern des Warschauer Pakts, steht auf der Seite der Aufstände von 1989 und erkennt die Wiedervereinigung Deutschlands als unvermeidlich an. Mit den Ländern der EWG unterzeichnet er Abkommen, spricht immer wieder von einem „gemeinsamen europäischen Haus" und setzt 1990 mit der Charta von Paris für ein neues Europa dem kalten Krieg ein Ende. Im selben Jahr erhält er den Friedensnobelpreis.

3

1989 1990 1981 1982 1983 1984 **1985** 1986 1987 1988 1989 199 19

1

2

4

Dialektik. Ab 1989 schrumpft Gorbatschows Anhängerschaft, dafür legen die radikalen Reformer zu und gewinnen die Wahlen in den Teilrepubliken der Sowjetunion. Sie sind für die Abschaffung der staatlich gelenkten Wirtschaft und der Einheitspartei. In der Armee gärt es wegen des demütigendes Abzugs aus Afghanistan nach einem verlorenen Krieg (1979-89). Späte Erinnerungen an die von Stalin angeordneten Massendeportationen und die Methoden zur Durchsetzung der russischen Zentralmacht in den Republiken anderer Volksgruppen lassen den Nationalismus in mehreren Gebieten zu einem großen Problem werden. Der Atheismus von Staats wegen wird abgeschafft, der Patriarch von Moskau ist eine eigene Macht, und in den asiatischen Republiken erstarken die Muslime.

Weitere Machtfaktoren. Die Rote Armee und die erzkonservativen kommunistischen Kader in den Staats- und Parteiorganisationen, die Überreste des KGB, der schreckliche, unter der Diktatur Breschnews zu großer Macht gelangte Geheimdienst (1964-82), die akademischen, der Wissenschaft, Technik und Bergbauindustrie nahestehenden Kreise beobachten mit wachsendem Unmut das Zerbröckeln der UdSSR.

Der Putsch. Gorbatschow steht im Mittelpunkt, erweist sich aber als unfähig, die Reform im Lande zu steuern, obwohl er 1990 für weitere fünf Jahre als Staatspräsident bestätigt wird. Im August 1991 wird er samt seiner Frau und seiner Tochter in Foros auf der Krim von einer Verschwörung höchster Staatsfunktionäre gefangengenommen. Der Putsch scheitert aufgrund des Eingreifens des Präsidenten der russischen Republik, Boris Jelzin. Gorbatschow kehrt nach Moskau zurück. Am 21. Dezember teilen ihm die Präsidenten von elf Republiken mit, daß die Sowjetunion aufgehört hat zu existieren. Am Weihnachtstag wird im Kreml die sowjetische Fahne eingeholt und die russische aufgezogen. Der Ex-Präsident bleibt als Privatmann und geschützt von seinen Freunden aus dem Westen in seiner Heimat.

GLASNOST UND PERESTROJKA

„Für das, was Gorbatschow gesagt hat,
wurde man vor vierzig Jahren in Rußland erschossen
und vor fünf Jahren als Dissident ins Gefängnis gesteckt."

Stephen Cohen

Im Februar und im März 1986 stellt Gorbatschow den neuen Kurs seiner Regierung vor. Die beiden Schlagworte für seine Politik sind Glasnost, *also Offenheit und Demokratisierung der Beziehungen zwischen Staat und Gesellschaft, sowie* Perestrojka, *also der Umbau im Zuge tiefgreifender Reformen der Führungsstrukturen, vor allem in der Wirtschaft. In den internationalen Beziehungen soll eine neue Mentalität die Sicherheitsprobleme angesichts der Realität der nuklearen Aufrüstung begreifbar machen. Tiefen Eindruck hinterlassen die Rehabilitierung der Stalin-Gegner (darunter Bucharin), die Abschaffung der Gulags und der politischen Verbannung, die ersten Schritte zu Presse- und Versammlungsfreiheit, das „pluralistische Einparteien-System", welches das Entstehen einer Opposition vorbereitet, relativ demokratisch verlaufende Wahlen, dazu die Redefreiheit, die Versammlungen nun zugestanden wird, und schließlich das Entstehen einer Wirtschaft, die nicht zentral gelenkt ist. Im Sommer 1988 leitet ein Reformprojekt die Umstrukturierung der KPdSU ein. Diese Reformen, die mit der friedlichen Auflösung des europäischen Imperiums einhergehen, werden vom Westen mit Freude und Bewunderung aufgenommen. Im Inneren ist die wirtschaftliche Lage katastrophal, die Lebensbedingungen verschlechtern sich laufend, und der Untergang der Partei hinterläßt ein Vakuum, während örtlich Kämpfe zwischen einzelnen Volksgruppen aufflackern. 1989 richten Spezialeinheiten in Georgien ein Blutbad an, es kommt zu Aufständen in den baltischen Republiken, in Armenien und Aserbeidschan, im Sommer streiken die Arbeiter im Bergbaugebiet des Donez-Beckens, die KP muß Massenaustritte hinnehmen. Es zeigt sich, daß die Perestrojka undurchführbar ist, solange Machthaber auf persönlichen Interessen beharren. Auch Glasnost wird nicht Wirklichkeit, Macht und Geld gehen lediglich von der Partei auf die Apparatschiks über. Niemals zuvor jedoch löste sich ein Weltreich auf unblutigere Weise auf.*

5

8

9

6

7

1) Februar 1989, Afghanistan. Die Rote Armee zieht unverrichteter Dinge aus Kabul ab.
2) Juli 1989, Paris. Gorbatschow bei einer Pressekonferenz im Elysée-Palast.
3) Moskau. Gorbatschow (damals Parteisekretär der KP) mit Gattin Raissa Gorbatschowa, der Außenminister Eduard Schewardnadse (der künftige Präsident von Georgien), das sowjetische Staatsoberhaupt Andrej Gromyko, der Vorsitzende des Präsidialrats Nikolaj Ryschkow sowie Erich Honecker, seit 1971 Staatschef der DDR.
4) 30. November 1988, Moskau. Michail Gorbatschow bei einer Rede vor dem Obersten Sowjet.
5) Mai 1988, Moskau. Gorbatschow und Reagan bei einem Gipfeltreffen im Kreml.
6) 1986, Ukraine. Foto des Kernkraftwerks von Tschernobyl in der Nähe von Kiew, in dem sich am 26. April ein verheerender Unfall ereignete.
7) 1989, Deutsche Demokratische Republik. In Berlin fordern Demonstranten durchgreifende Reformen.
8) Februar 1983. Der Parteisekretär Juri Andropow, Nachfolger von Leonid Breschnew.
9) August 1991, Moskau. Nach dem Staatsstreich nimmt Jelzin die Sache in die Hand und leistet den Panzern der Putschisten entschlossenen Widerstand.

ANDREJ SACHAROW
wird rehabilitiert und kehrt aus der Verbannung zurück

Andrej Sacharow wird 1921 in Moskau geboren. Sein Vater Dimitri unterrichtet Physik und ist ein bekannter Autor populärwissenschaftlicher Werke. Andrej studiert Physik 1942 an der Universität Moskau und arbeitet bis 1945 für die Rüstungsindustrie. Danach widmet er sich der Forschung und befaßt sich bis 1948 vorwiegend mit der Quantenphysik. 1947 wird er Doktor der Physik und der Mathematik. Er beschäftigt sich vor allem mit thermonuklearen Reaktionen, namentlich mit der Fusion leichter Atomkerne (wie der Wasserstoffisotope Deuterium und Tritium). Dazu arbeitet er mit der Wissenschaftlergruppe um I. J. Tamm zusammen, insbesondere an der Entwicklung der Wasserstoffbombe. Den Schwerpunkt der Arbeit Sacharows bilden seine Studien über Plasmaeigenschaften. 1953 wird er Mitglied der Akademie der Wissenschaften der UdSSR. Nach dem 20. Kongreß der KPdSU warnt er vor der Gefahr von Atomwaffenversuchen und greift 1964 die sonderbaren biologischen Theorien Trofim Lyssenkos an, die Stalin unterstützt. 1968 veröffentlicht er in der UdSSR und New York den Essay *Gedanken über Fortschritt, friedliche Koexistenz und geistige Freiheit*, ein Manifest seines Nonkonformismus.

1

2

4

0 1981 1982 1983 1984 1985 **1986** 1987 1988

1985 **1986** 1987 1988 1989 1990 1981

3

Plasma. Der Plasmazustand, in den jede Materie überführt werden kann, wenn man ihren atomaren Bestandteilen Energie zuführt, ist praktisch der vierte Aggregatzustand der Materie. Das Plasma besteht aus ionisiertem Gas, das nach außen elektrisch neutral erscheint, sofern gleich viele positive und negative Ladungsträger vorhanden sind. Das Plasma spielt besonders beim Studium der Astrophysik eine Rolle, da es in seinem Innern zur thermonuklearen Fusion kommen kann, einem Verschmelzungsprozeß, der auf ungeordnete Wärmebewegung bei extrem hohen Temperaturen zurückgeht, wie sie für Sterne typisch ist. Sacharow beobachtet, daß Plasma aufgrund seiner hohen elektrischen Leitfähigkeit in seinem Innern ein magnetisches Feld besitzt. Aus diesem Grund kann ein äußeres Magnetfeld nicht in das Plasma eindringen, was wiederum ermöglicht, eine große Menge von Plasma aufzubauen, das von allen Seiten von einem äußeren Feld umgeben ist. Aus diesen Systemen läßt sich demnach eine explosive Anhäufung magnetischer Energie erzielen. Die Studien über kontrollierte Kernfusion sind deshalb so wichtig, weil bei der Fusion nicht wie bei der Kernspaltung langlebige radioaktive Rückstände entstehen.

Der Fall Sacharow. Sacharow war nicht der beste sowjetische Physiker seiner Zeit. Durch den Friedensnobelpreis 1975 wird er jedoch zu einer international bekannten Persönlichkeit. Vermutlich befürchtete man, er könne im Ausland zu Studien über Kernfusion eingesetzt werden, so daß er nicht wie der Schriftsteller Alexander Solschenizyn einfach ins Exil geschickt wurde. Die internationale Lobby der Physiker ist mächtig. Nach sieben Jahren Verbannung rehabilitiert ihn Gorbatschow. Sacharow betätigt sich daraufhin in der Politik und setzt sich für eine Perestrojka ein, die auf die Auflösung der UdSSR abzielt. Er wird in den Kongreß der Volksdeputierten gewählt und stirbt im Dezember 1989 in Moskau.

Samisdat (Selbstverlag)**.** Darunter versteht man die im Untergrund zirkulierenden Presse- und Literaturerzeugnisse in Ländern wie der UdSSR, in denen das Verlagswesen verstaatlicht ist. Bahnbrecher ist 1959 die Zeitschrift *Sintaxis*. Das Phänomen gewinnt an Bedeutung, als 1965 erste Dissidentengruppen entste-

DER DISSIDENT FORDERT KULTUR UND FREIHEIT

Zu den Verdiensten des sowjetischen Kommunismus gehören die Verteidigung, die finanzielle Förderung und der hohe soziale Status der Kultur, natürlich nur derjenigen, die weder der Diktatur noch den Intellektuellen, die ebenfalls am Regime beteiligt sind, Unannehmlichkeiten bereitet. Von Anfang an sind die Kritiker am Bolschewismus vor allem in den Reihen der Dichter zu finden, die auch zu Opfern der Geheimpolizei werden. Während in den westlichen Ländern Wissenschaftler, in den fünfziger Jahren finanziell besänftigt, immer unpolitischer werden, geschieht in der UdSSR das Gegenteil. Sacharow ist schon berühmt, als er beginnt, seine Mißbilligung auszudrücken und in seinem Buch 1968 die Meinung vertritt, daß nur eine Zusammenarbeit zwischen den Großmächten die Erde vor einer atomaren Katastrophe retten könne. Er wird daraufhin von der wissenschaftlichen Arbeit suspendiert. 1970 gründet er das "Komitee zur Durchsetzung der Menschenrechte" und greift 1973 das Machtmonopol der sowjetischen Bürokratie an. Im Jahre 1976 gehört er zu den Gründungsmitgliedern der Gruppe, die über die Anwendung des Abkommens von Helsinki für Sicherheit und Zusammenarbeit in Europa wacht. Sacharow vertritt immer klarer westliche Standpunkte und erklärt das sowjetische Regime zur Totalitarismuszentrale der Welt. Am 22. Januar 1980 spricht ihm das Präsidium des Obersten Sowjets alle Privilegien und Ehren ab, und er wird in die Verbannung nach Gorki geschickt.

5

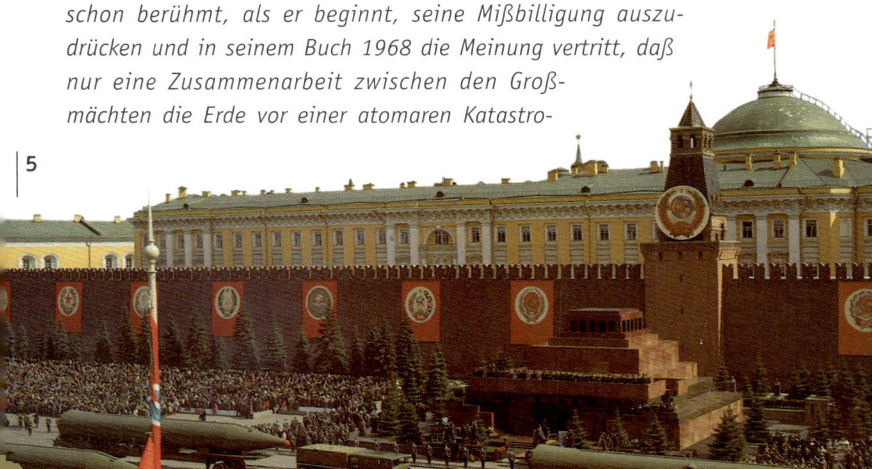

7

8

984 1985 **1986** 1987 1988 1989 1990 1981 1982 1983 1984 1985 **1986** 1987 1988 … 1983 1984 1

6

hen. 1967 beginnt mit der Verhaftung A. Ginsburgs und anderer die große Zeit der Samisdat-Literatur der Medwedew-Familie, von A. Martschenko und der Witwe des in der Verbannung verstorbenen Dichters Ossip Mandelschtam (1891-1938). Der repressive sowjetische Staat schließt Dissidenten in Arbeitslagern und "Irrenanstalten" ein oder schickt sie ins Exil.

1) Moskau. Ansicht der Universität, deren Monumentalgebäude noch aus der Epoche Stalins stammen.
2) Andrej Sacharow in den Jahren seines Dissidentums.
3) Der graue Minibus mit Sacharows Leichnam, dem ein kleiner Trauerzug das letzte Geleit gibt.
4) Sacharow mit seiner Frau Jelena Bonner, die auch während der Zeit der Verbannung ihres Ehemanns die Erlaubnis erhielt, das Land zu verlassen, um sich medizinischer Behandlung zu unterziehen.
5) Moskau, 1. Mai 1967. Ein Raketenbataillon präsentiert sich anläßlich der Feierlichkeiten zum Tag der Arbeit, die alljährlich mit großem Pomp begangen wurden, vor den Zuschauern auf dem Roten Platz in Moskau.
6) März 1955. Marschall Georgi K. Schukow (1896-1974), engster militärischer Mitarbeiter Stalins während des Kriegs an der "Heimatfront". Er war der wahre Verantwortliche für den Sieg über Hitler an der deutschen Ostfront. Von 1955-57 war er Verteidigungsminister und stets ein begeisterter Befürworter der atomaren Rüstung.
7) Sowjetunion, 12. August 1953. Explosion einer Wasserstoffbombe.
8) Sowjetunion. Explosion einer Wasserstoffbombe mit hoher Sprengkraft.

"Es ist kein Zufall, daß der wichtigste nationale und internationale Sprecher der Dissidenten in der UdSSR ein Wissenschaftler war, … der Anfang der achtziger Jahre zu den ersten Verantwortlichen des Baus der sowjetischen Wasserstoffbombe gehörte."

Eric J. Hobsbawm

MARGARET THATCHER

wird zum dritten Mal Premierministerin Großbritanniens

Margaret Hilda Thatcher wird 1925 als Tochter einer wohlhabenden Händlerfamilie geboren. Nach Ende ihres Chemiestudiums 1951 in Oxford studiert sie Jura und wird 1954 als Rechtsanwältin zugelassen. 1959 wird sie als Abgeordnete der Konservativen ins Unterhaus gewählt. Von 1961 bis 1963 hat sie weniger wichtige Funktionen in der Regierung Macmillan inne und wird nach 1963 "Schattenministerin" der Opposition. Nach der Rückkehr der Konservativen 1970 an die Regierung wird sie Ministerin für Erziehung und Wissenschaft. Beim Parteitag der Tories 1975 überzeugt sie durch ihre radikalliberalen Ideen und wird zur Parteivorsitzenden gewählt. Im Mai 1979 erringt sie einen Wahlsieg für die Konservativen und wird Premierministerin. 1983 und 1987 wird sie in ihrem Amt bestätigt. Nach zehnjähriger Vormachtstellung innerhalb der Partei und in Großbritannien kommt es zum Auseinandersetzungen zwischen ihr und Mitgliedern ihrer Regierung, die einen Beitritt zum europäischen Währungssystem befürworten. Sie ersetzt ihren bisherigen Schatzkanzler durch John Major. Und dieser ersetzt schließlich sie, als sich Frau Thatcher nach dem Sieg der Labour Party bei der Europawahl – auch angesichts massiven Widerstands gegen die von der Premierministerin vertretene Steuer auf physische Personen ("poll tax") – am 22. November 1990 zum Rücktritt gezwungen sieht. Ungeachtet dessen versucht sie weiterhin, im politischen Leben eine Rolle zu spielen.

3

1984 1985 1986 **1987** 1988 1989 1990 1981 1982 1983 1984 1985 1986

1

2

5

4

Die eiserne Lady. Margaret Thatcher sagt den Gewerkschaften, den traditionellen Partnern der Labour Party, den Kampf an. Sie schafft Gesetze, die Sympathiestreiks untersagen und den Gewerkschaftsführern verbietet, ohne Absprache mit der Basis zum Streik aufzurufen. Nach einjährigen Streiks zwingt sie damit 1985 die mächtigen Berg-arbeitergewerkschaften in die Knie, das Rückgrat der Gewerkschaftsbewegung.

Populärer Kapitalismus. Die Politik Frau Thatchers begünstigt ab 1981 einige Jahre lang eine Zunahme des Bruttoinlandsprodukts um etwa drei Prozent jährlich. Zwischen 1979 und 1987 verdreifacht sich die Zahl der Aktionäre in Großbritannien. Zudem regt sie diejenigen zum Kauf öffentlicher Immobilien an, die bereits darin wohnen: Danach steigt die Zahl der Hausbesitzer von 52 auf 66 Prozent.

Europa. Den Traum von einem vereinten Europa verfolgen jene Länder, die in früherer Zeit überhaupt nicht oder nur in geringem Maße romanisiert wurden, im Mittelalter nicht zum Heiligen Römischen Reich gehörten und in der jüngeren Geschichte und der Gegenwart nie längere Zeit die Besatzung von Fremdmächten ertragen mußten, nur mit geringem Interesse. Frau Thatcher ist eine typische Vertreterin der Weltsicht Großbritanniens, das sich selbst als Mittelpunkt der Welt sieht. Während sie für die romanischen Völker nur geringe Wertschätzung aufbringt, fürchtet sie die Deutschen, mißtraut den Slawen und bewundert die USA. Sie ist damit freilich in der Tat nur ein getreues Abbild der Mentalität ihres Volkes.

Kultur. Als Erziehungsministerin schafft sie die kostenlose Schulmilch in der Grundschule ab. Vor dem Hintergrund des reichen touristischen Angebots im Großbritannien der sechziger Jahre hat sie kein Interesse daran, die Kultur finanziell zu fördern, wie dies etwa in Paris geschieht, das damit in den achtziger Jahren wieder zur kulturellen Hauptstadt Europas aufsteigt. Großbritannien ist heute zwar immer noch reich an Kultur, aber auch voll mit Schmutz und Lärm.

THATCHERISMUS

1) London 1980. Premierministerin Margaret Thatcher beim Empfang der Königinmutter Elisabeth, Witwe Georgs VI., in der Downing Street Nr. 10.
2) Canterbury, Februar 1986. Frau Thatcher und der französische Präsident Mitterrand unterzeichnen voll Zuversicht das Abkommmen über den Bau des Tunnels unter dem Ärmelkanal.
3) Margaret Thatcher zu Beginn ihrer Zeit als Premierministerin.
4) Brighton, 13. Oktober 1984. Das Grand Hotel nach dem IRA-Anschlag auf den Parteitag der Konservativen.
5) Frau Thatcher mit Ronald Reagan, dem Präsidenten der USA, dessen Politik sie nachahmt.
6) Auseinandersetzungen zwischen Streikenden und Streikbrechern bei einem Streik gegen die Regierung Thatcher.
7) Südatlantik. Die britische Flotte vor den Falkland-Inseln.
8) London, 22. November 1990. Demonstranten gegen die neue Kommunalsteuer ("poll tax") in der Downing Street am Tag von Frau Thatchers Rücktritt.
9) Liverpool 1989. Die Krise nach zehnjähriger Thatcher-Regierung hat viele Industriebetriebe lahmgelegt.

Frau Thatcher ist die erste politische Vertreterin eines rigorosen Monetarismus neuerer Prägung, die an die Macht kommt. Sie tritt für eine Verringerung sozialer Leistungen ein, für niedrigere Steuern, Privatisierung staatlicher Betriebe und für ein Gesetz zur Einschränkung der Befugnisse der Gewerkschaftsführer. Als sie nach einer Streikwelle an die Regierung gelangt, kürzt sie die Staatsausgaben um 1,5 Milliarden Pfund, leitet die Privatisierung öffentlicher Betriebe ein, erhöht die indirekten Steuern, schafft die Devisenkontrolle ab, erhöht die Geldbeschaffungskosten und senkt den Höchststeuersatz von 83 auf 60 Prozent. Die Inflationsrate sinkt 1981 von 17 auf 11 Prozent, die Arbeitslosigkeit aber steigt zwischen 1980 und 1986 von 6,1 auf 11,8 Prozent, und der Wirtschaftsaufschwung läßt auf sich warten. Nachdem Argentinien die Falkland-Inseln besetzt hat, schlägt Großbritanniens Seestreitmacht zu und erobert die öden Eilande 1982 zurück. Durch diesen Sieg zeichnet sich eine neue Wählerplattform für Frau Thatchers Politik ab: Die einfachen Leute, die sich nach dem britischen Empire zurücksehnen, teilen die fremdenfeindlichen Tendenzen und die antieuropäische Einstellung der "eisernen Lady"; das mittlere und gehobene Bürgertum fühlt sich angezogen von ihrer gewerkschaftsfeindlichen Politik, der Entwicklung, die ihre Politik im Dienstleistungssektor einleitet, und von ihrem Nationalstolz. Absolut verfassungsgemäß ist die Unterstützung, die ihr vom Königshaus als Vertreterin der Werte eines aggressiven, technikfreundlichen, an den USA orientierten Bürgertums, das viel von seinem früheren Stil eingebüßt hat, entgegengebracht wird.

7

1987 1988 1989 1990 1981 1982 1983 1984 1985 1986 **1987** 19 ... 985 1986 1

6

8

9

"Sie hat den Mund von Marilyn Monroe und den Blick von Caligula."

François Mitterrand

ENZO FERRARI

stirbt und hinterläßt der Welt seinen berühmten roten Sportwagen

Enzo Ferrari wird 1898 als Sohn des Besitzers der Mechanischen Werke Alfredo Ferrari in Modena (Emilia) geboren, der für die staatliche Eisenbahn arbeitet. Da er kein herausragender Schüler ist, verlagert er seine Interessen auf andere Dinge, ist ein begeisterter Athlet, liebt Operettenmusik und ist verrückt nach Autorennen. Bereits 1914 arbeitet er als Fußballreporter für die *Gazzetta dello Sport*. Danach arbeitet er als Ausbilder an der Dreher-Schule in der Feuerwehrwerkstatt seiner Heimatstadt und wird 1917 einberufen. Wieder aus dem Militärdienst entlassen, wird er 1918 Arbeiter bei einem Autoverschrotter. So findet er Zugang zur Welt des Automobilsports und wird von der CMN in Mailand zunächst als Prüfer, später als Testpilot angestellt. 1919 fährt er in Sizilien bei der Targa Florio mit, dem schwersten Langstreckenrennen für Sportwagen. Er wird Neunter. 1929 gründet er den Rennstall "Scuderia Ferrari", an dem auch Alfa Romeo und Pirelli beteiligt sind. Zu seinen Meisterfahrern gehören später der Größte von allen, Tazio Nuvolari (1892-1953), weiter die Varzi-Brüder, Giuseppe Campari, Luigi Fagioli, Luis Chiron und Guy Moll. Nach Liquidierung der "Scuderia Ferrari" wird er Direktor der Rennabteilung von Alfa Romeo und bleibt es bis 1939. Von der Abfindung kauft er sich in Maranello ein Gelände für sein neues Unternehmen, die "Auto Avio Costruzioni Ferrari". Das erste Auto ist der Ferrari 815, der erste Ferrari-Rennfahrer Alberto Ascari (1918-55). Im Frühling 1940 fliegen über die Rennstrecken die ersten Sportwagen mit dem Pferdchen als Markenzeichen auf ihren vier Rädern.

2

3

4

5

1

Mythos der Massen. Als Enzo Ferrari 1988 stirbt, sind ihm schon viele der ihm nahestehenden Personen vorausgegangen: sein ältester Sohn Dino, seine Frau und nicht wenige seiner Rennfahrer, darunter einige der beliebtesten. Auch die Firma Ferrari gehört ihm damals nicht mehr. In gewissem Sinne gehört sie aber auch nicht dem Fiat-Konzern. Sie ist zu einem Mythos der Massen geworden: der Dino, der Testarossa und all die anderen Renn- und Sportwagenmodelle, Spider, Coupé und GT, sind seit 40 Jahren der Traum vieler Jugendlicher auf der halben Welt. Die roten Modellautos Marke Ferrari, die in einfacher Ausführung für wenig Geld für Kinder und in originalgetreuer Nachbildung für viel Geld für Erwachsene verkauft werden, sind auf dem Markt konkurrenzlos.

Sponsoren. Seit Gründung seines Rennstalls, als er Alfa Romeo und Pirelli zum Mitmachen überredet, ist Enzo Ferrari ein wahrer Zauberer, was die Beschaffung von Geld betrifft. Zumindest in Europa ist er deshalb als einer der Vorreiter der Sportförderung durch Sponsoren anzusehen. Vor dem Krieg gehören Shell, Bosch, Whitworth, Champion, Siata und Memini, alles Fir-

"Am 14. August ist in Maranello der berühmteste Italiener der Welt gestorben."

Pressemitteilung zum Tod Enzo Ferraris

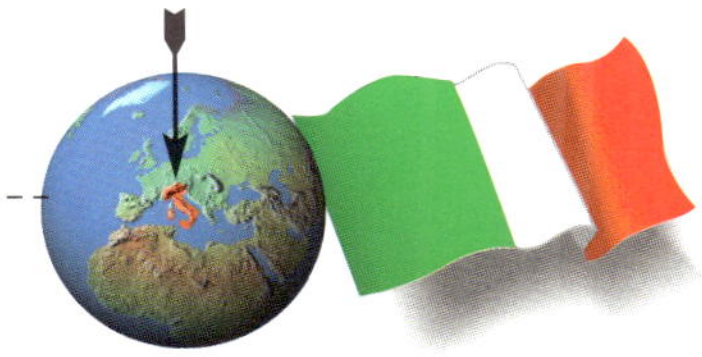

ITALIENS ROTE RENNWAGEN

1) Enzo Ferrari mit Ingenieur Lampredi.
2) Enzo Ferrari als junger Rennfahrer mit konzentrierter Miene.
3) Der Ferrari 125, ein Rennwagen, mit dem Alberto Ascari 1949 den Großen Preis von Europa gewinnt.
4) Der Ferrari 500 F2, mit dem Alberto Ascari in den Jahren 1952 und 1953 den Formel-1-Weltmeistertitel erringt.
5) Der Lancia D50, der zum Ferrari umgebaut wird und mit dem Fangio 1956 die Weltmeisterschaft gewinnt.
6) Mit dem Alfa Romeo P3 nimmt der der Rennstall Ferrari 1932 an mehreren Rennen teil.
7) Der Ferrari, an dessen Steuer José Froilan Gonzalez am 14. Juli 1951 in Silverstone seinen ersten Großen Preis in der Formel 1 gewinnt. Es handelt sich um das von Ingenieur Lampredi entworfene Modell 375.
8) Der Ferrari 156 in der Version, mit dem Phil Hill sich 1961 den Weltmeistertitel holt. Für das Design des Wagens zeichnet Paolo D'Alessio verantwortlich.
9) 4. Juni 1988. Die Auto-Wochenzeitschrift *Autosprint* veröffentlicht ein Foto vom Besuch Johannes Pauls II. im Ferrari-Werk, auf dem der Papst seine Gläubigen aus einem Ferrari Mondial 8 heraus grüßt.

Das Wappen mit dem nach links blickenden schwarzen Pferdchen auf gelbem Grund erscheint zum ersten Mal 1932 auf den Autos der Scuderia Ferrari. Es wurde Ferrari als Markenzeichen für seine Rennwagen von der Gräfin Baracca überlassen, der Mutter des italienischen Helden des Ersten Weltkriegs Francesco Baracca (1888-1918), der just dieses Wappen auf seinem Jagdflugzeug trug. Auch rote Rennwagen gibt es schon vor den Ferraris. Da ist zunächst der leuchtendrote Alfa Romeo P3, mit dem die Scuderia Ferrari selbst 1932 ihre Rennen bestreitet. Mit dem Ferrari 125 gewinnt Ascari 1949 in Monza den Großen Preis von Europa. 1951 beendet der Ferrari 375 mit Gonzalez als Fahrer in Silverstone als erster Ferrari siegreich einen Großen Preis der Formel 1 (die 1950 entstand). 1952 und 1953 wird Ascari mit seinem Ferrari 500 F2 Formel-1-Weltmeister. Sieger des Jahres 1956 ist der große Juan Manuel Fangio mit einem Ferrari, der aus einem Lancia D50 entwickelt wurde. Den vierten Weltmeistertitel für Ferrari erringt Mike Hawthorn 1958 auf einem Ferrari 246. Ihm folgen 1961 Phil Hill mit dem Ferrari 156 und 1964 John Surtees in seinem Ferrari Modell 158 mit selbsttragender Karosserie. Zwischen 1953 und 1972 nimmt die Firmenmannschaft von Ferrari an 20 Markenweltmeisterschaften teil, von denen sie 13 gewinnt. 1975 vermag Niki Lauda einen weiteren Formel-1-Weltmeistertitel für Ferrari zu erringen. Dann, 1979, ist Jody Scheckter mit seinem Ferrari 312T4 an der Reihe. Das ist der bisher letzte Weltmeistertitel in der Formel 1 für Ferrari. Enzo Ferrari, Ingenieur honoris causa, der mythischste der Rennwagenkonstrukteure, stirbt 1988. Seine Entschlossenheit, seine Hartnäckigkeit und sein äußerst seltenes Talent, verschiedene Männer in einem Team zusammenzuschweißen und sie dazu zu stimulieren, ein siegreiches Auto zu konstruieren, werden der Welt im Gedächtnis bleiben.

6

7

8

9

men aus dem Automobilsektor, zum Kreis der Sponsoren. Nach dem Krieg werden es noch viel mehr. Zuletzt geht Ferrari aber in den Riesenkonzern Fiat über.

Zur selben Zeit. Salman Rushdie veröffentlicht *Die satanischen Verse*, und Ajatollah Khomeini ruft zum Mord an ihm auf. Präsident Mitterrand lädt 75 Nobelpreisträger nach Paris ein. Das Treffen steht unter dem Thema: Bedrohungen und Hoffnungen zu Beginn des 21. Jahrhunderts. In Burundi vernichtet die Oberschicht der Tutsi, die aus dem Nilgebiet stammen, die weit größere Mehrheit der Hutu, ein Bantuvolk.

AKIHITO
wird der 125. Kaiser Japans

Akihito wird 1933 als Sohn von Kaiser Hirohito und Nagako, der Tochter des Fürsten Kuno, geboren. Traditionsgemäß wird von ihm – wie von allen Herrschern seines Geschlechtes – keine persönliche Geschichte überliefert. Er stammt von Jimmu Tenno ab, der als letzter Kaiser des Götterzeitalters und erster des Menschenzeitalters um 660 v. Chr. den Kaiserthron bestiegen haben soll und nach der Legende über 130 Jahre alt wurde, was in Anbetracht seiner Ahnen als normal gelten darf: Jimmu ist der Urenkel von Ninidji, der als Enkel der Sonnengöttin Amaterasu die Herrschaft über Japan geschenkt bekam. Alle japanischen Kaiser stammen von Amaterasu somit in direkter Linie ab. Nicht alle von ihnen haben selbst regiert, vielmehr haben oft Regenten und in späterer Zeit Schogune, also Feldherren, die Regierungsgeschäfte geleitet. Als Akihito zur Welt kommt, ist all dies kein Mythos, sondern Geschichte, heilige Geschichte und Verfassung: Im Artikel 3 (der wie alle übrigen 1945 aufgehoben wurde) jener Verfassung steht, daß der Kaiser ein "himmlisches Wesen, göttlichen Ursprungs und heilig ist". Akihito ist der Kronprinz, heiratet zur gegebenen Zeit die adelige Michiko, die ihm den Erben Naruhito schenkt. Nach langer Krankheit stirbt Kaiser Hirohito 1989; mit ihm endet die Showa-Ära. Nach ihm wird Akihito Kaiser mit der Devise Heisei ("umfassender Friede"). 1993 heiratet Naruhito eine junge Diplomatin aus bürgerlichem Hause, Masako Owada.

1

2

3

4

5

3 1984 1985 198… 8 **1989** 1990 1981 1982 1983 1984 1985 1986 1987 1988 **1989** 1990 1981 1982 1983 1

"1994 ist Japan mit 690 Milliarden Dollar der größte Nettogläubiger der Welt, wogegen die USA in perfekter Symmetrie dazu mit 700 Milliarden Dollar die größten Nettoschuldner der Welt sind."

Geminello Alvi

Problem Hirohito. In einer Stadt mit elf Millionen Einwohnern lebt der alte Kaiser (geb. 1901; ab 1921 Regent; ab 1926 Kaiser) in der Abgeschiedenheit seines Palastes hinter einer gewaltigen Mauer. Der Kaiserhof verwaltet ein riesiges Vermögen, verhandelt mit Politikern und Presseleuten, wacht über die Dynastie in der Abgeschiedenheit. Hirohito ist ein Problem: Es läßt sich nicht verbergen, daß er nicht nur für die Niederlage von 1945 verantwortlich ist, sondern auch für die autoritäre, militaristische und kapitalistische Staatsführung, die das Land in den Krieg und das Verderben gestürzt hat.

Korruption. In den 30 Jahren nach der Katastrophe hat sich Japan zu einer der größten Wirtschafts- und Finanzmächte entwickelt. Der Primat der Älteren, die Versklavung des Untergeben durch seinen Dienstherrn, der Frau durch den Mann, des einzelnen durch den Betrieb,

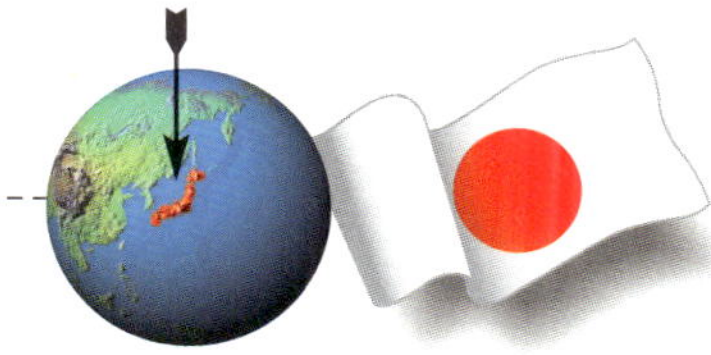

ES GIBT KEINEN MIKADO MEHR

1) Tokio. Eine Aufnahme der vollständig von der Außenwelt abgeschirmten Kaiserresidenz Japans.
2) 1990 Tokio. Akihito in den liturgischen Gewändern, die für die Krönung nach dem Shinto-Kult vorgeschrieben sind.
3) 1993, Tokio. Der Kronprinz Naruhito mit seiner Verlobten, beide mit westlicher Kleidung angetan.
4) Tokio. Die Hochzeit des Kronprinzen Akihito mit Prinzessin Michiko.
5) 12. November 1990, Tokio. Protestkundgebung gegen das Kaiserhaus.
6) 12. November 1990, Tokio. Eine Momentaufnahme aus der feierlichen, nach dem uralten Zeremoniell ablaufenden Kaiserkrönung Akihitos.
7) 1964, Tokio. Kaiser Hirohito eröffnet im Stadion die Olympischen Spiele.
8) 1994, Vatikan. Kaiser Akihito und seine Gattin besuchen Papst Johannes Paul II. im Vatikan.
9) 24. Februar 1989, Tokio. Die Trauerfeier anläßlich des Todes von Kaiser Hirohito wird der Tradition entsprechend nach dem Shinto-Ritus durchgeführt.

Nach jahrhundertelanger Untätigkeit beschließt der Tenno ("himmlischer Souverän") in seiner Residenz in Kyoto, die Zügel der Macht wieder selbst in die Hand zu nehmen. Er ist noch sehr jung und heißt Mutsuhito, seine Regierungszeit wird Meiji-Zeit (1868-1912) genannt und bringt die Abschaffung des Schogunats und des Feudalismus, die Verlegung der Hauptstadt nach Tokio, die Geburtsstunde der Verfassung einer parlamentarischen Demokratie mit Ministerien und einem Parlament, der kaiserlichen Marine, verschiedener Industriezweige und die Wiedergeburt des Imperialismus nach jahrhundertelanger Isolation sowie des Shinto-Kults mit sich, der bis dahin lediglich das Leben im Palast

7

6

8

986 19 | 1988 **1989** 1990 1981 1982 1983 1984 1985 1986

bestimmt hatte. 1894 schließt Mutsuhito mit London das erste auf Gleichberechtigung beruhende Abkommen zwischen einem orientalischen und einem westlichen Staat. Ihm folgen auf dem Thron Yoshihito (Taisho-Ära) und Hirohito. Hirohito führt Japan zur Vormachtstellung im Osten und dann in die Katastrophe von Hiroshima. Aber nicht einmal für General MacArthur, den Oberbefehlshaber der US-Besatzungstruppen in Japan, wäre die Abschaffung der Monarchie denkbar. Der uralte Kaisertitel verschwindet, und es entsteht eine neue Verfassung, die dem Kaiser eine Rolle in weltlichem Rahmen zuschreibt. Die Macht geht auf einen starken Premierminister, dessen Partei und ein Zwei-Kammer-Parlament über. Die Macht des Tenno ist symbolischer Natur. Als Hirohito stirbt, währen Trauerfeier und die Thronbesteigung Akihitos etwa zwei Jahre. Das Zeremoniell ruft viele Gegner auf den Plan und entfesselt Protestkundgebungen. In heutiger Zeit spielen Akihito und auch sein Sohn im krisengeschüttelten Japan eine für die Krone völlig neue Rolle.

9

beherrscht das Land mit erbarmungslosem Arbeitstempo und dem kritiklosen Kult der Tradition. Die Verstädterung löst die Beziehungsgeflechte des Dorfes und der Sippen auf. Schon in den Grundschulen ist der Wettbewerb stark ausgeprägt. Die Partei, die jahrzehntelang das Machtmonopol innehat, sentpuppt sich als korrupt: Premierminister Tanaka ist in den Lockheed-Skandal verwickelt, Premierminister Takeshita 1987 in den Recruit-Cosmos-Skandal.

Nationalsozialistische Tendenzen. Der Historiker Hobsbawn schreibt: „Die Japaner hatten mit den Deutschen die Fähigkeit gemein, barbarisches Verhalten mit einem hochentwickelten ästhetischen Empfinden zu vereinen." Nakasone, der 1982 Premierminister wird, propagiert einen neuen Nationalismus. Japan fühlt sich allen überlegen, da angeblich das Gehirn der Japaner anderen etwas voraushat. Die Ostasienkrise läßt Instabilität erkennen.

1990

LEONARD BERNSTEIN stirbt allzu früh

Leonard Bernstein wird 1918 in Lawrence (Massachusetts) in eine Familie russischer Juden hineingeboren. Er studiert Musik an der Harvard University und belegt 1940-41 einen Kurs in Orchesterleitung bei Fritz Reiner und Sergej Kusevizki, dessen Assistent er in Boston 1942 wird. Er erhält eine umfassende Ausbildung, die es ihm ermöglicht, sich der Komposition zu widmen, eine Liebe, von der er sein ganzes Leben lang erfüllt sein wird. Darüber hinaus tritt er auch als Pianist und Dirigent in den USA und Europa auf. 1958 wird er Chefdirigent der New Yorker Philharmoniker, die er 1959 auf einer langen Europatournee begleitet, welche ihn auch in die Sowjetunion führt. 1969 verläßt er sein Orchester und gibt nun als Dirigent Gastspiele mit Sinfonieorchestern aus aller Welt, die unter seiner Leitung auch ihre Tourneen absolvieren. Seine Arbeit verlagert sich etwas auf Schallplattenaufnahmen und Auftritte im Fernsehen, wo er durch publikumswirksame Musiksendungen internationale Popularität erlangt. 1979 wird ihm der Musikpreis der UNESCO verliehen. Auch aufgrund seiner Vielseitigkeit der Interpretation, der Wärme und der vornehmen Einfachheit seiner Art und seines Verhaltens sowie aufgrund seines Interesses für jede Form der Musik und für die Jugend nimmt seine internationale Popularität immer weiter zu. Er stirbt im Oktober 1990 in New York.

6

1

3

1985 1986 1987 1988 1989 **1990** 1981 1982 1983 1984 1985 1986 1987 1988 1989 **1990** 1981 1982 1983 1984 1985 1986 1987 1988 1989 **1990** 1981 1982 1983 1984 19

2

4

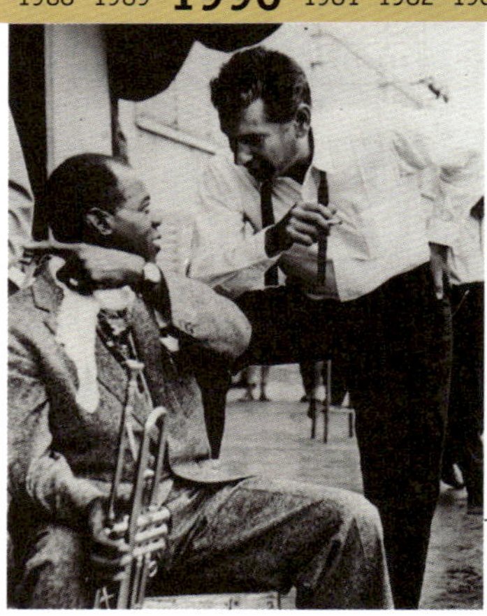
5

Der Komponist. Von den vielen Kompositionen Bernsteins aus dem Bereich der Kammermusik, der Sinfonien, Opern und Ballette sei hier an einige erinnert: *Jeremiah Symphony* (1944), *Dybbuk Variations und Divertimento for Orchestra* (1980), die Ballette *Fancy Free* (1944) und *Facsimile* (1946), die Opern *Trouble in Tahiti* (Ärger in Tahiti) (1952), *Dybbuk* (1974) und *Mass* (1972) für Sänger, Musiker und Tänzer.

Theater und Film. Für den Broadway komponiert Bernstein 1944 die Musik der berühmten Revue *On the Town*, die 1949 dank des schauspielerischen Könnens von Stanley Donen und Gene Kelly in den erfolgreichen Film *Heut gehn wir bummeln* umgesetzt wird, der bis heute zuweilen im Fernsehen gezeigt wird. Eine weitere Musikkomödie für den Broadway, die berühmte *West Side Story* von 1957, wird 1961 verfilmt und zählt seither auch wegen der glänzenden Inszenierung und mitreißenden Gruppenchoreographie zu den Klassikern seines Genres. Weitere Musikkomödien von ihm sind *Wonderful Town* und *Candide*.

Für Marlon Brando. Weniger bekannt ist, daß die Filmmusik zu *Die Faust im Nacken* von 1954 nach einem Drehbuch Budd Schulbergs, gedreht von dem amerikanischen Regisseur griechischer Herkunft Elia Kazan, von Bernstein stammt. Der Film ist beeinflußt vom großen sowjetischen Film und vom sozialkritischen Film der USA der dreißiger Jahre. Während die schauspielerische Leistung Marlon Brandos und Karl Maldens meisterhaft ist, sind Dialoge und Geräuschkulisse oft banal. Die Musik Bernsteins unterstreicht dagegen häufig empathische Momente und stellt dabei einen außergewöhnlichen Gegensatz zu den gezeigten Schwarzweiß-Bildern dar.

Der Dirigent. Bernstein liebte es, sich mit einem Hof junger Orchestermusiker, Sänger und Schüler zu umgeben, die ihn bei der Arbeit begleiten und ihm helfen, bis spät in die Nacht hinein weiterzumachen. Manche von ihnen konnten davon profitieren und etwas von ihm abschauen. Der Japaner Seiji Ozawa (geb. 1935), der heute zu den ganz Großen besonders in bezug auf die Musik des 20. Jahrhunderts gehört, war einst Bernsteins Assistent.

MUSIKGENUSS

1) New York 1968. Bernstein begleitet Charlie Chaplin am Klavier.
2) Szenenfoto der Oper *Ärger in Tahiti* in einer Inszenierung der Mailänder Scala in der Opernsaison 1983-84.
3) Eine Szene aus der *West Side Story* von Wise und Robbins.
4) 1980. Bernstein am Flügel. Neben ihm Seiji Ozawa und Aaron Copland (1900-90).
5) 1968. Bernstein mit Louis Armstrong.
6) Bernstein bei der Probe in einer seiner typischen Haltungen. Bernstein erlaubt sich dabei keine übertriebenen Gesten, hat beim Dirigieren jedoch eine äußerst ausdrucksstarke und nuancenreiche Mimik, durch die er seine große Freude an der Musik vermittelt.
7) Mitte der sechziger Jahre. Das sehr renommierte New York Philharmonic Orchestra spielt einmal mehr unter der Leitung von Leonard Bernstein.
8) Plakat der Verfilmung der *West Side Story* (1961) unter der Regie von Robert Wise und nach Motiven des großen Choreographen Jerome Robbins. Natalie Wood, George Chakiris und Richard Beymer spielten im Film die Hauptrollen.
9) Venedig, Juni 1982. Bernstein, ganz und gar in sich gekehrt, am Grab von Igor Strawinsky. Ein ergreifender Schnappschuß von Silvia Lelli.

Bernstein ist ein sehr ernsthafter Musiker, der mit großem Eifer arbeitet, sich aber auch viele Vergnügen gönnt, als höchsten Genuß die Musik. Ein magischer Moment in seiner Karriere ist für ihn gekommen, als er als erster Ausländer von der Mailänder Scala eingeladen wird, italienische Opern zu dirigieren. Seine Interpretationen der Medea *von Cherubini und der* Nachtwandlerin *(La Sonnambula) von Bellini in den fünfziger Jahren – beide mit Maria Callas in der Hauptrolle – begeistern Musikliebhaber in aller Welt. Dasselbe gilt für Verdis* Falstaff *in der Inszenierung von Luchino Visconti 1966 in Wien oder die Puccini-Interpretationen des großen Herbert von Karajan (1908-89) oder, weiter in der Vergangenheit, für die Uraufführung von Ende 1925 des* Wozzeck *von Alban Berg (1885-1935) unter der Leitung von Erich Kleiber (1890-1956). Im symphonischen Bereich ist Bernstein vor allem in seinen Mahler-Interpretationen unerreicht, denn Mahler ist ein ähnlich eklektischer Komponist wie Bernstein selbst und wie dieser empfänglich für die rein hedonistischen Werte des Klangs und die expressiven Werte des Rhythmus. Der Schatz, aus dem der Komponist Bernstein schöpft, umfaßt außer dem Erbe der klassischen europäischen Musik Elemente der traditionellen jüdischen Musik, der christlichen Kirchenmusik, des amerikanischen Schlagers und des Jazz (vor allem in der Piano-Version). Seine überaus offene Einstellung, mit der er alle Musikformen gleichermaßen respektvoll behandelt, ist in seinem 1959 erschienenen Buch* Freude an der Musik *(dt. 1961) dokumentiert. Beim Dirigieren auf der Bühne entfaltet er, ohne künstlich oder aufgeblasen zu wirken, eine Mimik, eine Gestik und tänzerische Bewegungen, die allen im Gedächtnis bleiben, die ihn einmal gesehen haben und damit an einer wirklich außergewöhnlichen Darbietung von Freude an der Kunst teilhaben durften.*

7

9

8

"Eine vor musikalischem Enthusiasmus überschäumende Persönlichkeit ist zweifellos Leonard Bernstein."

Giovanni Tintori

1991

2000

MICHAEL JACKSON

BILL CLINTON

YITZHAK RABIN

NELSON MANDELA

MADONNA

DIANA SPENCER

MUTTER TERESA

HELMUT KOHL

BORIS JELZIN

JAHRTAUSENDWENDE

Hobsbawm, ein bedeutender Historiker moderner Zeitgeschichte, schreibt: "Die Auslöschung der Vergangenheit, genauer gesagt die Zerstörung der sozialen Mechanismen, die den Bezug zwischen den Erfahrungen unserer Zeitgenossen und denen früherer Generationen aufrechterhalten, ist eines der charakteristischsten und gleichzeitig merkwürdigsten Phänomene der letzten Jahre des 20. Jahrhunderts." Am stärksten in Frage gestellt ist dabei zweifellos die Funktion der Familie. Gab es zu Beginn des Jahrhunderts noch die Großfamilie, durch die Ideen, Werte und Verhaltensweisen weitergegeben wurden, ehe sie in Schule und Beruf vertieft wurden, so reduziert diese sich im Zuge der zunehmenden Verstädterung in den dreißiger Jahren auf die Kernfamilie. In den siebziger Jahren tritt nicht selten eine Wohngemeinschaft an die Stelle der Familie, und in den achtziger Jahren setzt sich der Single

Die Trauerfeier für Lady Diana Spencer, die geschiedene Gattin des englischen Thronfolgers. In Begleitung dreier Bischö-fe verlassen die "Hüterin des Glaubens", Königin Elisabeth II., der Herzog von Edinburgh und Vater von Prinz Charles sowie die Königinmutter die Kirche.

durch, der überhaupt keine familiären Pflichten mehr übernehmen will. Im letzten Jahrzehnt will so mancher alles auf einmal: die Scheidung und die soziale Absicherung durch den früheren Gatten, die Kinder aus erster Ehe und die neue Liebe, totale persönliche Unabhängigkeit und Handlungsfreiheit und natürlich die Anerkennung durch andere oder gar weltweite Berühmtheit. Auch Europa hat in diesen Jahren noch nicht den rechten Weg gefunden: 1993 wird die Europäische Gemeinschaft zur Europäischen Union. Mitgliedsländer sind neben den Beneluxländern Frankreich, Deutschland, Italien, Dänemark, Irland, Großbritannien, Griechenland, Spanien, Portugal und seit 1995 Österreich, Finnland und Schweden. Ab 1999 rechnen viele dieser Länder in einer gemeinsamen Währung. Aber es gibt kein Parlament, das auf demokratischem Weg Gesetze verabschiedet, keine Regierung, die dem Parlament verantwortlich ist, keinen gemeinsamen politischen Führer und kein politisches Programm. Handelt es sich also wirklich um eine Union?

1991

2000

In den neunziger Jahren beginnt ein neues Kapitel der Geschichte. Die USA und die globalisierte Wirtschaft dominieren, während für andere das Überleben in einer von ökologischem Raubbau gezeichneten Welt immer schwieriger wird. Doch steht uns nicht der Weltuntergang bevor.

2

3

1

1| Ölpest. 2| Krieg in Bosnien. 3| Rajiv Gandhi. 4| Eine Million Tote in Ruanda.

Im Jahr 1996 beschließt die UNO-Vollversammlung ein Verbot von Atomwaffenversuchen. Dennoch führen Frankreich, Indien und Pakistan (1998) Atomtests durch. Neben ihnen und den Großmächten verfügen etliche kleinere Länder über Atomwaffen. 1991 löst sich der Warschauer Pakt auf, dagegen weitet sich die NATO aus, ohne daß klar wäre, gegen wen sie sich richtet. Im Kosovo übernimmt die NATO erstmals Funktionen, die formal nur UNO-Interventionstruppen zustehen, wie sie etwa 1991 im verheerenden Golfkrieg gegen den Irak, der Kuwait besetzt hatte, mit UNO-Mandat aktiv wurden.

Doch das ist nicht der einzige Krieg in diesem Jahrzehnt. 1991 löst sich Jugoslawien auf, Kroatien und Slowenien werden selbständig, und zwischen Serbien und Kroatien beginnt ein jahrelang andauernder Krieg um die Aufteilung des vorwiegend moslemischen Bosnien, das ebenfalls unabhängig sein will und fast völlig zerstört wird.

Morde und Gewalttaten aller Art sind an der Tagesordnung: 1991 wird der indische Premierminister Rajiv Gandhi aus religiösem Fanatismus ermordet, ebenso wie schon 1984 seine Mutter Indira Gandhi. Ebenfalls im Jahr 1991 löst sich die UdSSR auf. 1993 zerfällt dann die Tschechoslowakei in zwei Republiken. In Italien, wo die separatistischen Bestrebungen Siziliens in Vergessenheit geraten waren, entsteht nun eine Autonomiebewegung, die die Unabhängigkeit der Regionen im Norden fordert. Die Utopie einer weltweiten Staatengemeinschaft, wie sie Science-fiction-Autoren in der Zeit zwischen den Weltkriegen entworfen hatten, erscheint überholt. Im Gegenteil, die religiösen und ethnischen Konflikte nehmen ständig an Schärfe zu.

In Ruanda bricht 1994 der schwelende Konflikt zwischen Tutsi und Hutu offen aus: Die Folge sind eine Million Tote und zwei Millionen Flüchtlinge. In Brasilien findet 1992 die zweite Konferenz für Umwelt und Entwicklung statt, an der ein Großteil der UNO-Mitgliedsstaaten teilnimmt, doch werden keine konkreten Beschlüsse gefaßt. 1996 steht beim Weltwirtschaftsgipfel der G7 (der sieben größten Industrienationen) in Lille die Bekämpfung der Arbeitslosigkeit auf der Tagesordnung. Der große politische Trend ist jedoch für die am stärksten Benachteiligten ungünstig,

5

6

4

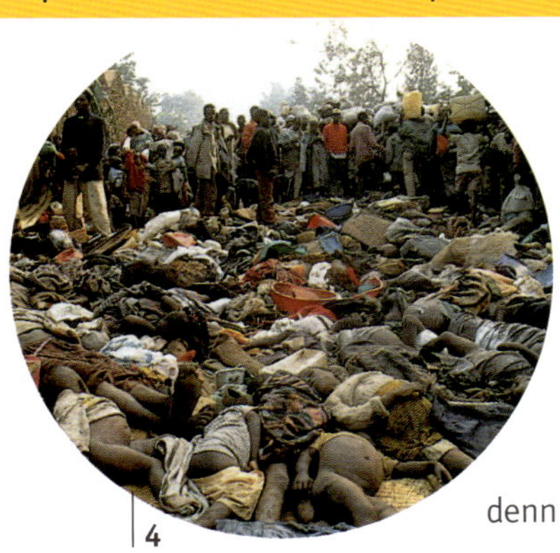

denn ab 1992 kommen bei den Wahlen in vielen Ländern Vertreter der Rechten an die Regierung. Zwar übernehmen später wieder sozialistische und kommunistische Parteien die Macht, die meisten verfolgen aber nun eine liberale Wirtschaftspolitik. Und als US-Präsident Bill Clinton 1996 einer Abkehr von der Politik im Sinne Roosevelts zustimmt, wird deutlich, daß die Zeit sozialer Sicherheit zu Ende ist. Da hilft es auch wenig, wenn bei der Welternährungskonferenz der FAO das enorme Gefälle zwischen den Lebensbedingungen in verschiedenen Ländern und sozialen Schichten kritisiert wird.

Zu jener Zeit kommen in Italien zahlreiche Korruptionsaffären ans Licht, in die führende Politiker und Manager der Wirtschaft verwickelt sind, und in Brasilien muß Präsident Fernando Collor de Mello wegen Korruption zurücktreten. Große Macht liegt in den Händen weniger, von denen jene aus der Wirtschaft nicht einmal demokratisch gewählt sind. Ihr Ziel ist häufig höchstmöglicher Gewinn in kürzester Zeit um jeden Preis.

Angesichts der unsicheren Beschäftigungslage, sich verschlechternder Lebensbedingungen und des Gefühls des Ausgeschlossenseins von sie betreffenden Entscheidungen ziehen sich viele Jugendliche in vermeintliche Freiräume außerhalb der Gesellschaft zurück oder flüchten in die Welt der Drogen oder Ersatzreligionen. Manche dieser Sekten gehen terroristisch vor, wie die Aum Shinri Kyo bei ihrem Giftgasanschlag auf die Tokioter U-Bahn, andere zerstören sich selbst, wie die Tempel-Sekte, durch die es 1994 in drei Tagen 53 Selbsttötungen in zwei Kontinenten gibt. Alarmierende Anzeichen für die Krise, in der sich die Menschen befinden, lassen sich in der Beziehung zwischen Erwachsenen und Kindern feststellen. So ist Kinderarbeit einer der Motoren für die Wirtschaft in vielen Ländern Asiens, wo es aber 1998 dennoch zu einer tiefgreifenden Wirtschaftskrise kommt. In Brasilien kommt es immer häufiger zur Ermordung von Straßenkindern, und die Pädophilie greift um sich.

7

Dagegen schreitet die Telekommunikationsindustrie mit Riesenschritten voran. Per Satellit kann der Sender CNN 1991 Bilder vom Krieg im Irak direkt übertragen. Durch Internet wird die Welt zum "global village". Handys sind bereits Massenware.

Bill Gates verdient mit seinen Computerprogrammen Unsummen und wird des Monopolismus verdächtigt.

8

9

Der Satellit Cassini soll Jupiter und Saturn erforschen und eine Raumkapsel auf dem Saturnmond Titan absetzen. Wenn er am Ende einer langen Reise dort ankommen wird, hat auf der Erde bereits das 21. Jahrhundert begonnen.

5| Fernando Collor de Mello. **6|** Die japanische Aum-Sekte begeht Verbrechen aus Irrsinn. **7|** CNN holt den Krieg ins Wohnzimmer. **8|** Bill Gates. **9|** Satelliten sind überall.

1991

MICHAEL JACKSON
schließt mit Sony einen Vertrag über eine Milliarde Dollar ab

Michael Joseph Jackson wird am 29. August 1958 als siebtes von neun Kindern mittelloser schwarzer Eltern in Gary (Indiana) geboren. Bereits als er fünf ist, fällt seine musikalische Begabung auf: Seine Vater gründet als Manager die Band "Jackson Five", in der Michael mit Brüdern und Cousins überall auftritt, wo man ihn läßt. Nach dem Unterricht probt der kleine Michael – er hat keine Zeit zum Herumtollen mit anderen Kindern. Sein Vater ist ein harter Mensch, der oft sogar handgreiflich wird. Bald wird Michael die Attraktion der Gruppe, die zu dieser Zeit von der Produktionsfirma Motown lanciert wird. Doch bald trennt man sich von Motown, und nachdem der Film *The Wiz* gedreht ist, wird die Karriere der Teenie-Gruppe Ende der sechziger Jahre wieder Familiensache. Nacheinander schaffen es fünf Singles der Jacksons an die Spitze der Hitliste. 1979 erscheint das sehr erfolgreiche Album *Off the Wall* und 1983 *Thriller*, von dem 40 Millionen Platten verkauft werden: Nun, nachdem sich Michael von der Gruppe getrennt hat, kommt er als Solist groß heraus. Seine Filme, Werbespots und Videoclips sind für Millionen Jugendliche in aller Welt Kultobjekte. Ein simples Live-Interview, das er 1993 auf seiner Ranch in Neverland Valley (Kalifornien) gibt, wird von 60 Millionen Zuschauern gesehen. Zahlreiche Anschuldigungen gegen den "Mega-Star" werden nicht bis zu Ende verfolgt, und seine Heirat im Jahr 1994 mit Lisa-Marie, der einzigen Tochter Elvis Presleys, findet weltweit Beachtung. Doch das junge Eheglück währt nicht sehr lange.

4

1

1995 1991 1992 1993 1994 1995 1996 1997 1998 1999 2000 19

3

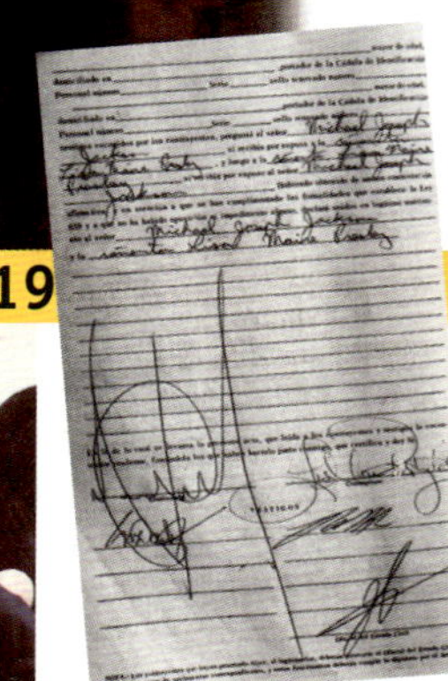

5

2

Die Werbung. 1984 werben die Jacksons und vor allem Michael für Pepsi Cola und verdienen damit mehr als zehn Millionen Dollar. Beim Drehen eines Spots soll ein Kohlenbecken umgefallen sein und Michaels Kopf entflammt haben. Die Versicherung zahlt eine Million Dollar, womit Jackson ein Behandlungszentrum für Verbrennungen gründet.

Ein anderes Ich. Die Metamorphose des Michael Jackson in den achtziger Jahren zu einer Person mit völlig verändertem Äußeren ist nichts anderes als die konsequente Umsetzung eines Wunsches, den viele Jugendliche dieser Zeit haben und den sie sich gedankenlos erfüllen. Immer öfter sieht man Tätowierungen, Ringe in Nase, Ohren, Brustwarzen, Lippen, grell gefärbte Haare, Fetzen-Look, hinter abweisenden Sonnenbrillen versteckte Augen, extreme Dünne oder Leibesfülle, dazu einen unnatürlich blassen oder dunklen Teint: Alles zeigt, daß ein Kunstprodukt vor dem Gegenüber steht.

Das Wunderkind. Nur selten bleibt ein Wunderkind auch nach der Pubertät ein allseits geschätzter Künstler. Die 1928 geborene Shirley Temple ist der erste alles überragende Kinderstar des Films. Sie hat ihre großen Erfolge im Alter von vier bis elf Jahren; 1949 gibt sie die Schauspielerei zugunsten einer politischen Karriere auf. Liz Taylor spielt ihre erste Rolle mit neun Jahren, bleibt bis 1990 ein Filmstar und gewinnt dabei als Erwachsene mehrere Oscars. Mickey

DIE ERFINDUNG EINER IDENTITÄT

"Er hat eine starke Stimme
und einen ausgeprägten Sinn für Lebendigkeit und Energie;
außerdem ist er ein ausgezeichneter Tänzer."

Paul McCartney

Wer ist Michael Jackson nun eigentlich? Ein Wunderkind, das singen und tanzen kann und noch dazu hübsch ist. Frauen, die älter sind als er, lieben ihn: zu Beginn seiner Karriere Diana Ross, später Liza Minnelli und Elizabeth Taylor (geb. 1932). Mit der Taylor und Madonna setzt er sich für wohltätige Zwecke ein, mit der Schauspielerin Brooke Shields hat er möglicherweise ein Verhältnis. Seine Beziehung zum Vater ist konfliktbeladen, seine Mutter liebt er jedoch über alles. Die Pubertät ist eine einzige Katastrophe, denn er leidet darunter, kein Kind mehr zu sein, will sich nicht mehr im Spiegel anschauen, und als der Vater ihn einmal dazu zwingt, erbricht er. Auch hat er "schreckliche Pickel", bei denen es sich offenbar um eine seltene Form der Dermatitis handelt, durch die die Haut weiß wird. Hatte das Kind Michael noch eine

7

8

1998 1999 2000 **1991** 1992 1993 1994 1995 1996 1997 1998 1999 2000 **1991** 199 … 96 1997 1998

6

Rooney, Jahrgang 1920, spielt ab dem Alter von sieben Jahren, bis er fast sechzig ist. Von 1939 bis 1941 tritt er, auch als Tänzer und Sänger, in drei unvergessenen Filmen mit Judy Garland (1922-69) auf, die ihrerseits schon seit ihrem 13. Lebensjahr erfolgreich als Sängerin und Schauspielerin arbeitet, bis sie zum Opfer eines unregelmäßigen und aufreibenden Lebens wird. Ihr Talent gibt sie, zumindest ein wenig davon, an ihre Tochter Liza Minnelli weiter.

1) Eine Aufnahme der Jackson Five. Michael ist der Kleinste.
2) Kopenhagen, 14. August 1997. Michael Jackson bei einem Konzert.
3) Vor seinem in Disneyworld gelandeten Hubschrauber steht Michael zwischen Minnie und Mickey Mouse.
4) Budapest, 7. August 1994. Michael und Lisa Jackson verteilen Geschenke an die Kinder in einem Krankenhaus.
5) La Vega (Dominikanische Republik), 26. Mai 1994. Die letzte Seite der Heiratsurkunde von Michael Joseph Jackson und Lisa-Marie Presley mit der raumgreifenden Unterschrift des Bräutigams.
6) Kalifornien, 1993. Der Vergnügungspark auf Jacksons Neverland Valley Ranch.
7) Vorsichtig wagt Michael Jackson eine zärtliche Umarmung.
8) Los Angeles, 1983. Michael Jackson (zweiter von links) als Hauptdarsteller des Videoclips zu dem Album *Thriller* unter der Regie des großen John Landis. Es handelte sich um den längsten (14 Minuten) und teuersten (500.000 US-Dollar) Videoclip, der je produziert wurde.
9) Michael Jackson (links) in einer Aufnahme aus *Moonwalker* von C. Childers und J. Kramer.

9

große Kartoffelnase, kräftige Haut und aufgeworfene Lippen, war also insgesamt ein hübscher kleiner Schwarzer wie viele andere auch, so sieht man auf den Fotos des herangewachsenen Michael gerade noch volle Lippen und eine sehr kleine, schmale Nase in einem stark weiblich geschminkten Gesicht. Der Körper ist mit den Jahren noch weichlicher geworden, doch bleibt seine Figur die des schönen Jünglings der Antike, das Idealbild eines Weißen. Dabei erklärt er: "Ich schäme mich keineswegs, schwarz zu sein, im Gegenteil." Da er, auch als Ergebnis eigener PR-Arbeit, zu einem unerreichbaren Etwas geworden ist, kursieren unüberprüfbare Behauptungen über ihn. "Für mich ist die Unschuld der Kinder eine unerschöpfliche Quelle der Kreativität", sagt er. Als man ihn des Sex mit Kindern beschuldigt, verteidigt er sich mit deutlichem Unbehagen. Obwohl sich auf seinem Gesicht schon Falten abzeichnen, vermag er sich in seiner künstlich geschaffenen äußerlichen Identität offenkundig noch immer nicht als Erwachsener zu fühlen.

BILL CLINTON
wird zum 42. Präsidenten der USA gewählt

William J. Clinton, kurz Bill genannt, wird 1946 in eine amerikanische Durchschnittsfamilie hineingeboren. Seine Mutter ist sehr ehrgeizig. Bill ist ein liebenswürdiger, lebhafter Junge. Er studiert, heiratet eine intelligente junge Frau, Hillary Rodham, die später eine erfolgreiche Anwältin wird. Nach dem Studium engagiert er sich in der Lokalpolitik und wird sehr jung zum Gouverneur seines Staates Arkansas im Süden der USA gewählt. Im Juni 1992 wird er nach Abschluß der Vorwahlen zum Präsidentschaftskandidaten der Demokraten nominiert. Im November schlägt er mit knappem Vorsprung den amtierenden Präsidenten George Bush, der noch bei der vorangegangenen Wahl einen großen Sieg errungen hatte. Clintons Wiederwahl im Jahr 1996 erfolgt mit einer breiten Mehrheit. Zwar kann er aufgrund des Drucks seitens des Kongresses keine so stark sozial orientierte Politik durchsetzen, wie vor allem seine Frau Hillary sie vertritt, doch ergreift er immerhin Maßnahmen, die eine Phase langfristig günstiger Wirtschaftsentwicklung und damit das Entstehen neuer Arbeitsplätze bewirken sollen. Die Absprachen mit Rußlands Präsidenten Jelzin und die Hilfe, die Rußland namentlich auf wirtschaftlichem Gebiet zugestanden wird, ermöglichen es den USA, für ihre Interessen einzutreten. 1993 unterzeichnen der israelische Ministerpräsident Yitzak Rabin und der PLO-Vorsitzende Jassir Arafat in Washington ein von den USA gefördertes Abkommen über die gegenseitige Anerkennung und die staatliche Teilautonomie für die Palästinenser. Dieser historische Moment markiert gewiß einen Höhepunkt von Clintons internationaler Popularität.

3

1991 **1992** 1993 1994 1995 1996 1997 1998 1999 2000

1

2

4

Jugendsünden. In den USA werden den Kandidaten vor Wahlen von den Massenmedien auch hinsichtlich ihrer moralischen Integrität buchstäblich durchleuchtet, wobei man sich oft auf bloße Gerüchte stützt. Gegen den Präsidentschaftskandidaten Clinton liegen zwei Anklagepunkte vor: sich während des Vietnamkriegs der Einberufung zur Armee entzogen und Drogen genommen zu haben. Er verteidigt sich, indem er zugibt, an Antikriegsdemonstrationen teilgenommen und auch Haschisch geraucht zu haben – allerdings ohne zu inhalieren.

Geld. Im Laufe ihrer Karriere haben die Clintons, die vielleicht gar nicht mit so schnellem Aufstieg und so großer Berühmtheit gerechnet hatten, ihren Reichtum beständig vermehrt (wie es übrigens die protestantische Moral – zumindest aus Sicht des deutschen Soziologen Max Weber (1864-1920) – ohnehin fordert). Doch in mindestens einem Fall sollen sie allzu leichtfertig vorgegangen sein: Der Finanzskandal um die Immobiliengeschäfte im Zusammenhang mit der Whitewater Development Corporation bringt sie in Nöte, und einige ihrer Freunde werden verurteilt.

Sex. Während seiner Präsidentschaft wird Clinton wiederholt von Frauen sexueller Beziehungen zu ihnen bezichtigt. Es handelt sich weder um Minderjährige noch um unbedarfte Wesen, auch nicht um Vergewaltigung, sondern um gewöhnliche sexuelle Handlungen: Ehebruch also. Dies sei, so die Klägerinnen, Machtmißbrauch gegenüber Abhängigen, da es schwierig sei, dem mächtigsten Mann der Welt etwas ganz Natürliches zu verweigern. In den USA sind das ernstzunehmende Anklagen, doch steht Frau Clinton in bewunderungswürdiger Solidarität zu ihrem Gatten. Dennoch versuchen die Republikaner, ihn wegen seiner sexuellen Handlungen und Falschaussage zum Rücktritt zu zwingen.

DIE WELTMACHT

Bill Clinton kommt zu einem Zeitpunkt an die Macht, da sich die Sowjetunion bereits aufgelöst hat und Rußland in gesellschaftlichem und wirtschaftlichem Chaos versinkt. Obwohl er mit einer knappen Mehrheit gewählt wurde und es gegen ihn eine ganze Reihe mehr oder weniger begründeter Anschuldigungen gibt, hat Clinton die seit der Zeit der großen chinesischen und römischen Herrscher stärkste Machtposition in der Welt inne. Die Wachstumskrise, welche die Wiedervereinigung Deutschlands dort zwangsläufig mit sich bringt, und die tiefgreifende Wirtschafts- und Finanzkrise Japans von 1997 tragen noch zur unangefochtenen Vormachtstellung der USA bei, während die Europäische Union unter anderem die schwierige Phase des Übergangs zu ihrer Einheitswährung bewältigen muß. Die Art, in der Clinton seine Herrschaft ausübt, hat jedoch nichts von einer weltumspannenden Ideologie, die in Weiterentwicklung von Franklin D. Roosevelts "New Deal" allen die Aussicht auf Wohlstand, bessere Bildung, soziale Gerechtigkeit eröffnen und gleichberechtigte zwischenstaatliche Beziehungen ermöglichen würde. Da die UdSSR als Gegenspieler ausgefallen ist, können die USA ihren Standpunkt in der internationalen Politik rigoros vertreten und sogar drohen, ihn auch mit Gewalt durchzusetzen, wobei sie auf die NATO und allenfalls schwache Proteste seitens der UNO zählen können. Im Grunde handelt es sich dabei um die weltweite Ausdehnung der Politik, für die in den USA im 20. Jahrhundert vor allem Präsident Theodore Roosevelt stand – eine typisch amerikanische Art, mit der Welt umzugehen, welche insbesondere durch die Persönlichkeit und die jugendliche Erscheinung Clintons, seines Vizepräsidenten Al Gore und den Ehefrauen der beiden allerdings nicht einmal sonderlich unfreundlich anmutet.

5

6

8

992 1993 1994 1995 1996 1997 1998 1999 2000 1991 **1992** 1993 1994 1995 1996 1997 1998 1999 2000 1991 **1992** 1993 1994 1995 1996 1997 1998 1999 2000 1991 199

7

9

"Die USA werden sich im Wettbewerb des 21. Jahrhunderts nur dann behaupten können, wenn sie dafür sorgen, daß ihre Arbeitskräfte die weltweit beste Bildung und Ausbildung erhalten."

Bill Clinton, 1992

1) Washington, Januar 1993. Eine Schaufensterauslage mit Ansteckknadeln, die zum Amtsantritt Präsident Clintons verkauft werden.
2) Juli 1992. Der Präsidentschaftskandidat der Demokraten ist Bill Clinton.
3) Normandie, Utah Beach, 6. Juni 1994. Die Präsidenten Clinton und Mitterrand gedenken der Landung der Alliierten in der Normandie vor fünfzig Jahren, durch die der Krieg an der Westfront beendet wurde.
4) September 1997. Die Studentin Chelsea Clinton wird – ganz im Stil der bürgerlichen Mittelschicht in den USA – von "Mom" und "Dad" zum ersten Studientag an die Stanford University begleitet.
5) 1996. Ein amerikanisches Pop-Festival: Reminiszenzen an die sechziger Jahre.
6) Washington, 20. Januar 1993. Vor dem Capitol wird nach dem Ende der Ära Reagan und Bush der Amtsantritt Bill Clintons und seines Vizepräsidenten Al Gore gefeiert.
7) Washington, 22. Januar 1993. Clinton stellt im Kongreß sein Programm für eine Reform des staatlichen Gesundheitswesens vor, das infolge des Drucks von seiten der Versicherungslobby aber abgelehnt wird.
8) Der neue Präsident spielt Saxophon. Und nicht einmal schlecht.
9) 1996. Clinton, ein Mann in den besten Jahren, feiert seinen fünfzigsten Geburtstag mit seiner Tochter und seiner Frau.

1993

YITZHAK RABIN

bereitet den Weg für einen Frieden mit den Palästinensern

Die Juden sind noch weit von ihrem Ziel entfernt, ihre "Heimstätte" im Gelobten Land zu errichten, und Palästina, dem Osmanischen Reich entrissen, befindet sich in britischen Händen, als Yitzhak Rabin 1922 in Jerusalem als Kind russischer Einwanderer geboren wird. 1940 wird er Diplom-Landwirt, und im Jahr darauf schließt er sich der Palmach an, der Kommandotruppe der paramilitärischen jüdischen Untergrundorganisation Hagana. Er nimmt an militärischen und terroristischen Operationen gegen die Franzosen in Syrien und im Libanon teil, 1946 in Palästina auch gegen die Engländer, die ihn sechs Monate lang einsperren. Als Ben Gurion den Staat Israel ausruft, ist Rabin Brigadekommandant, und 1949 nimmt er an den Verhandlungen mit Ägypten teil. 1960 wird er in den Generalstab aufgenommen, als dessen Chef (1963-68) er dann im Sechstagekrieg die Operationen leitet. Von 1968 bis 1973 ist er Botschafter in Washington. 1973 wird er für die Mapai (Arbeiterpartei) in die Knesset gewählt, er wird Arbeitsminister und Nachfolger von Ministerpräsidentin Golda Meir bei deren Rücktritt 1974. Im Jahr 1977 muß er wegen eines Finanzskandals selbst zurücktreten und sich zunächst einmal aus der Politik zurückziehen. 1984 kehrt er als Verteidigungsminister der Regierungen der nationalen Einheit (1984-90) zurück und leitet die brutale Unterdrückung des palästinensischen Widerstands (Intifada, 1987) in den besetzten Gebieten. Als er bei der Parlamentswahl 1992 erneut für die Arbeiterpartei kandidiert, hat er nur noch drei Jahre zu leben.

5

1

7 1998 1999 2000 1991 1992 **1993** 1994 1995 1996 1997

1999 2000 1991 1992 **1993** 1994 1995 1996 1997

2

4

3

Generäle für den Frieden. Mehreren militärischen Führungspersönlichkeiten des 20. Jahrhunderts gelingt es, schier ausweglose Situationen zu überwinden und Frieden herbeizuführen. De Gaulle beendet den Algerienkrieg, die Generäle der "Nelkenrevolution" in Portugal sichern den Übergang von der Diktatur zur Demokratie, wobei sie auch gleich die Kolonialpolitik beenden. Sadat schafft Frieden zwischen Ägypten und Israel, was ihn das Leben kostet: Er wird von islamischen Fundamentalisten ermordet.

Terrorismus. Zu Beginn seiner Laufbahn kämpft Rabin als Terrorist für die Unabhängigkeit des jüdischen Volks in einem Gebiet, in dem die Palästinenser, die sich als Nachfahren des biblischen Volks der Philister betrachten, vor der Ankunft jüdischer Siedler friedlich gelebt haben. Die Juden berufen sich bei ihrer Rückkehr nach Palästina im 20. Jahrhundert auf die Bibel, obwohl die zionistische Bewegung erst noch die Möglichkeit der Gründung eines jüdischen Staates in einer menschenleeren Gegend Afrikas in Erwägung gezogen hatte.

Das Buch der Gesetze. Die hebräische Bibel, die christliche Bibel und der islamische Koran sind die Bücher der drei Religionen, die sich auf einen Glaubenstext stützen. Dabei stammen das hebräische und das christliche Glaubensbuch aus der Antike, das islamische aus dem frühen Mittelalter. In den christlichen Ländern sind Gesetze und politische Kultur weitgehend unabhängig von religiösen Texten entstanden. Dagegen sind Rechtsprechung und politisches Leben der islamischen Länder eng an den Koran gebunden, die Fundamentalisten sehen sogar seine direkte Umsetzung darin. In Israel gab es zunächst eine lange Phase des Laizismus mit dem sozialistischen Experiment der Kibbuzim. Lange Zeit wurde die Politik dann aber von den sich auf die Bibel berufenden Fundamentalisten und den Parteien der Rechten bestimmt, die versuchten, die Gesellschaft den religiösen Vorschriften anzupassen.

DER FRIEDENSSTIFTER

"Er war ein echter Israeli, mehr als jeder einzelne von uns."

Aus einem Radiokommentar des israelischen Militärsenders
am Tag der Ermordung Rabins

Nach seinem Sieg bei der Parlamentswahl im Juni 1992 bildet Rabin eine Koalitionsregierung mit dem erfahrenen Shimon Peres als Außenminister. Im Dezember schlägt die Intifada verstärkt zu. Rabin ordnet die Abschiebung von 413 palästinensischen Widerstandskämpfern in den Libanon an, der aber die Aufnahme verweigert; so lassen sie sich fürs erste im Niemandsland nieder. Die Weltöffentlichkeit sympathisiert immer stärker mit den Palästinensern. Auf die Vermittlungsbemühungen Norwegens hin finden in aller Stille Geheimverhandlungen statt, die schließlich in das Abkommen von Washington münden, wo im September 1993 eine Grundsatzerklärung unterzeichnet wird, die die gegenseitige Anerkennung von Israel und PLO enthält und eine Übergangsphase mit arabischer Teilautonomie in den besetzten Gebieten vorsieht, als ersten Schritt hin zur Gründung eines palästinensischen Staates. Doch die extremistischen Flügel der Befreiungsbewegung (Hamas und schiitische Hisbollah), der Iran, Syrien und der gerade im Golfkrieg unterlegene Irak wollen keinen Frieden. Noch gefährlicher als der arabische Fundamentalismus erscheint aber der der rechten Juden und der uneinsichtigen religiös-nationalistischen Gruppierungen. Im Jahr 1994, in dem Rabin, Arafat und Peres den Friedensnobelpreis erhalten, richtet ein Angehöriger der israelischen Rechten in Hebron ein Massaker unter Palästinensern an, und die Hamas begeht mehrere Terroranschläge, denen viele Juden zum Opfer fallen. 1995 wird Rabin bei einer Kundgebung von einem fundamentalistischen jüdischen Studenten im Zuge einer Verschwörung erschossen, die bis heute nicht aufgeklärt wurde. So kommt der noch pazifistischer gesonnene Shimon Peres erneut an die Macht, muß sie aber 1996 an die Rechte um Netanjahu abtreten, der auf Jahre hinaus alles Erreichte zunichte macht. Netanjahu bricht den Friedensvertrag, findet immer neue Vorwände für Verzögerungen und fördert sogar den Bau neuer jüdischer Siedlungen auf palästinensischem Gebiet. Erst die Wahl Ehud Baraks zum neuen Ministerpräsidenten macht 1999 dem Schrecken ein Ende.

8

2000 1991 1992 **1993** 1994 1995 1996 1997 1998 1999 2000 1991 1992 **1993** 1994

6

7

9

1) Yitzhak Rabin als junger Soldat mit einigen seiner Kameraden.
2) Israel, 1989. Ein nachdenklicher Rabin.
3) Dezember 1992. Palästinensische Hamas-Rebellen, die ins Niemandsland zwischen Israel und dem Libanon deportiert worden sind, werden zum Anlaß für eine Wende im Nahost-Friedensprozeß.
4) 1967. In der Nähe des Suezkanals informiert sich der israelische Generalstabschef Rabin über die auf ägyptischer Seite erlittenen Verluste während des Sechstagekriegs.
5) Israel, 30. August 1993. Das Kabinett diskutiert über die unmittelbar bevorstehende Unterzeichnung des Friedensabkommens.
6) Tel Aviv, 5. November 1995. Rabin neben Peres kurz vor dem Attentat.
7) Israel, 1995. Eine Aufnahme von Rabins Staatsbegräbnis.
8) Rabin mit dem ägyptischen Präsidenten Muhammad Husni Mubarak, der 1995 bei einem Attentat seiner moslemischen Glaubensbrüder nur knapp mit dem Leben davonkommt.
9) Washington, 13. September 1993. Vertreter der israelischen Regierung mit Jassir , Jassir und Präsident Bill Clinton nach der Unterzeichnung der Grundsatzerklärung über die Übergangsregelungen zur palästinensischen Autonomie und einen künftigen Palästinenserstaat. Im Oktober 1998 erklären sich Benjamin Netanjahu und Arafat auf das massive Drängen Clintons hin bereit, erneut ihren guten Willen zu bekunden.

NELSON MANDELA

wird Präsident der Republik Südafrika

Nelson Rolihlahla Mandela aus dem einflußreichen Volk der Xhosa wird 1918 in Umtata in der Transkei geboren. Nach seinem Jurastudium beteligt er sich 1944 an der Gründung der Jugendorganisation des "Afrikanischen Nationalkongresses" (ANC), der sich zum gewaltfreien Kampf bekennt. Er wird schnell ein wichtiger ANC-Politiker mit guten Beziehungen zu weißen und indischen Demokraten. 1948 beginnt die Regierungspartei der weißen Buren (National Party), einschneidende Gesetze gegen die Schwarzen zu erlassen: die Apartheid, das Verbot sexueller Beziehungen mit Weißen, die Aufhebung der Bewegungsfreiheit und die Ghettoisierung der Schwarzen in scheinselbständigen Staatsgebieten. Die Polizei geht brutaler vor denn je. Mandela protestiert gegen die Ausgrenzung und wird 1952 als Organisator einer Streikwelle verhaftet. 1955 protestiert er gegen die Schaffung von sieben "Homelands" für Schwarze. Kurz nachdem sich 1959 der Panafrikanische Kongreß (PAC) vom ANC abspaltet, werden beide Organisationen verboten. Mandela geht 1961 in den Untergrund und organisiert schließlich den bewaffneten Widerstand des ANC. Nach seiner Festnahme 1962 wird er zu fünf Jahren Zwangsarbeit, später zu lebenslanger Haft verurteilt. Er wird zum Symbol des Kampfs gegen die Apartheid. Während seiner Gefangenschaft bringt er nacheinander Verhandlungen mit den Staatspräsidenten Botha und de Klerk zustande. Nach seiner Freilassung verfolgt er als unbestrittener Führer des wieder zugelassenen ANC eine gemäßigte Politik, erhält 1993 den Friedensnobelpreis und tritt als Kandidat für die Präsidentschaft gemäß der von de Klerk vorbereiteten neuen Verfassung an. 1994 wird er in freier und allgemeiner Wahl zum Präsidenten der Republik Süfafrika gewählt.

2

1

1991 1992 1993 **1994** 1995 1996 1997 1998 1999 2000 1991 1992 1993 **1994** 1995 1996 1997 1998 1999 2000 1991 1992 1993 **1994** 1995 1996 1997 1998 1999 2000

3

4

5

Die Zulu. Bei der Wahl im Jahr 1994 erhält die Zulu-Partei Inkatha nur 43 Mandate, gegenüber 252 für Mandelas ANC. Die rassistische Regierung Südafrikas spielte die Inkatha bis zuletzt systematisch gegen den ANC aus. Das Volk der Zulu (ein Bantu-Volk aus Natal) kann auf die glorreiche Zeit der Monarchie ihres kriegerischen Königs Chaka (1787-1827) und auf einen heute legendenumwobenen Krieg gegen die Eng-länder zurückblicken, die sie nichtsdestoweniger im Jahre 1887 unterwarfen.

Massaker. Im März 1960 tötet die Polizei in Sharpeville, einem von Schwarzen bewohnten Vorort von Johannesburg, 69 Demonstranten und verletzt 180 weitere. Im Juni 1976 kommt es im Schwarzenghetto Soweto bei Straßenkämpfen zu 100 Toten und mehr als 1000 Verletzten – zwei Beispiele für die brutale Unterdrückung der Massenpro-teste. Hinzu kommt eine lange Serie politischer Morde durch die Polizei und rechte weiße Banden, der auch weiße Demokraten zum Opfer fallen. Zudem wird gegen international bekannte Persönlichkeiten hart vorgegangen, wie gegen Frank Chikane oder den anglikanischen Bischof von Kapstadt, Desmond Tutu, den Friedensnobelpreisträger von 1984.

Die Mau-Mau. Kenia, das früher teils zum Sultanat Sansibar gehörte und 1895 britisches Protektorat wurde, wird 1952-56 von dem gegen die Briten gerichteten blutigen Aufstand der Mau-Mau, einer Geheimorganisation der Kikuyu (Bantu), erschüttert, an dem auch Jomo Kenyatta (1891-1978) als Führer der kenianischen Unabhängigkeitsbewegung beteiligt ist. Er kommt 1963 an die Macht und bleibt bis zu seinem Tod Präsident und Diktator der Republik.

DIE ETHNISCHE INTEGRATION

"Wir bewaffnen uns, um die schwarzen Massen zu töten."

Südafrikas Verteidigungsminister
zu Offizieren im Dezember 1959

Die ethnische Integration ist das natürliche Ziel eines jeden demokratischen Menschen oder Staates. Freilich läßt sich dieses Ziel in Staaten, die ohne Rücksicht auf die einheimischen Volksgruppen durch willkürliche Eingriffe entstanden sind, nur schwer verwirklichen. So hat sich Europa in Afrika oft Kolonien abgesteckt, deren Territorium nicht mit dem der betroffenen afrikanischen Völker übereinstimmte, und dort gleichzeitig alteingesessene Monarchien ins Wanken gebracht. Ein weiteres Problem ist, daß die Integration nicht nur zwischen Rassen erfolgen muß, sondern auch zwischen unterschiedlichen Volksgruppen gleicher Hautfarbe. Im Südafrika Mandelas leben 12,7 Prozent Weiße, vorwiegend Buren holländischer Herkunft, Engländer, Deutsche und französische Calvinisten, dazu etwa 2,5 Prozent Inder, wenige Chinesen, 8,5 Prozent "Coloureds" (zumeist Mischlinge zwischen Weißen und Hottentotten), und 76 Prozent Bantus mit acht Hauptvölkern, davon 35 Prozent Zulus. Es gibt elf offizielle Sprachen und fünf Hauptreligionen, zu denen Menschen christlicher Konfession (77 Prozent) und Anhänger von Naturreligionen zählen (10,5 Prozent). Zu den früheren Hauptgruppen der Hirten- und Bauernvölker kommen heute Berg- und Industriearbeiter, während der Nomadismus außerhalb der Städte noch verbreitet ist. So treten neben ethnischen weitere soziale Probleme auf. Zudem gefährdet die Integration den Bestand der Kulturen der einzelnen Völker und damit den wertvollen Schatz menschlicher Vielfalt. Ähnliche, wenn auch etwas anders gelagerte, Probleme gibt es auch in Asien und Amerika. Sie werden ebenso wie die der Republik Südafrika erst in ferner Zukunft zu lösen sein.

6

7

993 1 … 97 1998 1999 2000 1991 1992 1993 **1994** 1995 1996 1997 1998 1999 2000 1991 1992 1993

8

9

1) Transvaal, September 1966. Die Polizei greift streikende Textilarbeiter an.
2) Nelson Mandela in der traditionellen Xhosa-Kleidung.
3) Eine Aufnahme aus dem Film *Zulu* (1964) von Cy Endfield, der sich kritisch mit dem Krieg zwischen Engländern und Zulus in Natal auseinandersetzt.
4) London, 1996. Der Präsident und die Königin. 1994 ist Südafrika wieder dem Commonwealth beigetreten.
5) West Driefontein: Bergleute. Das Land besitzt reiche Bodenschätze an Gold (mit Uran), Silber, Platin, Eisen, Manganerz, Diamanten und Kohle.
6) Sharpeville, 1960. Einige der 180 Verletzten und 69 Toten nach dem Blutbad, das die Polizei mit ihren Schüssen in die Menge der 5000 Demonstranten angerichtet hat.
7) Der südafrikanische Präsident Mandela hält eine Rede in Soweto, das besonders unter der brutalen Repression der Weißen gelitten hat.
8) Dezember 1956. Mandela inmitten der 144 Verhafteten und des Hochverrats Angeklagten.
9) Kenia. Ein Lager für schwarze Gefangene in den fünfziger Jahren. Vor Januar 1956 wurden zehntausend Kikuyu aufgrund des bloßen Verdachts der Zugehörigkeit zu den Mau-Mau gehängt (ein Galgen ist rechts im Hintergrund zu erkennen). Der von Jomo Kenyatta angeführte Krieg der Kikuyu gegen die Engländer war der erste erfolgreiche Befreiungskampf gegen den Kolonialismus in Schwarzafrika.

1995

MADONNA
ist auf der Suche nach einem neuen Stil

Madonna wird 1958 in Bay City bei Detroit in Michigan als Luisa Veronica Ciccone geboren. Mit sieben Jahren verliert sie ihre Mutter. Das Mädchen nimmt, wenn auch etwas unregelmäßig, Unterricht in modernem Tanz und Musik. Sie hält sich mit Jobs über Wasser, posiert auch für erotische Fotos und dreht 1980 ihren ersten Film, den Softporno *A certain sacrifice*. Ihr erstes Album, *Madonna,* samt dem zugehörigen Videoclip hat 1983 großen Erfolg. Man sagt, sie wirke wie eine Latino-Straßensängerin. Das zweite, *Like a virgin* (1984), das die Produktionsfirma und der Kabelsender MTV mit großem Aufwand lancieren, bringt den Durchbruch. 1985 wird der Film *Susan ... verzweifelt gesucht* auch dank Madonna in der zweiten Hauptrolle zu einem Kinohit. Außerdem verdient sie im selben Jahr während der anderthalbmonatigen "Virgin"-Tournee eine Million Dollar pro Woche. Solchen Riesenerfolg hat bis dahin keine andere Frau gehabt. *Penthouse* und *Playboy* veröffentlichen Fotos aus der Zeit, als sie Nacktaufnahmen machte. Sie heiratet den Schauspieler Sean Penn, der unter anderem wegen seiner diversen Gefängnisaufenthalte bekannt ist. Ihr gemeinsamer Film *Shanghai surprise* wird ein Flop sondergleichen. Dagegen werden von dem 1986 erscheinenden Album *True Blue* 17 Millionen Exemplare verkauft. Und auch wenn 1987 der Film *Who's that Girl* beim Publikum durchfällt, sehen sie zwei Millionen Zuschauer in 18 Ländern und drei Kontinenten auf ihrer Tournee mit der Girlie-Show. Sie ist spätestens jetzt ein Weltstar.

1

4

1992 1993 1994 1995 1996 1997 1998 1999 2000 1991 1992 1993 1994 1995 1996 1997 1998 1999 2000 1991 1992

2

3

5

Die Schauspielerin. 1988 hat Madonna mit der Musical-Filmkomödie *Speed the Plow* auch als Schauspielerin Erfolg. 1989 erscheint ihr viertes Album *Like a prayer*, das sich sehr gut verkauft. Sie trennt sich von Penn und beginnt eine Werbekampagne für Pepsi, die jedoch wegen eines blasphemischen Spots abgebrochen wird. 1990 wird Warren Beattys Film *Dick Tracy*, in dem sie mit vielen berühmten Schauspielern auftritt, ein Riesenerfolg.

Sex. Die Jahre des stetigen Aufstiegs sind zwar vorbei, doch das zusammen mit einer Videoclip-Kassette auf den Markt gebrachte Doppelalbum *The Immaculate Collection* bringt guten Umsatz. Danach geht sie auf die "Blond Ambition"-Tour, und 1991 wird der darüber gedrehte Dokumentarfilm *Im Bett mit Madonna* ebenfalls ein großer Erfolg. 1992 erscheint das Buch mit CD *Sex*, von dem trotz des saftigen Preises von 50 Dollar rasch 750.000 Exemplare verkauft sind – eine Zahl, die sich später sogar noch verdoppelt. 1995 hat Madonna eine Sinnkrise. Sie will eine Tochter und sucht sich als Vater dafür ein junges männliches Modell aus, dem sie danach umgehend den Laufpaß gibt. Die kleine Lourdes Maria wird bald darauf geboren.

Evita. 1996 spielt sie die Hauptrolle im Film *Evita* – für viele Argentinier eine Zumutung. Zwar ist der Film nicht sonderlich erfolgreich, doch sprechen ernstzunehmende Kritiker von einer respektablen schauspielerischen Leistung. Über ihr Verhältnis zu Eva Perón sagt Madonna: "Wir sind völlig verschieden. Die einzige Gemeinsamkeit ist, daß wir beide bei Null angefangen und uns selbst aus eigener Kraft hochgearbeitet haben ... Das war für sie schwieriger, gleichzeitig aber auch ziemlich leicht, denn sie hat geheiratet, um ihre Position auszubauen. Das habe ich nicht getan".

DIE PROVOKATION

1) Madonna, in Positur geworfen, auf der "Blond Ambition"-Tour.
2) Das Spiegelbild von Madonna in Softporno-Pose. Die Pornoindustrie erzielt in den USA ebenso hohe Gewinne wie Filmproduktion und Rockmusik. Sie hat ihre eigenen Stars mit Weltruf, darunter auch Männer wie John Holmes, der an Aids starb.
3) New York. Madonna während ihres Auftritts bei dem Benefiz-Konzert "Live Aid".
4) Madonna in der Hauptrolle des Films *Evita*. Weniger bekannt ist ihre Darstellung der Akrobatin Marie in Woody Allens *Ehemänner und Ehefrauen* (1992).
5) Madonna mit Carlos Léon, dem Vater ihrer Tochter Lourdes Maria.
6) Madonna provoziert auch in heterosexuellen Posen: hier beim Petting auf der Straße.
7) 1985. Rosanna Arquette und Madonna in Susan Seidelmans Film *Susan … verzweifelt gesucht*.
8) Madonna mit ihrer Tochter Lourdes Maria.
9) Cover des Albums *Like a virgin*, 1984. Damals erklärte Madonna: "Sex ist nur dann schmutzig, wenn man sich nicht wäscht."

7

Madonna setzt als erste Frau genau die Methoden ein, die sonst von männlichen Stars ganz selbstverständlich zum Erklimmen der Karriereleiter benutzt werden. Sie tritt den männlichen Stolz mit Füßen und stellt ihren Körper und ihre natürliche oder erfundene grenzensprengende Sexualität in der Vereinigung mit anderen Körpern, egal ob männlichen oder weiblichen, provozierend zur Schau. Mit derselben Unbekümmertheit wechselt sie in der Popmusik vom Discosound zum Mitträllerliedchen, komponiert selbst und macht Anleihen bei anderen. Auch hinsichtlich der Religion überschreitet sie Grenzen: Aufgrund ihrer katholischen Erziehung kennt sie die gängigen Marienbilder sehr wohl und zerstört nun die Stereotype naiver weiblicher Religiosität, indem sie ihr erotisches Spiel mit ihnen treibt oder ganz damit verschmilzt. Eine Platte widmet sie gar dem Papst, was ihr keineswegs nur Freunde einbringt. Sie tut das alles nach den Regeln der glamourösen Starfabrik, welcher sie entstammt: mit professioneller Ernsthaftigkeit und völliger Hingabe, wodurch es sehr schwierig wird, ihre Gesten und Haltungen in ironischer Lesart zu interpretieren. Daß Madonna in ihren Hightech-Megashows im Zeichen des Pop eindeutig vulgäre Bilder, Bewegungen und Situationen schafft oder in Szene setzt, ist vermutlich nicht Ausdruck ihrer Persönlichkeit, sondern ein Instrument, um ein möglichst breites Publikum in ihren Bann zu schlagen. Die liebevolle und gleichberechtigte Beziehung zu ihrem Vater, auch in beruflicher Hinsicht, ihr langes Aushalten an der Seite eines gewalttätigen und schwachen Ehemanns sowie das pure Benutzen eines Mannes zur Verwirk-lichung ihres Kinderwunschs – in Umkehrung vergleichbarer Rollenklischees – lassen eine stabile, kühl berechnende Persönlichkeit erahnen. Madonna ist nicht die Verkörperung eines androgynen lesbischen Idealtypus, sondern eine Frau, die ihren Mann steht. Und genau darin liegen ihre Provokation und das Neue der von ihr entworfenen Persönlichkeit.

6

9

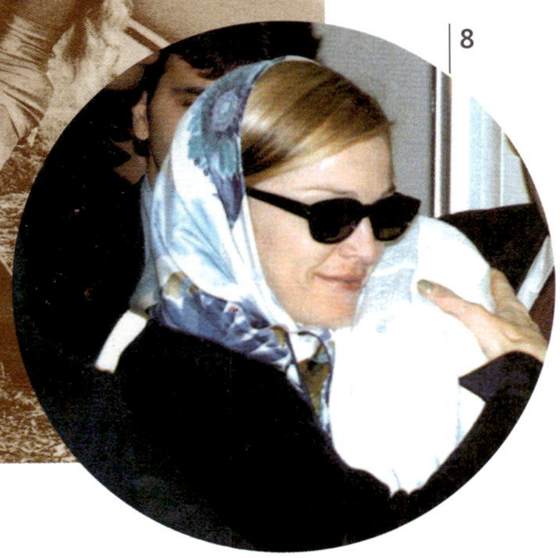

8

"Madonna treibt das Absurde und Skandalöse im menschlichen Leben auf die Spitze. Sie ist das radikal Weibliche."

Morissey, Sänger der *Smiths*

DIANA SPENCER

wird von Prinz Charles geschieden

Lady Diana wird 1961 als Tochter des Grafen Spencer geboren. Ihre Kindheit und Jugend verlaufen normal: Die Eltern werden geschieden, sie geht als junges Mädchen nach London und findet eine Anstellung. Ihr zukünftiger Ehemann wurde 1948 als Kind von Elisabeth II. und Prinz Philip Mountbatten geboren. Es ist Charles aus dem Hause Windsor, der Thronfolger, der ein Verhältnis mit einer verheirateten und nicht besonders schönen Frau hat. Der Hof beschließt seine Hochzeit mit Diana, die 1981 in der Londoner St. Paul's Cathedral unter den Augen von Abermillionen Fernsehzuschauern in aller Welt feierlich begangen wird. Die schöne Prinzessin wird in der Presse weiterhin Lady Diana genannt, und der Prinz von Wales setzt sein außereheliches Verhältnis fort. Seine Gemahlin schenkt dem Königshaus zwei Prinzen, William und Harry. Bei Hof findet Diana keinen Raum für sich selbst, keine Liebe und, wie sie sagt, auch keine Befriedigung. Doch sie ist der Liebling der Medien. Es gibt Streit mit ihrem Mann. Man hält sie von der Schwiegermutter fern. Sie unternimmt fünf Selbstmordversuche und hat Liebhaber. 1996 wird die Ehe geschieden. Diana steht weiter in der Öffentlichkeit. Sie tut Gutes, setzt sich gegen Landminen ein. Und sie findet einen treuen Liebhaber, den schwerreichen Araber Dodi Al-Fayed. Mit ihm stirbt sie am 1. September 1997 bei einem Autounfall in Paris beim Versuch, Sensationsreportern zu entfliehen.

1

4

00 1991 1992 1993 1994 1995 **1996** 1997 1998 1999 2000 1991 1992 1993

2

5

3

Die Öffentlichkeit. Elisabeth II., die mit 26 Königin war und selbst aus Liebe heiratete, nimmt so manchen Fauxpas ihres Gemahls hin und tut mit stoischer Gelassenheit ihre Pflicht. Ihre Schwester Margaret ist da anders. Sie konnte ihre große Liebe nicht heiraten und leistet sich nun eine Ehe und Extravaganzen, die nicht amüsieren. Ihre Tochter Anne läßt sich scheiden. Ihr Sohn, der Herzog von York, heiratet eine schöne, aber allzu temperamentvolle Rothaarige – Scheidung. Und Schwiegertochter Diana treibt die Königin zur Verzweiflung, indem sie Fernsehinterviews gibt, mit denen sie das Volk gegen die königliche Familie aufbringt.

Die Spencers. Es handelt sich hier um eine Familie von Grafen (Viscount Althorp und Earl Spencer), die diesen Adelstitel seit dem 18. Jahrhundert tragen. Der zweite Graf wurde durch die von ihm zusammengetragene herrliche Bibliothek berühmt, der fünfte durch deren Verkauf und politische Aktivität, durch die sich auch der dritte Graf auszeichnete, der als Lord Althorp bekannt wurde. Von den heutigen Spencers weiß man, daß sie sehr lockere Umgangsformen pflegen.

Die Krone. Elisabeth II. ist unglaublich reich und unvorstellbar mächtig, obwohl sie als Staatsoberhaupt der Monarchie nur eine Repräsentationsfunktion hat. Bis zur Scheidung von Lady Diana kann sich das Königshaus auf die Liebe seiner Untertanen zur Königinmutter, der Witwe Georgs VI., auf ein jahrhundertealtes Ritual und das Traditionsbewußtsein der englischen Gesellschaft stützen. Doch der Ausbruch von Liebe und Anteilnahme, mit dem das Volk nach Dianas Tod das schöne "Opfer" der Königsfamilie beklagt, stellt das Fortbestehen der Monarchie von einem Tag zum anderen ernstlich in Frage.

DIE KÖNIGIN DER HERZEN

Die Prinzessin von Wales entspricht der Tradition des englischen Königshauses in kaum einem Punkt, auch nicht in ihrer Kleidung. Doch während die Königinmutter Elisabeth der Tradition in fröhlich-bunten Gewändern huldigt, Schwiegermutter Elisabeth II. sich wie eine korrekte Angestellte kleidet und Tante Margaret sich betont nachlässig gibt, hat Diana selbst keinen eigenen Stil. Sie kann sich blitzartig verlieben und jahrelang hartnäckig ihre Ziele verfolgen, entschlossen, sich gegen alle anderen durchzusetzen, wie man das eben tut, wenn man in einer Familie aufgewachsen ist, in der man sich alles erkämpfen muß. Als an ein Durchschnittsleben gewöhntes, einfaches Mädchen ohne überragende Talente, das aber gesund und lebenstüchtig ist, fasziniert sie die Aussicht, in eine der mächtigsten Familien der Welt aufgenommen zu werden. Dabei ist ihr nicht klar, daß man in solchen Kreisen nur jemand ist, wenn man sich ans Protokoll hält, hart arbeitet und sich immer überlegen zeigt. Als ihr Gatte sie betrügt, betrügt sie ihn auch. Als man sie auf ihren Platz in der zweiten Reihe verweist, gestattet sie sich Abstecher an höchst unziemliche Orte. Als Mitglied einer intellektuell nicht eben brillanten Familie zeigt sie offen Begeisterung für Gymnastik, Massagen und Popmusik. In einer Zeit der Gleichgültigkeit engagiert sie sich. Vor allem aber macht sie nie einen Hehl aus ihrer Unzufriedenheit oder daraus, was sie für ihre Rechte hält. Millionen identifizieren sich mit ihr. So wird eine schöne, nicht sehr ernsthafte und letztlich unglückliche Prinzessin zur Königin der Herzen.

1) Das Prinzenpaar von Wales an seinem Hochzeitstag.
2) Die Prinzessin von Wales beim Besuch eines Heims für behinderte Kinder.
3) London, 29. Juli 1996. Lady Diana beim Verlassen des Fitneß-Studios des Chelsea Harbour Clubs. Der Aufdruck auf ihrem T-Shirt paßt nicht unbedingt zur Mutter des voraussichtlich nächsten Grafen von Cornwall.
4) Schweiz. Diana, die Prinzessin von Wales, und Sarah, Gräfin von York, vergnügen sich auf der Skipiste.
5) Schnappschuß einer äußerst sportlichen Lady Diana.
6) August 1997. Diana Spencer und Dodi Al-Fayed auf Kreuzfahrt im Mittelmeer.
7) 3. November 1982. Königin Elisabeth II. fährt in der Prunkkarosse und in trauter Eintracht mit ihrer Schwiegertochter, der Prinzessin von Wales, zur feierlichen Eröffnung der Sitzungsperiode des Parlaments.
8) London, 5. September 1997. Vor den Gittern der Residenz Lady Dianas haben Anteilnehmende ein wahres Meer von Blumen niedergelegt.
9) Westminster Abbey, 6. September 1997. Der feierliche Einzug des Sargs mit Lady Diana.

6

7

8

1999 2000 1991 1992 1993 1994 1995 **19**

1998 1999 2000 1991 1992 1993 1994 1995 **19**

9

Der Tod. Bücher, Fotos und Artikel berichten über das widersprüchliche Leben Lady Diana Spencers und heben ihre Wohltaten hervor – endlich einmal jemand in hoher Position, der ein Herz hat! Im August 1997 erscheinen in der Presse Fotos, die sie mit ihrem letzten Liebhaber in Portofino an der Riviera zeigen. Auf ähnlichen, sechzig Jahre zuvor am selben Ort aufgenommenen Fotos sah man Eduard VIII. mit seiner Geliebten, für die er auf den Thron verzichtete. Verzichten mußte. Während ihm ein fast endlos langer Lebensabend beschieden war, ereilt Diana ein plötzlicher Tod, der tiefste Bestürzung auslöst.

*"Sie hat das Leben vieler beeinflußt,
denn sie hat Glück und Wohlergehen nach Großbritannien
und in die Welt gebracht."*

Tony Blair

MUTTER TERESA

stirbt unter den Ärmsten der Armen

Gonxha Bojaxhio wird am 27. August 1920 bei Skopje im jugoslawischen Mazedonien als Kind albanischer Bauern katholischen Glaubens geboren. 1928 tritt sie in den Orden der irischen Loretto Sisters (Schwestern der heiligen Maria von Loreto) ein. Sie ist ein aufgewecktes Mädchen, das Gutes tun will. Der Orden schickt sie zum Studium nach Dublin und dann nach Darjeeling in Ostbengalen. Sie bleibt in Indien und setzt sich in ihrer Arbeit für die unterernährten Straßenkinder, die Obdachlosen und die auf offener Straße Verhun-gernden ein. 1948 erhält sie vom Vatikan die Erlaubnis, aus dem Orden auszutreten, und mit Zustimmung des Erzbischofs von Kalkutta gründet sie die Kongregation der “Missionarinnen der Liebe”, die sich die Aufgabe gestellt haben, die christliche Nächstenliebe mit ihrem Beispiel und Wirken zu verbreiten. Es handelt sich um einen aktiven und zugleich kontemplativen Orden. Etwa 20 Jahre später gibt es 1800 Missionarinnen der Liebe in 67 Ländern. 1977 verleiht Paul VI. Mutter Teresa von Kalkutta den Friedenspreis des Papstes, der auf Johannes XXIII. zurückgeht. Zwei Jahre danach erhält sie den Balzan-Preis für Verdienste um Frieden und Brüderlichkeit und den Friedensnobelpreis. 1995 sind die Missionarinnen mit ihrem wohltätigen Engagement gegen die Armut auch in westlichen Großstädten präsent: Es gibt 559 Häuser in 115 Ländern. Am 13. September 1997 ehrt ihre Stadt, Kalkutta, Mutter Teresa mit einem Staatsbegräbnis.

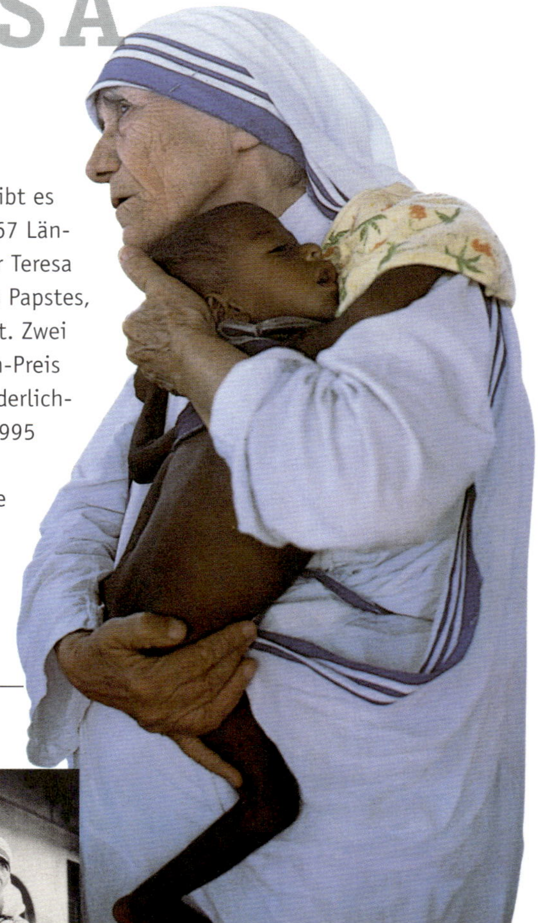

4

1

2

3

5

Die Missionare. Im neunzehnten Jahrhundert, als Europa ganze Kontinente erobert und unterwirft, entstehen in Asien und Afrika zahlreiche christliche Missionen. Dort präsentieren die Missionare der örtlichen Bevölkerung die westliche Welt als Musterbeispiel für Zivilisation, Kultur und Wissenschaft. Dabei ist den Christen ihre Verachtung für die Methoden, Sitten, Gebräuche und Gesellschaftsstrukturen der einheimischen Bevölkerung oft nicht einmal bewußt, obwohl die Betroffenen sie naturgemäß als Kränkung empfinden.

Die Gegenbewegung. 1922 schließen sich Studenten in Schanghai zu einem antichristlichen Bündnis zusammen, weil sie darüber empört sind, daß “die Missionare, bis auf einige wenige lobenswerte Ausnahmen, die chinesische Kultur überhaupt nicht zu würdigen gewußt haben”. Nach seiner Machtübernahme geht Mao Tse-tung gegen die christlich-katholische Kirche in China vor. Auch Gandhi wendet sich gegen das Christentum, denn die christliche Weltanschauung, Gott bestrafe alle Nichtchristen und Andersdenkenden mit ewiger Verdamnis, erscheint ihm absurd.

Neue Mission. Nach dem Zweiten Weltkrieg entwickelt sich neben dem bereits bekannten ein völlig neuer missionarischer Geist, der nicht nur durch die aus der hinduistischen Kultur hervorgegangenen Missionarinnen der Liebe vertreten wird. Auch die italienischen Comboni-Patres liefern ein beachtenswertes Beispiel für missionarisches Engagement in der brüderlichen Hilfe für arme Völker und prangern deren Ausbeutung durch die westlichen Länder und durch jeweils herrschende Diktatoren an. Sie stoßen oft auf Unverständnis und werden zuweilen verfolgt. Auch sie überlassen die Bekehrung Andersgläubiger der göttlichen Vorsehung.

DIE HEILIGE

"Diese Frau hat der Geschichte ihren Stempel aufgedrückt."

Johannes Paul II.

Mutter Teresa ist eine strenge Frau, eine hervorragende Propagandistin ihrer eigenen Mission, selbstsicher und auch im Alter trotz einer Bypass-Operation noch voll Tatendrang. Sie beschränkt sich auf das Einfache, Wesentliche. Alles Salbungsvolle ist ihr fremd. Sie hat es nicht nötig, sich gegen andere durchzusetzen, sondern gründet ihren Orden auf das Gleichheitsprinzip, ausgehend von einem radikalen Armutsbegriff. Die Ordenstracht ist ein weißer indischer Sari mit einem madonnenblauen Streifen am Rand; das Mutterhaus zu Kalighat am Stadtrand von Kalkutta ist nach örtlichen Begriffen ein ansehnliches Gebäude. Die Bekehrung wird Gottes Willen überlassen, ebenso jede moralische Wertung über Sterbende, Notleidende und sich selbst überlassene Kinder. Die Missionarinnen der Liebe versorgen die Hungernden mit Nahrung, pflegen die Kranken, waschen, arbeiten im Dienst der Ärmsten der Armen und bevormunden niemanden, sondern sind Gleiche unter Gleichen. Völlig ungezwungen setzt sich Mutter Teresa mit den Großen dieser Welt an einen Tisch und nimmt

7

997 1998 1999 2000 1991 1992 1993 1994 1995 1996 **1997** 1998 1

1996 **1997**

6

8

9

Geld an, ohne moralisch über den Spender zu urteilen. In tropischen Ländern, wo wegen der enormen Armut auf dem Lande gigantische Städte entstanden sind, und in den Metropolen der westlichen Welt, wo es wegen der Automatisierung der Produktion und der Auslagerung von Industriezweigen ins Ausland immer mehr Armut gibt, sucht und findet sie die ausgegrenzten und hilflosen Opfer menschlicher Willkür. Ihre heroische Nächstenliebe ist ein Dienst im Namen Gottes, der sich außerhalb der Geschichte zu vollziehen scheint. Und gerade deshalb erscheint sie uns in unserer heutigen Zeit so außerordentlich bewundernswert.

1) Mutter Teresa und ihre Missionarinnen der Liebe in dem Bus, mit dem sie durch die Straßen Kalkuttas fahren, um die Ärmsten der Armen und Todkranke aufzusammeln.
2) Einer der Besuche von Mutter Teresa bei Papst Johannes Paul II.
3) Mutter Teresa neben einem der Notleidenden, wie sie laufend in ihren Häusern auf der ganzen Welt aufgenommen werden.
4) Mutter Teresa mit einem kleinen Kind. Die Unterernährung betrifft in den armen Ländern über die häufig mittellosen und halb verhungerten Mütter auch die Säuglinge.
5) Die Missionarinnen der Liebe beten auf fernöstliche Weise.
6) Mutter Teresa mit der Urkunde, in der ihr bescheinigt wird, daß sie die Friedensnobelpreisträgerin des Jahres 1979 ist.
7) Der ausdrucksvolle Blick des zur Prostitution gezwungenen kleinen Mädchens in dem Film *Salaam Bombay*.
8) Die Krankenstation in einem der Häuser Mutter Teresas.
9) Kalkutta, 13. September 1997. Die Beisetzungsfeierlichkeiten für Mutter Teresa in der dem Apostel Indiens geweihten St.-Thomas-Kirche. Im städtischen Ballungsraum von Kalkutta leben ungefähr 12 Millionen Menschen, in dem von Bombay 13 Millionen.

HELMUT KOHL

wird nach sechzehn Jahren als Bundeskanzler abgewählt

Helmut Kohl wird 1930 in Ludwigshafen am Rhein geboren. Er stammt aus einer katholischen Familie aus der Pfalz, die in sehr einfachen Verhältnissen lebt. Der Sohn besucht die Universität, studiert Jura, Geschichte und Politik. Er findet eine Stelle in der örtlichen chemischen Industrie, entscheidet sich dann für die Politik und die Christlich-Demokratische Union. Er tut sich bei den Jungdemokraten hervor, wird führendes Mitglied der Landespartei und ist von 1959 bis 1976 Abgeordneter des Landtags von Rheinland-Pfalz. Von 1969 bis 1976 ist er auch rheinland-pfälzischer Ministerpräsident, steigt 1973 zum Bundesvorsitzenden der CDU auf und tritt damit in die Bundespolitik ein. Als Mann der die Fäden der Macht in seinen Händen zusammenlaufen zu lassen weiß, wird er 1976 Mitglied des Bundestags und CDU/CSU-Fraktionsvorsitzender, und als die sozialliberale Koalition ins Wanken gerät, ist er der Kanzlerkandidat der CDU/CSU.

Nach dem Sturz Helmut Schmidts, der seit 1974 Bundeskanzler war, kommen die christlichen Parteien 1982 ohne demokratische Wahl durch das Volk wieder an die Regierung. Kohl wird damit Bundeskanzler. Er bildet eine Koalition mit der FDP Hans-Dietrich Genschers, der dadurch Außenminister und Vizekanzler bleibt. Die vielbeschworene Wende bleibt jedoch aus. Kohl steht hinter dem NATO-Doppelbeschluß (in dessen Folge nach dem Scheitern der Abrüstungsverhandlungen mit der Sowjetunion ab 1983 neue Mittelstreckenraketen und Marschflugkörper in Europa stationiert werden), setzt die deutsch-französische Zusammenarbeit fort und unterhält enge Beziehungen zur DDR – fast so, als stünde er außerhalb der Machtblöcke.

4

92 1993 1994 1995 1996 1997 **1998** 1999 2000 1991

2

1994 1995 1996 1997 **1998** 1999 2000 1991 1992 1993

1

3

Sein Regierungsstil. In den neunziger Jahren baut Kohl seinen ohnehin schon direkten und gelegentlich rücksichtslosen Regierungsstil weiter aus. Sein Vertrauen in Deutschland ist so unerschütterlich wie das Bismarcks in Preußen. Sobald die Siegermächte des Zweiten Weltkriegs 1990 die Ablösung der alliierten Vorbehaltsrechte geregelt haben und Deutschland endlich seine Souveränität zurückerhalten hat, arbeitet Kohl umgehend auf die sich nun anbietende Wiedervereinigung Deutschlands hin, beschwichtigt Gorbatschows UdSSR durch Zusicherung umfassender Hilfe und einer Begrenzung der Streitkräfte und setzt auf die Europäische Währungsunion, die das Ende der Deutschen Mark bedeutet. Kohl gibt für die Modernisierung in den neuen Bundesländern immense Beträge ohne entsprechende Deckung aus, was den Bundeshaushalt auf Jahrzehnte hinaus stark belastet. Auch unterstützt er die Erweiterung der NATO und leitet den Aufbau gemeinsamer deutsch-französischer Streitkräfte in die Wege.

Berlin. Politik braucht auch Symbole. Gegen eine Verlagerung der Hauptstadt von Bonn nach Berlin spricht, abgesehen vom Protest der westdeutschen Länder, einiges: die hohen Umzugskosten, das Negativimage der alten und neuen Hauptstadt als Hauptstadt der wilhelminischen Ära und der Nazi-Zeit sowie die geographische Lage unweit der Grenze zu Polen (in dem noch mindestens 200.000 Deutschstämmige leben). Dennoch befürwortet Kohl den Umzug nach Berlin.

Der Niedergang. Die Bundestagswahl des Jahres 1998, bei der die Sozialdemo-

DAS WIEDERVEREINIGTE DEUTSCHLAND

Bis 1994 wird die christlich-liberale Koalitionsregierung bei Wahlen mehrfach im Amt bestätigt. Kanzler Kohl setzt seine Politik der Treue zum Atlantischen Bündnis und der Stärkung der europäischen Einheit fort. In der Sozialpolitik folgt er dem Beispiel der USA und Englands nicht, sondern versucht mit anderen Mitteln, die Entwicklung der Unternehmen zu fördern. Er setzt sich auch für die Aufnahme von Zuwanderern deutscher Abstammung aus der Sowjetunion sowie aus anderen Ländern des damals noch existierenden Ostblocks ein. Als Ungarn seine Sicherungsanlagen an der Grenze zu Österreich abbaut, strömen vom 11. September 1989 an innerhalb von drei Tagen 15.000 Ostdeutsche in die Bundesrepublik. Im November fällt die Berliner Mauer, und Kohl nutzt ohne Zögern die Gunst der Stunde für seine Zwecke. Mit Billigung der EG-Kommission und unter Ausnutzung des erklärten Antikommunismus Frankreichs und Großbritanniens, die keinen Grund zu Widerspruch sehen, wird der Beitritt der DDR zur Bundesrepublik nach dem entsprechenden im Grundgesetz festgeschriebenen Artikel vorbereitet. Die Kehrtwendung Gorbatschows, der nach anfänglichem Protest die Wiedervereinigung als geschichtlich selbstverständlich anerkennt entscheidet letztlich darüber, daß die Wiedervereinigung zu diesem Zeitpunkt stattfinden kann. Am 3. Oktober 1990 wird der Schritt vollzogen, und in den zwei Monaten führt Kohl in der herrschenden Euphorie Wahlkampf für die erste gesamtdeutsche Wahl am 2. Dezember. Deutschland hat nun ein einziges Parlament, eine einzige, von Helmut Kohl geführte Regierung und mit mehr als 80 Millionen Menschen auf einer (gegenüber der Weimarer Republik deutlich kleineren) Fläche von 357.000 Quadratkilometern die nach Rußland größte Bevölkerung in Europa.

9

1996 1997 **1998** 1999 2000 1991 1992 1993 1994 1995 1996

7

8

"Es gibt keine Feinde mehr in Europa."

François Mitterrand, November 1990

kraten siegen, markiert das Ende von Kohls Kanzlerjahren. Doch sieht mancher ihm Nahestehende bei aller Kritik an Kohls unwirschem Auftreten und seinem Mangel an Diplomatie in dem noch nicht Siebzigjährigen eine politische Führerpersönlichkeit in Wartestellung, für die sich vielleicht in einem auch politisch geeinten Europa Verwendung finden lassen könnte.

1) Deutschland, 22. Oktober 1982. Das erste Treffen von Kanzler Kohl mit dem französischen Präsidenten Mitterrand: zwei Vertreter der europäischen Einheit.
2) Ein übers ganze Gesicht strahlender Kanzler Kohl, für seine Anhänger der Inbegriff des Optimismus.
3) Dresden, oft das Athen des Nordens genannt, war einmal die Hauptstadt des Kurfürstentums Sachsen. Durch den Feuersturm nach einem beispiellosen Bombardement der alliierten Luftstreitkräfte praktisch völlig zerstört, wurde es zu DDR-Zeiten teilweise wieder aufgebaut. Hier empfängt die Stadt nach der Wiedervereinigung Helmut Kohl.
4) 1990. Kohl gibt im wiedervereinigten Berlin Autogramme.
5) Berlin, 1989. Noch steht die Mauer vor dem weltbekannten Brandenburger Tor, dem Symbol des Hohenzollern-Reichs.
6) Berlin, 8. November 1992. Kohl nimmt an einer Demonstration von rund 300.000 Personen teil.
7) Bill Clinton und Boris Jelzin. Zusammen mit Michail Gorbatschow und George Bush sind sie die ausländischen Staatsmänner, durch deren Zustimmung die friedliche Wiedervereinigung Deutschlands erst möglich wurde.
8) 3. Oktober 1990. Berlin feiert die Wiedervereinigung vor dem Reichstagsgebäude: Kohls schönste Wahlveranstaltung.
9) 19. März 1990. Ein Wahlplakat in Ostberlin wirbt für einen Vertreter der PDS.

BORIS JELZIN
überlebt sich selbst

Boris Nikolajewitsch Jelzin kommt 1931 in einem Dorf bei Swerdlowsk im asiatischen Teil des Urals zur Welt. Er wird Bauingenieur, tritt 1961 der Kommunistischen Partei bei und wird 1976 Parteisekretär des Distrikts Swerdlowsk. Im Mai 1985 ernennt ihn Gorbatschow zunächst zum Leiter der ZK-Abteilung für Bauwesen, dann zum Sekretär des Zentralkomitees und im Dezember zum Ersten Sekretär der Moskauer Stadtparteiorganisation. Dort erregt Jelzin mit seinem Kampf gegen Korruption und für die Reformkader Aufsehen. Im März 1986 wird er Kandidat des Politbüros. Er beschuldigt Gorbatschow, bei der Perestroika zu vorsichtig vorgegangen zu sein, muß 1987 wegen Volksverhetzung das Moskauer Parteibüro verlassen und wird 1988 auch aus dem Politbüro entfernt. Im März wird er mit überwältigender Mehrheit in den Volksdeputiertenkongreß gewählt, und bei seiner USA-Reise im September tritt er als Konkurrent Gorbatschows auf. Am 29. Mai 1990 wird er Staatsoberhaupt der Russischen Sozialistischen Föderativen Sowjetrepublik und ein Jahr später Präsident der Russischen Föderation. Er übt immer heftigere Kritik an Gorbatschow, tritt aus der Partei aus und setzt sich an die Spitze der Radikalen. Im August 1991 leistet er entschlossen Widerstand gegen den Umsturzversuch orthodox-kommunistischer Putschisten und übernimmt dann mit den Präsidenten anderer Republiken die Macht, was zur Auflösung der UdSSR führt. Er bleibt danach Präsident Rußlands, obgleich seine Amtsführung in den letzten Jahren immer konfuser wird.

1

5

93 1994 1995 1992 1993 1994 1995 1996 1997 1998 **1999** 2000 1991 1992 1993 1994 1995 1996 1997 1998 **1999** 2000 1991 1992 1993

2

3

4

Die Völker. Nach Auflösung der KPdSU und der Abkehr von der Planwirtschaft kommen zunächst nationalistische Bestrebungen zum Ausbruch. In der Russischen Föderation leben heute 29 Millionen Nichtrussen: Turktataren, Mongolen, Nordkaukasier, Finnen und Deutsche. Eine etwas geringere Anzahl Russen lebt in den anderen Republiken der ehemaligen Sowjetunion. Dabei werden die von der Zahl her stärkeren Minderheitengruppen oft verfolgt.

Die Gehälter. Der Staat ist nicht in der Lage, die Gehälter pünktlich zu bezahlen. Die Armee hat nicht genügend Kleidung, Ersatzteile und Essen. Nach der Rückkehr der Truppen aus Europa finden die Männer für sich und ihre Familien keine Unterkunft, und sie verfügen über keine finanziellen Mittel. Die Versorgung mit Kernenergie bricht fast zusammen. Durch die Inflation sind Gehälter und Pensionen nichts mehr wert. Im Gesundheitswesen, im kulturellen Bereich und im Verkehrswesen geht fast nichts mehr. Der Ausverkauf der kleinen und mittleren Betriebe und die Privatisierung der Großunternehmen führen zu einer Korruption von gewaltigem Ausmaß. Während einige in kürzester Zeit Unsummen anhäufen, lebt die große Mehrheit in Armut.

Zar Boris. So hieß der Usurpator (1598-1605) Boris Godunow, der den Romanows den Weg zum Thron ebnete. Und so wird Jelzin in den Medien genannt, möglicherweise weil er kein Staatsmann ist, sondern nur eine geklonte Figur des Sowjetsystems, die keine eigene politische Vision hat und nur sorgfältig darüber wacht, daß in ihrem Umkreis kein ernsthafter Konkurrent heranwächst. Der zurückgezogen lebende, herzkranke und alkoholabhängige Mann hält beharrlich an seiner Macht fest, ohne sich um gegenwärtige und zukünftige Katastrophen zu kümmern. Wird auch er einen Puschkin, einen Mussorgski finden, der ihn in seinem Werk verewigt?

DIE KRISE IN RUSSLAND

Nachdem Boris Jelzin von der Welle allgemeiner Begeisterung über die Niederschlagung des kommunistischen Putschs im Jahr 1991 an die Macht getragen wurde, läßt er sie nicht wieder los. Allerdings zwingt ihn das Parlament immerhin dazu, auf das Amt des Ministerpräsidenten zu verzichten. Bei der Volksabstimmung von 1993 erhält er die Zustimmung zur neuen Verfassung, die sich an der amerikanischen orientiert, insbesondere was die Machtfülle des Präsidenten angeht. Und wie zuletzt schon Gorbatschow regiert er tatsächlich mit uneingeschränkter Macht, vor allem indem er das Parlament mit Dekreten förmlich bombardiert. Doch dabei bleibt es nicht. 1993 zögert er nicht, es tatsächlich beschießen zu lassen, als konservative kommunistische

> *"Ein alter Parteikader, der sowohl die im alten System notwendigen Fähigkeiten zur Durchsetzung besitzt (Härte und Schlauheit) als auch die in der neuen Politik verlangten (Demagogie, Aufgeschlossenheit und Geschick im Einsatz der Massenmedien)."*
>
> Eric J. Hobsbawm

7

8

1996 19 ... 97 1998 1999 ... 1992 1993 1994 1995 1996

9

6

Kräfte versuchen, ihn gewaltsam zu stürzen. Jelzin zeigt sich nach den schwerwiegenden Vorkommnissen immer mißtrauischer gegenüber Rivalen, aber auch immer unfähiger, die politischen, wirtschaftlichen, sozialen und ethnischen Konflikte zu bewältigen, die es in Rußland, in den mehr als zwanzig Teilrepubliken der Russischen Föderation sowie im Verhältnis zu den unabhängigen Republiken der GUS gibt. Er setzt den Übergang von der Plan- zur Marktwirtschaft fort, doch wie sein Vorgänger ist er nicht in der Lage, die Umgestaltung wirksam zu fördern. Umgeben von Reformern, Nationalisten mit autoritären Tendenzen, Gemäßigten und Alt-Kommunisten, muß er zudem mit einer Auslandsverschuldung von 80 Milliarden Dollar zurechtkommen, die überwiegend noch auf das Konto der UdSSR gehen, deren Schulden Rußland ebenso übernommen hat wie das UNO-Mandat mit Vetorecht.

1) Januar 1992. Eine Aufnahme von Boris Jelzin im Kreml.
2) Moskau, 12. Juni 1996. Anhänger Jelzins bei dem Rockkonzert auf dem Roten Platz anläßlich des fünften Jahrestags seiner Wahl zum Präsidenten.
3) Jarplow, 3. Mai 1996. Präsident Jelzin beim Besuch eines Truppenstützpunkts.
4) Moskau, August 1991. Jelzin mit Gorbatschow bei der vielbeschworenen ersten Sitzung des russischen Parlaments nach dem Putsch, bei der die Macht neu verteilt wurde.
5) Paris, 7. Februar 1992. Neben Mitterrand wirkt Jelzin noch wie der verläßliche Führer des neuen Rußland.
6) Moskau, März 1991. 200.000 Menschen demonstrieren vor dem Kreml gegen die Regierungspolitik. Jelzin wird in dieser Situation zum Führer der Radikaldemokraten.
7) 1993. Präsident Jelzin in der "heiligen" Stadt Wladimir. Das neue Rußland gibt der Kirche die Rechte zurück, die die Romanows eingeschränkt und die Sowjets ihr ganz entzogen hatten.
8) Moskau, Dezember 1992. Jelzin bei Kanzler Kohl, der seine Präsidentschaft unterstützt.
9) 1991. Jelzin nach der Niederschlagung des reaktionären Putschs gegen Gorbatschows Reformpolitik.

JAHRTAUSENDWENDE

als Abschluß eines Zyklus und Auftakt zu einem neuen Millennium

Das Jubiläumsjahr. Ein Jubiläum markiert im Kalender ein besonderes Datum, an dem alte Regeln aufgehoben oder erneuert werden und die Welt sich wieder verjüngt. Schon die Pharaonen des alten Ägypten feierten während ihrer Herrschaft von Zeit zu Zeit Jubiläumsjahre, um ihre Herrschaft zu erneuern, den Einzug der Götter in die Welt zu zelebrieren und sich erneut von der Kraft der Krönungszeremonie erheben zu lassen. Auch die Juden begingen alle sieben Jahre ein feierliches Sabbatjahr und alle fünfzig besondere feierliche "Jobeljahr". In diesen Jahren ließ man das Ackerland brachliegen, entließ die israelitischen Sklaven in die Freiheit, gab erworbenen Grundbesitz wieder an die einstigen Eigentümer zurück und erließ Schuldnern noch zu zahlende Beträge. Am bekanntesten ist aber wohl das christliche Jubiläum des katholischen Jubeljahres. Der Papst erteilt dabei all jenen vollkommenen Ablaß, also den Erlaß aller Sündenstrafen, die zu einem Wallfahrtsort, in der Regel nach Rom, pilgern, die Sakramente empfangen und anderes mehr. Dieses Jubiläumsjahr wird auch das "Heilige Jahr" genannt. Das erste wird am 22. Februar 1300 von Bonifatius VIII. ausgerufen. 200.000 Pilger – eine für die damalige Zeit ungeheure Menge – kommen nach Rom, darunter Giotto und Dante. Das zweite findet nicht, wie ursprünglich geplant, nach 100, sondern auf Beschluß Clemens' VI. bereits nach 50 Jahren statt. Ab Sixtus IV. (1471-84) wird jedes Vierteljahrhundert ein Heiliges Jahr begangen – soweit die Politik es zuläßt: Im 19. Jahrhundert gab es nur ein einziges, nämlich das von 1825. Zu den periodisch wiederkehrenden kommen noch die zu einem Anlaß ausgerufenen Jubeljahre. Stets sollen die Gebete der Pilger besondere Gnaden Gottes zum Wohle der Kirche und für einen speziellen, vom Papst vorgegebenen Zweck erflehen.

4

1

2

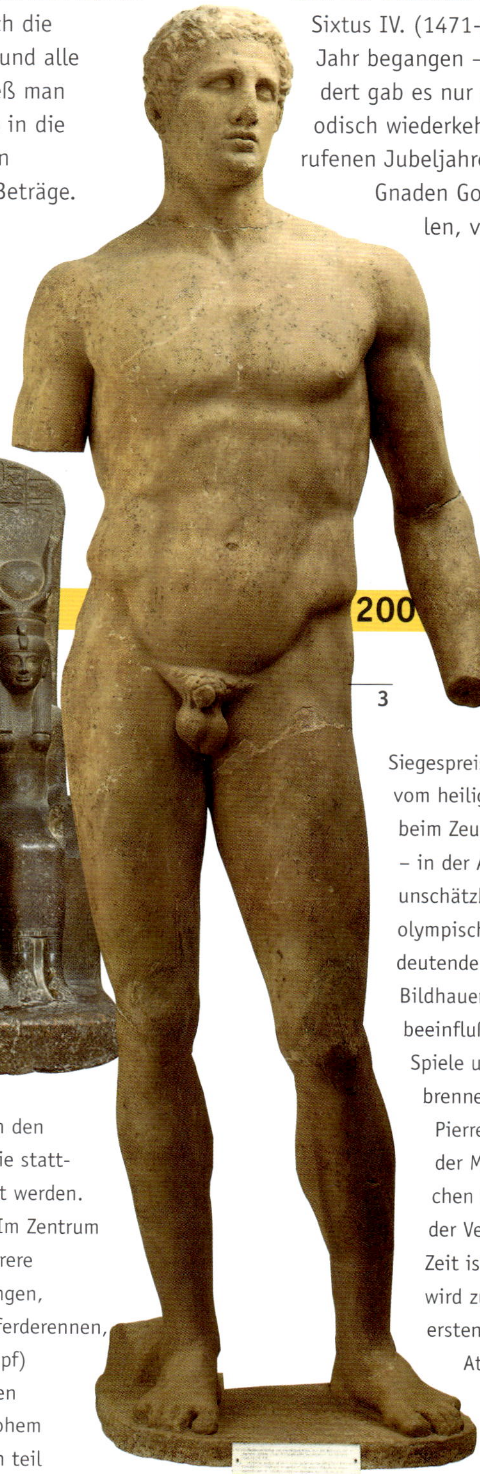

3

5

Die Olympiade. Auch die Olympischen Spiele sind ursprünglich ein religiöses Fest zu Ehren von Zeus, der im trockenen Olympia im Zeustempel als Regenbringer des Heiligtums verehrt wird. Sie finden alle vier Jahre statt, zum ersten Mal wahrscheinlich noch vor dem Jahr 776 v. Chr. Es sind Festspiele für alle Griechen auf dem Festland, den Inseln und in den Kolonien, die mitten im Sommer abgehalten werden, und während sie stattfinden, müssen alle Kriegshandlungen unter den Hellenen eingestellt werden. Zunächst dauern die Spiele nur einen Tag, später sind es fünf Tage. Im Zentrum der Feierlichkeiten stehen die athletischen Wettkämpfe. Es gibt mehrere Disziplinen: Wettlauf, Ringen, Pentathlon, also Fünfkampf (Weitspringen, Stadionlauf, Diskuswerfen, Speerwerfen und Ringen), Faustkampf, Pferderennen, Wagenrennen mit dem Viergespann, Pankration (Ring- und Faustkampf) und Waffenlauf in der vollen Rüstung der Hopliten. Teilnehmen dürfen zunächst nur Männer und nach 632 auch Jünglinge. Personen von hohem gesellschaftlichem Rang nehmen an den aufwendigeren Wettkämpfen teil und erhalten wie alle anderen als Siegespreis einen Kranz vom heiligen Ölbaum beim Zeustempel sowie – in der Antike von unschätzbarem Wert – olympischen Ruhm. Bedeutende Lyriker wie Pindar besingen die Olympioniken, und Bildhauer verewigen sie in Statuen. Vom heiligen Ambrosius beeinflußt, verbietet Theodosius 393 n. Chr. die Olympischen Spiele und läßt später Tempel, Stadion und Kunstwerke verbrennen beziehungsweise schleifen. 1892 schlägt Baron Pierre de Coubertin an der Sorbonne vor, Olympische Spiele der Moderne ins Leben zu rufen, um "den edlen und ritterlichen Charakter, durch den der athletische Wettkampf sich in der Vergangenheit ausgezeichnet hat, zu erhalten". Zu jener Zeit ist Griechenland wieder unabhängig, und die Athletik wird zu einem Massensport. Und 1896 finden die Spiele der ersten Olympiade der Neuzeit ganz selbstverständlich in Athen statt. Doch die milliardenschweren Olympischen Spiele des Jahres 2000 werden anderswo stattfinden und auch nicht dem Kult der Schönheit huldigen, sondern dem Kult der Rekorde.

ZYKLEN

"Der Sport ist als Kunstausübung und Gelegenheit zu künstlerischer Betätigung aufzufassen. Er bringt Schönheit hervor, da er mit dem Athleten eine lebende Skulptur schafft."

Pierre de Coubertin

Schon seit alter Zeit versucht man, Zyklen in der Entwicklung der Welt, der Menschen und der Dinge herauszufinden. Die Babylonier legten ein kosmisches Jahr fest, das derjenigen Zeit entspricht, die Sonne, Mond und die größeren Planeten benötigen, um wieder an den Ausgangspunkt ihrer Bahnen zurückzukehren. Heraklit (etwa 550-480 v. Chr.) spricht von einem "großen Jahr" als dem Zeitraum, den die Welt braucht, um vom ewigen Feuer zu dem Feuer zurückzukehren, das den End- und Anfangspunkt des Zyklus markiert. Empedokles (5. Jh. v. Chr.) beschreibt einen Zyklus des Werdens und Vergehens der Welt, der erst im Zeichen der Liebe und später in dem des Hasses steht. Und im Europa des 16. Jahrhunderts taucht der Gedanke eines tausend Jahre umfassenden Zyklus auf, allerdings bezogen auf die Menschen des Mittelalters, die angeblich im 1000. Jahr christlicher Zeitrechnung den Weltuntergang erwarteten. Hebräischen Ursprungs ist der Chiliasmus, eine noch heute in Sekten verbreitete Vorstellung, derzufolge die Gerechten ein paradiesisches tausendjähriges Reich auf Erden erwartet. Auch der Begriff des Jahrhunderts ist noch nicht sehr alt. Er geht auf eine 1559 von Theologen verfaßte Kirchengeschichte zurück, die nach Jahrhunderten eingeteilt war. Einst bedeutete das lateinische "saeculum" soviel wie Ära, Epoche, Zeitalter: So konnte ein Zeitalter weit mehr als hundert Jahre umfassen – oder auch viel weniger, wie das Leos X., das nur von 1513-1521 dauerte. Die den größten Teil des 20. Jahrhunderts umfassende Epoche begann nach dieser Lehre 1914 und reichte bis 1991 – das 20. wäre demnach ein "kurzes Jahrhundert" gewesen.

6

9

6 1997 1998 1999 **2000** 1991 1992 1993 1994 1995 1996 1997 1998 1999 **2000** 19 … 1996 1997 19

7

8

1) Eine Postkarte aus dem Jubiläumsjahr 1950 mit dem Bild des damaligen Papstes Pius XII. und einer Übersicht über die vorangegangenen Heiligen Jahre.
2) Der Pharao Ramses II. (1279-1213 v. Chr.) zwischen den Göttern Amun und Mut.
3) Eine Statue des Athleten Agias, des Siegers im Pankration im Jahre 335 v. Chr.
4) Die wichtigsten Kirchen Roms auf einer Radierung von 1575. In den mit einem kleinen Kreuz gekennzeichneten Kirchen war es möglich, im Heiligen Jahr seine Sünden und Bußen erlassen zu bekommen.
5) Israel. Antike Mühlsteine zum Gewinnen von Olivenöl in Tirat Yehudah.
6) Die nach der Zerstörung durch die Christen verbliebenen Statuen am Ostgiebel des Zeustempels in Olympia. Sie stammen aus den Jahren 470-456 v. Chr. und stellen das Wagenrennen von Pelops und Oinomaos dar.
7) Pierre de Coubertin (1863-1937), der Begründer der modernen Olympischen Spiele.
8) Leichtathleten der USA bei den Olympischen Spielen von 1896. Der dritte von links, Garnet, siegte im Diskuswerfen.
9) Olympia. Das Stadion (ohne Sitzreihen), in dem die Spiele stattfanden.

1901

2000

Es ist nicht eindeutig zu sagen, welche Persönlichkeiten des 20. Jahrhunderts auf der ganzen Welt berühmt waren. Nicht einmal, wenn man die Zeitungen dieser Epoche durchsieht – denn wo und von wie vielen wurden denn überhaupt Zeitungen gelesen? Auch an die Radiosendungen, die jahrzehntelang eine so wichtige Rolle beim Hervorrufen von Haß oder Sympathie gespielt haben, kommt man kaum noch heran. Unbezahlbar wäre eine internationale Untersuchung darüber, welche Personen zu Beginn des Fernsehzeitalters am populärsten waren. So gingen wir bei der Auswahl der hundert Prominenten zwangsläufig von unserer eigenen Einschätzung aus, stützten uns jedoch vor allem auf ihren Bekanntheitsgrad im Ausland und das, wofür sie standen oder was sie in den Augen einer breiten Öffentlichkeit darstellten. Deshalb kann man sie zu Recht als Mythen oder Ikonen bezeichnen. Denn es geht

Plakat des Films *The Truman Show* (1998) von Peter Weir, mit Jim Carrey in der Hauptrolle. Seit seiner Geburt werden sein Leben und seine Welt mittels einer technisch ausgeklügelten Anlage von Fernsehkameras aufgenommen und als Erfolgsshow ausgestrahlt, ohne daß der arme Truman etwas davon weiß. Hier wird das Leben eines Mediensklaven vermarktet, eines Helden und einer Ikone des Durchschnittsbürgers für Durchschnittsbürger.

nicht um die Personen, sondern um Kultfiguren zur weltlichen Verehrung, also um Produkte der Geschichte, der Medien und der kollektiven Phantasie. Darunter finden sich auch für sich allein genommen unbedeutende Menschen, die nichts Herausragendes vollbracht haben, in denen die Welt jedoch Werte verkörpert sah, die von allen geteilt wurden. Hingegen fehlen fast alle bedeutenden Vertreter der "gehobenen" Kultur: Schriftsteller, Maler, Bildhauer, Komponisten, auch Naturwissenschaftler, Historiker, Philosophen, Soziologen und Wirtschaftswissenschaftler, die der großen Masse unbekannt sind. Denn es ist gerade die Masse, die jemanden zum Mythos erklärt. Im 20. Jahrhundert verlieren die Eliten stetig an Bedeutung, und in ihren letzten Vertretern sieht sich die Massengesellschaft selbstverliebt in ihren allgemeinsten Werten repräsentiert – oder in jenen Vertretern, die ihr getreuestes Abbild sind, wie der junge Versicherungsvertreter Truman Burbank. Das sind die Idole, die neuen Mythen.

Ein Radio aus den dreißiger Jahren. Durch Schlager, Jazz, Opern, Nachrichten, Sportreportagen, Hörspiele, Serien, Interviews wird mancher von einem Tag auf den anderen berühmt.

Ein 1935 von Philips gebauter Fernseher. Das Fernsehen projiziert auch die Gesichter, die Gestalten, Gesten und Landschaften ins Wohnzimmer. Unbekannte werden berühmt, und man beginnt, sie wie alte Freunde beim Namen zu nennen.

100 Jahre, 100 Mythen

Auf die Perspektive kommt es an

Die abschließenden Seiten bieten dem Leser eine Orientierungshilfe, unter welchen Aspekten er dieses Buch lesen kann. Das Buch zeigt unter anderem die Entwicklung der Massenmentalität dieses Jahrhunderts auf: Es ist eine Geschichte von der unaufhaltsamen Verbreitung der Kultur der USA durch die Globalisierung nicht nur der Wirtschaft, sondern auch der Ausdrucksformen. Es beschreibt das Ersetzen der Ideen durch massenwirksame Bilder und schließlich der Bilder durch Kultfiguren und -Objekte. Es ist nicht die Geschichte des zum Objekt reduzierten kleinen Mannes, sondern zeigt gerade die zunehmende Vermarktung führender Persönlichkeiten, die im Medienmagma trendgerecht umgeschmolzen werden.

Persönlichkeit, Mythos, Idol und Ikone

Im Laufe der Jahrzehnte verändern sich die von prominenten Personen normalerweise erwarteten und vertretenen Eigenschaften. Natürlich läßt sich darüber diskutieren, ob der berühmteste Jazzmusiker auch der begabteste oder technisch perfekteste war, aber Einigkeit herrscht darüber, daß es sich um einen großen Künstler und eine einzigartige Persönlichkeit handelte. Seit den sechziger Jahren aber sind die Sänger dessen, was man früher Unterhaltungsmusik nannte, Medienfiguren, die sich nur durch den Grad ihres internationalen Erfolgs unterscheiden lassen. Und Filmstars werden überall mit ähnlichen Mitteln in Serie produziert. Der Werberummel für das "Produkt Mensch", für eine Platte oder einen Film wird immer umfangreicher und im Vergleich zu den Produktionskosten unverhältnismäßig teuer. Die Persönlichkeit des Schauspielers oder Sängers hat ebenso wie der Stil des Schriftstellers nicht mehr klar, ausdrucksstark und einprägsam, sondern absolut anpassungsfähig zu sein, muß Widersprüche verbergen, formbar, wandelbar, tragbar und nach Belieben belast- und einfärbbar sein, so daß daraus ein im großen Beschwörungsritual anzurufendes Stammestotem wird, das sich in einer Welt kindlicher Truggebilde einsetzen und in einer Mixtur sich überlagernder Bilder und Klänge aufbereiten läßt – bis zum völligen Schwinden der Sinne.

Louis Armstrong und Michael Jackson haben nichts gemein. Die Kultfigur des Jazz gehörte zur Rundfunk-Ära, zu jener Zeit, in der man sich im Kreise seiner Freunde traf und unterhielt, ins Kabarett oder Theater ging, allein oder in verliebter Zweisamkeit Platten hörte, oder beim Wummern der Musikbox einen Bezug zwischen der Musik und dem eigenen Befinden herstellte. Dagegen paßt der Springkobold Jackson in die Zeit der Großveranstaltungen, des Erlebnisses der Dezibel-Power, der optischen Megashow, bei der sich der Zuschauer in narzißtischer Selbstverliebtheit mit seinem Idol identifiziert.

Im Lauf der Jahrzehnte verändern sich auch die Eigenschaften führender Politiker. Seit den Zeiten der römischen Konsuln haben sich die Sieger immer auf die Seite derer gestellt, die sie an die Macht gebracht hatten. Vergleicht man jedoch die umfassend gebildeten, komple-

Eine Wurlitzer 1100 Jukebox, hergestellt 1948 in den USA. Wenn man eine Münze einwirft, hat man die Auswahl unter 24 Platten. Das farbenfrohe Gehäuse ist ein Genuß für sich.

Die farbliche Feinabstimmung beim Offsetdruck mit Vierfarbenmaschinen. Mit dem neuen Druckverfahren beginnt Mitte des 20. Jahrhunderts der internationale Siegeszug von Bildbänden und des gedruckten Bildes überhaupt.

Die USA verbuchen auch Nobelpreise auf ihr Konto, die an aus anderen Ländern stammende Wissenschaftler verliehen wurden. Hier drei Nobelpreisträger europäischer Herkunft. Von oben: Georg von Békésy, Ungar (Medizin, 1961), André Cournand, Franzose (Medizin, 1956), Emilio Segré, Italiener (Physik, 1959).

xen Persönlichkeiten mit herausragenden Eigenschaften, wie die beliebtesten amerikanischen Präsidenten der ersten Hälfte des Jahrhunderts, mit ihren Nachfolgern, so entdeckt man, daß sie für die heutige Zeit nicht stromlinienförmig genug wären und zweifellos mehr Profil und Charakter hatten als diese. So informierte Präsident Roosevelt in Rundfunkansprachen die Öffentlichkeit über Pläne, Analysen und Vorschläge. Reagan teilte allen alles mit, doch handelte es sich dabei weniger um Ideen, sondern um irrational-chauvinistische Beschwichtigungsfloskeln. Von dieser Persönlichkeitskrise bleibt auch der andere Teil der Welt nicht verschont. Während Stalin noch ein blutrünstiger Diktator und gleichzeitig ein von Idealen geleiteter Staatsmann war, ist Breschnew nur noch ein undurchschaubarer Alleinherrscher. Mit den Jahren wird er zu einem Wirtschaftsboß, der seine Gesellschaft an den Rand des Abgrunds führt. Jelzin ist ein risikofreudiger Abenteurer ohne Ideen. Und was die faschistischen oder mit dem Faschismus sympathisierenden Politiker anbelangt, ist es nicht besser.

Bedeutungswandel und Globalisierung der Ausdrucksformen

Etwas hat sich also seit den sechziger Jahren in immer rascherem Tempo verändert. So gab es offenkundig die Krise der Werte und der traditionellen Leitfiguren. Würde, Anstand und Rechtschaffenheit sind aus der Mode gekommen. Eleganz ist heute nicht mehr ein Maßstäbe setzender kultivierter Stil mit einem Hauch Neuheit und Extravaganz. Man bleibt auch nicht mehr "seinem Parfüm" treu, sondern greift immer wieder zu einem neuen. Der Stil wurde durch den Look abgelöst. Die traditionellen Leitfiguren verschwinden: Der gute Junge, das anständige Mädchen, die gebildete Dame, der Hausarzt, die gute Hausfrau und das treue Hausmädchen gehen zusammen mit dem Bürgertum, das sie hervorgebracht hat, unter.

Auch die Ausdrucksformen unterliegen einem tiefgreifenden Wandel. Das amerikanische Englisch wird zur "Lingua franca" des Tourismus, der Finanzwelt, von Industrie und Handel, der Diplomatie und auch der Wissenschaften, denn die Forschungsinstitute und Universitäten der USA verfügen über das meiste Geld, veröffentlichen am meisten und zahlen die höchsten Gehälter. So bilden die nordamerikanischen Universitätsprofessoren die erste wirkliche "Internationale". Dieselbe Sprache dominiert auch im Kino – in vielen Ländern werden Hollywood-Filme nicht synchronisiert –, und in der Unterhaltungsmusik findet sich ein Gemisch verschiedener US-Idiome und nonverbal-visueller Ausdrucksformen. In Europa haben die unteren Bevölkerungsschichten traditionsreicher Länder oft keine ausreichende Bildung erhalten und fallen immer stärker aus dem angestammten sozialen und kulturellen Kontext heraus. Auch die Führungsschichten dieser Länder fühlen sich der eigenen Kultur kaum noch verpflichtet, so

Jasper Johns, *Drei Fahnen*, 1958. Der Künstler des amerikanischen Neo-Dadaismus und der Pop-art benutzt die Fahne seines Vaterlands, eine recht abgenutzte Ikone, zu einem raffinierten Spiel mit Farbnuancen und aufeinander bezogenen Grundformen.

L. Ron Hubbard (1912-86), der 1959 die Scientology "Church" gründete, eine heute sehr reiche und umstrittene Organisation.

Georg Soros, schwerreicher Finanzberater und Finanzexperte mit ungeheurem Einfluß.

daß sowohl die einen als auch die anderen nur allzu leicht die Erfolgsmodelle übernehmen, die man ihnen am überzeugendsten anpreist. Wer als Jugendlicher gesellschaftliche Anerkennung sucht, kauft US-Produkte und gibt sich wie ein Amerikaner. Vor allem in den Städten verbreiten sich im Nu neue, immer schrillere Moden: von Jeans, Petting und Rock über die Blumenkinder, Open-air-Konzerte, Joints und Partnerwechsel bis zu Zen-Meditation, Yoga, Piercing und Videoclips. Viele dieser Moden halten sich nicht lange. Sie sind nicht Ausdruck der verlorenen Unschuld oder des Sittenverfalls, sondern es geht Jugendlichen darum, gewohnte oder auch neue Dinge auf eine eigene Weise zu tun, die sie mit Jugendlichen überall auf der Welt verbindet, für Erwachsene aber entfremdet ist.

Sogar die höchsten Kulturwerte unterliegen der Globalisierung. Gewiß sind die USA das modernste Land, und vielleicht produzieren sie deshalb auch eine besonders "moderne" Kunst. Ihre Pop-art erobert jedenfalls den Weltmarkt und rückt das Kunstwerk in die Nähe eines für den Massenkonsum bestimmten Produkts, wie etwa eine Werbeanzeige. Auch die Buchproduktion paßt sich weltweit dem amerikanischen Modell an. Notwendig wird das durch moderne Systeme und Methoden im Verlagswesen und die Jagd nach dem Bestseller. Literarisch anspruchsvolle Werke finden keine Verleger mehr, wie überhaupt die gehobene, ästhetischen Prinzipien folgende Kultur wie im Mittelalter in all jenen – sprich: den meisten – Fällen, in denen sie sich nicht wirtschaftlich verwerten läßt, nur für den Eigenbedarf produziert wird. Ein an der Universität lehrender Philosoph wird von seinen Kollegen und Studenten gelesen; letztere werden ihn in Zukunft aber nur dann noch lesen, wenn sie das als seine zukünftigen Kollegen nicht vermeiden können. Heute verkaufen sich nur noch die Gurus.

Der werbewirksame Köder: Gurus und Idole

Wahrscheinlich ist der Guru der eigentliche Held, die Schlüsselfigur unseres Jahrhunderts. Als käuflicher Heiliger, der über ein unbegrenztes und nicht näher bestimmbares Wissen verfügt, hat er angesichts der steigenden Nachfrage auf alles eine Antwort, die passende Botschaft parat. Er ist vielseitig verwendbar, gibt sich postmodern religions- und fachübergreifend und verlegt sich je nachdem, was gerade "angesagt" ist, auf Politiker, Manager, Stars, die Unglücklichen im allgemeinen oder die Massen. Oft arbeitet er in Eigenregie, also als Geldgeber, Star, Agent und Fernsehprediger. Dabei beschränken sich die Werbestrategien nicht mehr auf den Verkauf der Ware, sondern üben in allen Phasen von der Präsentation über Kaufmotivation, "Product Placement" bis hin zur Produktion maßgeblichen Einfluß aus. Sie nehmen dazu verschiedene Wissenschaften und Technologien in ihren Dienst und machen diese von sich abhängig. Und da heutzutage der Profit der Produktion mit der gleichen Selbstverständlichkeit und ebenso rasch zu folgen hat wie der Donner dem Blitz, wird nur das produziert, was sich nachweislich verkaufen läßt, also Waren, wie sie bereits verkauft wurden, oder eine Kopie davon. Außerdem soll das Produkt möglichst weltweit Absatz finden und muß daher den weißen Käufer ebenso ansprechen wie den schwarzen, den Türken ebenso wie den Japaner. Es darf folglich keine kulturspezifischen Eigenschaften besitzen, durch die es zwar den einen vertraut, den anderen aber fremd erscheinen könnte. Es mag erstaunen,

Der einflußreiche internationale Bankier Michele Sindona, der verdächtigt wird, enge Verbindungen zur Mafia zu haben, während des Prozesses wegen Bankrotts 1984 in Mailand.

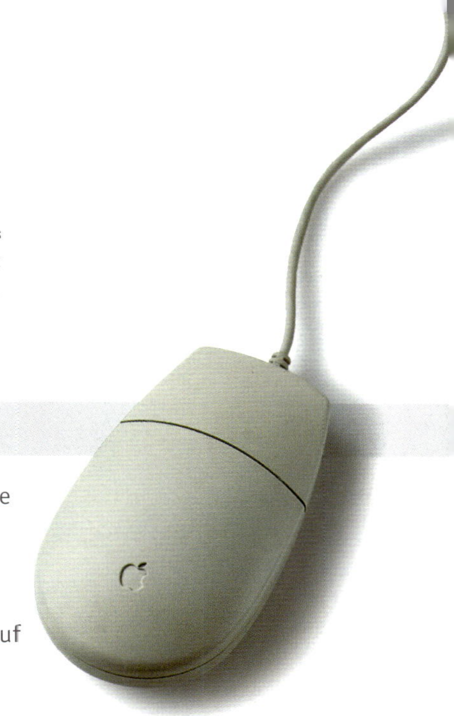

Eine Maus, ein bei der Benutzung eines Computers unentbehrliches Zusatzgerät. Auch im Elektronikzeitalter ist also die manuelle Geschicklichkeit noch gefragt, die seit frühesten Zeiten für den Menschen von Vorteil war und ihm schließlich erlaubte, Maschinen und Roboter zu bauen.

daß der Motor eines heutigen Autos dem des Ford Model T ähnelt, aber dieser Motor verkauft sich eben am besten – und bis sich ein besserer weltweit durchgesetzt hätte, würde viel zuviel Zeit vergehen. Bei wirklichen Innovationen muß man vorsichtig vorgehen, lautet die Marketing-Regel. Und von diesem Prozeß sind nicht nur Dinge betroffen, sondern auch Menschen. Auch sie müssen überall und für jeden Zweck verwendbar sein. Sie dürfen keinen persönlichen Ausdruck, Charakter, keine Vorlieben und Ziele haben. Wenn sie sich von der Allgemeinheit unterscheiden, braucht man zumindest Zeit, sie aufzubauen, und Zeit hat in der Wirtschaft niemand mehr. Das führt dazu, daß sich diejenigen, die die Leiter zum Idol erklimmen, immer ähnlicher werden: nicht zu männlich und nicht zu weiblich, nicht zu jung, alt, häßlich, schön, anspruchsvoll oder typisch. Wenn sie unbedingt einen "Typ" verkörpern wollen, dann nur einen durchschnittlichen: Der "Macho" soll ein ganzer Mann sein, aber kein Supermann, der Intellektuelle darf Verstand haben, aber kein "Eierkopf" sein, der Politiker soll seinen Beruf ausüben, aber nicht politisieren. Denn jedes "Zuviel" macht angst und vergrault das Publikum: Es wird nicht "verstanden".

Wirklich Neues verkauft sich schlecht

Alles, was schon ver- und gekauft wurde, versteht sich von selbst, besser noch: muß nicht erst verstanden werden. Dasselbe gilt für einen Prominenten, der zur Ware wird, wenn nicht nur seine Arbeit, sein Werk zum Verkauf steht, sondern gerade seine Verwandlung zum Mythos, zur Ikone oder Kultfigur vermarktet wird. Tom Mix (laut Jean-Louis Rieupeyrout "ein lebender Katechismus"), Padre Pio und die Barbie-Puppe sind im Bewußtsein ihrer Bewunderer in eine Schublade eingeordnet, die vor jedem kritischen Gedanken oder einer Meinungsänderung fest verschlossen bleibt. Denn nicht die "historische Einordnung" macht eine berühmte Person zum Mythos. Im Gegenteil wurden viele christliche Heilige auch dann noch als Ikonen verehrt, als sich längst herausgestellt hatte, daß sie nie existiert haben. Ikonen können verbrannt oder auf den Dachboden gebracht und dann vergessen werden, aber niemals werden sie von denen, die sie verehren, in Frage gestellt. So verurteilte die Masse der Fernsehzuschauer Präsident Clinton im September 1998 weder dafür, daß er sich von einer ehrgeizigen jungen Frau hatte einwickeln lassen, noch wegen des Mißbrauchs der höchsten Machtposition der Welt, sondern sie erfreute sich gerade an seiner außerordentlichen Mittelmäßigkeit. Immerhin trank doch der Präsident vor den Mitgliedern der Untersuchungskommission und vor laufender Fernsehkamera ein außerordentlich namhaftes Erfrischungsgetränk direkt aus der Dose – genau wie diejenigen, die ihren Fernseher eingeschaltet hatten.

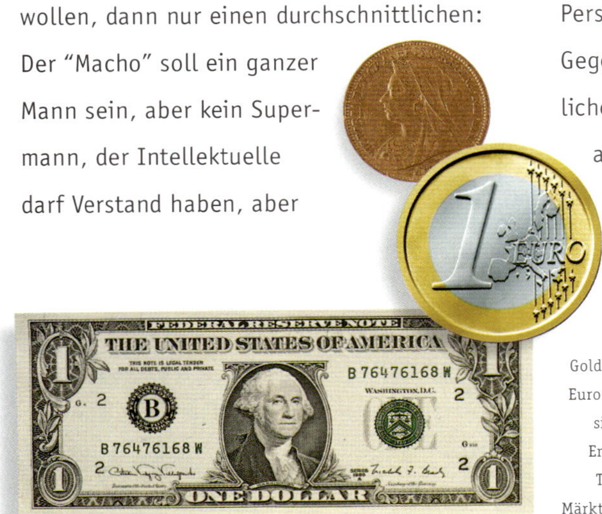

Goldmünze der Königin Viktoria, ein Euro und eine Dollarnote. Es handelt sich dabei um das von Beginn bis Ende des 20. Jahrhunderts gültige Tauschmittel zur Regulierung der Märkte – von Angebot und Nachfrage.

Luftaufnahme der Verrazzano-Bridge beim Start des New Yorker Stadtmarathons. Im Zeitalter der Online-Kommunikation versammeln sich riesige Menschenmengen an einem Ort, um einem "Event" beizuwohnen, an dem sie "teilhaben".

Literaturhinweise

Über das 20. Jahrhundert sind unzählige Bücher erschienen, und eine Bibliographie erscheint so als aussichtsloses Unterfangen, weil sie auf eine Bibliothek mit schier unbegrenzten Beständen zurückgreifen müßte. Auch der Versuch alle Texte anzugeben, die zu Entstehung und Entwicklung der Massenmentalität beigetragen haben, scheint nicht gerade erfolgversprechend angesichts der zahllosen Bücher und Zeitungen, Werbeanzeigen, Inschriften, amtlichen Mitteilungen, Flugblättern und Streitschriften, Lieder, Begleithefte zu Veranstaltungen, Radio- und Fernsehsendungen, seit einigen Jahren auch Online-Texte und des nicht abreißenden mündlichen Kommunikationsflusses. Deshalb sind im folgenden nur Essays, Artikel, Monographien, Sammelbände und Grundlagenwerke verzeichnet, die bei der Erarbeitung dieses Buchs unmittelbar berücksichtigt wurden.

ANDERSEN, Christopher: *Madonna unverhüllt. Die Biographie*; Wilhelm Goldmann, München 1992.

ANDERSEN, Christopher: *Der Tag, an dem Diana starb*; Wilhelm Goldmann, München 1998.

ANDERSEN, Uwe, Bierling, Stephan, Neuss, Beate: *Politik und Wirtschaft am Ende des 20. Jahrhunderts*; Leske & Budrich, Leverkusen 1995.

BAHN, Paul: *Faszination Archäologie*; von dem Knesebeck, München 1997.

BARTHES, Roland: *Mythen des Alltags*; Suhrkamp, Frankfurt, o. J.

BEGGS, Karen: *Elvis Presley*; Klett, Stuttgart 1994.

BEGO, Mark: *Madonna. Who's That Girl*; Hannibal, St. Andrä-Wördern 1992.

BEILE, Rüdiger: *Weltreligion Islam*; Evangelischer Presseverband Bayern, München 1993.

BENEVOLO, Leonardo: *Geschichte der Architektur I-III des 19. und 20. Jahrhunderts*; dtv, München 1988.

BERTEZZAGHI, S.: *Nostalgia, l'equivoco italiano*, in "La Stampa", 17. März 1997.

BIEMEL, Walter: *Jean-Paul Sartre*; Rowohlt, Reinbek 1964.

BOCCAFOGLI, R.: *Ferrari... un sogno nato nella neve*, Mailand 1997.

BOGDANOVICH, Peter, Welles, Orson: *Hier spricht Orson Welles*. Beltz-Quadriga, Weinheim/Bergstraße 1994.

BÖHM, Gottfried: *Paul Cezanne Montagne Sainte Victoire*; Insel - Suhrkamp, Frankfurt 1988.

BRANDO, Marlon: *Mein Leben*; Wilhelm Goldmann, München 1996.

BROAD, L.: *Winston Churchill*; London 1946.

Brockhaus Enzyklopädie; Brockhaus, Leipzig 1997.

BÜHLMANN, Walbert: *Johannes XXIII. Der schmerzliche Weg eines Papstes. Mit dem authentischen Text der Konzilseröffnungsrede*; Matthias Grünewald 1996.

BUJA, C.: *Elvis Presley*, Mailand 1988.

CALASSO, R.: *Il guanto di Gilda*, in "Panorama", 25. Oktober 1977.

CAMPBELL, Colin: *Diana. Ein Leben im goldenen Käfig*; Droemer Knaur, München 1992.

CARDINALE, A. E.: *Tra fumi acidi Madame Curie scoprì il radio*, in "Corriere della Sera" 15. März 1998

CHAPLIN, Charles: *Die Geschichte meines Lebens*; Fischer TB, Frankfurt 1998.

Chronik Handbuch Personen des 20. Jahrhunderts; Chronik, Dortmund 1999.

CHURCHILL, Winston: *Blut, Schweiß und Tränen. Antrittsrede im Unterhaus nach der Ernennung zum Premierminister*; Europäische Verlagsanstalt, Hamburg 1995.

CHURCHILL, Winston: *Der eiserne Vorhang*; Scherz, München 1954.

CHURCHILL, Winston: *Der Zweite Weltkrieg*; Scherz, München 1954.

COTRONEO, R.: *Nel bunker di Gates. Non ci spezzeranno come l'At&T*, in "Corriere della Sera" 20. Mai 1998.

COUBERTIN, Pierre de: *Olympische Erinnerungen*; Limpert, Wiesbaden 1996.

CURIE, Eve: *Madame Curie*. Fischer TB, Frankfurt, o. J.

Das große Lexikon der Weltgeschichte; Xenos, o. J.

DE FORNARI, O.: *Walt Disney*, Rom 1995.

DE GAULLE, CHARLES: *Le fil del'épée et autres écrits*. Paris 1994 .

DENZLER, Georg: *Das Papsttum. Geschichte und Gegenwart*; C. H. Beck, München 1997.

Der große Ploetz; Verlag Ploetz, Freiburg-Würzburg 1986.

Der neue Brockhaus; Brockhaus, Leipzig 1938.

DEUTSCHES TECHNIKMUSEUM BERLIN UND LANDESBILDSTELLE (Hrsg.): *Auftrag Luftbrücke. Der Himmel über Berlin 1948-1949*. Nicolaische Verlagsbuchhandlung 1998.

Die große Bertelsmann Enzyklopädie des Wissens: Die Mitte des 20. Jahrhunderts; Bertelsmann Lexikon Verlag 1994.

Die Welt der Kunst. Ein Lesebuch von der Spätantike bis zur Postmoderne. C. H. Beck, München 1996.

dtv-Atlas zur Weltgeschichte. dtv, München 1967.

EINSTEIN, Albert: *Aus meinen späten Jahren*; Ullstein, Berlin 1990.

EINSTEIN, Albert: *Grundzüge der Relativitätstheorie*; Vieweg, Wiesbaden 1990.

ELGAR, Frank: *Picasso*; F. Hazan 1985.

ELIOT, Marc: *Walt Disney*; Birch Lane Press, New York 1993.

ESCOBAR, R.: *Truman, sei tutti noi*, "Il Sole-24 Ore", 4. Oktober 1998.

FATH, Rolf, Würz, Anton: *Reclams Opern- und Operettenführer*; Philipp Reclam, Stuttgart 1994.

FAULSTICH, Werner und Korte, Helmut (Hrsg.): *Fischer Filmgeschichte*; 5 Bände. Frankfurt: Fischer 1995.

FOUCAULT, Michel: *Wahnsinn und Gesellschaft*; Suhrkamp, Frankfurt, o. J.FRANK, Anne: *Tagebuch*. Frankfurt: Fischer 1998.

FREUD, Sigmund: *Einführung in die Psychoanalyse 1915*. EVA-Reden: Bd. 13; Europäische Verlagsanstalt, Hamburg 1994.

FREUD, Sigmund: *Totem und Tabu*; Gesammelte Werke, 1912, (Band 9); S. Fischer, Frankfurt 1986.

GATES, Bill: *Der Weg nach vorn. Die Zukunft der Informationsgesellschaft*; Hoffmann und Campe, Hamburg 1995.

GATES, BILL: *L'informatica nella vita quotidiana*, in "Ca' de Sass" 13. Dezember 1997, S. 20-23.

GAVI, Philippe, Sartre, Jean-Paul, Victor, Pierre: *Der Intellektuelle als Revolutionär. Streitgespräche*; Rowohlt TB, Reinbek 1986

GAVINELLI, Corrado: *Die Neue Moderne. Architektur in der zweiten Hälfte des 20. Jahrhunderts*; Kohlhammer, Stuttgart 1997.

GEISS, Imanuel: *Chronik des 19. Jahrhunderts*; Chronik, Dortmund 1993.

GELLER, Larry, Spector, Joel, Romanowski, Patricia: *I was the One. Elvis Presley*; Hannibal, St. Andrä-Wördern 1991.

GERLACH, F.: *Begabung und Stammesherkunft im deutschen Volke*; München 1929.

GIDAL, P.: *Andy Warhol: Films and Paintings*, New York 1971.

GIESEN, Rolf: *Lach-Bomben. Die großen* Filmkomiker. München: Heyne 1991.

GRIMM, Tilemann: Mao Tse-tung. Rowohlt, Reinbek 1992.

HAARMANN, Maria (Hrsg.): *Der Islam*; C. H. Beck, München 1994.

HACKE, Christian: *Zur Weltmacht verdammt. Die amerikanische Außenpolitik von Kennedy bis Clinton*; Ullstein, Berlin 1997.

HARENBERG, Bodo (Hrsg.): *Harenberg Kompaktlexikon in 5 Bänden*; Harenberg, Dortmund 1994.

Harenberg Schlüsseldaten 20. Jahrhundert; Harenberg, Dortmund 1997.

HARRON, Mary, Minahan, Daniel: *I shot Andy Warhol*; Bloomsbury, London 1996.
HEINZLMEIER, Adolf, Schulz, Berndt: *Die Unsterblichen des Kinos 1. Stummfilmzeit und die goldenen 30er Jahre*. Fischer TB, Frankfurt 1982.
HERSH, Seymour: *Kennedy. Das Ende einer Legende*. Hoffmann und Campe, Hamburg 1998.
HOBSBAWM, Eric J.: *Das imperiale Zeitalter. 1875-1914*; Fischer TB, Frankfurt 1995.
HOBSBAWM, Eric J.: *Das Zeitalter der Extreme. Weltgeschichte des 20. Jahrhunderts*; Carl Hanser, München 1995.
HORNUNG, Klaus: *Das totalitäre Zeitalter*. Propyläen - Ullstein 1993.
HOTCHNER, A. E.: *Hemingway und seine Welt*. New York - Paris 1989.
INTERNAZIONALE EBRAICA (PSEUDONYM): *I "Protocolli" dei "Savi anziani" di Sion* 1938.
JAHN, Johannes: *Wörterbuch der Kunst*. Kröner, Stuttgart 1983.
JUST, Lothar: *Heyne Filmlexikon*; Heyne, München 1996.
KEIDERLING, Gerhard: *Rosinenbomber über Berlin*; Dietz, Berlin 1998.
KESTING, Jürgen: *Die großen Sänger unseres Jahrhunderts*. Düsseldorf - Wien - New York - Moskau 1993.
KIENZLER, Klaus: *Der religiöse Fundamentalismus. Christentum, Judentum, Islam*; C. H. Beck, München 1996.
KLOTZ, Heinrich : *Kunst im 20. Jahrhundert. Moderne - Postmoderne - Zweite Moderne*; C. H. Beck, München 1994.
KOBAL, John: *Marilyn Monroe*; Taco, Berlin 1985.
KRUSCHE, Dieter: Reclams Filmführer. Stuttgart: Reclam 1991.
LAMPUGNANI, Vittorio: *Lexikon der Architektur des 20. Jahrhunderts*; Gerd Hatje, Ostfildern 1998.
LAUFENBERG, Frank und Ingrid: *Frank Laufenbergs Rock & Pop Lexikon*, 2 Bände; Econ und List, München 1998.
LAWRENCE, T. E.: *Die sieben Säulen der Weisheit. Lawrence von Arabien*. München: dtv 1998.
LEAMER, Laurence: *Die Frauen der Kennedys*; Bertelsmann, München 1994.
Lexikon des Internationalen Films. Rowohlt TB, Hamburg 1995.
LORENZ, Konrad: *Das sogenannte Böse. Zur Naturgeschichte der Aggression*; dtv, München 1998.
LUKACS, John: *Churchill und Hitler*; Piper, München 1995.
LUTZ, B. (Hrsg.): *Metzler-Philosophen-Lexikon*. J. B. Metzler, Stuttgart 1989.
LYOTARD, Jean-Francois: *Das postmoderne Wissen*. Passagen, Wien 1994.
MACDONALD, D.: *Masscult & Midcult*, in "Partisan Review", 4 1960.
MADSEN, Axel: *Chanel. Die Geschichte einer einzigartigen Frau*. Gustav Lübbe, Bergisch Gladbach, 1994.
MAHLER, Gustav: *Erinnerungen*; Fischer TB, Frankfurt, 1991.
MANN, Golo: *Propyläen Weltgeschichte*; Band 9 und 10; Propyläen, Berlin-Frankfurt, 1986
MATTHEWS, Peter (Hrsg.): *Das neue Guinness Buch der Rekorde* (dt.); Ullstein, Berlin, 1992.
MEADOWS, Dennis: *Die Grenzen des Wachstums*; Deutsche Verlags-Anstalt, Stuttgart, o. J.
MEHLING, Franz (Hrsg.): *Knaurs großer Opernführer*; Droemer Knaur, München, 1983.
Meilensteine des 20. Jahrhunderts; Verlag Das Beste, Stuttgart-Zürich-Wien, 1978.
MILLER, Mark, H.: *Louis Armstrong. King of Jazz*; Heyne, München, 1996.
MORTON, Andrew: *Monica Lewinsky*; Ullstein, Berlin, 1999.
NEUMEYER, Martina (Hrsg.): *Das frühe 20. Jahrhundert. Wege in die Moderne*. Friedrich Pustet, Regensburg, 1997.
PAHLEN, Kurt: *Opernlexikon*; Heyne, München, 1995.
PARKER, R.: *Das 20. Jahrhundert I*; Fischer Weltgeschichte, Band 34; Fischer, Frankfurt 1987.
PLETICHA, Heinrich (Hrsg.): *Weltgeschichte in 12 Bänden*, Bd. 11: Diktatoren und Ideologien. Die Welt zwischen zwei Kriegen. Gütersloh: Bertelsmann 1996.
PLAUMANN, Klaus: *The Beat Age*; 2001, Frankfurt, 1978.
QUINN, Edward: *Picasso. Mensch und Bild*. Stuttgart: Klett-Cotta 1987.
ROBERTS, Andrew: *Churchill und seine Zeit*; dtv, München, 1998.
ROBINSON, David: *Chaplin. Sein Leben. Seine Kunst*. Diogenes, Zürich, 1993.
RUBINSTEIN, Helena: *Helena Rubinstein*. Neue Kritik Schauer, Frankfurt, 1995.
RUBINSTEIN, HELENA: *The art of feminine Beauty*, New York 1930.
SADOUL, G.: *Histoire du Cinéma mondiale des origines à nos jours*, Paris, 1964.
SALVADORI, M. L.: *Storia dell'età contemporanea dalla restaurazione all'eurocomunismo*, 3 Bände, Turin, 1988.
SARTRE, Jean-Paul: *Das Sein und das Nichts. Versuch einer phänomenologischen Ontologie*; Rowohlt, Reinbek, 1991.
SARTRE, Jean-Paul: *Philosophische Schriften 1*; Rowohlt TB, Hamburg, 1994
SARTRE, Jean-Paul: *Wahrheit und Existenz*; Rowohlt, Reinbek, 1996.
SAWALLISCH, Wolfgang: *Im Interesse der Deutlichkeit. Mein Leben mit der Musik*. Hoffmann und Campe, Hamburg, 1988.
SCHILD, Georg: *John F. Kennedy*; Muster-Schmidt, Göttingen, 1997.
SEGRE, Emilio: *Die großen Physiker und ihre Entdeckungen. Von den fallenden Körpern zu den Quarks*. Piper, München, 1997.
SELZ, Jean (Hrsg.): *DuMonts kleines Lexikon des Impressionismus*; Dumont, Köln, 1977.
SHELL, Kurt: *Harry S. Truman*; Muster-Schmidt, Göttingen, 1998.
SIEBER, E., Haeberli, W., Gruner, E.: *Weltgeschichte des 20. Jahrhunderts*; Eugen Rentsch Verlag, Erlenbach-Zürich, 1975.
SPENCER, Terence: *Die Beatles*; Heyne, München, 1994.
SPOTO, Donald: *Die Windsors*; Heyne, München, 1996.
SPOTO, Donald: *Marilyn Monroe*; Heyne, München, 1993.
STANCIOFF, Nadia: *Callas. Biographie einer Diva*; Schott, Mainz, o. J.
STARR, Kenneth W.: The Starr Report; Public Affairs, New York, 1998.
STEIN, Werner: *Der große Kulturfahrplan*; Herbig Verlagsbuchhandlung, München-Berlin, 1987.
STRAUB, Eberhard: Weltgeschichte im 20. Jahrhundert. München: Droemer Knaur 1985.
THENEW ENCYCLOPAEDIA BRITANNICA, 30 Bände, Chikago – London 1974.
TIBI, Bassam: *Die fundamentalistische Herausforderung. Der Islam und die Weltpolitik*; C. H. Beck, München, 1992.
TOWNSEND W. UND L.: *Biography of H. R. H. the Prince of Wales*, London 1929.
VANDENBERG, Philip: *Nofretete*; Heyne, München, 1987.
VIDAL, Gore: *Hollywood*. Hoffmann und Campe, Hamburg, 1991.
VOLLARD A.: *Paul Cézanne*, Paris 1914.
WALLACH, Janet und John: *Jassir Arafat*; Heyne, München, 1994.
WEISE, Eckhard: ORSON WELLES; Rowohlt TB, Reinbek, 1996.
WAGNER, Heinz: *Opern-Handbuch: Werke, Komponisten, Geschichte*. Reinbek: Rowohlt 1996.
WILLS, G.: *Reagan's America*, New York, 1988.
ZENNI, S.: *Louis Armstrong*, Rom, 1995.

Register

1 9 0 1
1 9 0 2
1 9 0 3
1 9 0 4
1 9 0 5
1 9 0 6
1 9 0 7
1 9 0 8
1 9 0 9
1 9 1 0
1 9 1 1
1 9 1 2
1 9 1 3
1 9 1 4
1 9 1 5
1 9 1 6
1 9 1 7
1 9 1 8
1 9 1 9
1 9 2 0
1 9 2 1
1 9 2 2
1 9 2 3
1 9 2 4
1 9 2 5
1 9 2 6
1 9 2 7
1 9 2 8
1 9 2 9
1 9 3 0
1 9 3 1
1 9 3 2
1 9 3 3
1 9 3 4
1 9 3 5
1 9 3 6
1 9 3 7
1 9 3 8
1 9 3 9
1 9 4 0
1 9 4 1
1 9 4 2
1 9 4 3
1 9 4 4
1 9 4 5
1 9 4 6
1 9 4 7
1 9 4 8
1 9 4 9
1 9 5 0